에듀윌과 함께 시작하면,
당신도 합격할 수 있습니다!

외환전문역, 이름만 들어도 무게감이 느껴지는
이 자격증을 향해 묵묵히 걸어가고 있는 여러분,
그 길 위에 서 있는 것만으로도 이미 대단한 용기와
결단을 보여주고 계십니다.

지금 외우는 한 줄의 이론,
풀어보는 한 문제가 누군가에게는 안정된 미래가 되고,
자부심 넘치는 커리어가 될 것입니다.

때로는 정보의 바다 속에서 방향을 잃고,
방대한 공부량에 눌려 마음이 지칠 수도 있겠지요.

하지만 잊지 마세요.
여러분은 혼자가 아닙니다.
같은 목표를 향해 달리는 이들이 있고,
그 곁을 함께하는 에듀윌이 있습니다.

마지막 페이지를 덮으면,

에듀윌과 함께
합격의 길이 시작됩니다.

전과목 핵심이론
무료특강 제공

고퀄리티의 강의로 외환전문역
합격 문턱이 낮아집니다.

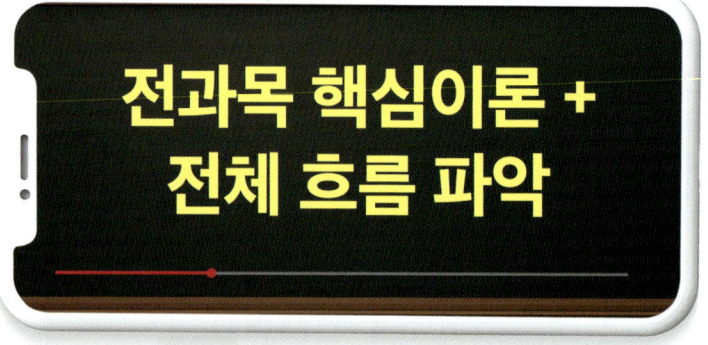

이용경로 | 에듀윌 도서몰 ▶ 동영상강의실 ▶ '외환전문역' 검색
(book.eduwill.net)

기초부터 심화까지 좀 더 완벽한 강의를 듣고 싶다면?

| 에듀윌 홈페이지 (eduwill.net) | ▶ | '외환전문역' 검색 | ▶ | 강의 확인 |

홈페이지
바로 가기

개념판서로 합격하는
에듀윌 경제/금융 시리즈

에듀윌에서 시작하면,
합격의 주인공은 여러분입니다.

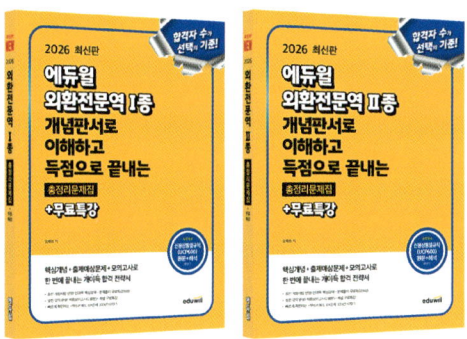

외환전문역 I종, II종

자산관리사 1부, 2부 (25년 9월 출간 예정)

투자자산운용사 (25년 10월 출간 예정)

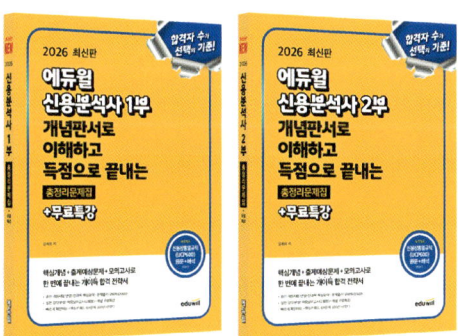

신용분석사 1부, 2부 (25년 11월 출간 예정)

* 교재 출간일과 표지 디자인은 내부 사정에 따라 변동될 수 있습니다.

나에게 맞는 최적 학습법

2주/4주 합격 플래너

2주 합격 플랜

▶ 하루 6시간 이상 학습
▶ 관련 분야 종사자, 전공자 추천

WEEK	DAY	학습내용	완료
WEEK 1	DAY 01	제1과목 1~3장	☐
	DAY 02	제1과목 4~6장	☐
	DAY 03	제1과목 7~8장+출제예상문제	☐
	DAY 04	제1과목 총 복습	☐
	DAY 05	제2과목 1~2장	☐
	DAY 06	제2과목 3~4장	☐
	DAY 07	제2과목 5장+출제예상문제	☐
WEEK 2	DAY 08	제2과목 총 복습	☐
	DAY 09	제3과목 1~2장	☐
	DAY 10	제3과목 3~4장	☐
	DAY 11	제3과목 5~6장+출제예상문제	☐
	DAY 12	제3과목 총 복습	☐
	DAY 13	적중모의고사 2회 풀이&복습	☐
	DAY 14	최종 복습	☐

4주 합격 플랜

▶ 하루 3시간 이상 학습
▶ 초시생, 비전공자 추천

WEEK	DAY	학습내용	완료
WEEK 1	DAY 01	제1과목 1~2장	☐
	DAY 02	복습	☐
	DAY 03	제1과목 3~4장	☐
	DAY 04	복습	☐
	DAY 05	제1과목 5~6장	☐
	DAY 06	복습	☐
	DAY 07	제1과목 7~8장+출제예상문제	☐
WEEK 2	DAY 08	복습	☐
	DAY 09	제1과목 총 복습	☐
	DAY 10	제2과목 1~2장	☐
	DAY 11	복습	☐
	DAY 12	제2과목 3~4장	☐
	DAY 13	복습	☐
	DAY 14	제2과목 5장+출제예상문제	☐
WEEK 3	DAY 15	복습	☐
	DAY 16	제2과목 총 복습	☐
	DAY 17	제3과목 1~2장	☐
	DAY 18	복습	☐
	DAY 19	제3과목 3~4장	☐
	DAY 20	복습	☐
	DAY 21	제3과목 5~6장+출제예상문제	☐
WEEK 4	DAY 22	복습	☐
	DAY 23	제3과목 총 복습	☐
	DAY 24	적중모의고사 1회 풀이	☐
	DAY 25	복습	☐
	DAY 26	적중모의고사 2회 풀이	☐
	DAY 27	복습	☐
	DAY 28	최종 복습	☐

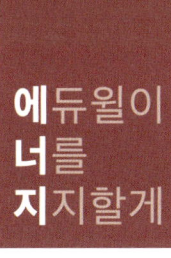

에듀윌이
너를
지지할게
ENERGY

시작하라.  그 자체가 천재성이고,
힘이며, 마력이다.

– 요한 볼프강 폰 괴테(Johann Wolfgang von Goethe)

에듀윌
외환전문역 I종
총정리문제집 + 무료특강

저자의 말

"시험과 실무, 두 마리 토끼를 잡고자 하는 수험생 여러분께"

외국환거래법과 무역 관련 법령은 생소하고 어렵게 느껴질 수 있지만, 해외여행이나 투자, 기업의 대외 거래 등 일상과 업무 속에서 결코 피해 갈 수 없는 영역입니다. 관세사로서 단순한 신고 누락이 과태료나 형사처벌로 이어지는 안타까운 사례들을 수없이 마주하며, "조금만 더 알고 준비했더라면…" 하는 아쉬움을 자주 느껴왔습니다.

하지만 방대한 법령과 복잡한 규정 앞에서 학습을 미루거나 포기하게 되는 현실도 잘 알고 있습니다. 이 책은 그러한 장벽을 낮추고, 보다 전략적이고 효율적인 학습을 통해 여러분의 소중한 시간을 절약할 수 있도록 돕기 위해 집필되었습니다.

첫째, 복잡한 내용을 체계적으로 정리하여, 큰 틀과 흐름을 한눈에 파악할 수 있도록 구성했습니다. 이 교재를 통해 외환에 대한 기초를 탄탄히 다져둔다면, 이후 실무 영역이나 더 높은 단계의 시험 대비도 한층 수월해질 것입니다.

둘째, 실제 시험과 실무에 반드시 필요한 핵심 내용에 집중함으로써, 학습 부담은 줄이고 효과는 극대화할 수 있도록 구성하였습니다.

셋째, 최신 법령 개정 사항과 핵심 내용을 중점적으로 반영한 문제들을 통해, 개념의 이해는 물론 실전 감각까지 함께 키울 수 있습니다.

외환전문역으로 향하는 여정에 이 한 권이 든든한 동반자가 되기를 진심으로 기원합니다.

저자 임재희

| 약력 |

34기 관세사

(現) 관세법인 SAMC 인천지사 근무
(前) 관세법인 SAMC 본사 근무
(前) 해정 관세사무소 대표
(前) 기업 외환·무역 컴플라이언스 자문, 다수 수행

자격시험 Q&A

1 외환전문역은 어떤 자격증인가요?

외환전문역은 외국환 관련 법령과 실무 지식을 평가하는 민간 자격시험으로, 은행·무역·수출입·회계 등 다양한 분야 종사자에게 실질적인 도움이 되는 전문 자격입니다. 외환 실무 역량을 객관적으로 증명할 수 있어, 업무 능력 향상은 물론 커리어 관리 측면에서도 높은 활용도를 지닙니다.

2 자격증을 취득하면 어떤 분야에서 활용할 수 있나요?

은행의 외환·국제 부서를 비롯해 종합 무역상사, 수출입 기업, 관세법인·회계법인, 물류 회사, 해외 투자 자문사 등에서 널리 활용됩니다. 특히 외국환 관련 문서 작성, 해외 송금, 계약 체결, 규정 검토 등 실무 전반에서 경쟁력을 높여줍니다.

3 비전공자나 실무 경험이 없어도 도전할 수 있나요?

외환 또는 무역 분야에 대한 사전 지식이 없는 수험생이라도, 4주 정도의 집중 학습으로 충분히 합격할 수 있습니다. 핵심 개념을 먼저 익히고, 문제 풀이를 반복 학습한다면 누구나 단기에 자격증을 취득하는 것이 가능합니다. 특히 본 교재는 핵심개념부터 출제예상문제, 모의고사까지 합격에 필요한 모든 것을 한 권에 담고 있어, 보다 효율적인 학습이 가능합니다.

4 개정되는 법령이나 규정은 어떻게 대비해야 할까요?

외환전문역 시험은 매년 개정되는 한국금융연수원의 표준교재 내용을 기준으로 출제되며, 본 교재는 2025년판 표준교재의 개정 내용을 충실히 반영하였습니다. 이후 개정되는 법령, 규정, 기타 내용 등은 QR 코드를 통해 별도로 안내 드릴 예정이니, 반드시 확인하시고 최신 내용을 반영하여 학습해 주시기 바랍니다. (P.9 하단 QR 코드 스캔)

GUIDE | 시험안내

① 시험정보

- 원서접수: 한국금융연수원 홈페이지(www.kbi.or.kr)
  ※ 원서접수시간은 원서접수 첫날 10:00부터 마지막 날 20:00까지임
- 응시료: 55,000원(외환전문역 I종·II종 각각 별도)
- 준비물: 수험표, 신분증, 필기도구 및 일반 계산기(필수)
- 시험방법: 필기시험(객관식 4지 선다형)
- 응시자격: 제한 없음(누구나 응시 가능)

② 시험일정

구분	접수기간	시험일자	합격자발표일	시험지역
53회	2025.05.27.~06.03.	07.05.	07.18.	서울, 대전, 대구, 광주, 부산, 창원, 제주
54회	2025.10.14.~10.21.	11.22.	12.05.	서울, 대전, 대구, 광주, 부산, 창원, 제주
55회	2026년 2월 초~중순경	2026년 3월 말경	시험일로부터 2주 후	서울, 대전, 대구, 광주, 부산, 창원, 제주
56회	2026년 5월 말~6월 초경	2026년 7월 초경	시험일로부터 2주 후	서울, 대전, 대구, 광주, 부산, 창원, 제주

※ 2025년 한국금융연수원 시행일정 사전공고에 따른 내용이고, 2026년 일정은 최근 5년 사이의 일정을 통해 예상한 일정입니다.
※ 시험일정은 변경될 수 있으니 반드시 시행처 한국금융연수원(www.kbi.or.kr)에서 확인하시기 바랍니다.

③ 시험시간

구분	시험과목	시험시간
외환전문역 I종	1. 외환관리실무 2. 외국환거래실무 3. 환리스크관리	10:00~12:00 (120분)
외환전문역 II종	1. 수출입실무 2. 국제무역규칙 3. 외환관련여신	13:00~15:00 (120분)

※ 외환전문역 I종, 외환전문역 II종은 별개의 자격으로 각각의 자격증을 따로 발급하며, I종 또는 II종만 따로 응시하거나 함께 응시할 수 있습니다.

④ 합격기준

다음 각 호의 요건을 모두 충족한 경우
1. 시험과목별로 100점 만점을 기준으로 과목당 40점 이상이고
2. 전과목 평균이 60점 이상 득점자

※ 전과목 평균은 총 득점을 시험과목 총 배점의 합으로 나눈 백분율입니다.

5 시험과목

외환전문역 Ⅰ종

시험과목	주요 검정내용	문항수	배점
외환관리실무	1. 외국환거래 일반 2. 외국환은행의 외국환매매 / 대출 및 보증 3. 환전영업자의 외국환업무 4. 지급과 영수 / 자본거래 5. 해외직접투자 / 사후관리 등	35	50
외국환거래실무	1. 은행 및 본지점간 외환실무 2. 대고객 외환실무 / 외환회계 3. 외환관련 컴플라이언스업무 4. 각종 외환 사고사례	25	30
환리스크관리	1. 환리스크의 이해 / 선물환거래 2. 통화선물 / 스왑 / 옵션	20	20
합계		80	100

※ 외환관리실무와 외국환거래실무에서는 배점 2점짜리 문제가 각각 15문제, 5문제 출제됩니다.

외환전문역 Ⅱ종

시험과목	주요 검정내용	문항수	배점
수출입실무	1. 수출입실무기초 2. 수출업무 / 수입업무 등의 실무	35	50
국제무역규칙	1. 국제무역규칙 해설 및 실무적용 2. 신용장통일규칙(UCP) 3. 신용장대금상환통일규칙(URR) 4. 청구보증통일규칙(URDG) 5. 추심통일규칙(URC) 등	25	30
외환관련여신	1. 무역금융 2. 내국신용장 3. 무역어음 4. 외화대출 5. 외화지급보증 6. 외환회계	20	20
합계		80	100

※ 수출입실무와 국제무역규칙에서는 배점 2점짜리 문제가 각각 15문제, 5문제 출제됩니다.
※ 국제무역규칙 과목은 문제(지문과 보기)가 모두 영어로 출제됩니다.

STRUCTURE | 이 책의 구성

시험에 나온 핵심만 책에 담다

❶ 핵심 개념 판서
각 챕터의 주요 내용을 판서 형식으로 정리하여, 복잡한 개념도 한눈에 쉽게 이해할 수 있도록 구성했습니다.

❷ OX & 빈칸문제
판서로 학습한 내용을 OX와 빈칸 문제로 점검하며, 자연스럽게 개념을 반복 학습할 수 있습니다.

❸ 개념확인문제
각 챕터의 핵심 개념과 중요 유형을 담은 문제를 풀며, 학습한 내용을 체계적으로 정리하고 전체 흐름을 다잡을 수 있습니다.

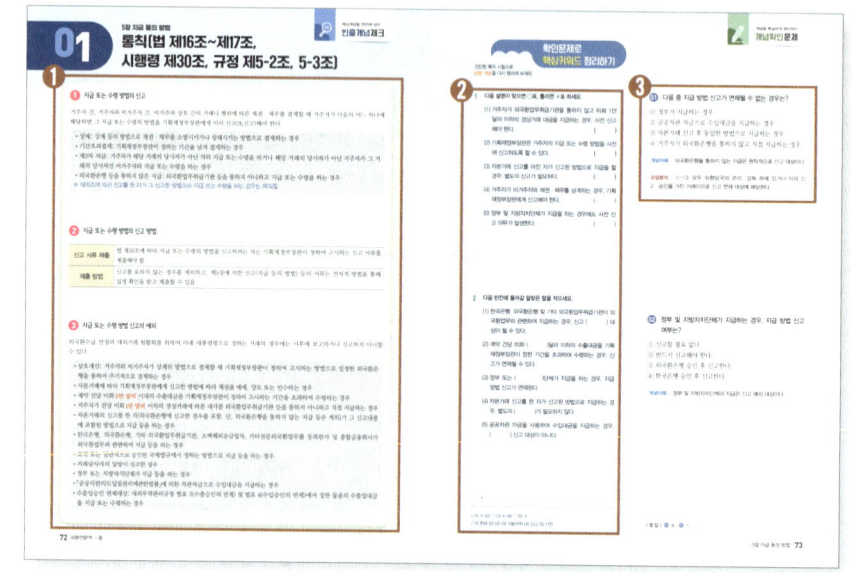

꼭 풀어야 할 과목별 출제예상문제

각 과목별 빈출 개념 및 유형을 엄선하여 구성한 출제예상문제를 통해, 학습한 내용을 실전 문제에 적용하는 능력을 기를 수 있습니다.

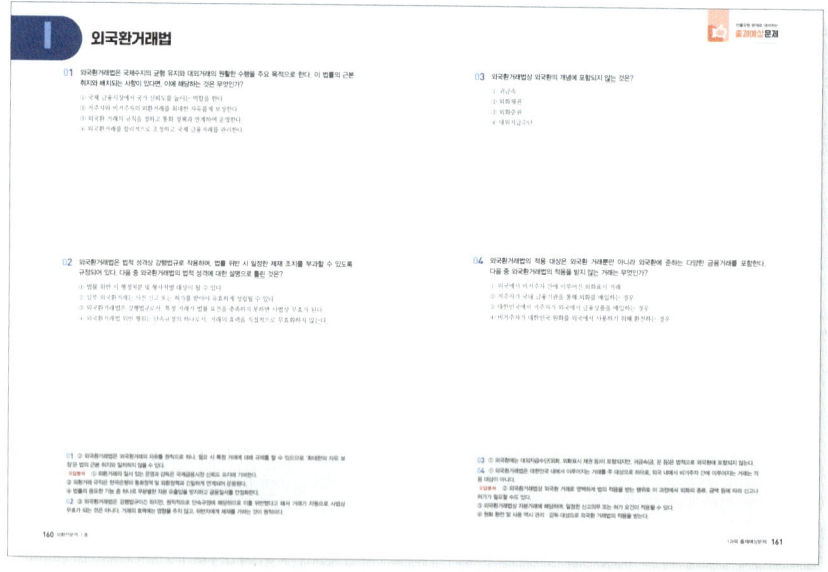

최종 점검 적중모의고사

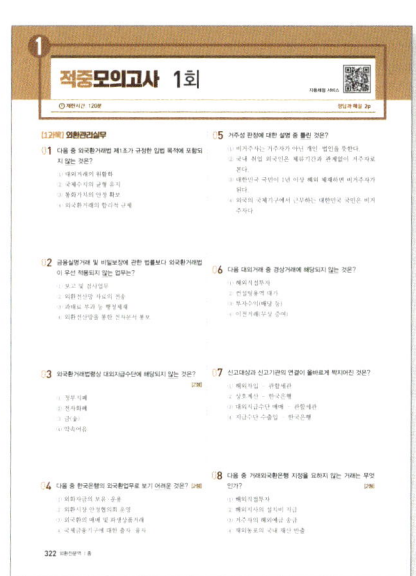

❶ **적중모의고사 2회분**
적중모의고사 2회분을 통해 시험 직전 자신의 실력을 정확하게 점검하고 실전 감각을 극대화할 수 있습니다.

❷ **정답 및 해설**
정답뿐 아니라 오답의 이유까지 상세하게 설명한 해설을 통해, 문제를 완전히 자신의 것으로 만들 수 있습니다.

추가 제공

❶ **저자의 외환전문역 I, II종 핵심 요약 강의**
단기합격을 위한 저자의 외환전문역 I, II종 핵심 요약 강의를 무료로 제공합니다.
※ 수강경로: 에듀윌 도서몰 ▶ 동영상강의실 ▶ '외환전문역 I종' 또는 '외환전문역 II종' 검색

❷ **신용장통일규칙(UCP600) 원문 + 해석**
국제무역의 기초가 되는 신용장통일규칙(UCP600)의 영문 원문과 상세 해석을 함께 제공합니다.
※ 이용경로: 에듀윌 도서몰 ▶ 도서자료실 ▶ 부가학습자료 ▶ '외환전문역 I종' 또는 '외환전문역 II종' 검색

❸ **개정 법령·규정·기타 내용 제공**
2025년 7월 이후 개정되는 법령, 규정 등에 영향을 받는 본책 내 개념 및 문제 수정 내용은 아래 QR코드를 통해 제공합니다.

1과목	2과목	3과목

CONTENTS | 차례

외환전문역 1종

1과목 외환관리실무

1장	외국환거래법의 총칙	14
2장	외국환업무 취급기관 등	28
3장	외국환 평형기금	60
4장	지급과 수령	64
5장	지급 등의 방법	72
6장	자본거래	92
7장	해외직접투자 및 부동산 취득	132
8장	보칙	146
	출제예상문제	160

2과목 외국환거래실무

1장	은행 및 본지점 간 외환실무	180
2장	대고객 외환실무	194
3장	특수한 외환상품	216
4장	외국환회계	226
5장	외국환 컴플라이언스 업무 및 외국환거래 위규사례	240
	출제예상문제	244

3과목 환리스크관리

1장	외환거래와 외환시장	260
2장	환리스크관리	270
3장	선물환거래와 외환스왑	280
4장	선물	288
5장	스왑	294
6장	옵션	300
	출제예상문제	310

적중모의고사

적중모의고사 1회	322
적중모의고사 2회	332

외환전문역 2종 차례 살펴보기

1과목 수출입실무
- 1장 수출입실무 개요 · 14
- 2장 수입실무 · 42
- 3장 수출실무 · 64
- 출제예상문제 · 78

2과목 국제무역규칙
- 1장 신용장통일규칙(UCP600) · 98
- 2장 ICC 은행간 화환신용장 대금상환에 관한 통일규칙(URR725) · 142
- 3장 추심에 관한 통일규칙(URC522) · 156
- 4장 청구보증통일규칙(URDG758) · 178
- 출제예상문제 · 190

3과목 외환관련여신
- 1장 무역금융 · 206
- 2장 외환대출 · 224
- 3장 외화지급보증 · 238
- 4장 외환회계 · 248
- 출제예상문제 · 262

적중예상문제
- 적중모의고사 1회 · 274
- 적중모의고사 2회 · 284

과목 1

외환관리실무

1과목 개정사항
2025년 이후 개정된 법령, 규정, 기타 내용을 QR코드를 통해 확인하시면 됩니다.

과목공략 포인트

☑ 외국환거래법은 조문 자체보다는, 전체 흐름과 실무 구조를 이해하는 것이 핵심이다. 거래 구분(경상 vs 자본), 거주자 기준, 신고 체계(사전 vs 사후) 등을 큰 틀에서 먼저 파악한 후 세부 규정을 학습하면 훨씬 수월하다.

☑ 외국환거래법의 규정과 예외는 대부분 거주자/비거주자를 기준으로 구분하므로, 거주자와 비거주자의 요건, 사례, 지위 변경 조건 등을 표로 비교 정리하며 학습하면 복잡한 규정도 쉽게 이해할 수 있다.

☑ 외국환거래 신고 관련 프로세스는 '누가(거래 주체) ▶ 무엇을(거래 유형) ▶ 언제(거래 시점) ▶ 어디에(거래 신고기관) ▶ 어떻게(사전/사후)'와 같은 형식으로 패턴화하여 정리하면 문제에 쉽게 적용 가능하다.

장별 출제경향 분석

구분	출제 빈도	빈출 키워드
1장 외국환거래법의 총칙	██████████	외국환거래법, 외국환업무취급기관, 외국환은행, 기획재정부, 한국은행, 외국환거래, 외환시장, 외화자금, 환율
2장 외국환업무 취급기관 등	████████	거주자, 비거주자, 국내계정, 해외계정, 외화예금, 원화계정, 예치, 처분, 구분기준
3장 외국환 평형기금	███	무역거래, 수출입대금, 수출, 수입, 결제, 외화획득용 원화대출, 지급수단, 대금결제방식
4장 지급과 수령	██████████	무역외거래, 용역대가, 로열티, 보험금, 송금, 지급, 수취, 증빙서류, 거래내역
5장 지급 등의 방법	████████	기타거래, 해외직접투자, 해외부동산, 해외예금, 해외신탁, 파생상품, 증권취득
6장 자본거래	██████████	자본거래, 사전신고, 사후보고, 기획재정부장관, 계약, 외국환은행, 외화자금, 신고수리
7장 해외직접투자 및 부동산 취득	██████	지급수단, 외화, 원화, 지급보증, 신용장, 대외지급수단, 환전, 수표, 카드
8장 보칙	████	환리스크, 환위험, 환헤지, 통화선도, 옵션거래, 스왑, 환율변동, 리스크관리

01 1장 외국환거래법의 총칙
외국환거래 법령의 체계와 운용원칙

핵심개념을 한번에 담은
빈출개념체크

1 외국환과 외국환거래

외국환		• 의미: 국제간 거래에서 거래 당사자 간 지급과 수령이 이루어지도록 하는 수단 • 종류: 대외지급수단, 외화증권, 외화파생상품 및 외화채권 ※ 내국환: 격지간 거래가 국내에서 이루어지고 결제통화가 내국통화로 거래되는 것
외국환 거래	보완 장치	• 한국은행을 외환정보집중기관으로 지정·운영 → 사후관리 + 모니터링 체계 • 가변예치의무제도, 자본거래허가제 등 **세이프가드 제도**
	업무 취급 기관	외국환거래 효율화를 위해 일정요건을 갖춘 모든 금융회사 + 등록 └→ 외국환은행

2 외국환거래법

개요	• 시행: IMF 외환위기 발생 후인 1999년 4월 1일부터 시행 • 목적: **외환제도 자유화** + 부작용 최소화를 위한 제도적 보완장치 • 변천 외국환관리법(1961)　　　　　　　　　외국환거래법(1999) 국내외 자금이동 수반 자본거래 등　▶　국내외 자금이동 수반 자본거래 등 원칙적으로 금지, 예외허용 (포지티브)　　원칙적으로 허용, 예외규제 (네거티브)
목적	• 합리적 조정 또는 관리가 아닌 자유거래 보장을 목적으로 함 → **외환시장의 자율화** • 자유를 보장하고 시장기능을 활성화하여 대외거래의 원활화 및 국제수지의 균형과 통화가치의 안정을 도모함으로써 국민경제의 건전한 발전에 이바지함을 목적으로 함
성격	외국환거래법은 성격상 강행법규로서 단속규정의 하나이므로, 법률행위 자체의 사법상 효력에는 영향이 없는 특별법이며 절차법임

3 외국환거래법 운용원칙

┌→ 제한 최소화

대외거래의 원활화 촉진 및 안정	• 기획재정부장관은 이 법에 따른 제한을 필요한 최소한의 범위에서 함으로써 외국환거래(돈거래)나 그 밖의 대외거래(무역거래)가 원활하게 이루어질 수 있도록 노력하여야 함 • 기획재정부장관은 **안정적인 외국환수급**의 기반 조성과 **외환시장의 안정**을 위하여 노력하여야 하며, 이를 위한 시책을 마련하여야 함
고유식별 정보의 처리	기획재정부장관은 사무를 수행하기 위해 불가피한 경우 주민등록번호, 여권번호 또는 외국인등록번호가 포함된 자료를 처리할 수 있음
금융실명거래법 우선적용	아래의 경우 금융실명거래및비밀보장에관한법률 제4조 규정이 우선 적용되어 거래당사자에게 **거래정보 제공에 대한 사전동의·사후통보의 의무가 없음** • 외국환거래법의 실효성을 위한 보고업무 및 검사업무 • 외환전산망 등으로 전자문서에 의한 통보업무나 자료송부

확인문제로 핵심키워드 정리하기

간단한 쪽지 시험으로 빈출 개념을 다시 정리해 보세요.

1 다음 설명이 맞으면 ○표, 틀리면 ×표 하세요.

(1) 외국환거래법은 외국환거래의 자유거래 보장을 목적으로 한다. ( )

(2) 외국환거래법에서 정한 대외거래 원칙에 따르면, 기획재정부장관은 외국환거래 및 대외거래에 대한 제한을 필요한 최소한의 범위에서만 해야 한다. ( )

(3) 외국환거래법은 그 성격상 임의법규이며, 법 위반 시 해당 거래는 무효가 된다. ( )

(4) 외국환거래법에 따르면, 기획재정부장관은 외국환거래 관련 자료에 개인의 고유식별정보(주민등록번호 등)를 포함하여 처리할 수 없다. ( )

2 다음 빈칸에 들어갈 알맞은 말을 적으세요.

(1) 외국환거래법의 목적은 (　　　)의 보장, 시장기능의 활성화 등을 통해 국민경제의 건전한 발전에 이바지하는 것이다.

(2) 외국환거래법은 외환시장 자율화를 목표로 하며, 성격상 (　　　)이다.

(3) 외국환거래법 도입으로 (　　　) 시스템이 적용되면서 자본거래가 원칙적으로 허용되었다.

개념확인문제

01 외국환거래법의 운용 원칙에 대한 설명으로 옳지 않은 것은?

① 외국환거래법은 성격상 강행법규이며, 절차법적인 성격을 가진다.
② 외국환거래법은 외국환 및 대외거래의 자유를 보장하며, 외환시장 자율화를 목표로 한다.
③ 금융실명거래법은 외국환거래법보다 우선 적용되며, 예외 없이 거래자의 사전동의가 필요하다.
④ 기획재정부장관은 대외거래의 원활화를 위하여 필요한 최소한의 범위에서만 제한을 해야 한다.

개념이해 외국환거래법은 금융실명거래법보다 우선 적용되는 경우가 있다. 예외적으로 보고업무 및 검사업무, 외환전산망 등을 통한 전자문서 송부 업무에서는 사전동의 없이 정보 제공이 가능하다.

02 외국환거래법이 1999년에 제정되면서 도입된 네거티브 시스템의 특징으로 가장 적절한 것은?

① 모든 외국환거래는 정부의 사전 승인이 필요하다.
② 자본거래를 원칙적으로 허용하고 예외적으로 제한한다.
③ 자본거래를 원칙적으로 금지하고 예외적으로 허용한다.
④ 외국환거래법은 기존의 외국환관리법과 큰 차이가 없다.

개념이해 네거티브 시스템에서는 원칙적으로 외국환거래가 허용되며, 특정한 경우에만 제한이 가해진다. 이는 기존 외국환관리법의 포지티브 시스템과 차이가 있다.

---

1 (1) ○ (2) ○ (3) × (4) ×
2 (1) 자유거래 (2) 강행법규 (3) 네거티브

| 정답 | **01** ③ **02** ②

외국환 행정기관(법 제23조, 영 제37조)

1장 외국환거래법의 총칙

① 외국환 행정권한의 위임·위탁

(기) 위임·위탁 가능	기획재정부장관은 이 법에 따른 권한의 일부를 대통령령으로 정하는 바에 따라 금융위원회, 증권선물위원회, 관계 행정기관의 장, 한국은행총재, 금융감독원장, 외국환업무취급기관등의 장, 그 밖에 대통령령으로 정하는 자에게 **위임** 또는 **위탁**할 수 있음 ※ '국세청장' 오답 선지 주의
위탁업무 처벌	위임 및 위탁업무 및 보고 및 검사업무를 담당하는 사람과 그 소속 임원 및 직원(공무원 및 다른 법률에서 공무원으로 보도록 하는 사람은 제외)은 「형법」이나 그 밖의 법률에 따른 벌칙을 적용할 때에는 **공무원**으로 봄
기재부장관 일괄처분	동일한 당사자가 법 제15조부터 제18조까지의 사항(지급과 거래) 두 가지 이상 위반함에 따라 경고·거래정지 또는 과태료 처분을 관세청장과 금융위원회가 각각 하게 될 경우 **기획재정부장관**이 정하는 기관이 일괄하여 처분 가능

② 기획재정부장관의 외국환 행정권한 위임/위탁 세부내용

• 위임

구분	내용
관세청장	• 환전업무 전반 • 지급수단등의 수출 또는 수입 신고 • **경고 및 거래정지(소액해외송금업자 한정)와 청문** • 자료제출 • 과태료의 부과·징수 ※ 관세청장은 기획재정부장관의 승인을 받아 위임받은 권한의 일부를 세관의 장에게 재위임할 수 있음

• 위탁

구분	내용
금융위원회	• 외국환업무취급기관 및 기타전문외국환업무를 등록한 자에 대한 감독 및 감독상 필요한 명령 • 외화건전성 규제 → 외국 금융기관은 제외(이하 이 항에서 동일) • 외국환업무취급기관 및 기타전문외국환업무를 등록한 자에 대한 업무제한 또는 업무정지 • 외국환업무취급기관 및 기타전문외국환업무를 등록한 자에 대한 과징금의 부과 • 자본거래의 신고 → 기획재정부장관이 고시한 사항으로 한정 • 경고 및 거래정지와 청문 • 자료제출 → 소액해외송금업자 제외(관세청장) • 과태료의 부과·징수 ※ 금융위원회는 기획재정부장관의 승인을 받아 위탁받은 권한의 일부를 금융감독원장에게 재위탁할 수 있음

02

1장 외국환거래법의 총칙

외국환 행정기관 (법 제23조, 영 제37조)

한국은행 총재	• **외국환업무취급기관(외국 금융기관) 및 외국환중개회사** 감독 • 외국환중개회사에 대한 감독 및 감독상 필요한 명령 • 외환건전성규제에 따른 제한 등 • 외국환중개회사의 업무제한 또는 업무정지 • 외국환평형기금의 운용 및 관리에 관한 사무 • **지급 또는 수령의 허가** • **지급 또는 수령방법의 신고** → 제5항제1호에 해당하는 경우는 제외 • **자본거래의 신고** → 기획재정부장관이 고시한 사항에 한정 • 경고 및 거래정지 등의 행정처분 → 제35조 제4항 제1호 각 목에 해당하는 자에 한정 • 보고 및 자료 또는 정보 제출의 요구 → 이 항에 따라 위탁받은 사무를 처리하기 위한 경우와 외환통계의 작성에 필요한 경우로 한정 • 외환건전성부담금 및 가산금의 부과·징수에 관한사항
금융감독 원장	• **소액해외송금업자**에 대한 감독 및 감독상 필요한 명령 • 소액해외송금업자와 관련된 제21조제10호의 사항에 대한 법 제11조제2항에 따른 제한 • 보고 및 자료 또는 정보 제출의 요구 → 제2항 및 이 항에 따라 위탁·재위탁받은 사무를 처리하기 위한 경우로 한정 • 등록 신청서의 접수 및 확인, 소액해외송금업자에 대한 제16조제2항에 따른 변경 또는 폐지 신고의 접수 및 확인 • 소액해외송금업자의 등록요건에 관한 사항 • 계좌를 통한 거래에 준하는 수준의 투명성 확보 여부에 관한 사항 • 약관의 제정, 변경 신고 및 소액해외송금업자에 대한 약관의 변경 권고 • 소액해외송금업자의 이행보증금 산정 등에 관한 보고의 수령
외국환업무 취급 기관의 장	• 방법의 신고 → 기획재정부장관이 고시하는 것에 한정 • 자본거래의 신고 → 기획재정부장관이 고시하는 것에 한정 → 「여신전문금융업법」에 따른 신용카드업자가 카드회원에 대하여 행하는 경우에 한정) • 경고나 관련 외국환거래 또는 지급 또는 수령의 정지 또는 제한과 청문 • 보고의 요구 → 이 항에 따라 위탁받은 사무를 처리하기 위한 경우로 한정

※ 권한을 위임 또는 위탁받은 자가 위임 또는 위탁업무처리기준을 정하려는 때에는 미리 기획재정부장관과 협의하여야 한다.

확인문제로 핵심키워드 정리하기

간단한 쪽지 시험으로 빈출 개념을 다시 정리해 보세요.

1 다음 설명이 맞으면 ○표, 틀리면 ×표 하세요.

(1) 기획재정부장관은 외국환거래법에 따른 권한의 일부를 대통령령으로 정하는 바에 따라 금융위원회, 한국은행총재, 관세청장 등에게 위임 또는 위탁할 수 있다. (   )

(2) 위임 및 위탁받은 업무를 수행하는 사람은 공무원과 동일한 법적 지위를 가지므로, 모든 법률상 공무원으로 취급된다. (   )

(3) 관세청장은 기획재정부장관의 승인을 받지 않고 위임받은 권한을 세관장에게 재위임할 수 있다. (   )

(4) 금융위원회는 외국환업무취급기관 및 기타 전문외국환업무 등록자의 감독과 관련하여 기획재정부장관의 권한을 위탁받아 수행한다. (   )

(5) 한국은행총재는 외국환중개회사에 대한 감독 및 업무제한 조치를 내릴 권한을 기획재정부장관으로부터 위탁받았다. (   )

2 다음 빈칸에 들어갈 알맞은 말을 적으세요.

(1) 관세청장이 기획재정부장관의 승인을 받아 재위임할 수 있는 기관은 (   )이다.

(2) 한국은행총재는 (   )회사에 대한 감독 및 감독상 필요한 명령을 내리고, 외국환평형기금의 운용·관리 업무를 수행한다.

(3) 동일한 당사자가 두 개 이상의 법을 위반한 경우, 기획재정부장관이 정하는 기관이 (   )하여 처분할 수 있다.

01 다음 중 기획재정부장관의 권한을 위임 또는 위탁받을 수 없는 기관은?

① 국세청장
② 금융위원회
③ 한국은행총재
④ 증권선물위원회

개념이해 국세청장은 기획재정부장관의 권한을 위임받을 수 없는 기관이다.

02 다음 중 관세청장이 기획재정부장관으로부터 위임받은 사항에 해당하지 않는 것은?

① 과태료 부과 및 징수
② 지급수단 등의 수출입 신고
③ 외국환업무취급기관의 등록 심사
④ 소액해외송금업자의 경고 및 거래정지

개념이해 외국환업무취급기관의 등록 심사는 금융위원회가 위탁받은 사항이다.

---

1 (1) ○ (2) × (3) × (4) ○ (5) ○
2 (1) 세관장 (2) 외국환중개 (3) 일괄

개념확인문제

03 한국은행총재가 수행하는 업무로 가장 적절하지 않은 것은?

① 외국환평형기금의 운용 및 관리
② 외국환거래의 사후 관리 및 조사
③ 외국환업무취급기관 및 외국환중개회사 감독
④ 외국환거래와 관련한 금융실명법 적용 여부 판단

개념이해 금융실명법 적용 여부는 한국은행총재가 아닌 금융위원회가 관할한다.

04 다음 중 금융감독원장이 수행하는 업무로 가장 적절한 것은?

① 자본거래 관련 신고 수리
② 외환전산망을 통한 정보 송부 승인
③ 외국환중개회사의 감독 및 업무정지 명령
④ 소액해외송금업자의 등록 및 폐지 신고 확인

개념이해 금융감독원장은 소액해외송금업자의 등록 및 폐지 신고 확인, 감독 및 약관 변경 권고 등의 업무를 수행한다.

오답분석 ① 기획재정부 장관 또는 일부 한국은행의 권한, ② 한국은행총재 권한, ③ 기획재정부장관 권한으로 금융감독원장이 직접 수행하는 업무가 아니다.

05 외국환업무취급기관에 대한 금융위원회의 권한으로 적절한 것은?

① 환전업무 승인
② 경고 및 거래정지
③ 외국환수급 모니터링
④ 외국환은행 설립 허가

개념이해 금융위원회는 외국환업무취급기관에 대한 경고 및 거래정지를 할 수 있다.

06 금융위원회가 위탁받은 업무가 아닌 것은?

① 외화건전성 규제
② 자본거래의 신고
③ 소액해외송금업자의 감독
④ 외국환업무취급기관에 대한 과징금 부과

개념이해 소액해외송금업자의 감독은 금융감독원장이 수행한다.

| 정답 | 01 ① 02 ③ 03 ④ 04 ④ 05 ② 06 ③

03 외국환 거래법의 적용대상

1장 외국환거래법의 총칙

① 외국환 거래 행위의 대상

- 대한민국에서의 외국환과 외국환거래 및 그 밖에 이와 관련되는 행위
- 대한민국과 외국 간의 거래 또는 지급·수령, 그 밖에 이와 관련되는 행위 → 외국에서 하는 행위로서 대한민국에서 그 효과가 발생하는 것을 포함
- 외국에 주소 또는 거소를 둔 개인(비거주자 개인)과 외국에 주된 사무소를 둔 법인이 하는 거래(비거주자 법인)로서 **대한민국 통화(通貨)**로 표시되거나 지급받을 수 있는 거래와 그 밖에 이와 관련되는 행위
- 대한민국에 주소 또는 거소를 둔 개인 또는 그 대리인, 사용인, 그 밖의 종업원(거주자 개인 등)이 외국에서 그 개인의 재산 또는 업무에 관하여 한 행위(**외국재산, 외국업무**)
- 대한민국에 주된 사무소를 둔 법인의 대표자, 대리인, 사용인, 그 밖의 종업원(거주자 법인 등)이 외국에서 그 법인의 재산 또는 업무에 관하여 한 행위(**외국재산, 외국업무**)
- 거래·지급 또는 수령과 직접 관련하여 행하여지는 지급수단·귀금속·증권 등의 취득·보유·송금·추심·수출·수입 등

② 인적대상의 분류(거주자·비거주자)

거주자	• 대한민국 재외공관(예: 미국에 있는 대한민국 대사관) • 국내에 주된 사무소가 있는 단체·기관, 그 밖에 이에 준하는 조직체 • 다음 각 목의 어느 하나에 해당하는 **대한민국 국민** 　– 대한민국 재외공관에서 근무할 목적으로 외국에 파견되어 체재하고 있는 자 　– 비거주자였던 자로서 입국하여 국내에 **3개월 이상 체재**하고 있는 자 　– 그 밖에 영업 양태, 주요 체재지 등을 고려하여 거주자로 판단할 필요성이 인정되는 자로서 기획재정부장관이 정하는 자 • 다음 각 목의 어느 하나에 해당하는 **외국인**(제2항제2호(미합중국군대등) 및 제6호가목·나목(외국정부, 국제기구)에 해당하는 자는 제외) 　– 국내에서 영업활동에 종사하고 있는 자 　– **6개월 이상 국내에서 체재**하고 있는 자
비거주자	• 국내에 있는 외국정부의 공관과 국제기구 • 「대한민국과 아메리카합중국 간의 상호방위조약 제4조에 의한 시설과 구역 및 대한민국에서의 합중국군대의 지위에 관한 협정」에 따른 미합중국군대 및 이에 준하는 국제연합군(이하 미합중국군대등)(미군부대, UN군), 미합중국군대등의 구성원·군속·초청계약자와 미합중국군대등의 비세출자금기관·군사우편국 및 군용은행시설 • 외국에 있는 국내법인 등의 영업소 및 그 밖의 사무소 → 기준은 사무소! – 사무소가 in 외국 : 비거주자 / in 한국 : 거주자 • 외국에 주된 사무소가 있는 단체·기관, 그 밖에 이에 준하는 조직체 • 다음 각 목의 어느 하나에 해당하는 **대한민국 국민** 　– 외국에서 영업활동에 종사하고 있는 자 　– 외국에 있는 국제기구에서 근무하고 있는 자 　– **2년 이상 외국에 체재**하고 있는 자 → 일시 귀국의 목적으로 귀국하여 3개월 이내의 기간 동안 체재한 경우 그 체재기간은 2년에 포함되는 것으로 봄 　– 그 밖에 영업양태, 주요 체재지 등을 고려하여 비거주자로 판단할 필요성이 인정되는 자로서 기획재정부장관이 정하는 자

03. 외국환 거래법의 적용대상

1장 외국환거래법의 총칙

핵심개념을 한번에 담은
빈출개념체크

비거주자	• 다음 각 목의 어느 하나에 해당하는 **외국인** – 국내에 있는 외국정부의 공관 또는 국제기구에서 근무하는 외교관·영사 또는 그 수행원이나 사용인 – 외국정부 또는 국제기구의 공무로 입국하는 자 – **거주자였던 외국인**으로서 출국하여 외국에서 **3개월 이상 체재** 중인 자

▼〈Point 요약정리!〉

구분		내용	비고
거주자	국민	국민(주민등록증), 입국후 3개월 경과, 재외공관원	외국영주권자(재외국민 주민등록증)
	외국인	6개월 이상 체류, 취업자	입국일자, 취업비자, 재직증명 등
	법인,단체 등	국내소재 법인 등, 재외공관	사업자등록증, 국내 외국계 회사
	거소증소지자	외국인등록증, 외국국적동포국내거소신고증	법무부 출입국관리사무소 발급
비거주자	국민	외국인영주권자, 해외 2년 이상 체류, 해외취업자	외국영주권(비자), 장기출장/파견자
	외국인	6개월 미만자, 외국공관원, 주둔군인, 군속자 등	입국일자, 동거가족도 동일
	법인,단체 등	외국소재 모든 법인 등, 외국공관, 주둔군	국내기업의 해외 현지법인, 해외지사

❸ 물적대상

외국환	대외지급수단, 외화증권, 외화파생상품, 외화채권
내국통화	대한민국의 법정통화인 원화
외국통화	내국통화 외의 통화
지급수단	• 정부지폐·은행권·주화·수표·우편환·신용장 • 증권에 해당하지 아니하는 환어음, 약속어음, 우편 또는 전신에 의한 지급지시와 증표, 플라스틱카드, 전자금융거래법상 전자화폐, 선불전자지급수단 등 전자적 방법에 따른 지급수단 ※ 액면가격을 초과하여 매매되는 금화 등은 주화에서 제외함
대외지급수단	외국통화, 외국통화로 표시된 지급수단, 표시통화에 관계없이 외국에서 사용할 수 있는 지급수단
내국지급수단	대외지급수단 외의 지급수단
귀금속	금합금의 지금(地金), 유통되지 아니하는 금화, 그 밖에 금을 주재료로 하는 제품 및 가공품
증권	• 지급수단 ×, 「금투법」 제4조에 따른 **증권과 기명양도성예금증서** • 채무증권(국채, 지방채, 특수채, 사채,기업어음), 지분증권(주식,신주인수권,출자증권,출자지분), 수익증권 및 이권 투자계약증권, 파생결합증권, 증권예탁증권, 무기명양도성예금증서(CD), 유동화증권(ABS)
외화증권	외국통화로 표시된 증권 or 외국에서 지급받을 수 있는 증권
파생상품	「자본시장과 금융투자업에 관한 법률」 제5조에 따른 파생상품과 상품의 구성이 복잡하고 향후 수익을 예측하기 어려워 대규모 외환유출입을 야기할 우려가 있는 금융상품으로서 기획재정부장관이 고시하는 것
외화파생상품	외국통화로 표시된 파생상품 or 외국에서 지급받을 수 있는 파생상품

확인문제로 핵심키워드 정리하기

간단한 쪽지 시험으로 빈출 개념을 다시 정리해 보세요.

1 다음 설명이 맞으면 ○표, 틀리면 ×표 하세요.

(1) 외국환거래법은 대한민국과 외국 간의 거래 또는 지급·수령을 규율하며, 외국에서 하는 행위가 대한민국에서 그 효과가 발생하는 경우도 포함된다. ( )

(2) 외국환거래법은 외국에서 비거주자 간에 이루어진 거래에 대해서는 적용되지 않는다. ( )

(3) 대한민국 거주자가 외국에서 자신의 재산과 관련하여 행하는 행위는 외국환거래법 적용 대상이 아니다. ( )

(4) 대한민국에서 이루어진 외국환거래는 대한민국 법정통화(원화)로만 수행될 경우 외국환거래법 적용을 받지 않는다. ( )

(5) 외국에 주된 사무소를 둔 법인이 대한민국 원화로 표시된 지급수단을 거래하는 경우 외국환거래법의 적용을 받는다. ( )

01 다음 중 외국환거래법이 적용되지 <u>않는</u> 행위는?

① 대한민국과 외국 간의 거래
② 대한민국 내에서 이루어진 외국환거래
③ 외국에서 비거주자 간에 이루어진 거래
④ 대한민국 거주자가 외국에서 자신의 재산과 관련하여 수행하는 행위

개념이해 외국에서 비거주자 간에 이루어진 거래는 대한민국의 법적 효력이 미치지 않으므로 외국환거래법의 적용을 받지 않는다.

2 다음 빈칸에 들어갈 알맞은 말을 적으세요.

(1) 외국에서 이루어지는 행위라도 대한민국에서 ( )가 발생하면 외국환거래법의 적용을 받을 수 있다.

(2) 외국환거래법상 거주자는 대한민국에 주소 또는 거소를 두고 있거나 국내에서 ( )개월 이상 체류하는 외국인을 포함한다.

(3) 외국에서 2년 이상 체류하는 대한민국 국민은 원칙적으로 ( )로 분류된다.

(4) 외국환거래법상 외국환에는 대외지급수단, ( ), 외화파생상품, 외화채권이 포함된다.

(5) 대한민국 법정통화인 원화는 외국환거래법상 ( )로 분류된다.

02 다음 중 외국환거래법상 거주자에 해당하지 <u>않는</u> 경우는?

① 국내에 6개월 이상 체류한 외국인
② 국내에서 취업활동을 수행하는 외국인
③ 외국에서 2년 이상 체류하는 대한민국 국민
④ 대한민국 재외공관에서 근무하는 대한민국 국민

개념이해 외국에서 2년 이상 체류하는 대한민국 국민은 비거주자로 분류된다.

---

1 (1) ○ (2) ○ (3) × (4) × (5) ○
2 (1) 효과 (2) 6 (3) 비거주자 (4) 외화증권 (5) 내국통화

03 외국환거래법에서 정의하는 외국환의 범위에 포함되지 않는 것은?

① 귀금속
② 외화채권
③ 외화증권
④ 대외지급수단

개념이해 귀금속은 외국환거래법상 외국환으로 분류되지 않는다.

오답분석 ②~④ 모두 외국환거래법 제2조 제1호에서 규정하는 외국환의 범위에 포함된다.

04 외국환거래법상 거주자로 분류되는 외국인은 최소 몇 개월 이상 국내에서 체류해야 하는가?

① 3개월
② 6개월
③ 9개월
④ 12개월

개념이해 외국인이 국내에서 6개월 이상 체류하면 거주자로 분류된다.

05 외국환거래법상 거주자로 분류될 수 없는 경우는?

① 국내에서 6개월 이상 체류한 외국인
② 외국에 주된 사무소를 둔 법인의 직원
③ 대한민국에서 영업활동을 수행하는 외국인
④ 대한민국 재외공관에서 근무하는 대한민국 국민

개념이해 외국에 주된 사무소를 둔 법인의 직원은 비거주자로 분류된다.

오답분석 ①③④ 법령상 거주자로 명확히 규정되어 있다.

06 대한민국 법정통화인 원화의 법적 분류는?

① 외국환
② 내국통화
③ 지급수단
④ 대외지급수단

개념이해 대한민국 원화는 내국통화로 분류된다.

| 정답 | 01 ③ 02 ③ 03 ① 04 ② 05 ② 06 ②

04 1장 외국환거래법의 총칙
유사시의 규제조치

❶ 환율에 대한 제한 (법 제5조)

환율 결정기준	매매기준율 (미화, 위완화 환율)	최근 거래일의 오전 9시부터 오후 3시 30분(대한민국 표준시 기준)까지 외국환중개회사를 통하여 거래가 이루어진 미화와 위안화 각각의 현물환매매중 익익영업일 결제거래에서 형성되는 환율과 그 거래량을 가중 평균하여 산출되는 시장평균환율
↳자율변동환율제도: 우리나라 채택, 외환시장에서 수요와 공급에 의해 자유롭게 환율 결정	재정된 매매 기준율 (기타 환율)	최근 주요 국제금융시장에서 형성된 미화와 위안화 이외의 통화와 미화와의 매매중간율을 미화 매매기준율로 재정한 환율
환율 제한	(기) 기준환율 제정	기획재정부장관은 원활하고 질서 있는 외국환거래를 위하여 필요하면 외국환거래에 관한 기준환율, 외국환의 매도율·매입률 및 재정환율(이하 '기준환율 등'이라 함)을 정할 수 있음
	기준환율에 따른 거래	거주자와 비거주자는 제1항에 따라 기획재정부장관이 기준환율 등을 정한 경우에는 그 기준에 따라 거래하여야 함

❷ 외국환거래의 정지 등 (법 제6조 1항)

개요		기획재정부장관은 **천재지변, 전시·사변, 국내외 경제사정의 중대하고도 급격한 변동, 그 밖에 이에 준하는 사태**가 발생하여 부득이 하다고 인정되는 경우에 다음의 조치를 취할 수 있음
	일시정지	외국환거래법을 적용받는 지급 또는 수령, 거래의 전부 또는 일부에 대한 일시 정지
	보관·예치·매각	지급수단 또는 귀금속을 한국은행·정부기관·외국환평형기금·금융회사등에 보관·예치 또는 매각하도록 하는 의무의 부과
	채권추심의무	비거주자에 대한 채권을 보유하고 있는 거주자로 하여금 그 채권을 추심하여 국내로 회수하도록 하는 의무의 부과 ※ 거주자 관할 세무서장 협조요청 기획재정부장관은 채권추심의무에 따른 조치를 하기 위하여 필요한 경우 해당 거주자의 관할 세무관서의 장에게 해외금융계좌정보의 제공을 요청 가능하며 이 경우 요청받은 관할 세무관서의 장은 특별한 사정이 없으면 그 요청에 따라야 할 의무가 있음
	※ 특별한 사유가 없으면 6개월의 범위, 조치 사유가 소멸된 경우 즉시 해제	
고시		기획재정부장관은 조치를 하거나 조치를 변경하려는 경우에는 다음 사항을 고시하여야 함
	일시정지	대상·범위 및 기간
	보관·예치·매각	대상·범위 및 기간
	채권추심의무	회수 대상 채권의 범위 및 회수기한

- 긴급한 경우: 기재부 장관 ①조치 즉시 시행, ②지체없이 조치고시
- 조치 해제: 해제고시
  ※ 외국인투자 촉진법에 따른 외국인투자에 대하여 적용하지 않음

04 1장 외국환거래법의 총칙
유사시의 규제조치

❸ 자본거래 허가 및 예치 의무의 부과 (법 제6조 2항)

개요	기획재정부장관은 다음의 경우 자본거래를 하려는 자에게 다음과 같은 조치를 취할 수 있음 ① 허가: 자본거래 허가 의무 부과 ② 예치: 취득하는 지급수단의 일부를 한국은행·외국환평형기금 또는 금융회사 등에 예치하도록 하는 의무 부과 〈자본거래 허가 및 예치의무 부과 사유〉 국제수지 및 국제금융상 심각한 어려움에 처하거나 처할 우려가 있는 경우 대한민국과 외국 간의 자본 이동으로 통화정책, 환율정책, 그 밖의 거시경제정책을 수행하는 데에 심각한 지장을 주거나 줄 우려가 있는 경우 ※ 특별한 사유가 없으면 6개월의 범위, 조치 사유가 소멸된 경우 즉시 해제
고시	기획재정부장관은 조치를 하거나 조치를 변경하려는 경우에는 다음 사항을 고시하여야 함 ① 허가: 자본거래의 허가를 받도록 하는 경우에는 허가를 받아야 하는 자본거래의 종류·범위·기간 및 허가절차 ② 예치: 자본거래를 하는 자로 하여금 해당 거래로 인하여 취득한 지급수단의 일부를 예치하도록 하는 경우에는 예치 대상·예치비율·예치금리·예치기간 및 예치기관 예치비율 및 예치금리 결정기준 1. 예치비율은 국제수지·통화·환율동향 등을 종합적으로 고려하여 정할 것 2. 예치금리는 무이자로 할 것. 다만, 기획재정부장관이 원활하고 질서있는 외국환관리를 위하여 특히 필요하다고 인정하는 경우에는 그러하지 아니함 • 긴급한 경우: 기재부 장관 ①조치 즉시 시행, ②지체없이 조치고시 • 조치 해제: 해제고시 ※ 외국인투자 촉진법에 따른 외국인투자에 대하여 적용하지 않음

확인문제로 핵심키워드 정리하기

간단한 쪽지 시험으로 빈출 개념을 다시 정리해 보세요.

1 다음 설명이 맞으면 ○표, 틀리면 ×표 하세요.

(1) 우리나라는 자율변동환율제도를 채택하고 있으며, 환율은 외환시장에서 수요와 공급에 의해 결정된다. ( )

(2) 기획재정부장관은 필요하면 외국환거래에 관한 기준환율, 외국환의 매도율·매입률 및 재정환율을 정할 수 없다. ( )

(3) 외국환거래법상 기획재정부장관은 전시·사변 등 국가적 위기 상황에서 지급 또는 수령을 포함한 외국환거래를 일시적으로 정지할 수 있다. ( )

(4) 기획재정부장관이 조치를 시행한 경우, 조치의 해제는 별도의 공고 없이 자동으로 이루어진다. ( )

(5) 국제수지 및 국제금융상 심각한 어려움이 예상될 경우, 기획재정부장관은 자본거래를 하려는 자에게 허가를 받도록 하는 의무를 부과할 수 있다. ( )

2 다음 빈칸에 들어갈 알맞은 말을 적으세요.

(1) 기획재정부장관은 필요하면 외국환거래에 관한 ( )을 정할 수 있으며, 거주자 및 비거주자는 이에 따라 거래해야 한다.

(2) 기획재정부장관은 ( ), 전시·사변, 국내외 경제사정의 중대한 변동 등 부득이한 경우 외국환거래를 일시 정지할 수 있다.

(3) 외국환거래의 일시 정지 조치는 원칙적으로 ( ) 개월 범위 내에서 적용되며, 사유가 소멸되면 즉시 해제된다.

(4) 기획재정부장관이 자본거래 허가 의무를 부과할 수 있는 요건 중 하나는 ( ) 및 국제금융상 심각한 어려움이 예상되는 경우이다.

01 우리나라가 채택하고 있는 환율제도는?

① 고정환율제
② 자율변동환율제
③ 관리변동환율제
④ 부분변동환율제

개념이해 우리나라는 외환시장에서 수요와 공급에 의해 환율이 결정되는 자율변동환율제도를 채택하고 있다.

02 기획재정부장관이 외국환거래를 일시적으로 정지할 수 있는 사유가 아닌 것은?

① 천재지변
② 전시·사변
③ 특정 기업의 파산
④ 국내외 경제사정의 중대한 변동

개념이해 특정 기업의 파산은 국가적 경제위기와 직접적인 연관이 없으며, 외국환거래법상 정지 사유가 되지 않는다.

---

1 (1) ○ (2) × (3) ○ (4) × (5) ○
2 (1) 기준환율 (2) 천재지변 (3) 6 (4) 국제수지

03 자본거래 허가 의무를 부과할 수 있는 사유가 아닌 것은?

① 국제금융상의 위기
② 환율정책 수행의 어려움
③ 외국기업의 국내 투자 증가
④ 국제수지의 심각한 악화 우려

개념이해 외국기업의 국내 투자 증가는 국가적 금융위기와 무관하며, 허가 의무 부과 사유가 될 수 없다.

보충학습 〈자본거래 허가·예치의무 부과 사유〉
- 국제수지 및 국제금융상 심각한 어려움에 처하거나 처할 우려가 있는 경우
- 대한민국과 외국 간의 자본 이동으로 통화정책, 환율정책과 그 밖의 거시경제정책을 수행하는 데s 심각한 지장을 주거나 줄 우려가 있는 경우

04 기획재정부장관이 자본거래에 대한 예치비율을 결정할 때 고려하는 사항이 아닌 것은?

① 국제수지
② 통화 동향
③ 환율 동향
④ 특정 기업의 재무상태

개념이해 특정 기업의 재무상태는 국가적 금융정책과 무관하다.

05 외국인투자 촉진법에 따라 이루어진 외국인투자에 대해 적용되지 않는 규제조치는?

① 외국환거래 정지
② 지급수단 예치 의무
③ 자본거래 허가 의무
④ 모든 규제

개념이해 외국인투자 촉진법에 따른 외국인투자는 외국환거래법상 규제 조치에서 제외된다.

06 자본거래와 관련하여 취득한 지급수단의 일부를 예치하는 경우 원칙적인 예치금리는?

① 무이자
② 시장금리
③ 중앙은행이 정하는 금리
④ 외국 금융기관이 결정하는 금리

개념이해 원칙적으로 예치금리는 무이자로 설정된다.

| 정답 | 01 ② 02 ③ 03 ③ 04 ④ 05 ④ 06 ①

01

2장 외국환업무 취급기관 등
외국환업무의 등록
(법 제8조, 시행령 제13조, 규정 제 2-1조)

❶ 외국환업무의 등록

- 외국환업무를 업으로 하려는 자는 요건(외국환업무를 하는 데 충분한 자본·시설 및 전문인력)을 갖추어 미리 기획재정부장관에게 등록하여야 함 → 체신관서 제외
- 외국환업무는 인가·등록·지정 등을 받은 금융회사 또는 일정 요건을 갖춘 자만 수행 가능함 → 금융회사 등의 업무와 직접 관련되는 범위 내
- 전문외국환업무취급업자: 금융회사 등이 아닌 자가 아래 어느 하나에 해당하는 외국환업무를 업으로 하려는 경우에는 해당 업무에 필요한 자본·시설 및 전문인력 등 요건을 갖추어 미리 기획재정부장관에게 등록하여야 함

  - 외국통화의 매입 또는 매도, 외국에서 발행한 여행자수표의 매입
  - 대한민국과 외국 간의 지급 및 수령과 이에 수반되는 외국통화의 매입 또는 매도
  - 그 밖에 외국환거래의 편의 증진을 위하여 필요하다고 인정하여 대통령령으로 정하는 외국환업무

❷ 외국환업무의 등록 요건

국내 금융기관	자본	금융위원회가 정하는 재무건전성 기준에 비추어 **자본 규모와 재무구조가 적정**할 것
	전산망	외환정보집중기관과 **전산망**이 연결되어 있을 것
	전산설비	외국환업무 및 사후관리를 원활하게 수행할 수 있는 **전산설비**를 갖출 것
	2년경력 or 교육이수자 2명	외국환업무 **2년 경력 or 교육이수자** 영업소별 **2명** 확보
외국 금융기관	신용공여 약정체결	**외국환업무취급기관인 외국 금융기관과 신용공여**를 받을 수 있는 약정을 체결할 것
	외국통화 계좌	**해당 금융회사 등 명의의 외국통화 계좌**를 외국환은행, 국내에 본점을 둔 외국환은행의 해외 현지법인이나 해외지점 또는 외국 금융기관 중 한 곳 이상에 개설할 것
	내국통화 계좌	해당 금융회사 등 명의의 내국통화 계좌를 외국환은행 중 한 곳 이상에 개설할 것
	전산망	**외환정보집중기관과 전산망**이 연결되어 있을 것

❸ 외국환업무의 등록 사전검토

외국환업무를 업으로 하려는 자는 등록 전 기획재정부장관에게 일부 또는 전부의 등록 요건에 대해 사전검토 요청 가능 ※ 요청 시 사전검토 요청서를 기획재정부장관에게 제출	▶ 사전검토를 요청받은 기획재정부 장관은 사전검토 결과를 **20일(토요일 및 공휴일 불산입) 이내**에 통보 의무 ※ 사전검토 결과 통보 전에 등록 신청이 접수된 경우, 등록 검토 결과로 갈음

01 외국환업무의 등록
2장 외국환업무 취급기관 등
(법 제8조, 시행령 제13조, 규정 제 2-1조)

핵심개념을 한번에 담은 빈출개념체크

④ 외국환업무의 등록절차

외국환업무를 하려는 자는 다음 사항을 포함한 등록신청서를 기획재정부장관에게 제출해야 함
- 명칭
- 본점 및 국내영업소의 소재지
- 외국환업무의 취급 범위
- 자본·시설 및 전문인력에 관한 사항
- 임원에 관한 사항

▼

- 기획재정부장관은 금융감독원장과 외환정보집중기관장에게 요건 충족 여부를 확인 요청
- 결과 통보 기한: **10일 이내(토요일 및 공휴일 제외)**

▼

기획재정부장관은 등록 신청이 등록배제요건에 해당하는 경우를 제외하고는 등록을 해주어야 함

〈등록배제요건〉
- 등록을 신청한 자가 금융회사 등이 아닌 경우
- 등록 요건을 갖추지 못한 경우
- 제출받은 서류에 흠이 있다고 인정되는 경우
- 등록 취소된 자가 취소일로부터 **3년 이내** 재등록 신청
- 그 밖에 이 법 또는 다른 법령에 따른 제한에 위반되는 경우

▼

- 등록완료(등록증 발급의무)
- 등록 등에 대한 사무처리기간: 신청일부터 **20일 이내(초일산입 공유일, 보완기간 불산입)**
- **별도규정 ×**: 민원사무처리에관한법령 및 행정절차법령의 규정을 준용
    - 외국환업무취급기관의 등록
    - 전문외국환업무취급업자의 등록
    - 인가·신고 등

01 외국환업무의 등록
2장 외국환업무 취급기관 등
(법 제8조, 시행령 제13조, 규정 제 2-1조)

❺ 외국환업무 등록내용의 변경(시행령 제16조)

- 등록사항(명칭, 소재지, 업무범위 등) 변경 및 폐지는 7일 전 기획재정부장관에게 신고해야 한다.

  〈신고대상에 해당하는 등록 변경사항〉
  - 외국환업무취급기관: 명칭, 본점 및 국내영업소의 소재지, 외국환업무의 취급 범위(국내영업소의 소재지는 제외)
  - 환전영업자: 명칭, 영업소의 소재지, 환전업무의 취급 범위
  - 소액해외송금업자: 명칭, 본점 및 영업소의 소재지, 소액해외송금업무 대상국가 및 취급통화 등을 포함한 취급 범위에 관한 사항, 소액해외송금업무의 수행 방식에 관한 사항, 소액해외송금업무에 사용할 계좌(소액해외송금업무의 등록을 하려는 자의 명의로 금융회사등에 개설된 계좌로 한정한다)의 정보, 소액해외송금업무 과정에서 관여하는 외국 협력업자에 관한 사항
  - 기타전문외국환업무를 등록한 자: 명칭, 본점 및 국내영업소의 소재지, 외국환업무의 취급 범위(국내영업소의 소재지는 제외)

- 외국환업무의 등록내용 변경(국내영업소의 신설·폐지 및 소재지 변경)은 제외이나 외국환업무 폐지는 외국환업무등록내용변경신고서를 기획재정부장관에게 제출해야 한다.
  ※ 외국환업무취급기관의 본점이 이전할 때에는 이전한 날로부터 30일 이내에 변경신고서를 기획재정부장관에게 제출해야 한다.

❻ 외국환업무 수행의 기준(시행령 제17조)

외국환업무취급기관과 전문외국환업무취급업자는 다음 각 호에 해당하는 기준에 따라 업무를 수행해야 함

① 기록/서류보관: 거래 내용을 기록하고 관련 서류를 보존할 것
② 겸영 구분관리: 외국환업무와 그 밖의 업무를 겸영하는 경우에는 해당 외국환업무와 다른 업무를 구분하여 관리(회계처리를 포함)할 것

같은 항 각 호의 업무별로 구분하여 관리 법 제8조제3항 각 호의 업무를 겸영하는 경우	1. 외국통화의 매입 또는 매도, 외국에서 발행한 여행자수표의 매입 2. 대한민국과 외국 간의 지급 및 수령과 이에 수반되는 외국통화의 매입 또는 매도 3. '기타전문외국환업무 – 「전자금융거래법」에 따른 전자화폐의 발행·관리업무, 선불전자지급수단의 발행·관리업무 또는 전자지급결제대행에 관한 업무와 직접 관련된 외국환업무로서 기획재정부장관이 정하여 고시하는 업무
해당 기타전문 외국환업무별로 구분하여 관리 기타전문외국환업무를 2개 이상 겸영하는 경우	1. 위험관리체제 구축: 외국환업무취급 관련위험을 효율적으로 관리하기 위하여 종합적인 위험관리 체제를 구축·운용할 것 2. 기타: 그 밖에 외국환업무의 원활한 수행과 안정성 확보를 위하여 기획재정부장관이 정하여 고시하는 기준을 따를 것

❼ 외국금융기관과 계약체결 시 인가

외국환업무취급기관은 아래에 해당하는 경우 이 법을 적용받는 업무에 관하여 외국금융기관과 계약을 체결할 때 기획재정부장관의 인가를 받아야 한다.

- 국민경제의 건전한 발전
- 국제 평화와 안전의 유지 등
- 급격한 국제금융시장의 불안정 및 외환시장의 변동성 확대로 인하여 국민경제에 심각한 지장을 초래할 우려가 있어 외환의 유입 및 유출에 대한 자세한 주의가 필요한 경우로서 기획재정부장관이 인정하는 경우

01 외국환업무의 등록
2장 외국환업무 취급기관 등
(법 제8조, 시행령 제13조, 규정 제 2-1조)

🔍 **빈출개념체크** — 핵심개념을 한번에 담은

❽ 환전영업자의 등록 (시행령 제15조, 제16조 규정 제2-28조, 제2-29조)

등록신청	• 기재부 장관 등록: 환전업무를 업으로 하려는 자는 신청서에 기획재정부장관이 정하여 고시하는 서류를 첨부하여 **기획재정부장관에게 등록**을 신청하여야 함 • 환전업무 방식선택(관세청장 위임업무 → 환전영업자): 환전업무의 등록을 하고자 하는 자는 환전업무등록신청서에 다음의 환전업무 방식 중 영위하고자 하는 방식을 선택(복수 선택 가능)하여 등록요건을 충족하고 증빙서류를 첨부하여 **관세청장에게 제출**하여야 함 　• 일반 　• 무인환전기기 　• 온라인
등록요건	**영업장**: 환전업무를 하는 데에 필요한 영업장 **전산설비**: • 보고 및 자료제출을 원활하게 할 수 있는 컴퓨터 등의 전산설비 • 무인환전기기와 온라인 환전영업자: 환전업무의 안정성과 신뢰성을 확보할 수 있는 정보처리 및 정보보호 시스템으로서 관세청장이 인정하는 전산설비
등록절차	기획재정부장관은 등록 신청이 아래 어느 하나에 해당하는 경우를 제외하고는 등록을 해 주어야 함 • 영업장 및 전산설비를 갖추지 못한 경우 • 제출받은 서류에 흠이 있다고 인정되는 경우 • 등록 취소된 자가 취소일로부터 **3년 이내** 재등록 신청 • 그 밖에 이 법 또는 다른 법령에 따른 제한에 위반되는 경우 ※ 등록 완료 시 등록증 발급

❾ 환전업무의 등록내용 변경 및 폐지

명칭 및 소재지를 변경하고자 하는 자	환전업무등록내용변경신고서에 다음 서류를 첨부하여 관세청장에게 제출해야 함 • 환전영업자 등록필증 • 변경사항을 증명하는 서류
환전업무를 폐지하고자 하는 자	환전업무폐지신고서에 다음 서류를 첨부하여 관세청장에게 제출해야 함 • 환전장부 사본 • 환전영업자 등록필증 • 보유 외국환잔액(외화예금을 포함한다)의 지정거래외국환은행에의 매각증명서 • 미사용환전증명서(외국환매각신청서와 외국환매입증명서) 및 폐기환전증명서에 대한 지정거래외국환은행에의 반납확인서

❿ 환전영업자 등록요건 유지여부 확인

관세청장은 환전영업자 등록요건 유지 여부를 확인하기 위하여 증빙서류 제시 등을 요구할 수 있으며, 환전영업자는 관세청장의 요구에 따라야 한다.

01

2장 외국환업무 취급기관 등

외국환업무의 등록
(법 제8조, 시행령 제13조, 규정 제 2-1조)

⑪ 환전영업자의 업무

환전장부 기록 보관	• 환전장부 기록: 환전일자, 매각자(매입자)의 성명·주민등록번호·여권번호 등 인적사항, 환전금액, 적용환율, 거래내용 • 제출기한: **매 반기 종료 후 다음 달 10일**까지 환전장부(전자문서를 포함한다)의 사본을 관세청장에게 제출 • 온라인환전영업자 + 이행보증금을 예탁하거나 보증보험에 가입한 경우: **매분기 다음 달 10일**까지 제출

등록요건	• 환전영업자는 다음과 같이 거주자 또는 비거주자로부터 내국지급수단을 대가로 외국통화등을 매입할 수 있음
	  – 외국환매각신청서를 제출받아 실명확인증표(주민등록증, 여권, 사업자등록증 등)로 인적사항 확인(다만, 자동동전교환기를 설치하여 외국통화를 매입하는 경우 제외)
	  – 동일자, 동일인 기준 **미화 2만 달러** 초과 시 신고대상 확인 의무
	
	  〈소액환전〉
	    – 동일자, 동일인 기준 미화 2천 달러 이하 환전 시 외국환매각신청서 및 외국환매입증명서 생략
	    – 전산관리업자의 경우 4천 달러까지 확대
	
	  – 외국환매각신청서 사본을 익월 10일 이내에 국세청장 및 관세청장에게 통보
	
	  〈통보제외〉
	    – 자동동전교환기를 설치하여 외국통화를 매입하는 경우
	    – 동일자에 동일인으로부터 미화 1만 달러 이하의 외국통화등을 매입하는 경우
	
	  – 외국인거주자 또는 비거주자로부터 외국통화등을 매입하는 경우에는 **1회에 한하여** 별지 제3-5호 서식의 외국환매입증명서를 발행·교부하여야 함 (다만, 자동동전교환기를 설치하여 외국통화를 매입하는 경우 제외)

재환전	• 비거주자가 입국 후 체류 중 매각한 금액 범위 내에서 재환전 가능 • 비거주자 및 외국인거주자 카지노 환전금액 재환전 가능
재환전 시 제출	• 재환전 시 재환전신청서, 외국환매입증명서 및 여권 제출 • 특수 대상자(외교관, 외국 정부 공무원 등): 여권 외 신분증, 외국인등록증으로 대체 가능
거래외국환 은행 지정	• 외국통화등의 외국환은행에 대한 매각 및 예치 • 외국환은행으로부터의 외국통화 매입
서류보관	환전영업자는 환전장부, 외국환매각신청서, 외국환매입증명서 등 환전관계 서류를 해당 연도 이후 **5년간** 보관하여야 함

무인 환전기기 환전영업자 특례규정	• 매입·매각 한도: 동일자, 동일인 기준 미화 **2천 달러**(전산관리업자는 **4천 달러**)
	• 업무 준수 기준
	  – 고객 실명확인증표(주민등록증, 여권 등) 스캔으로 인적사항 확인
	  – 고객 보호 및 불편 해소를 위한 고객지원센터 운영

온라인환전 영업자 특례규정	• 매입·매각 한도: 동일자, 동일인 기준 미화 **2천 달러**(전산관리업자는 **4천 달러**) • 영업소 이외의 장소 또는 금융회사 등에 개설된 계좌를 통해서 고객으로부터 외국통화등을 수령하거나 고객에게 외국통화등을 지급할 수 있음 • 주민등록번호, 여권번호 등 실명확인증표에 의해 인적사항 확인 • 관세청장 규정 절차 준수 • 고객 불만 처리 및 손해 배상 절차 마련 • 1억원 이상의 이행보증금 예탁 또는 보증보험 가입 • 온라인 환전업무용 외화계좌 사용 의무

2장 외국환업무 취급기관 등
외국환업무의 등록
(법 제8조, 시행령 제13조, 규정 제 2-1조)

겸영	• 환전영업자가 무인환전기기 방식과 온라인 방식을 동시에 겸영 시 관련규정을 모두 준수 • 무인환전기기환전영업자 매입·매각 한도: 동일자, 동일인 기준 미화 **2천 달러**(전산관리업자는 **4천 달러**) • 온라인환전영업자 매입·매각 한도: 동일자, 동일인 기준 미화 2천 달러(전산관리업자는 **4천 달러**)
보고	지정거래외국환은행의 보고: **거래일 다음 영업일까지** 한국은행총재에게 보고

→ 한국은행총재는 보고 내용을 즉시 관세청장에게 통보

⑫ 소액해외송금업자의 등록 (시행령 제15조의2~제15조의 4, 규정 제2-30조~제2-37조)

등록신청서류	소액해외송금업무를 업으로 하려는 자는 신청서에 정관 등 기획재정부장관이 정하여 고시하는 서류를 첨부하여 기획재정부장관에게 등록을 신청하여야 함

▼

신청서 제출	소액해외송금업무의 등록을 하고자 하는 자는 소액해외송금업무등록신청서에 서류를 첨부하여 금융감독원장을 경유하여 기획재정부장관에게 제출하여야 함

⑬ 소액해외송금업자 등록절차

등록요건	•「상법」 제169조에 따른 회사로서 자기자본이 **10억원** 이상일 것 • 부채비율 **200%** 이내 유지: 기획재정부장관이 정하여 고시하는 재무건전성 기준을 충족할 것 • 외환정보집중기관과 전산망이 연결되어 있을 것 • 전산설비와 전문인력 확보 • 외국환업무 **2년 경력** or 교육이수자를 **2명 이상** 확보 • 임원이 결격사유(금융회사의 지배구조법)에 해당하지 않을 것

▼

확인요청	• 기획재정부장관은 등록 신청을 받은 때에는 금융감독원장 및 외환정보집중기관의 장에게 요건을 갖추었는지 여부 확인 가능 • 금융감독원장은 외환정보집중기관의 장에게 통보(전산망 연결여부 확인) 의무 • 금융감독원장 및 외환정보집중기관의 장은 등록신청서의 내용과 등록요건의 충족 여부를 확인하여 기획재정부장관에게 그 결과를 통보 의무

▼

등록	기획재정부장관은 아래의 등록배제대상을 제외하고는 등록을 해주어야 함 〈등록배제대상〉 • 등록 요건을 갖추지 못한 경우 • 제출받은 서류에 흠이 있다고 인정되는 경우 • 등록 취소된 자가 취소일로부터 3년 이내 재등록 신청 • 그 밖에 이 법 또는 다른 법령에 따른 제한에 해당하는 경우

▼

등록증 발급	기획재정부장관은 등록 완료 시 등록증 발급 의무

01

2장 외국환업무 취급기관 등

외국환업무의 등록
(법 제8조, 시행령 제13조, 규정 제 2-1조)

등록요건 변경 및 폐지	• 등록내용을 변경하고자 하는 자는 소액해외송금업무등록내용변경(폐지)신고서에 다음의 서류를 첨부하여 금융감독원장에게 제출하여야 함 　– 소액해외송금업무 등록필증 　– 변경사항을 증명하는 서류(변경신고의 경우 자기자본 요건충족서류 포함) • 소액송금업무를 폐지하고자 하는 자는 별지 소액해외송금업무등록내용변경(폐지)신고서에 다음 각목의 서류를 첨부하여 금융감독원장에게 제출하여야 함 　– 소액해외송금업무 등록필증 　– 소액해외송금업무와 관련하여 고객 채무 이행 완료 증빙 서류

▼

등록요건 유지 및 증빙서류 제시 요구	• 소액해외송금업자는 자기자본을 같은 호에서 정한 금액의 **100의 70**에 해당하는 금액(이하 '최저자기자본')에 미달하지 아니하도록 운용 의무 • 각 회계연도 말을 기준으로 최저자기자본을 충족하지 못한 소액해외송금업자는 다음 회계연도 말까지 최저자기자본 요건 충족 의무 • 금융감독원장은 등록요건 유지 여부를 확인하기 위하여 증빙서류 제시 등을 요구할 수 있으며, 소액해외송금업자는 금융감독원장의 요구에 따라야 함

14 소액해외송금업무의 규모 및 방식

취급가능 규모	• 건당 지급 · 수령 한도: 건당 미화 **5천 달러** • 동일인당 연간 지급 · 수령 누계 한도: 미화 **5만 달러** • 외국환은행 상대로 외국통화 매입 · 매도 가능 • 고객으로부터 자금을 수령하는 경우 건별로 수령하여야 함
전용계좌 사용의무	• 원칙: 등록된 전용계좌를 통해서만 자금 지급 · 수령 가능 　〈예외: 전용계좌를 통하지 않을 수 있는 사유〉 　– 외국환업무를 등록한 금융회사 등(다만, 한국해양진흥공사는 제외) 및 기타전문외국환업무를 등록한 자를 통하여 고객에게 자금을 지급하거나 고객으로부터 자금을 수령하는 경우 　– 환전영업자 및 「전자금융감독규정」 제3조제2호에서 정하는 사업자를 통하여 고객에게 자금을 지급하거나 고객으로부터 자금을 수령하는 경우(무인환전기기를 통한 지급 및 수령 포함) • 전용계좌: 고객에게 자금을 지급 및 수령에 따른 용도로만 사용 의무 • 전용계좌는 다른 자산과 분리해 회계 처리
자료보관 의무 및 유관기관 통보	• 국내의 지급인 및 수령인별로 지급등의 내역을 기록 + **5년간** 보관의무지급등 내역: 매월별로 익월 **10일**까지 외환정보집중기관을 통하여 금융정보분석원장, 국세청장, 관세청장, 금융감독원장에게 통보의무 • 소액해외송금업무 정산 및 거래 내역을 기록 + **5년간** 보관의무금융감독원장이 요구할 경우 이를 제출해야 함

01

2장 외국환업무 취급기관 등

외국환업무의 등록
(법 제8조, 시행령 제13조, 규정 제 2-1조)

핵심개념을 한번에 담은
빈출개념체크

⑮ 소액해외송금업자의 안전성 확보 및 약관의 제정/변경

소액해외송금업자의 안정성 확보	• 소액해외송금업무의 안전성과 신뢰성을 확보할 수 있도록 전자적 전송이나 처리를 위한 인력, 시설, 전자적 장치, 소요경비 등의 정보기술부문 및 인증방법에 관하여 기획재정부장관이 정하는 기준을 준수하여야 함 • 소액해외송금업자는 기획재정부장관이 정하는 자격요건(전자금융거래법 시행령 별표1)을 갖춘 사람을 소액해외송금업무의 기반이 되는 정보기술부문 보안을 총괄하여 책임질 정보보호최고책임자로 지정하여야 함 〈정보보호최고책임자 요건〉 – 외국환업무를 등록한 금융회사 등(다만, 한국해양진흥공사는 제외) 및 기타전문외국환업무를 등록한 자를 통하여 고객에게 자금을 지급하거나 고객으로부터 자금을 수령하는 경우 – 환전영업자 및 「전자금융감독규정」 제3조제2호에서 정하는 사업자를 통하여 고객에게 자금을 지급하거나 고객으로부터 자금을 수령하는 경우(무인환전기기를 통한 지급 및 수령 포함)
약관의 제정/변경	• 소액해외송금업자가 약관을 제정 또는 변경하고자 하는 경우에는 해당 약관 및 약관 내용을 이해하는데 필요한 관련서류를 시행 예정일 45일 까지 금융감독원장에게 제출하여야 함(약관변경권고 및 수락여부보고에 소요되는 기간 불산입) ※ 약관 및 관련서류는 전자문서로 제출할 수 있음
정보제공 의무	소액해외송금업자는 기획재정부장관이 정하여 고시하는 소액해외송금업무와 관련된 주요 정보를 고객에게 제공하여야 함 〈소액해외송금업무와 관련된 주요 정보〉 – 지급·수령에 소요되는 예상 기간 – 고객이 지불해야 하는 수수료 금액 – 고객이 지급·수령하는 자금의 원화표시 및 외화표시 금액과 적용 환율 – 분쟁처리절차 및 관련 연락처

⑯ 기타전문외국환업무

정의	• 전자화폐의 발행 및 관리업무 〈전자지급결제대행에 관한 업무와 직접 관련된 외국환업무로서 기획재정부장관 지정고시업무〉 – 전자금융거래법에 따른 전자지급결제대행 업무 과정에서의 대한민국과 외국 간의 지급·추심 및 수령 – 제1호의 업무와 관련한 외화채권의 매매 〈선불전자지급수단의 발행 및 관리 업무와 직접 관련된 외국환업무로서 기획재정부장관 지정고시업무〉 – 전자금융거래법에 따른 전자화폐의 발행 및 관리 업무 과정에서의 대외지급수단인 전자화폐의 발행 – 제1호의 업무와 관련한 대한민국과 외국 간의 지급·추심 및 수령
등록가능자	• 「전자금융거래법」 제28조에 따라 전자화폐의 발행·관리업무를 허가받은 자 • 선불전자지급수단의 발행·관리업무를 등록한 자 • 전자지급결제대행에 관한 업무를 등록한 자

01 외국환업무의 등록
2장 외국환업무 취급기관 등
(법 제8조, 시행령 제13조, 규정 제 2-1조)

통보	기타전문 외국환업무를 등록한 자는 아래 정보를 매분기 종료 후 다음 분기의 **첫째 달 10일까지** 국세청장, 관세청장 및 금융감독원장에게 통보하여야 함 • 전자지급결제대행자: 　– 전자적 방법으로의 재화의 구입 또는 용역의 이용에 따른 대가의 정산과 관련된 거래내역 등 　– 대외지급수단인 전자화폐를 이용한 외국에서의 재화 또는 용역 구입 내역과 이와 관련된 대한민국과 외국 간의 지급·추심 및 수령 내역 등 • 선불전자지급수단 발행/관리자: 　– 대외지급수단인 선불전자지급수단을 이용한 외국에서의 재화 또는 용역 구입 내역과 이와 관련된 대한민국과 외국간의 지급·추심 및 수령 내역 등

⑰ 전자화폐와 선불전자지급수단

- 전자화폐와 선불전자지급수단은 다른 전자지급수단이나 주식·채권·파생상품 등 자산의 거래가 아닌, 재화 및 용역 구입에만 사용할 수 있도록 한정되어 있다.
- 전자화폐와 선불전자지급수단은 「금융실명거래 및 비밀보장에 관한 법률」 제2조 제4호에 따른 실지명의로 발행되거나 예금계좌와 연결되어 발행된 것만 보유할 수 있으며, 타인으로부터 양도받는 것은 보유할 수 없다.

⑱ 외국환중개업무(법 제9조)

정의 (2025.03)	가. 외국통화의 매매·교환·대여의 중개 나. 외국통화를 기초자산으로 하는 파생상품거래의 중개 다. 그 밖에 가목 및 나목과 관련된 업무	
구분	• 일반 외국환중개업: 외국환거래 관련 전문성을 갖춘 금융회사등 및 관련 기관으로서 대통령령으로 정하는 자(전문금융기관등) 간의 외국환중개업무에 관한 영업 • 대(對)고객 외국환중개업: 전문금융기관등과 전문금융기관등에 속하지 아니한 외국환거래 상대방으로서 대통령령으로 정하는 자 간의 외국환중개업무에 관한 영업 • 기타 위와 관련된 업무	
인가 요건	자본, 전산시설, 전문인력을 갖추어 기획재정부장관의 인가를 받아야 함	
	자본	• 납입자본금이 **40억원** 이상일 것 • 외국통화의 매매(선물환 제외)의 중개등 **50억원** 이상
	전산시설	외국환중개업무 및 이에 관한 보고 등을 수행할 수 있는 전산시설을 갖출 것
	전문인력	외국환중개업무에 관한 지식·경험 등 업무 수행에 필요한 능력을 가진 전문인력을 2명 이상 갖출 것
	취소이력	등록 취소된 자가 취소일로부터 3년 이내 재등록 신청한 것이 아닐 것
운용 기준	• 외국환중개회사는 인가를 받은 후 자본금이 납입자본금 기준의 **70%**에 미달하지 않게 운용 • **미충족시 기획재정부장관은 다음 회계연도 말일까지 자본금**을 확충하도록 요청 • 자본금 기준: 매 회계연도 말일	

01 외국환업무의 등록
2장 외국환업무 취급기관 등
(법 제8조, 시행령 제13조, 규정 제 2-1조)

빈출개념체크

구분	내용
외국환중개업무 거래상대방	• 한국은행 • 은행 등, 종합금융회사 • 투자매매업자, 투자중개업자 및 증권금융회사 • 정부(외국환평형기금 운용·관리 한정) • 보험회사 • 외국 금융기관(내국/대외지급수단 매매중개 외국환업무취급기관인 외국 금융기관으로 한정)
보증금	• 기획재정부장관은 외국환중개업무의 성실한 이행을 위하여 외국환중개회사에 대하여 기획재정부장관이 지정하는 기관에 보증금(납입자본금의 **100분의 20**)을 예탁하게 하거나, **보험** 또는 **공제**에 가입하게 하는 등 대통령령으로 정하는 바에 따라 필요한 조치를 취할 수 있음 • 외국환중개회사가 외국환중개업무를 **폐지**한 경우, 인가가 취소되어 그 잔무를 종결한 경우에는 외국환중개회사의 신청에 의하여 예탁한 보증금을 **반환**함
외국에서 외국환중개업무	• 외국환중개회사가 외국에서 외국환중개업무를 하려는 경우 기획재정부장관의 인가를 받아야 함 • 외국에서의 외국환중개업무 수행방법 　- 지점 및 사무소를 설치 　- 외국환중개업무를 하는 외국법인의 주식 또는 출자지분을 취득하여 해당 법인의 경영에 참가 　- 해당 외국환중개회사가 사실상 경영권을 지배하고 있는 외국법인으로 하여금 외국환중개업무를 하는 다른 외국법인의 주식 또는 출자지분을 취득하게 하여 그 경영에 참가

[인가절차]

1. 신청서류 구비: 외국환중개업무를 업으로 하려는 자는 다음 사항을 적은 신청서에 기획재정부장관이 정하여 고시하는 서류를 첨부하여 기획재정부장관에게 인가를 신청하여야 함

    명칭, 영업소의 소재지, 자본·시설 및 전문인력에 관한 사항, 임원에 관한 사항

2. 합병, 해산, 영업의 전부 또는 일부 양도양수 기획재정부장관 인가
3. 인가의 결정: 기재부 장관 **30일 이내** 결정 및 통지
4. 신고사항 변경/영업 전부 또는 일부 폐지: **7일전** 기재부장관 신고

확인문제로 핵심키워드 정리하기

간단한 쪽지 시험으로 빈출 개념을 다시 정리해 보세요.

1 다음 설명이 맞으면 ○표, 틀리면 ×표 하세요.

(1) 기획재정부장관은 외국환업무를 업으로 하려는 자가 등록 요건을 갖추었더라도 재량적으로 등록을 거부할 수 있다. ( )

(2) 외국환업무는 금융회사 등만 할 수 있으며 본래 업무와 무관하게 수행할 수 있다. ( )

(3) 외국환업무를 업으로 하려는 자는 등록 전에 기획재정부장관에게 일부 또는 전부의 등록 요건에 대해 사전검토를 요청할 수 있다. ( )

(4) 환전영업자의 본점 및 영업소 소재지를 변경하는 경우, 변경 후 30일 이내에 신고해야 한다. ( )

2 다음 빈칸에 들어갈 알맞은 말을 적으세요.

(1) 기획재정부장관은 외국환업무취급기관의 등록 신청이 등록 배제 요건에 해당하는 경우를 제외하고는 ( )을 발급하여야 한다.

(2) 외국환중개업무를 수행하려면 납입자본금이 최소 ( )억 원 이상이어야 한다. (단, 선물환 거래 제외)

(3) 소액해외송금업무의 등록을 하려는 자는 ( )억원 이상의 자기자본을 보유해야 한다.

(4) 환전영업자는 동일인 기준 동일자 ( ) 달러를 초과하여 외국통화를 매입하는 경우 신고 의무가 발생한다.

(5) 외국환중개회사는 외국에서 외국환중개업무를 수행하려는 경우 반드시 ( )장관의 인가를 받아야 한다.

01 외국환업무를 등록하려는 금융회사등이 갖추어야 할 요건이 아닌 것은?

① 외환정보집중기관과 전산망이 연결될 것
② 금융위원회가 정하는 재무건전성 기준을 충족할 것
③ 외국환업무 및 사후관리를 위한 전산설비를 갖출 것
④ 외국환거래법상 영업정지 조치를 받은 이력이 있을 것

개념이해 영업정지 조치를 받은 이력이 등록 요건이 아니라 등록 배제 사유에 해당한다.

오답분석 ①~③ 외국환업무 등록을 위한 필수 요건으로 외환거래법 시행령 및 고시에서 정한 사항이다.

02 다음 각 빈칸에 들어갈 금액을 옳게 나열한 것은?

> 소액해외송금업자의 지급 및 수령 한도는 건당 미화 ( ) 달러이며, 연간 누적 한도는 미화 ( ) 달러이다.

① 1천, 1만
② 5천, 5만
③ 2천, 2만
④ 1만, 10만

개념이해 소액해외송금업자의 건당 지급 및 수령 한도는 5천 달러이며, 연간 누적 한도는 5만 달러이다.

---

1 (1) × (2) × (3) ○ (4) ×
2 (1) 등록증 (2) 50 (3) 10 (4) 2만 (5) 기획재정부

개념확인문제

03 환전영업자가 환전 장부를 보관해야 하는 기간은?

① 3년
② 5년
③ 7년
④ 10년

개념이해 환전영업자는 환전 장부 및 관련 서류를 5년간 보관해야 한다.

04 외국환업무취급기관이 외국 금융기관과 계약을 체결할 때 기획재정부장관의 인가가 필요한 사유가 아닌 것은?

① 국민경제의 건전한 발전을 위한 경우
② 국제 평화와 안전 유지가 필요한 경우
③ 외국환업무취급기관의 요청이 있을 경우
④ 국제 금융시장의 불안정이 우려되는 경우

개념이해 기획재정부장관의 인가는 국민경제 및 금융시장 불안과 관련된 특정한 경우에 한정된다.

오답분석 ①~③ 모두 외국환거래법 제6조 및 시행령 제6조에 따라 기재부장관의 인가를 요구할 수 있는 법적 근거가 있는 사유이다.

05 외국환업무를 수행하려는 자가 등록을 신청할 때 필수적으로 제출해야 하는 서류가 아닌 것은?

① 명칭 및 본점 소재지
② 외국환업무의 취급 범위
③ 자본·시설 및 전문인력에 관한 사항
④ 외국환거래법 위반 여부에 대한 검찰 조사 기록

개념이해 검찰 조사 기록 제출 의무는 없으며, 등록 요건 관련 서류만 제출하면 된다.

06 다음 중 외국환업무 등록 요건 중 외국 금융기관이 갖추어야 할 사항이 아닌 것은?

① 외환정보집중기관과 전산망을 연결할 것
② 국내 영업소 소재지와 재무제표를 제출할 것
③ 국내 외국환은행과 신용공여 약정을 체결할 것
④ 외국 금융기관 명의의 외국통화 계좌를 개설할 것

개념이해 외국 금융기관은 국내 영업소 소재지 요건이 없으며, 재무제표 제출도 필수 사항이 아니다.

| 정답 | 01 ④ 02 ② 03 ② 04 ④ 05 ④ 06 ② |

02 금융회사 등의 외국환 업무

2장 외국환업무 취급기관 등

1 금융회사의 정의

금융위원회법 제38조(검사 대상 기관)	영 제7조(금융회사 등)
금융감독원의 검사를 받는 기관은 다음 각 호와 같다. • 「은행법」에 따른 인가를 받아 설립된 은행 • 「자본시장과 금융투자업에 관한 법률」에 따른 금융투자업자, 증권금융회사, 종합금융회사 및 명의개서대행회사(名義改書代行會社) • 「보험업법」에 따른 보험회사 • 「상호저축은행법」에 따른 상호저축은행과 그 중앙회 • 「신용협동조합법」에 따른 신용협동조합 및 그 중앙회 • 「여신전문금융업법」에 따른 여신전문금융회사 및 겸영여신업자(兼營與信業者) • 「농업협동조합법」에 따른 농협은행 • 「수산업협동조합법」에 따른 수협은행	법 제3조제1항제17호에서 '대통령령으로 정하는 자'란 다음의 자를 말한다. • 「한국산업은행법」에 따른 한국산업은행 • 「한국수출입은행법」에 따른 한국수출입은행 • 「중소기업은행법」에 따른 중소기업은행 • 과학기술정보통신부장관이 지정하는 체신관서 • 「새마을금고법」에 따른 새마을금고 및 중앙회 • 「한국해양진흥공사법」에 따른 한국해양진흥공사 • 외국 금융기관(외국의 법령에 따라 설립되어 외국에서 금융업을 영위하는 자를 말한다. 이하 같다) 중 기획재정부장관이 정하여 고시하는 업종 및 재무건전성 기준에 해당하는 기관

2 외국환업무(법 제3조, 시행령 제14조)

외국환업무	• 외국환의 발행 또는 매매
	• 대한민국과 외국 간의 지급·추심(推尋) 및 수령
	• 외국통화로 표시되거나 지급되는 거주자와의 예금, 금전의 대차 또는 보증
	• 비거주자와의 예금, 금전의 대차 또는 보증
	• 그 밖에 위의 규정과 유사한 업무로서 대통령령으로 정하는 업무
	   - 비거주자와의 내국통화로 표시되거나 지급되는 증권 또는 채권의 매매 및 매매의 중개
	   - 거주자 간의 신탁·보험 및 파생상품거래(외국환과 관련된 경우에 한정한다) 또는 거주자와 비거주자 간의 신탁·보험 및 파생상품거래
	   - 외국통화로 표시된 시설대여(「여신전문금융업법」에 따른 시설대여를 말함(이하 同))
	   - 그 밖에 외국환업무의 업무에 딸린 업무

취급범위	• 외국환업무는 금융회사 또는 일정 요건을 갖춘자만 수행 가능함
	• 은행 등: 외국환업무 전체 수행
	• 종합금융회사: 외국환업무 전체를 수행하나, 아래 업무에 한정됨
	   - 외국통화로 표시되거나 지급되는 거주자와의 예금, 금전의 대차 또는 보증: 다른 외국환업무취급기관과의 외국통화로 표시되거나 지급되는 예금업무
	   - 비거주자와의 예금, 금전의 대차 또는 보증: 외국금융기관과의 외국통화로 표시되거나 지급되는 예금업무

02 금융회사 등의 외국환 업무

2장 외국환업무 취급기관 등

취급범위	• 체신관서: 「우정사업 운영에 관한 특례법」에 따른 체신관서의 업무와 직접 관련된 외국환업무 • 기타 외국환업무 취급기관(투자매매업자, 투자중개업자, 외국환중개회사, 집합투자업자, 투자일임업자, 신탁업자, 보험사업자, 신용협동조합, 여신전문 금융회사): 다음 업무 중 해당 외국환업무취급기관의 업무와 직접 관련되는 업무로서 기재부 장관이 정하여 고시하는 업무 　- 외화채권의 매매 　- 외화증권의 발행 및 매매 　- 비거주자와의 내국통화로 표시되거나 지급되는 증권·채권의 매매 및 매매의 중개 　- 대한민국과 외국 간의 지급·추심(推尋) 및 수령 　- 거주자와의 외국통화로 표시되거나 지급받을 수 있는 예금·금전의 대차 또는 보증 　- 비거주자와의 예금·금전의 대차 또는 보증 　- 대외지급수단의 발행 및 매매 　- 파생상품거래 　- 거주자와의 외국통화로 표시된 보험거래 또는 비거주자와의 보험 거래 　- 외국통화로 표시된 시설대여 　- 투자판단을 일임받아 투자자별로 구분하여 운용하는 업무 　- 신탁업무 　- 그 밖에 「자본시장과 금융투자업에 관한 법률」, 「보험업법」, 「상호저축은행법」, 「신용협동조합법」, 「새마을금고법」, 「여신전문금융업법」 및 「한국해양진흥공사법」에 따른 업무

③ 외국환매입(규정 제2-2조)

외국환은행이 외국환을 매입하고자 하는 경우에는 매각하고자 하는 자의 당해 외국환의 취득이 신고 등의 대상인지 여부를 확인하여야 한다.
※ 다만, 확인예외대상에 해당하는 경우에는 생략한다.

〈확인예외대상〉
ⓐ 미화 2만 달러 이하인 대외지급수단을 매입하는 경우(다만, 동일자에 동일인으로부터 2회 이상 매입하는 경우에는 이를 합산한 금액이 미화 2만 달러 이하인 경우에 한함)
ⓑ 정부, 지방자치단체, 외국환업무취급기관, 환전영업자 및 소액해외송금업자로부터 대외지급수단을 매입하는 경우
ⓒ 거주자로부터 당해 거주자의 거주자계정 및 거주자외화신탁계정에 예치된 외국환을 매입하는 경우(단, 제2-14조 제3항에 따른 투자매매업자·투자중개업자 명의의 거주자계정에 예치된 당해 거주자의 외국환을 매입하는 경우도 포함)
ⓓ 국내에 있는 외국정부의 공관과 국제기구, 미합중국군대등, 국내에 있는 외국정부의 공관 또는 국제기구에서 근무하는 외교관·영사 또는 그 수행원이나 사용인, 외국정부 또는 국제기구의 공무로 입국하는 자로부터 대외지급수단을 매입하는 경우

02 2장 외국환업무 취급기관 등
금융회사 등의 외국환 업무

④ 외국환은행의 통보 및 신고의무

국세청장 · 관세청장	외국환은행은 외국환을 매입한 경우에는 매월별로 **익월 10일 이내**에 매입에 관한 사항을 국세청장 및 관세청장에게 통보하여야 함 〈제외대상〉 ⓐ 동일자 · 동일인 기준 미화 1만 달러 이하인 대외지급수단을 매입하는 경우 ⓑ 확인예외대상 ⓑ~ⓓ에 해당하는 경우 ⓒ 외국에 있는 금융기관으로부터 매입하는 경우 ⓓ 외화표시내국신용장어음을 매입하는 경우
한국은행총재	외국환은행의 확인예외대상을 제외하고, 외국환은행이 외국인거주자 또는 비거주자로부터 취득경위를 입증하는 서류를 제출하지 않는 대외지급수단을 매입하는 경우에는 당해 매각을 하고자 하는 자가 대외지급수단매매신고서에 의하여 한국은행총재에게 신고하여야 함

⑤ 외국환은행의 증빙서류 교부

외국환은행은 외국인거주자 또는 비거주자로부터 외국환을 매입하는 경우에는 **1회에 한하여** 외국환매입증명서 · 영수증 · 계산서 등 외국환의 매입을 증명할 수 있는 서류를 발행 · 교부하여야 한다.

⑥ 외국환의 매각(규정 제2-3조)

거주자에 대한 매각	• 외국환을 매입하고자 하는 자가 당해 외국환을 인정된 거래 또는 지급에 사용하기 위한 경우 • 외국인거주자에게 매각하는 경우에는 외국환의 매각금액이 최근 입국일 이후 **미화 1만 달러 이내** 또는 비거주자 또는 외국인거주자의 지급에 의한 금액 범위 내인 경우 • 외국인거주자를 제외한 거주자가 외국통화, 여행자수표를 소지할 목적으로 매입하는 경우 • 거주자계정 및 거주자외화신탁계정에의 예치를 위하여 매각하는 경우 • 다른 외국환은행으로 이체하기 위하여 외국환을 매각하는 경우 ※ 다만, 대외계정 및 비거주자외화신탁계정으로 이체하고자 하는 경우에는 인정된 거래에 따른 지급에 한함 • 소액해외송금업자에게 외국통화를 매각하는 경우 • 환전영업자에게 외국통화를 매각하는 경우
비거주자에 대한 매각	ⓐ: 비거주자가 최근 입국일 이후 당해 체류기간중 외국환업무취급기관 또는 환전영업자에게 내국통화 및 원화표시여행자수표를 대가로 외국환을 매각한 실적범위 내 ⓑ: 비거주자가 외국환은행해외지점, 현지법인금융기관 및 외국금융기관에 내국통화 및 원화표시여행자수표를 대가로 외국환을 매각한 실적범위 내 ⓒ: 외국에서 발행된 신용카드 또는 직불카드를 소지한 비거주자가 국내에서 원화현금서비스를 받거나 직불카드로 원화를 인출한 경우에는 그 금액범위 내 ⓓ: ⓐ~ⓒ의 매각실적 등이 없는 비거주자의 경우에는 미화 1만 달러 이내 ⓔ: 인정된 거래에 따른 대외지급을 위한 경우 ⓕ: 비거주자 또는 외국인거주자의 지급에 의한 금액범위 내

02 2장 외국환업무 취급기관 등
금융회사 등의 외국환 업무

7 외국환은행의 한국은행총재 신고

아래에 해당하는 지급을 위하여 매각하는 경우에는 당해 매입을 하고자 하는 자가 별지 제7-4호 서식의 **대외지급수단매매신고서에 의하여 한국은행총재에게 신고**하여야 한다.

- 국내원화예금 · 신탁계정관련 원리금의 지급
  - ※ 다만, 비거주자인 재외동포의 국내재산 반출의 경우에는 제4-4조 제1항제8호의 규정을 적용함
- 외국인거주자의 국내부동산 매각대금의 지급
  - ※ 다만, 외국으로부터 휴대수입 또는 송금(대외계정에 예치된 자금을 포함한다)된 자금으로 국내부동산을 취득한 후 해당 부동산을 매각하여 매각대금을 지급하고자 하는 경우로서 별지 제4-2호 서식에 의한 부동산소재지 또는 신청자의 최종주소지 관할세무서장이 발행한 부동산매각자금확인서를 제출하는 경우에는 그러하지 아니함
- 교포등에 대한 여신과 관련하여 담보제공 또는 보증에 따른 대지급의 경우 및 2-8조 제1항 5호 라목의 단서에 해당하는 경우를 제외하고 비거주자간의 거래와 관련하여 비거주자가 담보 · 보증 제공 후 국내재산 처분대금의 지급 개정
- 제2-6조(거주자가 담보 또는 보증을 제공한 경우에 한한다), 제7-13조제4호, 제7-16조, 제7-17조제9호, 제7-45조제1항 제11호 및 제18호단서의 규정에 의하여 비거주자가 취득한 원화자금의 대외지급
  - ※ 다만, 재외동포가 제2-6조 또는 제7-45조제1항제11호, 제18호단서 및 제23호의 규정에 의하여 취득한 원화자금을 대외지급하는 경우에는 제4-4조 제1항제8호의 규정에 따름
- 제1호나목 및 제2호의 범위를 초과하여 내국지급수단을 대가로 지급하고자 하는 경우

8 외국환은행의 통화 매각

타 통화의 매각	• 조건: 인정된 외국환으로 다른 통화 외국환 매각 가능 • 단서: 취득경위 입증 서류 없으면 대외지급수단매매신고서에 의하여 한국은행총재에게 신고 후 매각가능
매각금액 표시	• 외국인 거주자: 최근 입국 후 미화 **1만 달러 이내** 매각 시 여권에 금액 표시 • 비거주자: 매각 실적이 없는 경우 미화 **1만 달러 이내** 매각 시 여권에 금액 표시 • 예외: 100만원 이하의 외국통화 매각은 표시하지 않아도 됨
유관기관 통보	• 외국환은행: 동일자 동일인 기준 미화 **1만 달러 초과** 매각 시 매월 **익월 10일까지** 국세청장 · 관세청장에 통보 • 예외: 정부, 지방자치단체, 외국환업무취급기관, 외국인 거주자, 환전영업자
외국인거주자	외국환은행은 국내거주기간이 **5년 미만**인 외국인거주자 또는 비거주자에게 외국환을 매각하는 경우에는 매각실적 등을 증빙하는 서류를 제출받아 당해 외국환의 매각일자 · 금액 기타 필요한 사항을 기재하여야 함 ※ 국내에 있는 외국정부의 공관과 국제기구, 미합중국군대등 및 국내에 있는 외국정부의 공관 또는 국제기구에서 근무하는 외교관 · 영사 또는 그 수행원이나 사용인, 외국정부 또는 국제기구의 공무로 입국하는 자는 본인의 확인서로 증빙서류에 갈음

9 외국환은행의 외화대출(규정 제2-6조)

신고 필요	거주자로부터 보증 또는 담보를 제공받아 비거주자에게 대출 시 한국은행 총재에게 신고 ※ 한국은행 총재는 신고 내용을 국세청장에게 열람 가능
신고 불필요	거주자 또는 비거주자에게 외화대출

02 2장 외국환업무 취급기관 등
금융회사 등의 외국환 업무

기타	제1항의 단서규정에도 불구하고 외국환은행이 제7-14조의2에서 정하는 현지법인등에 제2-10조의 규정에 의하여 역외금융대출을 하는 경우에는 제7-14조의2의 규정(현지법인등의 외화자금차입 등)을 적용하며, 다음에 해당하는 경우에는 신고를 요하지 아니함 • 한국수출입은행이 기획재정부 승인 하에 외국법인·정부에 대출 • 한국무역보험공사가 산업통상자원부 승인 하에 수출보험 지원 외국법인·정부에 대출

❿ 외국환은행의 원화대출 신고·불신고

신고		• 신고대상
	외국은행장	300억 이하 비거주자 대출 시 ※ 거주자의 보증/담보 제공 시 한국은행 총재 신고
	한국은행총재	비거주자 차입 자금 용도 명기 후 신고 ※ 외국환은행이 비거주자에 대하여 신고예외 또는 외국환은행장신고에 해당하지 않는 원화자금을 대출하고자 하는 경우에는 대출을 받고자 하는 비거주자가 차입자금의 용도등을 명기하여 한국은행총재에게 신고하여야 함
	• 한국 현지통화 직거래은행으로 선정된 외국환은행이 상대국 현지통화 직거래은행에게 원화자금을 대출하고자 하는 경우에는 신고를 요하지 않음(상대국이 빌림) ※ 다만, 1천억원을 초과하여 대출(다른 한국 현지통화 직거래은행으로부터의 대출을 포함)하고자 하는 경우에는 대출을 받고자 하는 상대국 현지통화 직거래은행이 한국은행총재에게 신고하여야 하며, 한국은행총재는 상대국 현지통화 직거래은행으로 하여금 당월 원화 차입거래 내역을 매익월 말일까지 보고하게 할 수 있음	
불신고	• 외국환은행이 국내에서 비거주자에게 다음에 해당하는 원화자금을 대출하고자 하는 경우에는 신고를 요하지 아니함 – 국내에 있는 외국정부의 공관과 국제기구, 미합중국군대등 및 국내에 있는 외국정부의 공관 또는 국제기구에서 근무하는 외교관·영사 또는 그 수행원이나 사용인, 외국정부 또는 국제기구의 공무로 입국하는 자에 대한 원화자금 대출 – 비거주자자유원계정(당좌예금에 대한 당좌대출에 한함) 및 제7-27조 제8항에 따른 투자전용비거주자원화계정(증권매매자금 결제와 직접 관련된 경우에 한함)을 개설한 비거주자에 대한 2영업일 이내의 결제자금을 위한 원화대출 – 국민인 비거주자에 대한 원화자금 대출 – 동일인 기준 10억원 이하(다른 외국환은행의 대출 포함)의 원화자금 대출	

02 금융회사 등의 외국환 업무

2장 외국환업무 취급기관 등

11 예금 및 신탁(규정 제2-6조의 2)

구분	내용
거주자계정 및 거주자외화신탁계정	개인인 외국인거주자(개인사업자인 외국인거주자는 제외), 대한민국정부의 재외공관 근무자 및 그 동거가족을 제외한 거주자의 외화자금 예치를 위한 거주자계정 및 거주자외화신탁계정
대외계정 및 비거주자 외화신탁계정	아래에 해당하는 자의 외화자금 예치를 위한 대외계정 및 비거주자외화신탁계정 • 비거주자 • 개인인 외국인거주자 • 대한민국정부의 재외공관 근무자 및 그 동거가족
비거주자원화계정	비거주자가 국내에서 사용하기 위한 목적의 원화자금을 예치하는 비거주자원화계정
비거주자자유원계정 및 비거주자원화신탁계정	비거주자(외국인거주자 포함)가 대외지급이 자유로운 원화자금을 예치하는 비거주자자유원계정 및 비거주자원화신탁계정
해외이주자계정	해외이주자 또는 재외동포가 국내재산 반출용 외화자금을 예치하는 해외이주자계정
외화증권투자전용외화계정	거주자가 외화증권 투자용 외화자금을 예치하는 외화증권투자전용외화계정
투자전용비거주자원화계정 및 투자전용대외계정	비거주자 또는 외국인거주자가 국내원화증권·장내파생상품 투자용 원화자금 및 외화자금을 각각 예치하는 투자전용비거주자원화계정 및 투자전용대외계정
(장외파생상품 청산용) 투자전용비거주자원화계정 및 투자전용대외계정	비거주자 또는 외국인거주자가 장외파생상품의 청산(장외파생상품의 거래를 함에 따라 발생하는 채무를 채무인수, 경개(更改), 그 밖의 방법으로 부담하는 것을 말한다)을 위한 원화자금 및 외화자금을 각각 예치하는 투자전용비거주자원화계정 및 투자전용대외계정
투자전용외화계정	투자매매업자·투자중개업자·한국거래소 및 증권금융회사가 비거주자 또는 외국인거주자의 증권·장내파생상품의 투자자금 관리를 위하여 제7장 제6절 내지 제7절의 규정에 따라 외화자금을 예치하는 투자전용외화계정
(청산회사 + 장외파생상품 청산용) 투자전용 외화계정	청산회사(「자본시장과 금융투자업에 관한 법률」 제323조의3에 따라 금융위원회로부터 같은 법 제9조제25항에 따른 금융투자상품거래청산업의 인가를 받은 금융투자상품거래청산회사를 말한다)가 비거주자 또는 외국인거주자의 장외파생상품의 청산을 위하여 제7장 제6절부터 제7절의 규정에 따라 외화자금을 예치하는 투자전용외화계정
원화증권전용외화계정	예탁결제원이 비거주자의 주식예탁증서 발행 관련 자금을 관리하기 위하여 외화자금을 예치하는 원화증권전용외화계정

※ 예금의 종류는 한국은행총재가 정하며, 신설·변경 시 한국은행총재는 기획재정부장관에게 지체 없이 보고해야 한다.

02 2장 외국환업무 취급기관 등
금융회사 등의 외국환 업무

⑫ 보증(규정 제2-8조)

한국은행 총재 신고	• 신고예외사항을 제외한 보증(담보관리승낙 포함)은 한국은행총재 신고 필요 • 필요 시 한국은행총재 → 국세청장에게 열람 가능
신고 불필요	외국환은행이 다음 중 하나에 해당하는 보증을 할 경우에는 신고 불필요 • 거주자간: 거주자간의 거래에 관하여 보증을 하는 경우 • 인정된 거래 + 비거주자 담보제공: 거주자(채권자)와 비거주자(채무자)의 인정된 거래에 관하여 채권자인 거주자에 대하여 보증을 하는 경우로서 비거주자가 외국환은행에 보증 또는 담보를 제공하는 경우 • 인정된 거래: 거주자(채무자)와 비거주자(채권자)의 인정된 거래에 관하여 채권자인 비거주자에 대하여 보증을 하는 경우 • 교포 등에 대한 여신: 교포 등에 대한 여신과 관련하여 당해 여신을 받는 동일인당 미화 50만 달러 이내에서 보증(담보관리승낙을 포함)하는 경우 • 비거주자간의 거래에 관하여 보증을 하는 경우로서 다음에 해당하는 경우: • 현지금융에 해당하는 보증 • 해외건설 및 용역사업에 있어 거주자가 비거주자와 합작하여 수주·시공 등을 하는 공사계약과 관련한 입찰보증 등을 위한 보증금의 지급에 갈음하는 보증 • 국내기업의 현지법인 또는 해외지점이 체결하는 해외건설 및 용역사업, 수출, 기타 외화획득을 위한 계약과 관련한 입찰보증 등을 위한 보증금의 지급에 갈음하는 보증 • 가목 내지 다목의 경우를 제외하고 거주자가 외국환은행에 보증 또는 담보를 제공하지 않은 경우 ※ 비거주자로부터 국내재산을 담보로 제공받아 보증(담보관리승낙을 포함한다)하는 경우 제외

⑬ 외국환 포지션 및 포지션별 한도(규정 제2-9조, 제2-9조의 2)

외국환 포지션의 구분	• 현물환포지션(현물외화자산잔액 – 현물외화부채잔액) • 선물환포지션(선물외화자산잔액 – 선물외화부채잔액) • 종합포지션[(현물외화자산잔액 + 선물외화자산잔액) – (현물외화부채잔액 + 선물외화부채잔액)] • 외국환은행장은 매월 외국환포지션상황을 한국은행총재에게 보고 → 한국은행총재는 금융감독원장에게 통보
종합포지션의 한도	• 종합매입초과포지션: 전월말 자기자본의 50% 이내(한국수출입은행은 외화자금 대출잔액의 150%) • 종합매각초과포지션: 전월말 자기자본의 50% 이내
선물환포지션의 한도	• 매입초과포지션 또는 매각초과포지션 기준 전월말 자기자본의 50% 이내(단, 외국은행 국내지점은 전월말 자기자본의 250% 이내) • 기획재정부장관은 긴급 필요 시, 위 한도를 50% 범위 내에서 가감 가능

⑭ 외국환은행의 별도 한도 인정

한국은행총재는 이월이익잉여금 환리스크 헤지 목적 외국환매입분이나 외국환포지션 한도 초과가 필요한 외국환은행에 대해 별도 한도 인정이 가능하다.

02 2장 외국환업무 취급기관 등
금융회사 등의 외국환 업무

⑮ 역외계정의 설치·운영(규정 제2-10조)

계정의 운용	외국환은행 역외계정(비거주자 자금조달 + 비거주자 운용) 구분계리 의무 ※ 외국환은행이 비거주자(다른 역외계정을 포함한다)로부터 외화자금을 조달하여 비거주자(다른 역외계정을 포함)를 상대로 운용하는 역외계정을 설치한 경우에는 이를 일반계정과 구분해야 함
자금이체 허가	(역외계정 ↔ 일반계정) 간 자금이체는 기획재정부장관의 허가 필요 ※ 직전 회계연도 중 역외외화자산평잔의 10% 이내 자금이체는 허가 예외
외화증권 발행 신고	외국환은행이 역외계정에의 예치목적으로 미화 **5천만 달러**를 초과하는 외화증권을 상환기간 **1년 초과의 조건**으로 발행하고자 하는 경우에는 기획재정부장관에게 신고하여야 함
유관기관 통보	• 외국환은행장은 당월 중 역외계정 자산·부채상황을 **익월 10일**까지 한국은행총재·금융감독원장에 보고 • 한국은행총재는 분기별로 이를 기획재정부장관에게 제출

⑯ 외국환은행 등과의 외국환매매(규정 제2-4조)

- 외국환은행이 다음 기관과 외국환 매매 시, 외국환의 매입 및 외국환의 매각 적용 제외(단, 〈내국지급수단 ↔ 대외지급수단〉 매매는 제외(외국에 있는 금융기관과 거래할 때))

  한국은행, 외국환평형기금, 종합금융회사·투자매매업자·투자중개업자·증권금융회사·보험사업자(외국환업무취급기관), 외국 금융기관, 다른 외국환은행 등 → 스와프성 거래(FX 스와프)만 해당

- 투자매매업자·투자중개업자도 같은 범위에서 동일 적용된다.

⑰ 외환증거금거래(규정 제2-4조의 2)

- 통화의 실제인수도 없이 외국환은행에 일정액의 거래증거금을 예치한 후 통화를 매매하고, 환율변동 및 통화간 이자율 격차 등에 따라 손익을 정산하는 거래이다.
- 거래기준은 은행간 공통거래기준(최소계약단위, 최소거래증거금 등을 포함)을 따라야 한다.
  ※ 기준 설정 시 기획재정부장관 사전 협의가 필요하다.
- 외국환은행장 → 월간 실적을 **다음 달 10일**까지 한국은행총재에게 보고해야 한다.
  한국은행총재 → 은행별 실적을 **다음 달 20일**까지 기획재정부장관에 보고해야 한다.

⑱ 외화자금차입 및 증권발행(규정 제2-5조)

외국환은행이 비거주자로부터 미화 **5천만 달러** 초과의 외화자금을 상환기간(거치기간 포함) **1년 초과**의 조건으로 차입(외화증권 발행 포함)하고자 하는 경우에는 기획재정부장관에게 신고하여야 한다.
※ 기획재정부 신고대상만 해당된다.

02 2장 외국환업무 취급기관 등
금융회사 등의 외국환 업무

⑲ 대출채권 등·파생상품의 매매(규정 제2-7조, 제2-10조의 2)

대출채권 등의 매매	외국환은행이 거주자 또는 비거주자와 대출채권, 대출어음, 대출채권의 원리금 수취권, 외화증권 및 외화채권을 매매하는 경우에는 신고를 요하지 아니함
파생상품의 매매	• 외국환은행이 거주자 및 비거주자와 외환파생상품거래를 체결하고 결제일에 계약금액의 전부 또는 일부를 실제 인수도하고자 할 경우, 동 외국환의 결제는 제2-2조(외국환의 매입), 2-3조(외국환의 매각) 내지 제2-4조(외국환은행 등과의 외국환매매)를 준용함 • 외국환은행은 월별 파생상품거래 실적(중개 포함)을 한국은행총재에 보고 • 신용파생상품거래는 거래일로부터 **5영업일** 내 보고 • 한국은행총재는 종합하여 기획재정부장관에게 보고

⑳ 외국은행국내지점 및 사무소·체신관서의 외국환업무(규정 제2-11조, 제2-13조)

외국은행 국내지점 및 사무소	• 외국은행국내지점의 본지점 간 거래는 금융위원회가 정하는 바에 따름 • 외국은행국내사무소의 제경비 등에 관하여는 제9-34조(해외지사의 폐쇄 등)의 규정을 준용 • 외국은행국내지사의 설치 등에 관하여는 「은행법」에서 정한 바에 따름
체신관서	• 가능 업무: 「우정사업 운영에 관한 특례법」에 따른 우정사업과 직접 관련된 외국환업무 • 통보 의무: 과학기술정보통신부장관 → 매 연도별 업무취급실적을 한국은행총재에게 통보

㉑ 금융기관의 외국환업무(제2-14, 2-20조~23조)

투자매매업자	• 가능업무: 「금융투자법」에 따른 해당 금융회사의 업무와 **직접 관련된** 외국환업무
	• 제외업무
	  - 대한민국과 외국 간의 지급·추심(推尋) 및 수령 업무
	  - 영 제14조 제4호 마목 및 바목의 업무 중 예금업무
	• 소액 해외송금 한도(투자매매업자·투자중개업자만 해당): 건당 **5천 달러**, 동일인당 연 **5만 달러 누계**
	  ※ 단, 소액해외송금업자의 사전 정산 자금은 한도 미포함
	• 종합금융투자사업자: 기재부 장관 확인 후 내국·외국통화 매매 가능

보험회사	• 가능업무: 「보험업법」에 따른 보험회사의 본업과 직접 관련된 외국환업무
	• 제외업무
	  - 대한민국과 외국 간의 지급·추심(推尋) 및 수령 업무
	  - 영 제14조제4호마목 및 바목의 업무 중 예금업무

2장 외국환업무 취급기관 등
금융회사 등의 외국환 업무

상호저축은행 등	• 가능업무: 각 법령에 따른 본업과 직접 관련된 외국환업무 • 제외업무 　– 대한민국과 외국 간의 지급·추심(推尋) 및 수령 업무 　– 거주자와 비거주자 간의 금전대차의 중개 • 신협중앙회·새마을금고중앙회: 해외용 직불카드 발행만 가능 • 소액 해외송금 한도 　– 직전 분기말 총자산 1조원 이상인 상호저축은행은 소액 해외송금을 허용 　– 건당 **5천 달러**, 동일인당 연 **5만 달러 누계** 　※ 단, 소액해외송금업자의 사전 정산 자금은 한도 미포함
여신전문금융회사	• 가능업무: 「여신전문금융업법」에 따른 본업과 직접 관련된 외국환업무 • 제외업무 　– 영 제14조제4호라목(대한민국과 외국 간의 지급·추심(推尋) 및 수령)의 업무 　– 영 제14조제4호마목 및 바목의 업무 중 예금업무 • 소액 해외송금 한도 　– 신용카드업자(카드사)는 소액 해외송금을 허용 　– 건당 **5천 달러**, 동일인당 연 **5만 달러 누계** 　※ 단, 소액해외송금업자의 사전 정산 자금은 한도 미포함
종합금융회사	• 가능업무: 「금융투자법」상의 종금사 업무와 직접 관련된 외국환업무 • 제외업무 　– 다른 외국환업무취급기관과의 외국통화로 표시되거나 지급되는 예금업무 　– 외국금융기관의 외국통화로 표시되거나 지급되는 예금업무 • 합병: 종합금융회사+투자매매업자(증권사) 합병 시 합병일부터 **10년간** 종합금융회사의 외국환업무 영위 가능

※ 해외송금업무 준용 규정: 제2-31조 제3항~제5항

〈Point 요약정리〉

• 해외송금 한도: 건당 **5천 달러**, 연 **5만 달러**(투자매매업자·투자중개업자, 신용카드사, 1조원 이상 상호저축은행)
• 예금업무 제외: 대부분 금융회사에서 '예금'은 제한(보험, 증권사 등)
• 직접 관련성: 각 금융회사는 자기 업권과 직접 관련된 외국환업무만 가능
• 체신관서 실적 보고: 과학기술정보통신부장관 → 한은총재

확인문제로 핵심키워드 정리하기

간단한 쪽지 시험으로 빈출 개념을 다시 정리해 보세요.

1 다음 설명이 맞으면 ○표, 틀리면 ×표 하세요.

(1) 외국환은행은 거주자가 원화증권전용외화계정을 개설할 수 있도록 허용할 수 있다. (　　)

(2) 종합금융회사는 외국환업무 전체를 수행할 수 있으며, 예금 업무도 가능하다. (　　)

(3) 외국환은행은 동일자 동일인 기준 미화 1만 달러 이하의 외국환 매입 시 국세청 및 관세청에 통보해야 한다. (　　)

(4) 외국환은행이 비거주자에게 원화 대출을 할 때 동일인 기준 10억원 이하의 경우 신고 의무가 없다. (　　)

(5) 외국환은행의 외국환포지션 한도는 전월말 자기자본의 100%를 초과할 수 있다. (　　)

2 다음 빈칸에 들어갈 알맞은 말을 적으세요.

(1) 외국환업무는 해당 기관의 업무와 직접 관련된 범위에서 (　　) 등이 수행할 수 있다.

(2) 외국환은행이 외국환을 매입할 때, (　　)가 신고 대상인지의 여부를 확인하여야 한다.

(3) 외국환은행은 동일자 동일인 기준 미화 (　　) 달러 이하의 외국환을 매입하는 경우 신고대상 확인이 면제된다.

(4) 외국환은행이 외국인거주자에게 미화 (　　) 달러 이하 외국환을 매각하는 경우, 여권에 해당 금액을 기재해야 한다.

(5) 외국환은행이 외국환매매 실적을 매월 (　　)까지 한국은행총재에게 보고해야 한다.

---

01 다음 중 금융회사에 해당하지 <u>않는</u> 기관은?

① 한국은행
② 한국산업은행
③ 신용협동조합
④ 종합금융회사

개념이해 한국은행은 금융회사에 포함되지 않으며, 중앙은행으로서 별도의 역할을 수행한다.

02 종합금융회사가 영위할 수 <u>없는</u> 외국환업무는?

① 외국환의 매매
② 외국환파생상품 거래
③ 외국통화로 표시된 예금 업무
④ 외국통화로 표시된 대차업무

개념이해 종합금융회사는 외국환업무 전체를 수행할 수 있지만, 예금 업무에는 제한이 있다.

오답분석 ①②④ 종합금융회사가 외국환업무 취급기관 등록을 통해 영위 가능한 업무이다.

---

1 (1) × (2) × (3) × (4) ○ (5) ×
2 (1) 금융회사 (2) 매각자 (3) 2만 (4) 1만 (5) 10일

03 다음 중 외국환은행이 외국환을 매입할 때 신고대상 확인이 면제되는 경우는?

① 외국환매입증명서를 발급받은 경우
② 외국환거래법의 신고 대상이 아닌 경우
③ 미화 1만 달러 이하의 외국환을 매입하는 경우
④ 미화 2만 달러 이하의 외국환을 매입하는 경우

개념이해 외국환은행은 미화 2만 달러 이하의 외국환을 매입하는 경우에는 신고대상 확인이 면제된다.

오답분석 ① 매입증명서 발급 전에는 오히려 신고 확인이 필요하다.
② 신고대상이 아니므로 면제라는 개념 자체가 성립하지 않는다.
③ 1만 달러 이하 기준이 아닌 2만 달러 이하가 면제 기준이다.

04 외국환은행이 외국환 매입 후 국세청 및 관세청에 통보할 필요가 <u>없는</u> 경우는?

① 외국 정부 공관 및 국제기구로부터 매입 시
② 외국에서 발행된 외화채권을 매입하는 경우
③ 동일자, 동일인 기준 미화 2만 달러 초과 매입 시
④ 동일자, 동일인 기준 미화 1만 달러 이하 매입 시

개념이해 외국 정부 공관 및 국제기구는 법령상 통보의무 면제 대상이다.

05 외국환은행이 외국인거주자에게 외국환을 매각할 경우, 여권에 금액 표시가 면제되는 경우는?

① 100만 원 이하의 외국통화 매각
② 미화 5천 달러 이하의 외국환 매각
③ 최근 입국 후 미화 1만 달러 이하 매각
④ 외국환매입증명서를 발급받은 경우

개념이해 100만 원 이하의 외국통화 매각은 여권에 금액을 표시할 필요가 없다.

06 외국환은행이 외국환포지션을 초과할 경우, 기획재정부장관이 이를 조정할 수 있는 범위는?

① ±10%
② ±20%
③ ±30%
④ ±50%

개념이해 기획재정부장관은 종합포지션의 한도를 ±50% 범위 내에서 조정할 수 있다.

| 정답 | 01 ① 02 ③ 03 ④ 04 ① 05 ① 06 ④

03 2장 외국환업무 취급기관 등
외국환업무취급기관 등의 관리

1 외국환 업무 취급기관 등의 업무의 확인, 감독, 건전성 규제 등(법 제10조, 11조, 시행령 제21조)

업무확인 의무	거래 시 허가·신고 여부를 확인해야 함 ※ 단, 기재부장관이 고시하는 경우는 예외
부당이익 행위 금지	외국환업무취급기관 등은 외국환업무와 관련하여 부당한 이익을 얻거나 제3자에게 부당한 이익을 얻게 할 목적으로 다음의 어느 하나에 해당하는 행위를 하여서는 아니됨 • 시세조작: 외국환의 시세를 변동 또는 고정시키는 행위 • 제1호의 행위와 유사한 행위로서 대통령령으로 정하는 건전한 거래질서를 해치는 행위
업무 감독	기획재정부장관은 외국환업무취급기관 등(해외 영업소 포함)을 감독하고 필요한 명령 가능

건전성 규제	• 기획재정부장관은 외환시장의 안정과 외국환업무취급기관 등의 건전성을 유지하기 위하여 필요하다고 인정되는 경우에는 외국환업무취급기관 등의 외국통화 자산·부채비율을 정하는 등 **외국통화의 조달·운용에 필요한 제한**을 할 수 있음
	• 건전성의 규제 가이드라인
	
	  – 특정 외화부채에 대한 지급준비금의 최저한도를 설정하는 경우에는 외화부채의 범위, 지급준비금의 대상통화·적립시기 및 최저한도를 정할 것
	  – 외국환매입초과액과 매각초과액의 한도를 설정하는 경우에는 외국환의 매입초과액과 매각초과액의 구분 및 한도, 그 산정기준이 되는 자산 및 부채의 범위, 산정방법, 시기 및 기간을 정할 것
	  – 외화자금의 조달 및 운용방법을 지정하는 경우에는 조달·운용항목과 항목별 조달·운용방법을 정할 것
	  – 외화자산 및 외화부채의 비율을 설정하는 경우에는 만기별 자금의 조달 및 운용방법과 자산 및 부채의 범위 및 기준을 정할 것
	  – 비거주자로부터 자금을 조달하여 비거주자를 대상으로 운용하는 계정을 설정하게 하는 경우에는 설치 대상 외국환업무취급기관의 범위, 자금의 조달·운용방법과 회계처리방법의 기준을 정할 것
	  – 외국환업무취급기관의 외국환계정의 회계처리기준을 정하는 경우에는 계정과목과 회계처리방법을 정할 것
	  – 외국환업무에 따른 위험관리기준을 설정하는 경우에는 대상 업무 및 기준을 정할 것
	  – 외국환중개업무에 대한 기준을 설정하는 경우에는 대상 업무 및 운용방법을 정할 것
	  – 환전영업자에 대한 환전업무기준을 설정하는 경우에는 외국통화의 매도에 대한 제한 대상 및 기준을 정할 것
	  – 소액해외송금업무에 대한 기준을 설정하는 경우에는 외국환 매입초과액 또는 매도초과액의 구분 및 한도, 그 산정기준이 되는 자산 및 부채의 범위, 산정방법, 시기 및 기간을 정할 것

03 외국환업무취급기관 등의 관리

2장 외국환업무 취급기관 등

② 외국환업무에 필요한 일부 사무의 위탁(법 제10조의 2, 시행령 제20조의 3)

외국환업무취급기관 등(이하 '위탁기관')은 외국환 매매 또는 지급·수령 등의 업무 수행에 필요한 일부 사무로서 대통령령으로 정하는 사무를 다른 외국환업무취급기관등 또는 그 밖에 대통령령으로 정하는 자(이하 '수탁기관')에게 위탁할 수 있다.

※ 수탁기관은 제10조에 따른 업무상의 의무를 준수하여야 하며, 위탁기관은 이를 감독하여야 함

위탁사무의 종류	• 외국환 매매 또는 지급·수령 신청의 접수 • 외국환 매매 또는 지급·수령을 신청하는 자에 대한 실명확인 또는 실명확인의 지원 • 외국환 매매 또는 지급·수령 대금의 수납 및 전달 • 제1호부터 제3호까지의 사무에 딸린 사무 • 그 밖에 외국환거래의 편의 증진을 위한 사무로서 기획재정부장관이 정하여 고시하는 사무

업무 수탁기관	• 외국환은행의 장, 투자매매업자·투자중개업자, 환전영업자
	• 「상법」 제169조에 따른 회사로서 국내에 설립된 회사 또는 같은 법 제614조에 따른 외국회사의 영업소로서 다음 각 목의 요건을 모두 갖춘 자
	  - 직전 사업연도의 자기자본(직전 사업연도가 없는 경우에는 자본금을 말한다) 또는 영업기금이 3억원 이상일 것
	  - 위탁받은 사무의 처리에 필요한 인력과 전산설비를 갖출 것
	  - 회사·영업소 또는 그 임원(영업소의 경우 대표자.)이 법 제12조제4항(인가의 취소대상)에 따라 등록하거나 인가받을 수 없는 자에 해당하지 않을 것
	  - 임원의 자격요건 미충족: 발기인 또는 임원이 「금융회사의 지배구조에 관한 법률」 제5조제1항 각 호에 해당하지 않을 것
	• 「전자금융거래법」 제2조제5호에 따른 전자금융보조업자 중 정보처리시스템을 통하여 「은행법」 제2조제1항제2호에 따른 은행의 자금인출업무 및 환업무를 지원하는 사업자
	※ 손해배상 시 수탁기관은 위탁기관 소속 직원으로 간주함(위탁기관이 배상 책임)

위탁계약의 보고	• 신규(또는 최초) 위탁: 계약 체결 15영업일 전까지 서류 첨부 후 기재부장관에게 사전보고 • 동일 내용으로 갱신 시에는 갱신 후 1개월 이내 사후보고 가능
위탁계약 내용 변경/종료	변경/종료 **7영업일 전**까지 기재부장관에 보고

03 외국환업무취급기관 등의 관리

2장 외국환업무 취급기관 등

❸ 외화건전성협의회(시행령 제20조의4, 규정 제10-16~18조)

개요	• 안정적인 외국환수급 및 외환건전성 유지 정책의 수립·추진을 위해 관계기관 간 협의·조정을 목적으로 설립 • 기획재정부에 외환건전성협의회(이하 '협의회')를 둠
협의·조정 사항	• 외환유출입 및 외국환수급상황의 분석 • 외국환업무취급기관 등에 대한 외환건전성 감독·규제 및 부담금 운영 • 외국환업무취급기관 등의 지급과 거래에 대한 모니터링 및 사후관리 • 그 밖에 기획재정부장관이 인정하는 사항
협의회의 구성 및 소집	• 의장: 기획재정부 제1차관 • 위원: 금융위 부위원장, 한국은행 부총재, 금융감독원 부원장(1명) • 소집: **분기 1회 + 필요 시 수시** (대면원칙, 긴급 시 서면가능)
협의회 안건의 상정	• 의장: 논의할 사항을 선정하여, 위원이 안건을 상정하도록 요청 • 위원: 의장에게 안건을 제시하여 협의회에서 논의 요청가능 • 안건 제출기한: 원칙: 협의회 개최 **2일전** / 예외: 긴급 • 실무협의회: 의장은 협의회에 상정하는 안건을 효율적으로 논의하기 위하여 실무협의회를 둘 수 있음
기재부장관의 자료 제출 요구s	• 금융위원회, 한국은행총재, 금융감독원장이 수행하는 외국환업무취급기관 감독 현황·업무상 제한 운영 현황 • 기획재정부장관의 위탁에 따라 한국은행총재 또는 금융감독원장이 수행한 검사 결과 ※ 단, 고객의 금융거래정보는 제외 가능 • 법규에 따른 보고·제출자료 • 외국환업무현황 보고서 • 외화유동성 위기상황 분석 • 외화자금 조달 및 운용 현황

❹ 외화건전성부담금(법 제11조의 2, 11조의 3, 시행령 제21조, 제21조의 2~11)

의의	• 목적: 외화자금 급격한 유출입 완화, 금융시장 안정·국민경제 건전 발전 • 부과 대상: 대통령령이 정하는 금융회사(주로 은행·증권·보험·카드사 등), 비예금성외화부채 규모가 일정 기준 초과 시

03 외국환업무취급기관 등의 관리

2장 외국환업무 취급기관 등

부담금 납부의무자	• 주요은행 – 「은행법」에 따른 인가를 받아 설립된 은행 – 「농업협동조합법」에 따른 농협은행 – 「수산업협동조합법」에 따른 수협은행 – 「한국산업은행법」에 따른 한국산업은행 – 「한국수출입은행법」에 따른 한국수출입은행 – 「중소기업은행법」에 따른 중소기업은행 • 다음에 해당하는 기관으로서 사업연도 종료일 현재 **비예금성외화부채등**(2015년 7월 1일 이후 발생한 것으로 한정)의 잔액이 **미화 1천만 달러를 초과**하는 기관 • 「금투법」에 따른 투자매매업자 또는 투자중개업자 • 「보험업법」에 따른 보험회사 • 「여신전문금융업법」에 따른 여신전문금융회사
부담금의 산정	• 산정기준 – 부담금 = 비예금성외화부채 잔액 × 부과요율(최대 0.5%) – 현재 기본요율은 0.1%(지방은행 등 일부 특례기관은 0.05%) ※ 만기가 길면 차감 • 부과요율 1만분의 10(지방은행 등 일부 특례기관은 1만분의 5)에서 부담금납부의무자의 사업연도 종료일 현재 비예금성외화부채 등의 남아 있는 만기를 남은 금액에 따라 1년 단위(6개월 초과 1년 이하의 기간은 1년으로 본다)로 가중평균 만기를 기준으로 다음의 구분에 따른 요율을 차감하여 산정한 요율 • 가중평균 만기가 2년 초과 3년 이하인 경우: **1만분의 2** • 가중평균 만기가 3년 초과 4년 이하인 경우: **1만분의 3** • 가중평균 만기가 4년 초과인 경우: **1만분의 4** • 비예금성외화부채등 잔액의 산정방법 – 사업연도 종료월 포함, 직전 12개월 동안의 비예금성외화부채 잔액 평균 – 공제 가능 금액 $$\text{비예금성외화부채등의 잔액} = \frac{\text{부과기간 동안의 남아 있는 만기가 1년 이하인 비예금성외화부채등의 월말 잔액의 합계액}}{12}$$ – 외화예수금 만기에 따른 가중치를 곱한 금액(음수는 0으로 계산) – 외환 매매 촉진과 관련된 금액 – 공제 상한: 전체 공제액은 잔액의 **60%**를 초과하지 못함 ※ 부과기간은 부담금납부의무자의 사업연도 종료일이 속한 월을 포함한 직전 12개월 동안의 기간을 말함

03 외국환업무취급기관 등의 관리

2장 외국환업무 취급기관 등

부담금의 산정	– 기획재정부장관은 부담금을 부과할 때 외화 조달구조 개선 또는 외국환거래 촉진 등을 위해 필요하면 제1항에 따라 산정된 비예금성외화부채등의 잔액(이하 '공제전잔액')에서 다음 각 호에 해당하는 금액(이하 '공제액')을 각각 공제한 후 나머지 금액을 비예금성외화부채등의 잔액으로 적용하여 부과할 수 있음 – 외화예수금에 남아 있는 만기별 가중치를 곱한 금액(해당 금액이 0보다 작은 경우에는 0으로 함) – 외국환 매매의 활성화 등 기획재정부장관이 정하여 고시하는 바에 따라 외국환거래의 촉진을 위해 수행한 역할과 관련한 금액으로서 기획재정부장관이 정하여 고시하는 바에 따라 산정한 금액 – 총 공제액의 상한은 공제전잔액의 **100분의 60**으로 하며, 같은 항 각 호별 공제액의 상한은 기획재정부장관이 정하여 고시 • 부담금감면기간의 적용 – 일할계산 부담금 감면기간이 속하는 사업연도 중 부담금 감면기간에 대한 비예금성외화부채등의 잔액은 남아 있는 만기가 1년 이하인 비예금성외화부채등의 일별잔액의 합계액을 해당 기간의 날 수로 나눈 금액으로 함 – 잔액 증가분 계산 **(해당 기간의 일평균잔액 – 직전 3개월 일평균잔액)** 비예금성외화부채 등 잔액의 증가분은 추가부과요율 적용기간 동안의 일평균잔액에서 추가부과요율 적용일 직전 3개월간의 일평균잔액을 뺀 금액으로 함 – 추가부과요율 일할계산 제1항에 따라 부담금 감면기간을 적용하거나 제2항에 따라 비예금성외화부채 등 잔액의 증가분에 대하여 추가부과요율을 적용할 때에는 그 적용기간에 따라 일할계산하여 부담금을 부과·징수하여야 함 • 추가 부과요율의 적용 제금융시장 불안 등 시, 최대 6개월 범위에서 부과요율을 하향 고시(기존보다 낮게) 또는 잔액 증가분에 상향 요율 추가 적용 ※ 총 부과요율은 1%(천분의 10)를 넘지 못함 • 부담금의 귀속: 외국환평형기금
부담금의 납부	• 기획재정부장관은 사업연도 종료 후 **4개월 이내**에 부담금의 납부금액, 납부기한 등을 명시하여 부담금납부의무자에게 납부고지를 하여야 함 ▸ 사업연도 종료 후 5개월이 되는 날 • 경영상 어려움 등이 있을 경우 최대 4회 분할 납부가 가능함 ▸ 납부기한으로부터 1년 이내, 납부고지일로부터 15일 이내 신청 ※ 기획재정부장관은 신청일로부터 10일 이내에 결과를 통지해야 함
부담금의 징수 및 이의신청	• 부담금의 징수 – 납부기한 경과 후 10일 이내 독촉장 발급 ※ 추가 납부 기간은 10일 이상 – 체납 시 **10% 이내**의 가산금 부과 – 국세 체납처분 절차에 따라 부담금 및 가산금 징수 – 기획재정부장관은 부담금 부과·징수를 위해 금융회사에 자료 제출 요구 가능 ※ 금융회사는 특별한 사유가 없으면 자료 제출 의무가 있음 • 이의신청 및 부담금의 조정 ▸ 기획재정부장관에게 – 납부고지일로부터 **15일 이내** 이의신청 – 기획재정부장관은 **15일 이내** 처리 결과를 통지 – 이의신청 여부와 관계없이 **납부기한은 유지**

03 2장 외국환업무 취급기관 등
외국환업무취급기관 등의 관리

5 인가의 취소 등(법 제12조, 시행령 제22조, 제23조)

제재의 종류	기재부장관은 외국환업무취급기관 등이 제재사유에 해당한다면, 등록·인가를 취소 또는 6개월 이내 기간을 정해 업무 제한 혹은 업무 전부·일부 정지를 명할 수 있음
제재의 사유	• 거짓·부정 방법으로 등록·인가 • 제한·정지 기간 중 업무 수행 • 등록·인가 내용이나 조건 위반 • 금융회사가 아니거나 직접 관련되지 않은 외국환업무 수행(제8조제2항 위반) • 변경·폐지 또는 외국환중개회사 합병·해산 등 인가·신고 위반 • 외국환업무 수행에 필요한 서류보관·회계구분·위험관리 등(제8조제6항) 미준수 • 보증금 예탁·보험가입 등(제8조제7항) 미이행 • 보증금·보험조치에도 불구, 전문외국환업무취급업자 파산·지급불능 우려 발생 • 외국환중개회사가 전문성 없는 상대방과 거래 or 보증금 예탁명령 위반 • 의무확인(제10조) (허가·신고 여부 확인) 위반 • 감독명령(제11조제1항) 또는 업무상 제한(제11조제2항) 위반 • 보고·자료 제출(제20조제1·2항) 불이행, 거짓 제출 • 검사에 불응(제20조제3·6항), 거부·방해·기피 • 자료제출 거부·거짓자료 제출(제20조제4·6항) • 시정명령(제20조제5·6항) 불이행 • 기재부장관 명령(제21조) 불이행(통보·제공 미이행/거짓 통보·제공) • 전자문서 제출 명령(제24조제2항) 위반
청문(등록·인가 취소 시 필수)	기재부장관이 등록·인가를 취소하려면 반드시 **청문**을 거쳐야 함
등록 또는 인가의 제한	등록·인가 취소된 자(취소 사유에 직접 책임이 있는 임직원 포함)는 취소일부터 **3년**이 지나지 않으면 동일 외국환업무를 다시 등록·인가 불가

과징금의 부과	• 업무제한 또는 업무정지 처분을 내릴 수 있는 위반행위가 있는 경우, 그 취득이익 범위 내에서 과징금 부과 가능
	• 과징금 부과 시 고려사항
	  – 위반행위의 내용 및 정도
	  – 위반행위의 기간 및 횟수
	  – 위반행위로 취득한 이익의 규모
	• 기획재정부장관은 과징금 납부 의무자가 납부기한까지 과징금을 납부하지 아니한 경우에는 국세 체납처분의 예에 따라 징수할 수 있음

확인문제로 핵심키워드 정리하기

간단한 쪽지 시험으로 빈출 개념을 다시 정리해 보세요.

1 다음 설명이 맞으면 ○표, 틀리면 ×표 하세요.

(1) 외환건전성협의회는 기획재정부가 독자적으로 운영하며, 타 기관과 협의 없이 정책을 수립한다. ( )

(2) 외환건전성협의회의 의장은 기획재정부 제1차관이며, 금융위원회 부위원장은 위원으로 참여한다. ( )

(3) 외환건전성협의회는 분기 1회 개최를 원칙으로 하며, 긴급한 경우 서면으로도 개최할 수 있다. ( )

(4) 외환건전성부담금은 외국환은행만 납부하며, 보험회사와 투자매매업자는 해당되지 않는다. ( )

(5) 비예금성외화부채가 1천만 달러 이하인 금융기관도 외환건전성부담금을 납부해야 한다. ( )

2 다음 빈칸에 들어갈 알맞은 말을 적으세요.

(1) 기획재정부장관이 등록·인가를 취소하려면 반드시 ( ) 절차를 거쳐야 한다.

(2) 외환건전성부담금의 기본 부과요율은 1만분의 ( )이며, 지방은행 등 일부 기관은 1만분의 5가 적용된다.

(3) 부담금의 부과요율은 가중평균 만기가 길어질수록 ( )된다.

(4) 외환건전성부담금의 납부고지는 사업연도 종료 후 ( )개월 이내에 이루어진다.

(5) 부담금은 사업연도 종료 후 ( )개월이 되는 날까지 납부해야 한다.

01 외환건전성협의회의 위원에 해당하지 않는 자는?

① 한국은행 총재
② 금융감독원 부원장
③ 기획재정부 제1차관
④ 금융위원회 부위원장

개념이해 한국은행 총재가 아니라 한국은행 부총재가 위원으로 참여한다.

02 외환건전성협의회의 주요 협의·조정사항이 아닌 것은?

① 국내 부동산 시장 분석
② 외국환수급상황의 분석
③ 외환건전성 감독 및 부담금 운영
④ 외국환업무취급기관의 지급과 거래에 대한 모니터링

개념이해 외환건전성협의회는 외환시장 안정과 관련된 사항을 협의하는 기구이며, 국내 부동산 시장 분석은 그 업무 범위에 포함되지 않는다.

보충학습 〈외화건전성협의회의 협의·조정사항〉
- 외환유출입 및 외국환수급상황의 분석
- 외국환업무취급기관등에 대한 외환건전성 감독·규제 및 부담금 운영
- 외국환업무취급기관등의 지급과 거래에 대한 모니터링 및 사후관리
- 그 밖에 기획재정부장관이 인정하는 사항

---

1 (1) × (2) ○ (3) ○ (4) × (5) ×
2 (1) 청문 (2) 10 (3) 차감 (4) 4 (5) 5

03 외환건전성부담금의 부과 대상에 포함되지 않는 금융기관은?

① 보험회사
② 투자매매업자
③ 신용협동조합
④ 여신전문금융회사

개념이해 부담금 납부 대상은 비예금성외화부채 1천만 달러 초과 기관으로, 신용협동조합은 포함되지 않는다.

오답분석 '은행, 보험, 투자업, 여신금융' 4종만 외환건전성부담금의 부과 대상이라는 점을 기억해야 한다.

04 외환건전성부담금의 공제액이 초과할 수 없는 비율은?

① 30%
② 50%
③ 60%
④ 70%

개념이해 부담금 산정 시 공제 가능 금액의 상한은 전체 잔액의 60%를 초과할 수 없다.

05 외환건전성부담금의 납부기한은 사업연도 종료 후 몇 개월 이내인가?

① 3개월
② 4개월
③ 5개월
④ 6개월

개념이해 납부고지는 사업연도 종료 후 4개월 이내에 이루어지며, 부담금은 5개월 이내에 납부해야 한다.

오답분석 ①②④는 법정 납부기한인 5개월 이내인 규정을 벗어났거나 짧거나 긴 수치로 오답이다.

06 부담금 납부자가 경영상 어려움을 이유로 분할납부를 신청하려면 납부고지일로부터 며칠 이내에 신청해야 하는가?

① 7일
② 10일
③ 15일
④ 30일

개념이해 부담금 분할납부를 신청하려면 납부고지일로부터 15일 이내에 신청해야 한다.

| 정답 | 01 ① 02 ① 03 ③ 04 ③ 05 ③ 06 ③

01

3장 외국환 평형기금

외국환평형기금
(법 제13조~제14조, 시행령 제25조~28조)

❶ 외국환평형기금의 의의 및 재원

의의	외국환거래를 원활하게 하기 위하여 「국가재정법」 제5조에 따른 기금으로서 외국환평형기금을 설치
재원 조성	• 정부로부터의 출연금 및 예수금 • 외국환평형기금 채권의 발행으로 조성된 자금 • 외국정부, 외국중앙은행, 그 밖의 거주자 또는 비거주자로부터의 예수금 또는 일시차입금 • 지급수단 집중의무(지급수단 또는 귀금속을 한국은행·정부기관·외국환평형기금·금융회사 등에 보관·예치 또는 매각하도록 하는 의무의 부과) 및 자본거래 예치의무(자본거래를 하는 자에게 그 거래와 관련하여 취득하는 지급수단의 일부를 한국은행·외국환평형기금 또는 금융회사 등에 예치하도록 하는 의무를 부과)하는 조치에 따른 예수금 • 외환건전성부담금 및 가산금 • 외국환평형기금의 운용으로 발생하는 이자 등의 수입
예치증서의 발행	• 기획재정부장관은 외국환평형기금에 예치된 자금에 대하여 대통령령으로 정하는 바에 따라 예치증서를 발행할 수 있고, 기획재정부장관은 그 예치증서의 사용 용도를 정할 수 있음 • 예치증서를 발행받으려는 자는 예치금액, 사용용도 등을 적은 신청 서류를 기획재정부장관에게 제출하여야 함 • 기획재정부장관은 예치증서의 신청이 있는 경우 예치증서의 발행이 필요하다고 인정되면 **신청일부터 7일 이내**에 예치증서를 발행·교부하여야 함
통화	외국환평형기금의 조성 및 운용은 내국지급수단 또는 대외지급수단으로 할 수 있음

❷ 외국환평형기금의 운용 및 관리

운용·관리	외국환평형기금은 기획재정부장관이 운용·관리함
운용 방법	ⓐ 외국환의 매매 ⓑ 한국은행·외국정부·외국중앙은행 또는 국내외 금융회사 등에의 예치·예탁 또는 대여 ⓒ 외국환업무취급기관의 외화채무로서 국가가 보증한 채무를 상환하기 위하여 국가가 예비비 또는 추가 경정예산으로 지급하기 전까지 국가를 대신하여 일시적으로 하는 지급 ※ 정부는 이를 보전 조치 하여야 함 ⓓ 한국은행·외국환업무취급기관 또는 외국금융기관의 외국환거래에 따른 채무의 보증 ⓔ 파생상품에 대한 거래 ⓕ 외국환업무취급기관 등에 대한 위탁을 통한 운용 ※ 단, 외환건전성부담금 및 가산금으로 조성된 외국환평형기금의 경우에는 ⓐ 또는 ⓓ 중 금융회사등에 대한 외화유동성 공급을 위한 거래에 한하여 운용
조성 및 운용	**내국지급수단 or 대외지급수단**
계정의 설치	• 기획재정부 장관: 한국은행에 외국환평형기금 계정 설치의무 • (한은) 원화자금 및 외화자금 계정구분
평가	• 외화자금: 환율에 의해 평가 • 해당 손익이 **발생한 이후 최초로 도래하는 결산기**에 평가익 또는 평가손으로 처리
구분관리 (법 제13조 제12항)	기획재정부장관은 외국환평형기금 재원 중 외환건전성부담금 및 가산금을 다른 재원과 구분하여 별도 관리 하여야 함

확인문제로 핵심키워드 정리하기

간단한 쪽지 시험으로 빈출 개념을 다시 정리해 보세요.

1 다음 설명이 맞으면 ○표, 틀리면 ×표 하세요.

(1) 외국환평형기금은 외국환거래를 원활하게 하기 위해 「국가재정법」에 따라 설치된다. (　　)

(2) 외국환평형기금의 주요 재원 중 하나는 외국환평형기금 채권의 발행으로 조성된 자금이다. (　　)

(3) 외국환평형기금은 한국은행 총재가 운용 및 관리한다. (　　)

(4) 외국환평형기금은 외국환의 매매, 금융회사에 대한 대여 등을 통해 운용될 수 있다. (　　)

(5) 외국환평형기금은 내국지급수단으로만 조성되고 운용될 수 있다. (　　)

2 다음 빈칸에 들어갈 알맞은 말을 적으세요.

(1) 외국환거래를 원활하게 하기 위해 「(　　　)」에 따라 외국환평형기금을 설치한다.

(2) 외국환평형기금의 재원 중 하나는 외국환평형기금 (　　　)의 발행으로 조성된 자금이다.

(3) 외국환평형기금은 (　　　) 장관이 운용 및 관리한다.

(4) 외국환평형기금은 (　　　)은행에 계정을 설치해야 한다.

(5) 외국환평형기금은 외환건전성부담금 및 (　　　)을 재원으로 포함할 수 있다.

01 외국환평형기금의 주요 재원이 아닌 것은?

① 정부 출연금
② 한국은행 대출금
③ 외국환거래 부담금
④ 외국환평형기금 채권 발행

개념이해 한국은행 대출금은 포함되지 않는다.

보충학습 〈외국환평형기금 주요 재원〉
• 정부 출연금 및 예수금
• 외국환평형기금 채권
• 외국정부, 외국중앙은행, 거주자 또는 비거주자의 예수금 또는 일시차입금
• 지급수단 집중의무 및 자본거래 예치의무 조치에 따른 예수금
• 외환건전성부담금 및 가산금
• 외국환평형기금의 운용 이자 등의 수입

02 외국환평형기금의 운용 주체는 누구인가?

① 금융위원회
② 금융감독원
③ 한국은행 총재
④ 기획재정부장관

개념이해 외국환평형기금의 운용 및 관리는 기획재정부장관의 권한이다. 한국은행은 기금 계정을 보유하지만, 직접적인 운용 권한은 없다. 금융위원회 및 금융감독원은 금융시장 규제 및 감독을 담당하는 기관이다.

---

1 (1) ○ (2) ○ (3) × (4) ○ (5) ×
2 (1) 국가재정법 (2) 채권 (3) 기획재정부 (4) 한국 (5) 가산금

| 정답 | 01 ② 　 02 ④

02

3장 외국환 평형기금

외국환평형기금 채권

1 외국환평형기금 채권(법 제13조, 14조, 시행령 제26조)

발행	• 기획재정부장관은 외국환평형기금 채권을 발행할 수 있음 • 외국환평형기금 채권 발행방식: 모집, 매출, 입찰
인수	기획재정부장관은 기금채권의 원활한 발행을 위하여 필요하다고 인정되는 경우에는 다음의 기관으로 하여금 기금채권을 인수하게 할 수 있음 • 한국은행 • 외국환업무취급기관 • 「자본시장과 금융투자업에 관한 법률」에 따른 투자매매업자, 투자중개업자, 집합투자업자, 신탁업자 및 증권금융회사 • 「보험업법」에 따른 보험회사
발행 대행기관	• 기획재정부장관은 기금채권의 원활한 발행을 위하여 기금채권의 발행에 관련된 업무를 다음의 구분에 따라 금융회사, 법무법인, 회계법인(이하 '대행기관'이라 함)에게 대행하게 할 수 있음 　- 금융회사: 기금채권의 발행전략의 수립 지원 및 기금채권의 모집·매출의 알선 등에 관한 업무 　- 법무법인: 기금채권 발행과 관련한 신고서류 및 투자계약서의 작성, 법률자문 등에 관한 업무 　- 회계법인: 기금채권 발행과 관련된 회계업무 • 기획재정부장관은 대행기관의 투명하고 공정한 선정을 위하여 관계전문가로부터 의견을 들을 수 있음 • 대행기관의 선정 등에 필요한 사항은 기획재정부장관이 정함
외국환평형기금 채권의 원리금 상환	• 외국환평형기금 채권의 발행으로 인한 원리금은 「국가재정법」 제90조 제6항에 따른 절차에 따라 일반회계 세계잉여금으로 상환할 수 있음 • 일반회계 세계잉여금으로 상환할 수 있는 금액은 외국환평형기금 채권의 이자에 그 이자 외의 외국환평형기금 운용손익을 더하거나 뺀 금액으로 함
기타규정	• 외국환평형기금 채권을 발행하는 경우에는 「국채법」 제4조를 적용하지 아니함 • 기획재정부장관은 외국통화로 표시하는 외국환평형기금 채권 발행액의 변경 범위가 해당 회계연도의 외국환평형기금 기금운용계획에 따른 외국통화 표시 외국환평형기금 채권 발행액의 10분의 2를 초과한 경우에는 변경명세서를 국회 소관 상임위원회 및 예산결산특별위원회에 제출하여야 함 　└→ 외국환평형기금 채권의 발행 및 상환 내역과 변경 사유 등이 포함되어야 함

확인문제로 핵심키워드 정리하기

간단한 쪽지 시험으로
빈출 개념을 다시 정리해 보세요.

1 다음 설명이 맞으면 ○표, 틀리면 ×표 하세요.

(1) 외국환평형기금 채권은 모집, 매출, 입찰 방식으로만 발행될 수 있다. (　　)

(2) 외국환평형기금 채권의 인수 의무는 한국은행에만 부과된다. (　　)

(3) 외국환평형기금 채권 발행 시 국채법의 규정을 반드시 적용해야 한다. (　　)

(4) 외국환평형기금 채권 발행액 변경이 회계연도 계획의 20%를 초과하면 국회 보고가 필요하다. (　　)

(5) 외국환평형기금 채권의 원리금 상환 재원은 일반회계 세계잉여금으로 할 수 있다. (　　)

2 다음 빈칸에 들어갈 알맞은 말을 적으세요.

(1) 외국환평형기금 채권은 (　　　)장관이 발행할 수 있다.

(2) 외국환평형기금 채권의 발생방식에는 (　　), 매출, 입찰이 있다.

(3) 외국환평형기금 채권의 인수 의무를 가질 수 있는 기관으로는 (　　), 외국환업무취급기관, 투자매매업자, 보험회사 등이 있다.

(4) 외국환평형기금 채권의 발행액 변경이 회계연도의 (　　)%를 초과할 경우 국회 보고가 필요하다.

(5) 외국환평형기금 채권의 모집·매출 알선은 금융회사가 담당하며, 법률자문은 (　　), 회계업무는 회계법인이 담당한다.

---

01 외국환평형기금 채권의 대행기관 선정 시 고려되지 <u>않는</u> 사항은?

① 공정한 절차
② 관계전문가 의견 청취
③ 기획재정부 내부 결정
④ 법률적 자문을 받을 수 있는지 여부

개념이해 기획재정부는 대행기관을 투명하고 공정하게 선정해야 하며, 내부 결정만으로 정할 수 없다.

02 외국환평형기금 채권 발행 관련 회계 업무를 담당하는 기관은?

① 금융회사
② 법무법인
③ 회계법인
④ 보험회사

개념이해 회계법인은 기금채권의 회계 관련 업무를 수행한다.

오답분석 각 기관은 한정된 대행업무만을 수행한다.
- 금융회사: 기금채권의 발행전략의 수립 지원 및 기금채권의 모집·매출의 알선 등에 관한 업무
- 법무법인: 기금채권 발행과 관련한 신고서류 및 투자계약서의 작성, 법률자문 등에 관한 업무
- 회계법인: 기금채권 발행과 관련된 회계업무

---

1 (1) ○ (2) × (3) × (4) ○ (5) ○
2 (1) 기획재정부 (2) 모집 (3) 한국은행 (4) 20 (5) 법무법인

| 정답 | 01 ③　02 ③

01 지급 등의 허가 및 절차(법 제15조)

4장 지급과 수령

① 지급 등의 허가 및 허가 절차(규정 제4-1조)

허가	• 기획재정부장관은 아래에 해당한다고 인정되는 경우에는 국내로부터 외국에 지급하려는 거주자·비거주자, 비거주자에게 지급하거나 비거주자로부터 수령하려는 거주자에게 그 지급 또는 수령을 할 때 허가를 받도록 할 수 있음 〈기재부장관 지급 또는 수령 허가대상〉 – 우리나라가 체결한 조약 및 일반적으로 승인된 국제법규를 성실하게 이행하기 위하여 불가피한 경우 – 국제 평화 및 안전을 유지하기 위한 국제적 노력에 특히 기여할 필요가 있는 경우 • 기재부장관 허가범위 고시의무 • 조약 및 법령위반 지급 금지: 조약 및 일반적으로 승인된 국제법규와 국내법령에 반하는 행위와 관련한 지급 등을 하여서는 아니됨 ※ 기획재정부장관은 지급 또는 수령에 대하여 허가를 받도록 조치한 사유가 소멸하게 된 때에는 해당 조치를 지체 없이 해제하여야 함
허가 절차	• 허가 대상 지급·수령을 사전에 기재부장관에게 신청(지급증빙서류 제출) • 기획재정부장관은 허가신청을 받으면 다음을 심사하여 허가 여부 결정 및 통지하여야 함 – 해당 지급 또는 수령이 허가 대상인지의 여부 – 해당 지급 또는 수령의 사유와 금액 – 해당 지급 또는 수령의 원인이 되는 거래 또는 행위의 내용

② 지급 등의 절차(규정 제4-2조)

지급증빙서류의 제출	• 건당 미화 **5천 달러** 초과 지급 시, 외국환은행장에게 증빙서류 제출 • 단, 신고 불요 거래로서 비거주자(또는 외국인거주자)가 해외 자금을 국내로 반입하는 수령은 예외 (증빙서류 ×)
▼	
사전신고 의무	지급 또는 그 원인이 되는 거래에 신고 의무가 있다면, 지급 전에 먼저 신고해야 함
▼	
사전신고 위반 시	• 외국환은행을 경유하여 보고(사후완료 후 지급 등) • 지급: 외국환은행이 제재기관(금융감독원장 포함)에게 위반 사실 보고 후, 당사자가 필요한 신고·보고 절차를 사후 완료한 뒤 지급 가능 • 수령: 제재기관의 장에게 보고 후 수령가능
▼	
제재기관의 장	필요 시 제재처분 확정 때까지 지급·수령 중단 가능
▼	
거래외국환은행의 지정	거래외국환은행을 지정한 경우, 해당 은행을 통해서만 지급(또는 환전, 휴대수출입 등) 가능
▼	
지급 등 증빙서류	전자문서 방식으로도 제출 가능

01 지급 등의 허가 및 절차(법 제15조)

4장 지급과 수령

3 거주자의 지급 등 절차의 예외(규정 제4-3조)

거주자(외국인거주자 제외)는 다음에 해당하는 경우 지급 등의 증빙서류를 제출하지 않고 지급 등을 할 수 있다.

1) 외국환거래규정에 따른 신고를 필요로 하지 않는 거래로서 연간 누계금액이 미화 **10만 달러** 이내(자본거래중 신고등의 예외거래에 따른 지급금액 포함)인 지급 (+ 거래외국환은행 지정 + 외국환은행장의 확인)
2) 외국환거래규정에 따른 신고를 필요로 하지 않는 거래로서 연간 누계금액이 미화 **10만 달러**를 초과하는 지급으로서 당해 거래의 내용 및 금액을 서류를 통해 외국환은행의 장이 확인할 수 있는 경우 (+ 거래외국환은행 지정 + 외국환은행장의 확인)
3) 외국환거래규정에 따른 신고를 필요로 하지 않는 수령(다만, 동일자·동일인 기준 미화 **10만 달러**를 초과하는 경우에는 서면에 의하여 외국환은행의 장으로부터 수령사유를 확인받아야 함) (+ 외국환은행장의 확인)
4) 정부 또는 지방자치단체의 지급등
5) 해외여행경비 규정에 의한 지급을 제외하고 거래 행위가 발생하기 전에 하는 지급 (+ 정산의무(10% 이내일 시 정산의무 ×))
6) 전년도 수출실적 미화 **3천만 달러** 이상인 기업의 송금방식(T/T) 수출대금의 수령 및 전년도 수입실적 미화 **3천만 달러** 이상인 기업의 송금방식(T/T) 수입대금의 지급
7) 새만금사업지역 내 소재기업: 전년도 수출 또는 수입실적이 미화 1천만 달러 이상인 경우 (+ 지급등의 증빙서류 5년간 보관의무)
8) 「외국인투자촉진법」상 외국인투자기업 및 외국기업 국내지사의 설립을 위하여 비거주자가 지출한 비용의 반환을 위한 지급과 해외직접투자 및 해외지사 설립을 위하여 거주자가 지출한 비용의 회수를 위한 수령(다만, 지출비용을 수령 또는 지급한 하나의 외국환은행을 통하여 지급등을 하여야 함)
9) 해외이주자(「해외이주법」 등 관련 법령에 의해 해외이주가 인정된 자)가 관할세무서장으로부터 발급받은 자금출처확인서의 범위 이내에서 해외이주비를 지급하는 경우(2025)

※ 위에 따라 증빙서류를 제출하지 않는 경우에도 지급 등을 하고자 하는 자는 외국환은행의 장에게 당해 거래의 내용을 설명하고 제2-1조의 2의 절차에 따라 확인을 받아야 한다.

4 비거주자 또는 외국인거주자의 지급(규정 제4-4조)

개요	• 비거주자·외국인거주자는 국내에서 마련한 자금의 출처를 증빙해야 함 • 해외에서 가져온 자금, 국내 근로소득·연금, 매각실적(환전) 등의 사유에 해당되면 외국환은행장 확인 후 지급 가능
취득경위 입증이 필요한 지급	• 최근입국이후 해외로부터 반입(수령/휴대수입)한 외화 • 한국은행총재에 신고(제2-3조1항3호)한 범위 • 국내 근무·고용 소득, 자유업 소득, 사회보험금·연금 등 (지정외국환은행을 통해 지급) • 외교기관 징수한 영사수수료 • 매각실적 범위 내 지급 • 기타 법령(제7장~9장)에서 인정된 자금 • 비거주자인 재외동포가 관할세무서장으로부터 발급받은 부동산매각자금확인서 또는 자금출처확인서의 범위 이내에서 지정거래외국환은행을 통해 지급하는 경우(2025)
취득경위 입증이 불필요한 지급	• 취득경위 미증빙 시 연간 **5만 달러** 이내에서 지정거래외국환은행 또는 신용카드사(거래카드사 지정)를 통해 지급 가능 • 매각실적이 없는 비거주자의 경우 미화 **1만 달러** 이내 매입한 외화 • 외국인거주자의 미화 **1만 달러** 이내의 해외여행경비 지급 • 외국인거주자가 자금의 취득경위를 입증하는 서류를 제출하여 체신관서를 통하여 지급

01 지급 등의 허가 및 절차(법 제15조)

4장 지급과 수령

5 국세청장 등에 대한 통보

- 외국환은행의 장은 법 제21조 및 영 제36조의 규정에 의하여 다음 각호의 1에 해당하는 지급 등의 경우에는 매월별로 익월 10일 이내에 지급 등의 내용을 국세청장에게 통보하여야 한다(다만, 정부 또는 지방자치단체의 지급 등은 해당사항 없음).

  1) 제4-3조 제1항제1호 내지 제2호의 규정에 의한 지급 등의 금액이 지급인 및 수령인별로 연간 미화 1만 달러를 초과하는 경우 및 제7-11조 제2항의 규정에 의한 지급금액이 지급인별로 연간 미화 1만 달러를 초과하는 경우
  2) 제4-5조의 규정에 의한 해외유학생 및 해외체재자의 해외여행경비 지급금액이 연간 미화 10만 달러를 초과하는 경우
  3) 제1호 및 제2호의 경우를 제외하고 건당 미화 1만을 초과하는 금액을 외국환은행을 통하여 지급 등(송금수표에 의한 지급 등을 포함)을 하는 경우

- 외국환은행의 장은 법 제21조 및 영 제36조의 규정에 의하여 다음 각호의 1에 해당하는 지급 등의 내용을 매월별로 익월 10일까지 관세청장에게 통보하여야 한다(다만, 정부 또는 지방자치단체의 지급은 해당사항 없음).

  1) 수출입대금의 지급 또는 수령
  2) 제4-3조 제1항제1호 내지 제2호의 규정에 의한 지급 등
  3) 건당 미화 1만 달러를 초과하는 해외이주비의 지급
  4) 제1호 내지 제4호의 경우를 제외하고 건당 미화 1만 달러를 초과하는 금액을 외국환은행을 통하여 지급 등(송금수표에 의한 지급을 포함한다)을 하는 경우

- 외국환은행의 장은 법 제21조 및 영 제36조의 규정에 의하여 다음 각호의 1에 해당하는 지급 등의 내용을 매월별로 익월 10일까지 금융감독원장에게 통보하여야 한다(다만, 정부 또는 지방자치단체의 지급은 해당사항 없음).

  1) 제4-3조 제1항제1호의 규정에 의한 지급 및 제7-11조제2항의 규정에 의한 지급금액이 지급인별로 연간 미화 1만 달러를 초과하는 경우
  2) 제4-5조의 규정에 의한 해외유학생 및 해외체재자의 해외여행경비 지급금액이 연간 미화 10만 달러를 초과하는 경우
  3) 제1호 및 제2호의 경우를 제외하고 건당 미화 1만 달러를 초과하는 금액을 외국환은행을 통하여 지급 등(송금수표에 의한 지급을 포함한다)을 하는 경우

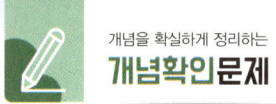

확인문제로 핵심키워드 정리하기

간단한 쪽지 시험으로 빈출 개념을 다시 정리해 보세요.

1 다음 설명이 맞으면 ○표, 틀리면 ×표 하세요.

(1) 기획재정부장관은 모든 외국환 지급 또는 수령에 대해 허가를 요구할 수 있다. (　　)

(2) 거주자가 연간 누계 미화 10만 달러 이하의 지급을 하는 경우 지급증빙서류 제출이 면제될 수 있다. (　　)

(3) 외국환은행장은 지급 신고 의무가 있는 거래라도 자체 판단으로 증빙서류 제출을 면제할 수 있다. (　　)

(4) 외국환은행은 지급 및 수령과 관련하여 고객으로부터 서류를 요구할 수 있다. (　　)

(5) 외국인거주자는 국내에서 근로소득을 취득한 경우 이를 증빙할 필요 없이 해외 송금이 가능하다. (　　)

2 다음 빈칸에 들어갈 알맞은 말을 적으세요.

(1) 거주자는 건당 미화 (　　) 달러를 초과하는 지급을 할 경우 지급증빙서류를 제출해야 한다.

(2) 비거주자는 국내에서 취득한 (　　) 등을 입증해야만 해외 송금이 가능하다.

(3) 연간 누계 (　　) 달러 이하의 지급은 일정 요건을 충족하면 증빙서류 제출이 면제될 수 있다.

(4) 외국인거주자는 취득경위를 입증하지 못하는 경우 연간 (　　) 달러 한도로 지정거래외국환은행을 통해 지급할 수 있다.

01 외국환은행을 통한 지급 시 증빙서류 제출이 면제되는 경우가 <u>아닌</u> 것은?

① 사전 개산 지급
② 자본거래에 따른 지급
③ 정부 또는 지방자치단체의 지급
④ 연간 누계 미화 10만 달러 이하 지급

개념이해 자본거래는 원칙적으로 신고 대상이며 증빙서류 제출이 필요하다.

02 비거주자 또는 외국인 거주자의 지급 중 취득경위 입증이 필요한 지급은?

① 외국인거주자의 미화 1만 달러 이내의 해외여행경비 지급
② 매각실적이 없는 비거주자의 경우 미화 1만 달러 이내 매입한 외화
③ 취득경위 미증빙 시 연간 5만 달러 이내에서 지정거래외국환은행 또는 신용카드사(거래카드사 지정)를 통한 지급
④ 비거주자인 재외동포가 관할세무서장으로부터 발급받은 부동산매각자금확인서 또는 자금출처확인서의 범위 이내에서 지정거래외국환은행을 통해 지급하는 경우

개념이해 ④번은 취득경위 입증이 필요한 지급이다.

오답분석 ① 외국인 거주자의 1만 달러 이내 여행경비는 면제이며 초과 시 입증 필요하다.
② 1만 달러 이내 매입 외화는 소액으로 면제 가능하며 그 외는 입증이 필요하다.
③ 연 5만 달러 이내라도 원칙적으로 취득경위 입증이 필요하나, 예외적으로 허용되는 경우가 있다.

---

1 (1) × (2) ○ (3) × (4) ○ (5) ×
2 (1) 5천 (2) 소득 (3) 10만 (4) 5만

| 정답 | 01 ② 02 ④

03 다음 중 지급 또는 수령과 관련하여 기획재정부장관의 허가가 필요한 경우가 <u>아닌</u> 것은?

① 국제 평화 및 안전 유지 목적
② UN 대북 제재에 따른 지급 제한
③ 우리나라가 체결한 조약 이행 목적
④ 해외직접투자 신고 후 지급하는 경우

개념이해 해외직접투자는 신고 대상이지만, 허가 대상이 아니다.

04 다음 중 지급 신고 의무가 면제되는 거래가 <u>아닌</u> 것은?

① 해외 직접 투자와 관련된 지급
② 정부 또는 지방자치단체의 지급
③ 연간 누계 미화 10만 달러 이하 지급
④ 외국인거주자의 국내 소득에 대한 해외 송금

개념이해 해외 직접 투자는 신고 대상이며, 지급 신고 면제가 불가능하다.

오답분석 ②~④ 모두 법령상 지급 신고 의무 면제 대상 거래에 해당한다.

05 비거주자가 취득경위 입증 없이 해외로 송금할 수 있는 한도는?

① 연간 미화 1만 달러
② 연간 미화 3만 달러
③ 연간 미화 5만 달러
④ 연간 미화 10만 달러

개념이해 비거주자는 취득경위를 입증하지 못할 경우 연간 미화 5만 달러 이내에서 지급할 수 있다.

06 외국환은행이 지급 사전 신고 없이 지급을 진행한 경우, 조치 방법으로 적절하지 <u>않은</u> 것은?

① 지급을 즉시 취소하고 자금을 반환
② 지급 증빙을 사후에 제출하도록 요구
③ 지급 이후 사후 신고하도록 고객에게 안내
④ 금융감독원 및 기획재정부에 위반 사실 보고

개념이해 사전 신고가 누락된 경우 사후 신고 절차를 진행해야 하며, 지급 자체를 취소하는 것은 적절하지 않다.

| 정답 | 03 ④ 04 ① 05 ③ 06 ①

02 해외여행경비의 지급

4장 지급과 수령

1 해외여행경비 및 해외여행자(규정 제4-5조)

해외여행경비는 해외여행자가 지급할 수 있는 해외여행에 필요한 경비를 의미한다.

| 해외여행자
(2025 개정) | • 해외체재자: 다음의 자로서 체재기간이 **30일**을 초과하여 외국에 체재하는 자
　① 상용, 문화, 공무, 기술훈련, 국외연수(6월 미만 한정)를 목적으로 외국에 체재하는 자(다만, 국내거주기간이 **5년 미만**인 외국인거주자는 제외)
　② 국내기업 및 연구기관 등에 근무하는 자로서 그 근무기관의 업무를 위하여 외국에 체재하는 국내거주기간 **5년 미만**인 외국인거주자와 외국의 영주권 또는 장기체류자격을 취득한 재외국민
• 해외유학생: 다음의 자로서 외국의 교육기관·연구기관 또는 연수기관에서 **6월 이상의 기간**에 걸쳐 수학하거나 학문·기술을 연구 또는 연수할 목적으로 외국에 체재하는 자
　① 영주권자가 아닌 국민 또는 국내 거주기간 5년 이상인 외국인인 경우
　② 위에 해당되지 않은 자로서, 유학경비를 지급하는 부 또는 모가 영주권자가 아닌 국민인 거주자인 경우
• 일반해외여행자: 해외체재자 및 해외유학생에 해당하지 않는 거주자인 해외여행자 |

2 해외여행경비의 지급 방법 및 절차

지급 방법	• 해외여행자는 해외여행경비를 외국환은행을 통하여 지급하거나, 제5-11조의 규정에 의하여 휴대수출할 수 있음 • 다만, 일반해외여행자가 외국환은행을 통하여 외국에 지급할 수 있는 경우는 다음에 한함 　– 다음 기관의 예산으로 지급되는 금액 　　1) 정부, 지방자치단체, 공공기관, 한국은행, 외국환은행의 예산으로 지급되는 금액 　　2) 한국무역협회·중소기업협동조합중앙회·언론기관(국내 신문사, 통신사, 방송국에 한함)·대한체육회·전국경제인연합회·대한상공회의소 　– 수출·해외건설 등 외화획득을 위한 여행자, 방위산업체 근무자, 기술·연구목적 여행자에 대하여 주무부장관 또는 한국무역협회의 장이 필요성을 인정하여 추천하는 금액 　– 해외치료비 　– 교육기관에 직접 내는 등록금·연수비·교재비 → 매년 재학증명까지 필요 　– 해외 여행·숙박·운수업자에 대한 비용(법인이 소속 임직원 비용을 대신 지급, 혹은 관광상품권 비용 일괄지급 등)
거래외국환은행의 지정	해외체재자·<u>유학생</u>은 거래외국환은행을 필수로 지정해야 함
신용카드 등에 의한 지급	• 해외여행자는 신용카드를 통해 해외여행경비 지급 및 인출을 할 수 있음 • 단, 외국인거주자는 지정거래외국환은행을 통해 연간 **5만 달러**를 한도로 함
법인명의 지급	임직원(일반해외여행자에 한함) 비용일 경우 법인명의 환전·법인카드 사용 가능

3 여행업자, 교육기관 등의 지급

여행업자 또는 교육기관을 통한 지급	필요 소요경비를 수령하고 외국 현지기관에 대신 송금(또는 휴대수출) 가능(환전 시 은행 확인 필요)
환전액 표시	해외여행자가 외국인거주자일 경우, 여권에 환전액을 표시(단, **100만원** 이하 외화 매각은 예외)

확인문제로 핵심키워드 정리하기

간단한 쪽지 시험으로 빈출 개념을 다시 정리해 보세요.

1 다음 설명이 맞으면 ○표, 틀리면 ×표 하세요.

(1) 해외유학생은 해외에 체재하는 동안 매년 재학증명서를 제출해야 한다. ( )

(2) 해외유학생은 반드시 국내에서 5년 이상 거주한 경험이 있어야 유학생으로 인정받을 수 있다. ( )

(3) 일반해외여행자는 해외체재자 및 해외유학생에 해당하지 않는 거주자를 의미한다. ( )

(4) 해외체재자는 거래외국환은행을 지정하지 않아도 해외여행경비 지급이 가능하다. ( )

(5) 일반해외여행자는 법인 명의로 해외여행경비를 지급할 수 있다. ( )

2 다음 빈칸에 들어갈 알맞은 말을 적으세요.

(1) 해외체재자 및 해외( )은 반드시 거래외국환은행을 지정해야 한다.

(2) 해외여행자는 해외여행경비를 ( )은행을 통하여 지급하거나 휴대수출할 수 있다.

(3) 해외유학생은 매년 ( )증명서를 제출해야 해외유학경비 지급이 가능하다.

(4) 외국인거주자는 신용카드를 통한 해외여행경비 지급 한도가 연간 ( ) 달러이다.

(5) 해외체재자가 지급한 해외여행( )는 거래외국환은행을 통해 이루어져야 한다.

01 다음 중 해외체재자에 해당하지 않는 사람은?

① 6개월 이상 해외 연구를 진행하는 자
② 20일간 관광 목적으로 해외를 방문한 자
③ 공무 목적으로 45일간 해외 체류하는 자
④ 국내 거주기간 5년 미만의 외국인거주자 중 상용 목적 해외 체류자

개념이해 해외체재자는 30일 이상 체류해야 한다.
② 단순 20일 관광 목적의 해외 방문이므로 해외체재자에 해당하지 않는다.

02 일반해외여행자가 외국환은행을 통해 외국에 지급할 수 있는 한정된 경우로 옳지 않은 것은?

① 관광 목적으로 개인이 외국에 송금
② 해외체류자가 의료비를 외국 병원에 지급
③ 국내 기업의 임직원이 해외출장 경비 지급
④ 법인이 관광상품 비용을 여행사에 일괄 지급

개념이해 개인이 관광 목적으로 외국에 송금하는 것은 불가능하며 출장, 의료비, 유학비 등만 가능하다.

---

1 (1) ○ (2) × (3) ○ (4) × (5) ×
2 (1) 유학생 (2) 외국환 (3) 재학 (4) 5만 (5) 경비

| 정답 | 01 ② 02 ①

에듀윌이
너를
지지할게

ENERGY

성공으로 가는
엘리베이터는 고장입니다.
당신은 계단을 이용해야만 합니다.
한 계단
한 계단씩

– 조 지라드(Joe Girard)

01 통칙(법 제16조~제17조, 시행령 제30조, 규정 제5-2조, 5-3조)

5장 지급 등의 방법

1 지급 또는 수령 방법의 신고

거주자 간, 거주자와 비거주자 간, 비거주자 상호 간의 거래나 행위에 따른 채권·채무를 결제할 때 거주자가 다음의 어느 하나에 해당하면 그 지급 또는 수령의 방법을 기획재정부장관에게 미리 신고(先신고)해야 한다.

- 상계: 상계 등의 방법으로 채권·채무를 소멸시키거나 상쇄시키는 방법으로 결제하는 경우
- 기간초과결제: 기획재정부장관이 정하는 기간을 넘겨 결제하는 경우
- 제3자 지급: 거주자가 해당 거래의 당사자가 아닌 자와 지급 또는 수령을 하거나 해당 거래의 당사자가 아닌 거주자가 그 거래의 당사자인 비거주자와 지급 또는 수령을 하는 경우
- 외국환은행 등을 통하지 않은 지급: 외국환업무취급기관 등을 통하지 아니하고 지급 또는 수령을 하는 경우
  ※ 제18조에 따라 신고를 한 자가 그 신고된 방법으로 지급 또는 수령을 하는 경우는 제외함

2 지급 또는 수령 방법의 신고 방법

신고 서류 제출	법 제16조에 따라 지급 또는 수령의 방법을 신고하려는 자는 기획재정부장관이 정하여 고시하는 신고 서류를 제출해야 함
제출 방법	신고를 요하지 않는 경우를 제외하고, 제5장에 의한 신고(지급 등의 방법) 등의 서류는 전자적 방법을 통해 실명 확인을 받고 제출할 수 있음

3 지급 또는 수령 방법 신고의 예외

외국환수급 안정과 대외거래 원활화를 위하여 아래 대통령령으로 정하는 거래의 경우에는 사후에 보고하거나 신고하지 아니할 수 있다.

- 상호계산: 거주자와 비거주자가 상계의 방법으로 결제할 때 기획재정부장관이 정하여 고시하는 방법으로 일정한 외국환은행을 통하여 주기적으로 결제하는 경우
- 자본거래에 따라 기획재정부장관에게 신고한 방법에 따라 채권을 매매, 양도 또는 인수하는 경우
- 계약 건당 미화 **5만 달러** 이내의 수출대금을 기획재정부장관이 정하여 고시하는 기간을 초과하여 수령하는 경우
- 거주자가 건당 미화 **1만 달러** 이하의 경상거래에 따른 대가를 외국환업무취급기관 등을 통하지 아니하고 직접 지급하는 경우
- 자본거래의 신고를 한 자(외국환은행에 신고한 경우를 포함. 단, 외국환은행을 통하지 않는 지급 등은 제외)가 그 신고내용에 포함된 방법으로 지급 등을 하는 경우
- 한국은행, 외국환은행, 기타 외국환업무취급기관, 소액해외송금업자, 기타전문외국환업무를 등록한자 및 종합금융회사가 외국환업무와 관련하여 지급 등을 하는 경우
- 조약 또는 일반적으로 승인된 국제법규에서 정하는 방법으로 지급 등을 하는 경우
- 거래당사자의 일방이 신고한 경우
- 정부 또는 지방자치단체가 지급 등을 하는 경우
- 「공공차관의도입및관리에관한법률」에 의한 차관자금으로 수입대금을 지급하는 경우
- 수출입승인 면제대상: 대외무역관리규정 별표 3(수출승인의 면제) 및 별표 4(수입승인의 면제)에서 정한 물품의 수출입대금을 지급 또는 수령하는 경우

확인문제로 핵심키워드 정리하기

간단한 쪽지 시험으로 빈출 개념을 다시 정리해 보세요.

1 다음 설명이 맞으면 ○표, 틀리면 ×표 하세요.

(1) 거주자가 외국환업무취급기관을 통하지 않고 미화 1만 달러 이하의 경상거래 대금을 지급하는 경우, 사전 신고해야 한다. (　)

(2) 기획재정부장관은 거주자의 지급 또는 수령 방법을 사전에 신고하도록 할 수 있다. (　)

(3) 자본거래 신고를 마친 자가 신고된 방법으로 지급을 할 경우, 별도의 신고가 필요하다. (　)

(4) 거주자가 비거주자와 채권·채무를 상계하는 경우, 기획재정부장관에게 신고해야 한다. (　)

(5) 정부 및 지방자치단체가 지급을 하는 경우에도 사전 신고 의무가 발생한다. (　)

2 다음 빈칸에 들어갈 알맞은 말을 적으세요.

(1) 한국은행, 외국환은행 및 기타 외국환업무취급기관이 외국환업무와 관련하여 지급하는 경우, 신고 (　) 대상이 될 수 있다.

(2) 계약 건당 미화 (　)달러 이하의 수출대금을 기획재정부장관이 정한 기간을 초과하여 수령하는 경우, 신고가 면제될 수 있다.

(3) 정부 또는 (　)단체가 지급을 하는 경우, 지급 방법 신고가 면제된다.

(4) 자본거래 신고를 한 자가 신고된 방법으로 지급하는 경우, 별도의 (　)가 필요하지 않다.

(5) 공공차관 자금을 사용하여 수입대금을 지급하는 경우, (　) 신고 대상이 아니다.

개념확인문제

01 다음 중 지급 방법 신고가 면제될 수 <u>없는</u> 경우는?

① 정부가 지급하는 경우
② 공공차관 자금으로 수입대금을 지급하는 경우
③ 자본거래 신고 후 동일한 방법으로 지급하는 경우
④ 거주자가 외국환은행을 통하지 않고 직접 지급하는 경우

개념이해 외국환은행을 통하지 않는 지급은 원칙적으로 신고 대상이다.

오답분석 ①~③ 모두 외환당국의 관리·감독 하에 있거나 이미 신고·승인을 거친 거래이므로 신고 면제 대상에 해당된다.

02 정부 및 지방자치단체가 지급하는 경우, 지급 방법 신고 여부는?

① 신고할 필요 없다.
② 반드시 신고해야 한다.
③ 한국은행 승인 후 신고한다.
④ 외국환은행 승인 후 신고한다.

개념이해 정부 및 지방자치단체의 지급은 신고 예외 대상이다.

---

1 (1) × (2) ○ (3) × (4) ○ (5) ×
2 (1) 면제 (2) 5만 (3) 지방자치 (4) 신고 (5) 사전

| 정답 | 01 ④ 02 ①

02 상계(법 제16조, 규정 제5-4조)

5장 지급 등의 방법

❶ 상계의 정의

[민법 제492조]
쌍방이 같은 종류를 목적으로 하는 채무를 부담하고, 양 채무가 변제기에 있을 때 한쪽이 상대방에 대해 상계를 주장함으로써 상호 채무를 대등액에서 소멸시키는 것

❷ 상계 보고, 신고의무 및 예외

상계 보고 및 신고의무	• 원칙: 사전에 외국환은행장에게 신고하거나 **1개월** 이내 사후보고 　- 신고예외 규정을 제외하고 수출입·용역거래·자본거래 등 대외거래에서 거주자가 비거주자에 대한 채권·채무를 다른 비거주자 채권·채무와 상계하거나 계정대기(차기/대체결제)로 결제하려는 경우 • 상계센터 or 다자간 상계 　- 다국적기업 상계센터 통한 상계, 또는 다수 당사자의 채권·채무를 일괄 상계 시 한국은행총재에게 신고해야 함 • 외국환은행장 또는 한국은행총재는 신고 또는 사후보고 내용을 **다음 반기 첫째달 말일**까지 국세청장 및 관세청장에게 통보하여야 함
상계 신고 예외	• 일방의 금액(분할 시 합산)이 미화 **5천 달러** 이하인 채권 또는 채무를 상계 • 상호계산계정: 거주자·비거주자 간 거래에 따른 채권·채무를 상호계산계정 통해 상계 • 국내외 신용카드발행업자 간 상계: 대외지급대금(해외 신용카드사용액), 수수료, 회비 등 상호 차감 • 재보험계약(보험회사): 국내 보험사업자와 외국 보험사업자 간 재보험료·재보험금 등 상호 차감 • 파생상품거래: 파생상품 거래 상대방과의 반대거래 등으로 발생한 채권·채무를 상계 • 연계무역, 위탁가공무역 및 수탁가공무역: 수출대금과 관련 수입대금 상계 • 직접 수반되는 중개 또는 대리점 수수료 • 외국항로 취항 항공사 또는 선박회사: 항공임/선박임과 경상운항경비 상호 차감 • 외국항로 취항 항공사 또는 선박회사: 장비·선복 사용에 따른 채권·채무 상호 차감 • 승차권등: 국내외 철도·항공·선박 승차권(이용권) 판매대금과 중개수수료 상계 • 거주자 간 외화표시 채권·채무 상계 • 국내 통신사업자와 외국 통신사업자 간 통신망 사용대가 상호 차감 • 소득세 원천징수 후 잔액 지급: 거주자와 비거주자 간 거래 소득에 대한 원천징수 후 나머지 금액 지급·수령 • 소송·중재 등 관련 소송비용 등을 상계 • 제1-2조 제18호의 해운대리점이 외국 선박회사를 대리하면서 국내에서 징수한 선박임과 국내에서 지급한 경상운항경비를 상계하거나 상계한 잔액을 외국 선박회사와 지급 또는 수령하고자 하는 경우
서류 보관 의무	상계를 실시하는 자는 관계증빙서류를 **5년간** 보관하여야 함

확인문제로 핵심키워드 정리하기

간단한 쪽지 시험으로 빈출 개념을 다시 정리해 보세요.

1 다음 설명이 맞으면 ○표, 틀리면 ×표 하세요.

(1) 외국항로를 취항하는 항공사나 선박회사가 항공·선박 임대료와 경상운항경비를 상계하는 경우, 사전 신고가 필요하다. ( )

(2) 미화 5천 달러 이하의 채권 또는 채무를 상계하는 경우에도 반드시 신고해야 한다. ( )

(3) 국내 통신사업자와 외국 통신사업자 간의 통신망 사용대가를 상계하는 경우 신고가 필요하다. ( )

(4) 다국적기업이 상계센터를 통해 상계를 수행하는 경우, 한국은행 총재에게 신고해야 한다. ( )

(5) 파생상품거래에서 발생한 채권·채무를 반대거래로 상계하는 경우, 신고가 필요 없다. ( )

2 다음 빈칸에 들어갈 알맞은 말을 적으세요.

(1) 국내외 신용카드 발행업자 간 지급 및 수수료 차감은 ( ) 대상이다.

(2) 거주자가 비거주자에 대한 채권을 다른 비거주자 채무와 상계하는 경우, ( )장에게 신고해야 한다.

(3) 다국적기업이 상계센터를 통한 ( )를 수행하는 경우, 반드시 한국은행 총재에게 신고해야 한다.

(4) 외국환은행장은 상계 신고 또는 사후보고 내용을 ( )장 및 관세청장에게 통보해야 한다.

(5) 외국환은행장에게 신고를 해야 하는 상계의 경우, 그대로 ( )개월 이내에 사후 보고할 수 있다.

개념확인문제

01 신고 없이 상계할 수 없는 경우는?

① 상계센터를 통한 상계
② 소득세 원천징수 후 잔액 지급
③ 재보험계약에 따른 재보험료 상계
④ 국내 통신사업자와 외국 통신사업자 간 통신망 사용료 차감

개념이해 상계센터를 통한 상계는 신고 대상이다.

오답분석 ③ 재보험 거래의 특성상 양 보험사 간 상호 채무를 정기적으로 상계하는 관행이 정착되어 있어 신고 없이 상계가 가능하다.

02 미화 5천 달러 이하의 채권·채무를 상계하는 경우 필요한 과정으로 옳은 것은?

① 사후 보고해야 한다.
② 신고하지 않아도 된다.
③ 한국은행 총재에게 보고해야 한다.
④ 외국환은행장에게 사전신고해야 한다.

개념이해 미화 5천 달러 이하의 채권·채무 상계는 신고 예외 대상이다.

---

1 (1) × (2) × (3) × (4) ○ (5) ○
2 (1) 신고 예외 (2) 외국환은행 (3) 상계 (4) 국세청 (5) 1

| 정답 | 01 ① 02 ②

03 상호계산(규정 제5-5조~5-7조)

5장 지급 등의 방법

① 상호계산의 신고 및 기장

상호계산 신고	• 상대방과의 거래가 빈번하여 상호계산방법으로 지급 등을 하고자 하는 자는 별지 제5-2호 서식의 상호계산 신고서를 지정거래외국환은행의 장에게 제출해야 함 • 상호계산방법을 폐쇄하고자 하는 경우에도 동일하게 신고해야 함
상호계산 대/차기 항목	• 상호계산계정을 통하여 대기 또는 차기할 수 있는 항목은 상호계산 상대방과의 채권 또는 채무로 함 • 다만, 외국환거래법령에 의하여 지급, 지급방법 및 자본거래에 있어 신고를 요하는 경우에는 신고해야 함
상호계산 기장시점	• 상호계산장부에는 거래 발생 시마다 거래일자를 기재하여 대차를 기장해야 함 • 단, 거래일자별로 기장하기 곤란한 경우 월말, 분기말 등 일정 기간별로 합산하여 기장 가능 • 물품 수출입 또는 용역의 제공과 관련된 상호계산거래의 경우에는 거래일로부터 60일 이내에 상호계산장부에 기장해야 함 • 다만, 외국환거래법령에 의하여 지급, 지급방법 및 자본거래에 있어 신고를 요하는 경우에는 거래일자별로 기장해야 함

② 상호계산의 결산

상호계산의 결산	• 상호계산계정 결산: **회계기간의 범위 내**에서 월단위로 결산주기를 정하여 실시하여야 함(다만, 필요한 경우 회계기간의 범위 내에서 결산주기를 달리 정할 수 있음) • 결산 대기 및 차기잔: 각 상대방별 계정의 대차기잔액 합산 금액 • 차액 지급/수령 시점: 결산기간 종료 후 **3월** 이내 + 지정거래외국환은행장 신고 후
보고서 및 증빙서류 보관	• 결산 보고서: 지정거래 외국환은행의 장에게 제출 • 서류보관 의무: 장부 및 관계증빙서류를 **5년**간 보관해야 함
상호계산계정의 폐쇄	• 직권 폐쇄: 지정거래외국환은행의 장은 상호계산을 실시하는 자가 법령을 위반하거나 그 거래실적·거래내용이나 기타 사정에 비추어 상호계산계정의 존속이 필요없다고 인정되는 경우에는 그 상호계산계정을 폐쇄할 수 있음 • 폐쇄된 계정의 대차기잔액 처리에 관하여는 결산 규정을 준용함
상호계산 신고의 통보	상호계산 신고를 받은 지정거래외국환은행의 장은 동 신고사실을 국세청장 및 관세청장에게 통보하여야 함

확인문제로 핵심키워드 정리하기

간단한 쪽지 시험으로 빈출 개념을 다시 정리해 보세요.

1 다음 설명이 맞으면 ○표, 틀리면 ×표 하세요.

(1) 상호계산을 수행하려는 자는 상호계산신고서를 한국은행 총재에게 제출해야 한다. ( )

(2) 상호계산계정을 기장 시 물품 수출입 또는 용역 제공의 경우, 완료 후 60일 이내에 기장해야 한다. ( )

(3) 상호계산을 통해 대기 또는 차기할 수 있는 항목은 상호계산 상대방과의 채권 또는 채무에 한정된다. ( )

(4) 상호계산계정의 결산은 반드시 월 단위로만 가능하다. ( )

(5) 상호계산계정의 대차기잔액은 결산기간 종료 후 6개월 이내에 지정거래외국환은행의 장에게 신고한 후 지급 또는 수령해야 한다. ( )

2 다음 빈칸에 들어갈 알맞은 말을 적으세요.

(1) 상호계산계정의 대차기잔액은 결산기간 종료 후 ( )개월 이내에 지정거래외국환은행의 장에게 신고한 후 지급 또는 수령해야 한다.

(2) 상호계산을 수행하는 자는 결산보고서를 지정거래( )은행의 장에게 제출해야 한다.

(3) 지정거래외국환은행의 장은 상호계산 신고 사실을 국세청장 및 ( )장에게 통보해야 한다.

(4) 상호계산을 실시하는 자는 장부 및 관계 증빙서류를 ( )간 보관해야 한다.

(5) 상호계산계정을 폐쇄하려면 반드시 ( )해야 한다.

---

01 상호계산계정의 결산은 원칙적으로 몇 단위로 이루어지는가?

① 주
② 월
③ 연
④ 분기

개념이해 상호계산계정의 결산은 원칙적으로 월 단위로 이루어진다.

보충학습 상호계산계정 결산: 회계기간의 범위내에서 월단위로 결산주기를 정하여 실시하여야 한다(다만, 필요한 경우 회계기간의 범위 내에서 결산주기를 달리 정할 수 있음).

02 상호계산을 수행하려는 자는 어느 기관에 신고해야 하는가?

① 한국은행
② 기획재정부
③ 금융감독원
④ 지정거래외국환은행

개념이해 상호계산을 수행하려는 자는 지정거래외국환은행의 장에게 신고해야 한다.

---

1 (1) × (2) × (3) ○ (4) × (5) ×
2 (1) 3 (2) 외국환 (3) 관세청 (4) 5년 (5) 신고

| 정답 | 01 ② 02 ④

04 기간 초과 지급 등의 방법(규정 제5-8조)

5장 지급 등의 방법

① 기간 초과 지급등 (2025 개정 규정 대폭완화: 5만/3년 → 10만/1년으로 개정)

개념		• 거주자가 수출입대금(물품거래 대금으로 한정)을 기간초과지급(10만 달러, 1년) 지급 등을 하고자 하는 자는 **한국은행총재**에게 신고 • **선박, 철도차량, 항공기,「대외무역법」에 의한 산업설비**를 수출입하는 경우에는 **신고 ×**
신고 의무 (→한국은행총재)	수출대금 수령	계약건당 미화 10만 달러를 초과하는 수출대금을 물품의 선적 전 1년을 초과하여 수령하고자 하는 경우
	수입대금 지급	계약건당 미화 10만 달러를 초과하는 수입대금을 선적서류 또는 물품의 수령 전 1년을 초과하여 지급하고자 하는 경우
3월 내 사후신고		불가피한 사유 인정 시 1년을 초과한 날로부터 **3월 이내**에 한국은행총재에게 사후신고를 할 수 있다.
통보		신고를 받은 한국은행총재는 매월별로 **익월 10일** 이내에 동 신고사실을 국세청장 및 관세청장에게 통보하여야 함

확인문제로 핵심키워드 정리하기

간단한 쪽지 시험으로 빈출 개념을 다시 정리해 보세요.

1 다음 설명이 맞으면 ○표, 틀리면 ×표 하세요.

(1) 거주자가 수출입대금의 지급 등을 하는 경우, 반드시 한국은행 총재에게 신고해야 한다. (　)

(2) 계약건당 미화 10만 달러를 초과하는 수출대금을 본지사 간 거래에서 선적 전에 수령하는 경우, 한국은행 총재에게 신고해야 한다. (　)

(3) 계약건당 미화 2만 달러를 초과하는 수입대금을 선적서류 또는 물품 수령 전 1년을 초과하여 송금방식으로 지급하려면 한국은행 총재에게 신고해야 한다. (　)

2 다음 빈칸에 들어갈 알맞은 말을 적으세요.

(1) 불가피한 사유가 있을 경우, 1년 초과 후 (　)개월 이내에 사후 신고할 수 있다.

(2) 신고를 받은 한국은행 총재는 매월 익월 (　)일 이내에 신고 내용을 국세청장 및 관세청장에게 통보해야 한다.

01 계약건당 미화 10만 달러를 초과하는 수출대금을 본지사 간 거래에서 선적 전에 수령하는 경우, 신고 대상 기관은?

① 관세청장
② 기획재정부
③ 금융감독원
④ 한국은행 총재

개념이해 본지사간 거래에서 선적 전 수출대금을 수령하는 경우, 한국은행 총재에게 신고해야 한다.

---

1 (1) × (2) ○ (3) ○
2 (1) 3 (2) 10

| 정답 | **01** ④

5장 지급 등의 방법 **79**

05 제3자 지급 등에 의한 방법(규정 제5-10조)

5장 지급 등의 방법

❶ 제3자 지급 등에 의한 지급 신고 대상

- 5천 달러 초과 ~ 1만 달러 이하 지급: 외국환은행장 신고 대상이다.
- 1만 달러 초과 지급: 한국은행총재 신고 대상이다.

※ 신고를 받은 외국환은행의 장 또는 한국은행총재는 매월별로 익월 10일 이내에 동 신고사실을 국세청장 및 관세청장에게 통보해야 한다.

❷ 제3자 지급 등에 의한 지급 신고 예외 대상

구분	내용
거주자	• 거주자 간 또는 거주자와 비거주자 간 거래의 결제를 위하여 당해 거래의 당사자인 거주자가 당해 거래의 당사자가 아닌 비거주자로부터 수령하는 경우 • 비거주자 간 또는 거주자와 비거주자 간 거래의 결제를 위하여 당해 거래의 당사자가 아닌 거주자가 당해 거래의 당사자인 비거주자로부터 수령하는 경우 및 동 자금을 당해 거래의 당사자인 거주자가 당해 거래의 당사자가 아닌 거주자로부터 수령하는 경우 • 거주자 간 거래의 결제를 위하여 당해 거래의 당사자인 거주자가 당해 거래의 당사자가 아닌 거주자와 지급등을 하는 경우
외국인 투자기업 본사	제7-31조 제1항 제10호의 규정에 따라 주식 또는 지분을 취득하는 경우 동 취득대금을 「외국인투자촉진법」에 의한 외국인투자기업(국내자회사를 포함), 제9장제3절에 의한 외국기업국내지사, 외국은행국내지점 또는 사무소가 본사(본사의 지주회사나 방계회사를 포함)에게 직접 지급하는 경우
해외법인/해외지사	제9장의 규정에 의한 해외현지법인을 설립하거나 해외지사를 설치하고자 하는 거주자가 동 자금을 해외직접투자와 관련된 대리관계가 확인된 거주자 또는 비거주자에게 지급하는 경우
외교부 긴급경비	외교부의 「신속 해외송금 지원제도 운영지침」에 따라 대한민국 재외공관이 국민인 비거주자에게 긴급경비를 지급하는 경우
구매대행업체	• 거주자가 인터넷으로 물품 수입을 하고 수입대금은 국내 구매대행업체를 통하여 지급하는 경우 및 수입대금을 받은 구매대행업체가 수출자에게 지급하는 경우 • 비거주자가 인터넷으로 판매자인 다른 비거주자로부터 물품을 구매하고 구매대금을 거주자인 구매대행업체를 통하여 지급하는 경우 및 구매대금을 받은 거주자인 구매대행업체가 판매자인 다른 비거주자에게 지급하는 경우
정유회사	거주자인 정유회사 및 원유, 액화천연가스 또는 액화석유가스 수입업자가 외국정부 또는 외국정부가 운영하는 기업으로부터 원유, 액화천연가스 또는 액화석유가스를 수입함에 있어 당해 수출국의 법률이 정한 바에 따라 수입대금을 수출국의 중앙은행에 지급하는 경우
외항선원 급여 등	제1-2조 제18호의 해운대리점 또는 선박관리업자가 비거주자인 선주(운항사업자를 포함한다)로부터 수령한 자금으로 국내에 입항 또는 국내에서 건조중인 선박(이하 '외항선박')의 외항선원 급여등 해상운항경비를 외항선박의 선장 등 관리책임자에게 지급하는 경우
통신사업자간 통신망 사용대가	거주자인 통신사업자와 비거주자인 통신사업자간 통신망 사용대가의 결제를 위하여 당해 거래의 당사자인 거주자가 당사자가 아닌 비거주자와 지급 등을 하는 경우
외국 납세대리인	거주자가 외국에 있는 과세당국에 세금을 납부하기 위해 비거주자인 납세대리인을 지정하고, 당해 대리인에게 지급하는 경우
선주상호보험조합	「선주상호보험조합법」에 따른 선주상호보험조합이 선주상호보험사업과 관련한 자금을 거래당사자가 아닌 자에게 지급등을 하는 경우

05 제3자 지급 등에 의한 방법(규정 제5-10조)

5장 지급 등의 방법

핵심개념을 한번에 담은
빈출개념체크

국내 세무대리인	비거주자가 국내에 있는 과세당국 또는 조세와 관련하여 권한 있는 당국에 납부해야 하는 세금을 위해 거주자인 세무대리인을 임명하고 당해 대리인이 법·영 및 이 규정에서 정하는 바에 따라 환급금을 수령한 후 이를 비거주자에게 지급하는 경우
국내 소송대리인	비거주자가 국내 법원의 소송을 위해 거주자인 소송대리인(변호인)을 임명하고 당해 대리인이 동 법원 또는 동 소송의 상대방으로부터 법원 재판에 따른 배상금 또는 제반 소송비용(공탁금 포함)과 관련된 환급금을 수령한 후 이를 비거주자에게 지급하는 경우
부동산 대리인	비거주자와 거주자 간 제9장 제5절의 국내에 있는 부동산 또는 이에 관한 권리의 거래를 위해 비거주자가 거주자인 대리인을 임명하고 인정된 거래에 따라 거주자가 당해 대리인에게 동 취득대금을 지급한 후 당해 대리인이 이를 비거주자에게 지급하는 경우
기타	• 미화 **5천 달러** 이하(분할 지급 시 합산 금액 적용) 지급 • 외국환은행이 자기 해외지점/현지법인 대출원리금을 차주·담보제공자 등으로부터 회수하여 지급 • 거주자인 예탁결제원이 예탁기관으로서 법·영 및 이 규정에서 정하는 바에 따라 비거주자가 발행한 주식예탁증서의 권리행사 및 의무이행과 관련된 내국지급수단 또는 대외지급수단을 지급 또는 수령하는 경우 • 거래당사자가 회원으로 가입된 국제적인 결제기구와 지급 또는 수령하는 경우 • 인정된 거래에 따른 채권의 매매 및 양도, 채무의 인수가 이루어진 경우(비거주자간의 외화채권의 이전을 포함) • 인정된 거래에 따라 제9장 제4절의 외국에 있는 부동산 또는 이에 관한 권리를 취득하고자 하는 거주자가 동 취득대금을 당해 부동산 소재지 국가에서 부동산계약을 중개·대리하는 자(제9-39조제2항제2호에 해당하는 경우에는 거주자의 배우자를 포함)에게 지급하는 경우 • 인정된 거래에 따라 외국에서 외화증권을 발행한 거주자가 원리금상환 및 매입소각 등을 위하여 자금관리위탁계약을 맺은 자에게 지급하고자 하는 경우 • 인정된 거래에 따라 외화증권을 취득하고자 하는 자가 관련자금을 예탁결제원에게 지급하는 경우 • 수입대행업체(거주자)에게 단순수입대행을 위탁한 거주자(납세의무자)가 수입대행계약시 미리 정한 바에 따라 수입대금을 수출자인 비거주자에게 지급하는 경우 • 「정보통신망 이용촉진 및 정보보호 등에 관한 법률」에 따라 등록된 통신과금서비스제공자가 거주자 또는 비거주자의 전자적 방법에 의한 재화의 구입 또는 용역의 이용에 있어 그 대가의 정산을 대행하기 위해 지급 등을 하는 경우 • 거주자가 외국환은행 또는 이에 상응하는 금융기관에 개설된 에스크로 계좌(거래의 안정성을 확보하기 위하여 중립적인 제3자로 하여금 거래대금을 일시적으로 예치하였다가 일정 조건이 충족되면 당초 약정한 대로 자금의 집행이 이루어지는 계좌를 말한다)를 통해 비거주자와 지급 등을 하는 경우 • 해외광고 및 선박관리 대리대행계약에 따라 동 업무를 대리·대행하는 자가 지급 또는 수령하는 경우 • 「국제개발협력기본법」에 따른 국제개발협력과 관련한 자금을 거래당사자가 아닌 자에게 지급하는 경우 • 제5-4조 제3항에 따라 다국적 기업의 상계센터를 통한 상계로서 한국은행총재에게 상계 신고를 이행한 후 상계잔액을 해당 센터에 지급하는 경우 • 거주자인 「외국인관광객 등에 대한 부가가치세 및 개별소비세 특례규정」에 따른 환급창구운영사업자가 지급 업무의 대행에 대한 협약을 맺은 업체를 통해 비거주자에게 환급금을 지급하는 경우

❸ 사후보고

거주자와 다국적회사인 비거주자와의 거래의 결제를 위하여 당해 거래의 당사자가 아닌 다국적회사의 자금관리전문회사로 지정된 자에게 지급하는 경우에는, 지급일로부터 **1개월** 이내에 제2항 또는 제3항의 신고를 사후 보고할 수 있다.

확인문제로 핵심키워드 정리하기

간단한 쪽지 시험으로 빈출 개념을 다시 정리해 보세요.

1 다음 설명이 맞으면 ○표, 틀리면 ×표 하세요.

(1) 외국환은행의 해외지점이 대출원리금을 차주나 담보제공자로부터 회수하여 지급하는 경우, 별도 신고 없이 가능하다. ( )

(2) 외국인 투자기업이 본사에 지분 취득대금을 직접 지급하는 경우 신고 대상이다. ( )

(3) 구매대행업체를 통한 물품 수입대금 지급은 신고 대상이 아니다. ( )

(4) 미화 1만 달러 이상의 제3자 지급 신고를 받은 한국은행 총재는 익월 10일 이내에 신고 사실을 국세청장 및 관세청장에게 통보해야 한다. ( )

(5) 외교부의 '신속 해외송금 지원제도'에 따라 재외공관이 국민인 비거주자에게 긴급경비를 지급하는 경우 신고 대상이다. ( )

2 다음 빈칸에 들어갈 알맞은 말을 적으세요.

(1) 미화 ( ) 달러 이하의 제3자 지급은 신고 없이 진행할 수 있다.

(2) 미화 5천 달러 초과 1만 달러 이하의 제3자 지급은 ( )장에게 신고해야 한다.

(3) 미화 ( ) 달러를 초과하는 제3자 지급은 한국은행 총재에게 신고해야 한다.

(4) 신고를 받은 외국환은행장 또는 한국은행 총재는 매월 익월 ( )일 이내에 국세청장 및 관세청장에게 신고 사실을 통보해야 한다.

(5) 다국적기업의 자금관리전문회사로 지정된 자에게 지급하는 경우, 지급일로부터 ( )개월 이내에 사후 보고할 수 있다.

---

01 미화 5천 달러 이하의 제3자 지급은 어떤 신고가 필요한가?

① 국세청 신고
② 외국환은행장 신고
③ 한국은행 총재 신고
④ 신고 불필요

개념이해 미화 5천 달러 이하의 지급은 신고 없이 진행 가능하며, 분할 지급 시에도 합산하여 5천 달러 이하이면 신고가 필요 없다.

보충학습 외국환거래법상 제3자 지급은 원칙적으로 외국환은행장을 통한 신고가 필요하지만, 소액거래의 경우 예외적으로 신고가 면제된다. 이는 소액 외환거래에 대한 규제완화 정책의 일환으로, 자금세탁이나 국제수지에 큰 영향을 주지 않는 거래는 신고의무를 면제해 외환거래 편의성을 높이기 위한 조치이다.

02 거주자가 구매대행업체를 통해 물품을 수입하고 수입대금을 지급하는 경우, 신고 의무가 있는 기관은?

① 국세청
② 외국환은행장
③ 한국은행 총재
④ 신고 불필요

개념이해 구매대행업체를 통한 물품 수입대금 지급은 신고가 필요없다.

---

1 (1) ○ (2) × (3) ○ (4) ○ (5) ×
2 (1) 5천 (2) 외국환은행 (3) 1만 (4) 10 (5) 1

03 미화 1만 달러를 초과하는 제3자 지급 시 신고해야 할 기관은?

① 관세청장
② 외국환은행장
③ 한국은행총재
④ 기획재정부장관

개념이해 미화 1만 달러를 초과하면 한국은행총재에게 신고해야 한다.

보충학습 외국환거래법상 제3자 지급 신고 기관은 지급 금액에 따라 다음과 같다.
- 미화 5천 달러 이하: 신고 불필요
- 5천 달러 초과~1만 달러 이하: 외국환은행장 신고
- 1만 달러 초과: 한국은행 총재 신고

04 외국인 투자기업이 본사에 직접 투자 대금을 지급하는 경우, 신고 의무는?

① 한국은행총재에게 신고
② 외국환은행장에게 신고
③ 기획재정부장관에게 신고
④ 신고 불필요

개념이해 「외국인투자촉진법」에 따라 신고가 필요하지 않다.

오답분석 ② 일반적인 외국환거래는 외국환은행장을 통해 신고하지만, 본사 직접 지급은 예외이다.
③ 기획재정부 장관은 관련 신고기관이 아니며, 직접 지급 시 신고 의무 대상이 아니다.

05 외국환은행이 자기 해외지점의 대출 원리금을 회수하여 지급하는 경우, 신고 대상 기관은?

① 외국환은행장
② 한국은행총재
③ 기획재정부장관
④ 신고 불필요

개념이해 신고 예외 대상이므로 신고 불필요

06 국내 세무대리인이 비거주자의 국내 세금 납부를 대행하는 경우, 신고 의무는?

① 외국환은행장에게 신고
② 한국은행총재에게 신고
③ 기획재정부장관에게 신고
④ 신고 불필요

개념이해 비거주자가 국내 세금 납부를 위해 국내 세무대리인을 지정하고 납부하는 경우는 신고 예외 대상이다.

| 정답 | 01 ④　02 ④　03 ③　04 ④　05 ④　06 ④

06 외국환은행 등을 통하지 아니하는 지급 등의 방법(규정 제5-11조)

5장 지급 등의 방법

1 외국환은행 등을 통하지 아니하는 지급 등의 신고 및 신고예외

신고	원칙적으로 거주자가 외국환은행을 거치지 않고 자금을 지급·수령하려면 한국은행총재에 신고해야 함
신고예외	• 외항운송업자와 승객간에 외국항로에 취항하는 항공기 또는 선박안에서 매입, 매각한 물품대금을 직접 지급 또는 수령하는 경우 • 해외여행자(여행업자 및 교육기관등을 포함) 또는 해외이주자(제4-4조 제1항제8호에 해당하는 경우) 및 재외동포가 해외여행경비, 해외이주비 및 국내재산을 외국에서 직접 지급하는 경우(다만, 미화 **1만 달러**를 초과하는 대외지급수단을 휴대수출하여 지급하는 경우는 다음에 한함) 　- 지정거래외국환은행의 장의 확인 　　1) 해외체재자, 해외유학생이 대외지급수단을 휴대수출하여 지급하는 경우 　　2) 해외이주자 및 재외동포가 대외지급수단을 휴대수출하여 지급하는 경우 　- 일반해외여행자(외국인거주자는 제외)가 대외지급수단을 관할세관의 장에게 신고한 후 휴대수출하여 지급하는 경우 　- 기관의 예산으로 지급되는 해외여행경비를 휴대수출하여 지급하는 경우 　- 해외체재자 및 해외유학생이 지정거래외국환은행의 장이 확인한 금액을 초과하여 관할세관의 장에게 신고한 후 휴대수출하여 지급하는 경우(다만, 초과금액이 미화 1만 달러 이하의 경우에는 신고를 요하지 않음) 　- 여행업자(교육기관 등을 포함)가 외국환은행의 장의 확인을 받은 대외지급수단을 휴대수출하여 지급하는 경우 • 거주자가 인정된 거래에 따른 지급을 위하여 송금수표, 우편환 또는 유네스코쿠폰으로 지급하는 경우 • 거주자가 외국에서 보유가 인정된 대외지급수단으로 인정된 거래에 따른 대가를 외국에서 직접 지급하는 경우 • 거주자와 비거주자 간에 국내에서 내국통화로 표시된 거래를 함에 따라 내국지급수단으로 지급하고자 하는 경우 • 제4-2조(지급 등의 절차)의 규정에 의한 절차를 거친 후 당해 외국환은행의 장의 확인을 받은 다음 각목의 1에 해당하는 경우 　- 대외무역관리규정 별표 3 및 별표 4에서 정한 물품을 외국에서 수리 또는 검사를 위하여 출국하는 자가 외국통화 및 여행자수표를 휴대수출하여 당해 수리 또는 검사비를 외국에서 직접 지급하는 경우 　- 외국항로에 취항하는 항공 또는 선박회사가 외국통화를 휴대수출하여 외국에서 운항경비를 직접 지급하는 경우 　- 원양어업자가 어업규정준수 여부 확인 등을 위하여 승선하는 상대국의 감독관 등에게 지급하여야 할 경비를 휴대수출하여 지급하는 경우 　- 영화, 음반, 방송물 및 광고물을 외국에서 제작함에 필요한 경비를 당해 거주자가 대외지급수단을 휴대수출하여 외국에서 직접 지급하는 경우 　- 스포츠경기, 현상광고, 국제학술대회 등과 관련한 상금을 당해 입상자에게 직접 지급하는 경우 　- 외국인거주자(비거주자를 포함)가 제4-4조제1항제3호에 따라 지정거래외국환은행으로부터 매입한 대외지급수단을 휴대수출하여 지급하는 경우 　- 해외여행경비를 휴대수출하여 지급하는 경우 　- 외국인거주자(비거주자를 포함)가 제2-3조 제1항제3호의 규정에 의하여 취득한 대외지급수단을 휴대수출하여 지급하는 경우 　- 제1-2조 제18호의 해운대리점 또는 선박관리업자가 비거주자인 선주(운항사업자를 포함)로부터 수령한 자금으로 국내에 입항 또는 국내에서 건조중인 선박(이하 '외항선박')의 외항선원 급여등 해상운항경비를 외항선박의 선장 등 관리책임자에게 지급하는 경우

06 외국환은행 등을 통하지 아니하는 지급 등의 방법(규정 제5-11조)

5장 지급 등의 방법

신고예외	· 인정된 외화자금을 직접 예치·처분하는 경우 및 인정된 거래에 따른 대가를 당해 예금기관이 발행한 외화수표 또는 신용카드 등으로 국내에서 직접 지급하는 경우
	· 거주자와 비거주자간 또는 거주자와 다른 거주자간의 건당 미화 **1만 달러** 이하(단, 「경제자유구역의 지정 및 운영에 관한 특별법」에 따른 경제자유구역에서는 10만 달러 이하)의 경상거래에 따른 대가를 대외지급수단으로 직접 지급하는 경우
	· 본인명의의 신용카드 등(여행자카드 포함)으로 다음 각목의 1에 해당하는 지급을 하고자 하는 경우
	    – 외국에서의 해외여행경비 지급(외국통화를 인출하여 지급하는 것을 포함)
	    – 거주자가 국제기구, 국제단체, 국제회의에 대한 가입비, 회비 및 분담금을 지급하는 경우
	    – 거주자의 외국간행물에 연구논문, 창작작품 등의 발표, 기고에 따른 게재료 및 별책대금 등 제경비 지급
	    – 기타 비거주자와의 인정된 거래(자본거래를 제외)에 따른 결제대금을 국내에서 지급(국내계정에서 지급하는 것을 의미)하는 경우
	· 외국인 관광객 등에 대한 부가가치세 및 개별소비세특례규정에 의한 환급창구운영사업자가 환급금을 직접 지급하는 경우
	· 법인의 예산으로 해외여행을 하고자 하는 법인소속의 해외여행자(일반해외여행자에 한함)가 당해 법인명의로 환전한 해외여행경비를 휴대수출하여 지급하는 경우
	· 거주자가 제9장제1절, 제2절, 제4절의 규정에 의한 건당 미화 1만 달러 이하 대외지급수단을 직접 지급하는 경우
	· 원양어업자가 원양어로자금 조달을 위한 현지금융의 원리금 또는 어로경비 및 해외지사의 유지활동비를 외국에서 직접 수출하는 어획물의 판매대금으로 상환하거나 지급하는 경우

② 유관기관 통보

세관장	세관에 휴대수출을 신고한 경우, 세관장은 매월 다음 달 **10일**까지 국세청장·관세청장에게 통보
한국은행총재	한국은행총재는 지급방법(변경) 신고필증 교부 시 매월 **10일**까지 국세청장·관세청장에 통보

확인문제로 핵심키워드 정리하기

간단한 쪽지 시험으로 빈출 개념을 다시 정리해 보세요.

1 다음 설명이 맞으면 ○표, 틀리면 ×표 하세요.

(1) 거주자가 외국환은행을 거치지 않고 자금을 지급·수령하려면 원칙적으로 한국은행총재에게 신고해야 한다. ( )

(2) 외항운송업자가 항공기 또는 선박 내에서 매입·매각한 물품대금을 지급·수령하는 경우에도 한국은행총재에게 신고해야 한다. ( )

(3) 해외이주자가 해외이주비를 외국에서 직접 지급하는 경우, 지정거래외국환은행장의 확인을 받아야 한다. ( )

(4) 여행업자가 해외여행경비를 휴대수출하여 지급하는 경우, 반드시 외국환은행장의 확인을 받아야 한다. ( )

(5) 원양어업자가 해외에서 발생한 어로경비를 외국에서 직접 지급하는 것은 신고 대상이다. ( )

2 다음 빈칸에 들어갈 알맞은 말을 적으세요.

(1) 스포츠 경기·현상광고·국제학술대회 상금 지급은 ( ) 대상이다.

(2) 원양어업자가 해외에서 발생한 어로경비를 어획물 판매대금으로 지급하는 것은 ( ) 대상이다.

(3) 외국인거주자가 대외지급수단을 휴대수출하여 지급하는 경우, ( )외국환은행장의 확인을 받아야 한다.

(4) 국내에서 내국통화로 표시된 거래를 하는 경우, ( )수단으로 지급할 수 있다.

(5) 해외여행자는 해외여행경비를 ( )은행을 통해 지급하거나 휴대수출 할 수 있다.

---

01 거주자가 외국환은행을 통하지 않고 자금을 지급·수령하려면 원칙적으로 누구에게 신고해야 하는가?

① 국세청장
② 한국은행총재
③ 외국환은행장
④ 기획재정부장관

개념이해 원칙적으로 거주자는 외국환은행을 통하지 않고 지급·수령하려면 한국은행총재에게 신고해야 한다.

오답분석 ③ 외국환은행장을 통한 신고는 원칙적으로 자본거래나 일반적인 외환거래의 신고창구일 뿐, 은행을 통하지 않고 지급·수령하는 경우는 한국은행총재에게 신고해야 한다.

02 해외이주자가 미화 1만 달러를 초과하는 대외지급수단을 휴대수출하여 지급하는 경우, 누구의 확인이 필요한가?

① 관세청장
② 한국은행총재
③ 기획재정부장관
④ 지정거래외국환은행장

개념이해 해외이주자가 미화 1만 달러 초과 지급 시 지정거래외국환은행장의 확인이 필요하다.

오답분석 ① 외화 휴대 반출 자체의 물리적 통관 절차에서는 신고를 받지만, 외환거래 확인의 권한은 없다.
③ 원칙적으로 자본거래 사전 승인권자이나, 개인 지급 및 휴대수출의 확인 업무는 외국환은행의 소관이다.

---

1 (1) ○ (2) × (3) ○ (4) ○ (5) ×
2 (1) 신고 예외 (2) 신고 예외 (3) 지정거래 (4) 내국지급 (5) 외국환

개념확인문제

03 스포츠 경기·국제학술대회 등의 상금 지급은 어떤 신고 절차를 거쳐야 하는가?

① 한국은행총재에 사전 신고
② 외국환은행장에 사후 신고
③ 기획재정부장관 승인 필요
④ 신고 예외

개념이해 스포츠 경기·국제학술대회 상금 지급은 신고 예외 대상이다.

04 국내 법인이 소속 임직원의 해외여행경비를 법인명의로 환전하여 지급하는 경우, 어떤 신고 절차가 필요한가?

① 외국환은행장에 신고
② 한국은행총재에 신고
③ 기획재정부장관 승인 필요
④ 필요 없음

개념이해 법인이 소속 임직원의 해외여행경비를 법인명의로 환전하여 지급하는 경우, 신고 예외 대상이다.

05 거주자가 외국에서 보유가 인정된 대외지급수단으로 인정된 거래에 따른 대가를 외국에서 직접 지급하는 경우, 어떤 신고 절차가 필요한가?

① 외국환은행장에 사후 신고
② 한국은행총재에 신고
③ 기획재정부장관 승인 필요
④ 필요 없음

개념이해 거주자가 외국에서 인정된 대외지급수단으로 지급하는 경우, 신고가 필요하지 않다.

06 외국환은행을 통하지 않고 지급된 금액 중 일부를 신고해야 하는 경우, 한국은행총재는 누구에게 통보해야 하는가?

① 법무부장관
② 금융감독원장
③ 기획재정부장관
④ 국세청장 및 관세청장

개념이해 한국은행총재는 지급방법 신고필증을 교부할 때 매월 10일까지 국세청장 및 관세청장에게 통보해야 한다.

오답분석 ② 외환거래 감독·검사 기관이지만, 개별 외환거래 통보 대상은 아니다.
③ 외환거래의 정책 수립 및 승인권은 있지만, 개별 외환거래 내역의 통보 대상은 아니다.

| 정답 | 01 ② 02 ④ 03 ④ 04 ④ 05 ④ 06 ④

07 5장 지급 등의 방법
지급수단 등의 수출입신고
(법 제17조, 시행령 제31조, 규정 제6-1조~6-4조)

1 지급수단 등의 수출입신고 사유

기획재정부장관이 필요하다고 인정하는 아래의 신고 사유에 해당할 경우, 지급수단(현찰·수표·어음·증권 등) 수출입 시 신고 요구가 가능하다.

- 우리나라가 체결한 조약 및 일반적으로 승인된 국제법규의 성실한 이행을 위하여 필요한 경우
- 자본의 불법적인 유출·유입을 방지하기 위하여 필요한 경우

※ 다만, 법 제16조 및 제18조제1항에 따라 신고를 한 자가 신고 내용에 따라 지급수단등을 수출 또는 수입하는 경우는 제외한다.

2 지급수단 등의 수출입신고 및 확인 의무대상

관할 세관장 신고대상	• 거주자·비거주자가 미화 **1만 달러** 초과 지급수단을 휴대수입 • 국민 거주자가 미화 **1만 달러** 초과 지급수단을 휴대수출

외국환은행장 확인대상	• **1만 달러** 초과 대외지급수단을 국내에서 취득 시 취득사실 확인의무
	• 비거주자(국내 외국정부의 공관, 국제기구, 미합중국군대 등 제외)가 다음의 방법으로 지급수단을 취득하는 경우
	   – 대외지급수단을 대외계정 및 비거주자외화신탁계정의 인출 등으로 취득하거나 송금을 수령하는 경우
	   – 제4-4조 제1항제1호의 규정(비거주자 또는 외국인거주자가 외국으로부터 이 규정에서 정한 바에 따라 수령 또는 휴대수입한 대외지급수단 범위 이내의 경우. 다만, 비거주자의 경우 최근 입국일 이후 수령 또는 휴대수입한 대외지급수단에 한함)에 의하여 취득하는 경우
	• 외국인거주자가 다음에 해당하는 방법으로 지급수단을 취득하는 경우
	   – 대외지급수단을 대외계정 및 비거주자외화신탁계정의 인출 등으로 취득하거나 송금을 수령하는 경우
	   – 제4-4조 제1항제1호의 규정(비거주자 또는 외국인거주자가 외국으로부터 이 규정에서 정한 바에 따라 수령 또는 휴대수입한 대외지급수단 범위 이내의 경우. 다만, 비거주자의 경우 최근 입국일 이후 수령 또는 휴대수입한 대외지급수단에 한함)에 의하여 취득하는 경우
	   – 해외여행경비 지급을 위하여 취득하는 경우(다만, 해외체재자 및 해외유학생은 제5-11조의 규정에 따름)

07 지급수단 등의 수출입신고
5장 지급 등의 방법
(법 제17조, 시행령 제31조, 규정 제6-1조~6-4조)

❸ 지급수단 등의 수출입신고 예외대상

지급수단 수입	미화 **1만 달러** 이하의 지급수단을 수입(단, 내국통화·원화표시여행자수표·원화표시자기앞수표 이외의 내국지급수단은 제외)
약속어음 등	약속어음·환어음·신용장 수입
대외지급수단 수출입	• 미화 **1만 달러** 이하의 지급수단 & 취득사실 확인 절차를 거친 대외지급수단 수출 • 국내 외국정부 공관·국제기구·미군·외교관 등이 대외지급수단을 수출입

특정 인정된 거래로 취득한 지급수단 등 수출	• 인정된 대외지급수단을 수출
	• 비거주자가 다음에 해당하는 대외지급수단을 수출
	  – 인정된 거래에 따른 대외지급을 위하여 송금수표 또는 우편환을 수출
	  – 최근 입국 시 휴대수입한 범위내 또는 국내에서 인정된 거래에 의하여 취득한 대외지급수단을 수출
	  – 이 법의 적용을 받지 않는 거래에 의하여 취득한 채권을 처분하고자 발행한 수표를 수출
	  – 주한 미합중국 군대 및 이에 준하는 국제연합군이 한미행정협정과 관련한 근무 또는 고용에 따라 취득하거나 외국의 원천으로부터 취득한 대외지급수단 또는 당해 국가의 공금인 대외지급수단을 수출
	• 외국인거주자가 이 법의 적용을 받지 않는 거래에 의하여 취득한 대외지급수단을 수출
	• 다음에 해당하는 내국지급수단을 수출
	  – 수출물품에 포함 또는 가공되어「대외무역법」에서 정하는 바에 의해 내국지급수단을 수출
	  – 비거주자가 입국시 휴대수입하거나 국내에서 매입한 원화표시여행자수표를 수출

내국통화 수출입	외국환은행이 해외지점·현지법인·외국금융기관 간 내국통화 수출입

기타 지급수당 등 수출입	• 다음에 해당하는 무기명식증권이나 기명식증권을 수출입
	  – 자본거래의 신고를 한 자가 신고한 바에 따라 기명식증권을 수출입
	  –「외국인투자촉진법」에 의하여 취득한 기명식증권을 수출입
	  – 거주자가 취득한 본사의 주식이나 국제수익증권 등을 수출입
	• 거주자가 미화 **5만 달러** 상당액 이내의 외국통화 또는 내국통화를 지급수단으로 사용하지 아니하고 자가 화폐수집용·기념용·자동판매기시험용·외국전시용 또는 화폐수집가 등에 대한 판매를 위하여 수출입
	• 한국은행·외국환은행 또는 체신관서가 인정된 업무를 영위함에 있어 대외지급수단을 수출입
	• 거주자가 수출대금 및 용역대금의 수령을 위하여 외국통화표시수표를 휴대수입 이외의 방법으로 수입

❹ 지급수단 등의 수출입신고 사후관리 절차

증빙서류 교부	세관장과 은행장이 신고 혹은 확인을 마치면 외국환신고(확인)필증 발급
유관기관 통보	세관장은 매달 익월 **10일**까지 국세청장에게 통보
사후보고	국제우편 등 불가피하게 수입 사실을 알지 못했으면 **30일** 내에 세관장에게 사후보고 가능
미신고 발견	세관장은 입출국 시 서류를 요구할 수 있고, 미신고 사항을 발견하게 되면 이를 신고하게 하거나 수출입을 제한할 수 있음

확인문제로 핵심키워드 정리하기

간단한 쪽지 시험으로 빈출 개념을 다시 정리해 보세요.

1 다음 설명이 맞으면 ○표, 틀리면 ×표 하세요.

(1) 기획재정부장관은 지급수단의 수출입 시 신고를 요구할 수 있으며, 조약 및 국제법규의 성실한 이행을 위한 경우도 포함된다. ( )

(2) 미화 1만 달러 이하의 지급수단을 수입할 경우, 반드시 신고해야 한다. ( )

(3) 내국지급수단이 포함된 수출물품의 경우, 별도의 지급수단 수출 신고가 필요하다. ( )

(4) 외국환은행은 해외지점·현지법인 또는 외국금융기관과의 거래 시 내국통화 수출입이 가능하며, 신고가 필요하다. ( )

(5) 국민 거주자가 미화 1만 달러 초과 지급수단을 휴대수출하는 경우, 관할 세관장에게 신고해야 한다. ( )

2 다음 빈칸에 들어갈 알맞은 말을 적으세요.

(1) 외국환은행장은 미화 ( ) 달러 초과 대외지급수단을 국내에서 취득하는 경우 반드시 확인해야 한다.

(2) ( )은 매월 익월 10일까지 지급수단 신고 사실을 국세청장에게 통보해야 한다.

(3) 국민 거주자가 미화 1만 달러 초과 지급수단을 ( )하는 경우 관할 세관장에게 신고해야 한다.

(4) 외국환은행장이 지급수단 취득을 확인한 경우 ( ) 신고(확인)필증을 발급해야 한다.

(5) 외국환은행이 해외지점·현지법인·외국금융기관 간 내국통화 수출입을 할 경우, ( )가 면제된다.

01 지급수단 수출입 신고가 요구되는 이유로 적절한 것은?

① 국가 재정 확보
② 관세 회피 방지
③ 수출입업체 보호
④ 조약 및 국제법규의 성실한 이행

개념이해 조약 및 국제법규의 성실한 이행을 위해 지급수단 수출입 신고가 요구될 수 있다.

오답분석 ③ 지급수단 신고는 개별 업체 보호보다는 국가 차원의 외환질서와 국제의무 이행의 목적이다.

02 미화 1만 달러 초과 지급수단을 휴대수출하는 경우 신고해야 하는 기관은?

① 한국은행총재
② 관할 세관장
③ 금융감독원
④ 기획재정부장관

개념이해 국민 거주자가 미화 1만 달러 초과 지급수단을 휴대수출하는 경우, 관할 세관장에게 신고해야 한다.

보충학습 〈관할 세관장 신고대상(수출입)〉
• 거주자·비거주자가 미화 1만 달러 초과 지급수단을 휴대수입
• 국민 거주자가 미화 1만 달러 초과 지급수단을 휴대수출

---

1 (1) ○ (2) × (3) × (4) × (5) ○
2 (1) 1만 (2) 세관장 (3) 휴대수출 (4) 외국환 (5) 신고

03 외국환은행장이 확인해야 하는 지급수단 취득 금액 기준은?

① 미화 5천 달러 초과
② 미화 1만 달러 초과
③ 미화 2만 달러 초과
④ 미화 5만 달러 초과

개념이해 미화 1만 달러 초과 대외지급수단을 취득한 경우, 외국환은행장이 확인해야 한다.

04 외국환은행이 해외지점·현지법인 간 내국통화 수출입을 할 경우 신고해야 하는 기관은?

① 한국은행총재
② 기획재정부
③ 금융감독원
④ 신고 면제

개념이해 외국환은행이 해외지점·현지법인 간 내국통화 수출입을 할 경우, 신고가 면제된다.

오답분석 ① 자본거래나 일정 외환거래의 신고/승인 기관일 뿐, 지급수단 수출입 신고 담당기관은 아니다.
② 외환 정책 및 제도 총괄 기관이며, 개별 지급수단 신고를 직접 받지 않는다.

05 지급수단 수출입 신고를 면제받을 수 있는 경우는?

① 내국지급수단을 수출하는 경우
② 미화 1만 달러 초과 지급수단을 수입하는 경우
③ 주한 미합중국 군대가 지급수단을 수출하는 경우
④ 지급수단을 거래 당사자가 아닌 제3자에게 지급하는 경우

개념이해 주한 미합중국 군대 및 이에 준하는 국제연합군이 취득한 대외지급수단을 수출하는 경우 신고가 면제된다.

06 외국환은행장이 미화 1만 달러 초과 대외지급수단 취득을 확인한 후 발급해야 하는 서류는?

① 지급수단 확인서
② 외화반출 신고서
③ 환전거래 영수증
④ 외국환신고(확인)필증

개념이해 외국환은행장은 미화 1만 달러 초과 대외지급수단을 취득한 경우, 외국환신고(확인)필증을 발급해야 한다.

| 정답 | 01 ④　02 ②　03 ②　04 ④　05 ③　06 ④

01 자본거래의 개요

6장 자본거래

1 자본거래의 정의(법 제3조)

자본거래란 다음 각 목의 어느 하나에 해당하는 거래 또는 행위를 의미한다.

금전계약	예금계약, 신탁계약, 금전대차계약, 채무보증계약, 대외지급수단·채권 등의 매매계약(파생상품거래 제외)에 따른 채권의 발생·변경 또는 소멸에 관한 거래(단, 거주자 간 거래는 외국환과 관련된 경우로 한정)
증권	증권의 발행·모집, 증권 또는 이에 관한 권리의 취득(단, 거주자 간 거래는 외국환과 관련된 경우로 한정)
파생상품	파생상품거래(단, 거주자 간 거래는 외국환과 관련된 경우로 한정)
부동산	• 거주자에 의한 외국에 있는 부동산이나 이에 관한 권리의 취득 • 비거주자에 의한 국내에 있는 부동산이나 이에 관한 권리의 취득

사무소	• 법인의 국내에 있는 본점, 지점, 출장소, 그 밖의 사무소와 외국에 있는 사무소 사이에 이루어지는 사무소의 설치·확장 또는 운영 등과 관련된 행위와 그에 따른 자금의 수수(금전계약 제외)
	• 자본거래 제외대상
	   – 집기구매대금, 사무실 임대비용 등 사무소를 유지하는 데에 직접 필요한 경비의 지급 또는 수령
	   – 물품의 수출입대금과 이에 직접 딸린 운임·보험료, 그 밖의 비용의 지급 또는 수령
	   – 용역거래의 대가와 이에 직접 딸린 비용의 지급 또는 수령

기타 대통령령으로 정하는 거래 또는 행위	• 자본거래나 금전계약에 해당하지 아니하는 거래로서 거주자와 비거주자 간 또는 거주자 간의 임대차·담보제공·보험·조합, 그 밖에 이와 유사한 계약에 따른 채권의 발생·변경 또는 소멸에 관한 거래(다만, 거주자 간의 거래인 경우에는 외국통화로 표시되거나 지급받을 수 있는 채권의 발생·변경 또는 소멸에 관한 거래에 한정함) • 거주자와 비거주자 간 또는 거주자 간의 상속·유증 또는 증여에 따른 채권의 발생·변경 또는 소멸에 관한 거래(다만, 거주자 간의 거래인 경우에는 외국통화로 표시되거나 지급받을 수 있는 채권의 발생·변경 또는 소멸에 관한 거래에 한정함) • 비거주자 간의 거래로서 내국통화로 표시되거나 지급받을 수 있는 채권의 발생·변경 또는 소멸에 관한 거래 • 거주자에 의한 다른 거주자로부터의 외화증권 또는 이에 관한 권리의 취득 • 비거주자에 의한 다른 비거주자로부터의 내국통화로 표시되거나 지급받을 수 있는 증권 또는 이에 관한 권리의 취득 • 개인의 국내에 있는 영업소 및 그 밖의 사무소와 외국에 있는 영업소 및 그 밖의 사무소 간의 자본거래–사무소에 해당하는 행위 및 그에 따른 자금의 수수 • 거주자와 외국에 있는 학교 또는 병원 간의 학교 또는 병원의 설립·운영 등과 관련된 행위 및 그에 따른 자금의 수수 → 물품의 수출·수입 및 용역거래는 제외 • 그 밖에 거주자와 비거주자 간의 채권의 발생·변경 또는 소멸에 관한 거래나 거주자 간의 외국통화로 표시되거나 지급받을 수 있는 채권의 발생·변경 또는 소멸에 관한 거래로서 기획재정부장관이 인정하는 거래

01　6장 자본거래
자본거래의 개요

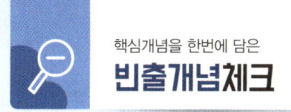
핵심개념을 한번에 담은
빈출개념체크

2　자본거래의 원칙

자본거래 사전신고	• 자본거래를 하려는 자는 사전에 기획재정부장관에 신고 후에 거래할 수 있음 • 신고 수리(승인) 완료 이후에야 실제 대금 지급·수령 가능 • 전자적 방법(실명확인 전제)으로 제출 가능
자본거래 변경신고	기존 자본거래 신고 내용 변경 시 변경사항 서류를 재제출
자본거래 사후보고	기존 신고인·대리인·거래상대방에 관한 정보 변경에 대해서는 사후보고 가능

3　자본거래의 신고예외 대상(규정 제7-2조)

- 외국환업무취급기관이 외국환업무로서 수행하는 거래
  ※ 다만, 외환거래질서를 해할 우려가 있거나 급격한 외환유출입을 야기할 위험이 있는 거래로서 기획재정부장관이 고시하는 경우에는 신고하도록 할 수 있다.
- 기획재정부장관이 정하여 고시하는 금액 미만의 소액 자본거래
- 해외에서 체재 중인 자의 비거주자와의 예금거래
- 추가적 자금유출입 발생하지 않는 계약의 변경 등으로서 기획재정부장관이 경미한 사항으로 인정하는 거래
- 그 밖에 기획재정부장관이 정하여 고시하는 아래의 거래

  - 한국은행이 외국환업무로서 행하는 거래
  - 외국환업무취급기관이 외국환업무로서 행하는 거래 및 동 외국환업무취급기관을 거래상대방으로 하는 거래(제2장 및 이 장에서 신고하도록 규정되어 있는 경우에는 신고한 경우에 한함)
  - 환전영업자가 환전업무로서 행하는 거래
  - 소액해외송금업자가 소액해외송금업무로서 행하는 거래
  - 기타전문외국환업무를 등록한 자가 기타전문외국환업무로서 행하는 거래
  - 외국환평형기금이 법·영 및 이 규정에 의하여 행하는 거래
  - 거래당사자의 일방이 신고등을 한 거래(다만, 신고인이 정해진 경우 해당 신고인이 신고등을 한 거래)
  - 제7-46조제2항에 따라 신고한 거주자가 자금통합관리를 위하여 미화 5천만 달러 이내에서 지정거래외국환은행을 통하여 비거주자와 행하는 해외예금, 금전대차, 담보제공거래 및 외국환은행에 대한 담보제공
  - 자본거래로서 거래 건당 지급등의 금액(분할하여 지급등을 하는 경우에는 각각의 지급등의 금액을 합산한 금액을 말하며, 이하 이 조에서 같음)이 미화 **5천 달러** 이내인 경우
  - 자본거래로서 거주자(외국인거주자를 제외하며, 이하 이 조에서 같음)의 거래 건당 지급금액이 미화 **5천 달러** 초과 **10만 달러** 이내이고, 연간 지급누계금액이 제4-3조 제1항제1호가목 본문의 금액을 초과하지 않는 경우
    ※ 지급 시 지정거래외국환은행의 장으로부터 거래의 내용을 확인받아야 한다.
  - 자본거래로서 거주자의 거래 건당 수령금액이 미화 **5천 달러** 초과 **10만 달러** 이내이고, 연간 수령누계금액이 미화 **10만 달러**를 초과하지 않는 경우(단, 지정거래외국환은행의 장으로부터 거래내용을 확인받아야 하며 절차에 따라 수령하여야 함)

01 6장 자본거래
자본거래의 개요

④ 자본거래의 신고수리(규정 제7-4조, 제7-5조)

자본거래 검토 기준	• 거주자의 해외직접투자·해외부동산 취득: 기획재정부장관은 투자자 적격성·투자가격의 타당성 등 심사 가능 • 보완통지: 기획재정부장관은 신고 내용이 불명확할 경우 상당기간을 지정해 보완을 요구할 수 있고, 해당 기간 내 미보완 시 서류 반려 • 처리기간: 기획재정부장관은 30일 이내 결과 통지(보완기간은 불산입)해야 하며, 기한 내 통지가 없으면 자동으로 신고 수리 • 정형화된 해외직접투자 요건심사는 생략함
자본거래 결정통지	• 기획재정부장관은 신고수리 여부를 결정할 때에는 처리기간(30일, 보완기간 불산입)에 신고수리, 거부 또는 거래 내용의 변경 권고 여부를 정하여 신고인에게 통지하여야 함(신고의 수리 거부 시 거래 불가) • 거래 내용의 변경 권고 수락 시 권고 내용대로 거래가 가능하고, 권고 불수락 시 거래가 불가능함 • 권고 통지 후 10일 내 수락 여부 통보해야 하며, 불응 시(또는 불통보 시) 불수락으로 간주 • 거부 통보 시점부터 10일 내 기재부장관이 해당 거래 변경·중지 명령 여부 결정, 통보
자본거래 내신고수리	자본거래의 신고수리를 함에 있어서 자본거래의 신고수리기관은 내신고수리를 하여 일정기간의 준비기간(1년을 초과할 수 없음)이 경과한 후에 본신고수리를 할 수 있음

⑤ 자본거래 지급의 절차(규정 제7-3조)

자본거래 지급의 원칙	외국환은행을 통한 지급 및 수령
자본거래 지급의 예외사항	• 건당 지급·수령금액이 미화 5천 달러 이하인 경우 • 외국에 체재하고 있는 거주자간 금전대차거래의 경우 • 특정보험사업자가 국내의 거주자와 외국통화표시 보험계약을 체결하는 경우 • 거주자가 해외여행경비의 지급에 충당하기 위하여 외국인거주자로부터 대외지급수단을 증여 받는 경우(외국에서 발행된 항공권, 선표, 여객운임선급통지서(P.T.A), 항공권교환증을 포함) • 거주자가 다른 거주자로부터 증권시장에 상장된 외화증권을 한국거래소를 통하여 취득하는 경우
자본거래 지급이 신고이무	외국환은행을 통하지 않고 대금을 지급·수령하고자 하는 경우 → 한국은행총재에게 신고

확인문제로 핵심키워드 정리하기

간단한 쪽지 시험으로
빈출 개념을 다시 정리해 보세요.

1 다음 설명이 맞으면 ○표, 틀리면 ×표 하세요.

(1) 자본거래는 금전계약, 증권 취득, 부동산 취득 등을 포함하는 거래를 의미한다. ( )

(2) 거주자가 비거주자로부터 해외에서 체재 중에 예금을 하는 경우에는 자본거래 신고가 필요하다. ( )

(3) 거주자가 해외직접투자를 위해 자본거래를 진행하는 경우, 기획재정부장관에게 사전 신고해야 한다. ( )

(4) 모든 자본거래는 반드시 기획재정부장관에게 신고해야 하며, 예외 없이 신고 후 거래가 가능하다. ( )

(5) 자본거래 신고를 한 자는 신고한 내용과 동일하게 거래를 진행해야 하며, 변경이 발생하면 변경 신고를 해야 한다. ( )

2 다음 빈칸에 들어갈 알맞은 말을 적으세요.

(1) 자본거래 신고 후 ( ) 이내에 처리 결과가 통지되지 않으면 신고가 자동 수리된다.

(2) 자본거래의 신고 예외 대상에는 외국환업무취급기관이 외국환업무로 수행하는 거래와 ( )이 포함된다.

(3) 자본거래 신고를 받은 기획재정부장관은 신고 내용을 검토한 후 신고 수리, 거부 또는 ( )변경 권고를 신고인에게 통지한다.

(4) 자본거래 신고가 거부된 경우, 신고인은 ( ) 이내에 이의신청할 수 있다.

(5) 자본거래는 원칙적으로 외국환은행을 통하여 지급 및 수령해야 하지만, 미화 ( )달러 이하는 예외적으로 직접 지급할 수 있다.

---

01 다음 중 자본거래에 해당하지 않는 것은?

① 거주자의 국내 주택 구입
② 거주자의 외국 부동산 취득
③ 거주자와 비거주자 간의 금전대차
④ 외국에서 체재 중인 자의 비거주자와의 예금거래

개념이해 국내에서의 거주자 간 주택 구입은 자본거래가 아니다.

오답분석 대외거래(해외 부동산, 외화대차, 예금 등)는 자본거래에 해당되며, 국내 거주자 간 국내 거래는 자본거래에 해당되지 않는다.

02 자본거래를 신고한 후 추가적 자금 유출입이 없는 계약 변경은 어떤 절차를 거치는가?

① 신고 변경
② 사후보고
③ 신고 철회
④ 신규 신고

개념이해 추가적 자금 유출입이 없는 계약 변경은 사후보고 대상이다.

---

1 (1) ○ (2) × (3) ○ (4) × (5) ○
2 (1) 30일 (2) 한국은행 (3) 거래 내용 (4) 10일 (5) 5천

| 정답 | 01 ① 02 ②

03 기획재정부장관이 자본거래 신고를 받은 후 할 수 있는 조치는?

① 신고 수리
② 신고 거부
③ 거래 내용 변경 권고
④ 이상 모두 해당

개념이해 기획재정부장관은 신고 수리, 거부, 거래 내용 변경 권고를 할 수 있다.

04 자본거래 신고 후 기획재정부장관의 처리 기한은?

① 10일
② 20일
③ 30일
④ 60일

개념이해 기획재정부장관은 30일 이내에 결과를 통보해야 한다.

05 자본거래 신고 후 추가적인 서류 보완이 필요한 경우, 보완 요청 기한 내 미제출 시 신고는 어떻게 처리되는가?

① 반려
② 자동 수리
③ 추가 연장
④ 별도 승인

개념이해 보완 요청 기한 내 제출하지 않으면 신고는 반려된다.

오답분석 ③ 정당한 사유가 있을 경우 기한 연장 가능하나, 무응답은 반려된다.
④ 수리는 신고요건 심사 후 이뤄지는 것이며, 보완 없이 별도 승인 절차로 넘어가는 일은 없다.

06 자본거래 신고 수리 후 거래가 중지될 수 있는 경우는?

① 상대방이 변경된 경우
② 신고 후 60일이 지난 경우
③ 외국환은행이 승인하지 않은 경우
④ 거래 내용 변경 권고를 수락하지 않은 경우

개념이해 거래 내용 변경 권고를 거부하면 거래가 중지된다.

오답분석 ① 상대방 변경 자체만으로 거래 중지가 발생하지 않으며, 관련 신고·승인 절차를 거쳐야 한다.
② 신고 후 60일 경과는 단순 기간 경과일 뿐, 거래 중지 사유가 되지 않는다.
③ 외국환은행의 승인 거부는 신고와 별개이며, 승인 여부는 외국환은행의 내부 심사에 따른 것이다.

| 정답 | 03 ④ 04 ③ 05 ① 06 ④

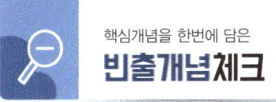

02 6장 자본거래
국내예금 및 국내신탁

1 국내예금/신탁거래 신고

신고대상 ↳ 한국은행총재	• 신고 예외에 해당하지 않는 거주자와 비거주자 간의 국내 예금/신탁 거래 • 거주자가 국내 신탁거래(원화신탁 포함) 만료로 자산·권리 취득 시 신고 필요
신고예외	• 외국환은행 및 종합금융회사와의 예금/신탁 거래 • 국민인 비거주자가 국내 사용 목적 내국통화로 예금·신탁 거래

2 예금 및 신탁 계정별 예치가능 지급수단 및 처분가능 사유(규정 제7-8조, 제7-9조)

계정	예치가능 지급수단	처분가능 사유
거주자계정 및 거주자 외화신탁계정	• 취득 또는 보유가 인정된 대외지급수단 • 내국지급수단을 대가로 하여 외국환은행 등 또는 **투자매매업자·투자중개업자로부터** 매입한 대외지급수단	처분에 제한 없음(단, 대외지급 시 별도 규정 적용)
대외계정 및 비거주자계정	• 외국 송금된 대외지급수단 • 인정된 거래에서 발생한 대외지급수단 • 외환은행 해외지점 간 결제에서 취득한 대외지급수단 • 국내 증권 발행 자금 • 업무용외화계좌 이체 자금	• 외국에 대한 송금 • 다른 외화예금계정 및 외화신탁계정으로 이체 • 대외지급수단으로 인출하거나 외환은행에서 매입 • 외환은행에 내국지급수단 대가로 매각 • 기타 인정된 거래 지급 • 국내·외 금융기관 간 외화결제 지급
해외이주자 계정	• 해외이주자의 자기명의 국내재산 처분 자금 • 비거주자인 재외동포의 자기명의 국내재산 처분자금	• 해외이주비 송금(송금수표 및 여행자수표 인출 포함) 및 국내재산 송금 • 외환은행에 내국지급수단 대가로 매각
비거주자 원화계정	• 국내 취득 내국지급수단 • 차관공여계약으로 지급된 내국지급수단	• 내국지급수단으로 인출 또는 계정 간 이체 • 차관공여계약서상 지급된 자금으로 외환 매입 및 송금 • 이자송금을 위해 대외지급수단 대가로 매각

02 국내예금 및 국내신탁

6장 자본거래

계정	예치가능 지급수단	처분가능 사유
비거주자 자유원계정 및 비거주자 원화신탁계정 **(2025 개정)**	• 송금·휴대반입 자금 • 경상거래 대금 • 계정 간 이체 자금 • 국제금융기구 이체 자금 • 인정된 자본거래 자금 • 외환동시결제 자금 • 원화 차입 자금 • 증권·파생상품 결제 자금 • 국내 증권 발행 자금 • 국제예탁결제기구 투자 자금 • 통화스왑 자금 • 내국통화 수출 대금 • 금현물 매매 자금 • 청산은행 간 자금 이동 • 현지통화 직거래 자금 • 국내에 본점을 둔 외국환은행의 해외지점, 현지법인 또는 외국 금융기관에 예치된 본인의 외화자금을 매각하여 취득한 내국지급수단 • 「외국 금융기관의 외국환업무에 관한 지침」 제1-2조 제2호에 따른 해외외국환업무취급기관에 본인의 외화자금을 매각하여 취득한 내국지급수단 • 인정된 거래에 따라「외국 금융기관의 외국환업무에 관한 지침」 제3-3조 제1항의 업무용원화계좌로부터 이체된 내국지급수단(본인의 내국지급수단을 이체받는 경우도 포함한다)	• 대외지급수단 매각 • 경상거래·재보험 거래 대금 지급 • 계정 간 이체 • 국제금융기구 계정 이체 • 원화자금 대출 • 미화 2만 달러 이하 지급 • 외환동시결제 자금 • 차입금 원리금 상환 • 증권·파생상품 결제 • 증권 발행 비용 • 신용카드 대금 지급 • 담보 예치금 처분 • 국채·통화안정증권 투자 • 통화스왑 자금 • 내국통화 수입 대가 • 금현물 거래 자금 • 청산은행 간 자금 이동 • 현지통화 직거래 자금 • 국내에 본점을 둔 외국환은행의 해외지점·현지법인 또는 외국 금융기관에 본인의 외화자금을 예치하기 위한 원화자금 매각 • 「외국 금융기관의 외국환업무에 관한 지침」 제1-2조 제2호에 따른 해외외국환업무취급기관에 대외지급수단을 대가로 한 매각 • 「외국 금융기관의 외국환업무에 관한 지침」 제3-3조 제1항의 업무용원화계좌로의 이체 • 기타 이 규정에 의해 인정된 거래에 따른 지급

확인문제로 핵심키워드 정리하기

간단한 쪽지 시험으로 빈출 개념을 다시 정리해 보세요.

1 다음 설명이 맞으면 ○표, 틀리면 ×표 하세요.

(1) 거주자가 외국환은행과 금전신탁거래를 하는 경우, 반드시 기획재정부장관에게 신고해야 한다. ( )

(2) 비거주자가 국내에서 원화표시자기앞수표를 취득한 경우, 이를 해외로 반출할 때 신고 의무가 발생한다. ( )

(3) 해외이주자가 해외이주자계정에 예치할 수 있는 지급수단은 인정된 거래를 통해 취득한 모든 대외지급수단을 포함한다. ( )

(4) 거주자가 외국에서 보유가 인정된 대외지급수단으로 대가를 지급하는 경우, 반드시 한국은행에 사전 신고해야 한다. ( )

(5) 비거주자가 내국지급수단을 사용하여 국내 예금을 할 경우, 신고 없이 자유롭게 예금거래를 할 수 있다. ( )

2 다음 빈칸에 들어갈 알맞은 말을 적으세요.

(1) 거주자는 외국에서 보유가 인정된 ( )지급수단을 인정된 거래에 따라 외국에서 직접 지급할 수 있다.

(2) 비거주자가 국내에서 취득한 내국지급수단은 비거주자 ( )에 예치할 수 있다.

(3) 대외계정 및 비거주자외화신탁계정은 외국환은행 해외지정 간 ( )를 포함한 인정된 거래에 따라 대외지급이 인정된 대외지급수단을 예치할 수 있다.

(4) 해외이주자계정의 자금은 해외로 송금하기 위해 거래 ( )(확인)필증을 받아야 한다.

(5) 외국환은행의 해외지점이 외화결제에서 취득한 대외지급수단은 ( )계정에 예치할 수 있다.

01 다음 중 국내예금 및 국내신탁 거래에서 신고를 필요로 하는 경우는?

① 외국환은행과 예금 거래를 하는 경우
② 거주자가 외국환은행을 통해 외화예금을 개설하는 경우
③ 국민인 비거주자가 국내에서 원화예금을 개설하는 경우
④ 거주자가 신탁계약 만료 후 금전 외 자산을 취득하는 경우

개념이해 신탁계약 만료 후 금전 외 자산(또는 권리)을 취득하는 경우에는 한국은행총재에게 신고해야 한다.

오답분석 ③ 비거주자의 국내 원화예금은 신고 없이 가능하다.

02 다음 중 국내 예금 및 신탁 거래에서 신고 예외 대상이 아닌 것은?

① 외국환은행과 종합금융회사를 통한 금전신탁 거래
② 신탁계약 만료 후 거주자가 금전이 아닌 자산을 취득하는 경우
③ 외국환은행이 외국환업무로서 수행하는 예금 및 신탁 거래를 하는 경우
④ 국민인 비거주자가 국내에서 사용하기 위해 내국통화 예금거래를 하는 경우

개념이해 신탁계약 만료 후 금전 외 자산을 취득하는 경우에는 신고 대상이다.

---

1 (1) × (2) ○ (3) × (4) × (5) ×
2 (1) 대외 (2) 원화계정 (3) 외화결제 (4) 외국환은행 (5) 대외

| 정답 | 01 ④ 02 ②

03 6장 자본거래
해외예금 및 해외신탁

1 해외예금 및 해외신탁 거래 신고(규정 제7-11조)

신고대상	• 원칙: 지정거래외국환은행의 장 신고
	    – 신고예외 대상을 제외한 거주자와 비거주자의 해외 외화예금
	    – 국내 자금을 송금해 해외에 예치하려면, 지정거래외국환은행을 통해 송금
	• 예외: 한국은행총재 신고대상
	    – 거주자가 건당(동일자, 동일인 기준) 미화 **5만 달러**를 초과하여 국내에서 송금한 자금으로 예치하고자 하는 경우에는 지정거래외국환은행을 통하여 송금하여야 함(단, 아래에 해당하는 자는 지정거래외국환은행장 신고 대상)
	      1) 기관투자가
	      2) 전년도 수출입 실적이 미화 5백만 달러 이상인 자
	      3) 「해외건설촉진법」에 의한 해외건설업자
	      4) 외국항로에 취항하고 있는 국내의 항공 또는 선박회사
	      5) 원양어업자
	    – 거주자가 해외에서 비거주자와 신탁거래를 하고자 하는 경우(신고예외 대상 제외)
	• 신탁계약 만료에 따른 자산취득 시 규정에 따른 신고(자본거래 등)

신고 비대상	• 외국에 체재하고 있는 거주자가 외화예금 또는 외화신탁거래를 하는 경우 • 거주자가 비거주자로부터의 외화자금차입과 관련하여 외화예금거래 • 해외장내파생상품거래를 하고자 하는 거주자가 당해 거래와 관련하여 외국에 있는 금융기관과 외화예금거래 • 국민인거주자가 거주자가 되기 이전에 외국에 있는 금융기관에 예치한 외화예금 또는 외화신탁계정을 처분 • 거주자가 외국에서의 증권발행과 관련하여 예금거래 • 거주자가 증권투자, 현지 사용목적 외화자금 차입, 해외직접투자 및 해외지사와 관련 외화예금거래 • 예탁결제원이 거주자가 취득한 외화증권을 외국에 있는 증권예탁기관 또는 금융기관에 예탁·보관하고 동 예탁·보관증권의 권리행사를 위하여 외화예금거래 • 인정된 거래에 따른 지급을 위하여 외화예금 및 외화신탁계정을 처분 • 외환동시결제시스템을 통한 결제와 관련하여 외국환업무취급기관이 CLS은행 또는 외환동시결제시스템의 비거주자 회원은행과 복수통화(원화 포함)예금 또는 원화예금거래 • 인정된 거래에 따라 외국에 있는 부동산 또는 이에 관한 권리를 취득하고자 하거나 이미 취득한 거주자가 신고한 내용에 따라 당해 부동산 취득과 관련하여 국내에서 송금한 자금으로 외화예금거래 • 예탁결제원, 증권금융회사 또는 증권대차거래의 중개업무를 영위하는 투자매매업자 또는 투자중개업자가 증권대차거래와 관련하여 외화예금거래 • 외화예금거래 신고를 한 거주자가 인정된 거래에 따라 해외에서 취득한 자금을 예치 • 국내에 본점을 둔 외국환은행해외지점 또는 현지법인 금융기관, 외국 금융기관에 예치 • 거주자인 파산관재인이 해외에서 채권을 회수하여 취득한 자금으로 비거주자와 외화예금거래

03 해외예금 및 해외신탁

6장 자본거래

② 해외예금 및 해외신탁 거래자의 보고의무

해외입금 보고서	• 해외예금 거래자(기관투자가 제외: 제7-35조 보고로 갈음)가 해외에서 건당 **1만 달러** 초과 입금 시 입금일 **30일** 이내 해외입금보고서를 지정거래외국환은행장에게 제출해야 함 • 은행장은 다음 연도 첫째 달 말일까지 한국은행총재에게 보고

잔액현황 보고서	• 해외예금·해외신탁 거래자(기관투자가 제외) 중, 다음 연도 첫째 달 말일까지 지정거래외국환은행을 경유하여 한국은행총재에게 제출해야 함
	  – 법인: 연간 입금액 또는 연말 잔액이 미화 **50만 달러** 초과
	  – 개인: 연간 입금액 또는 연말 잔액이 미화 **10만 달러** 초과

※ 한국은행총재는 해외입금보고서 및 잔액현황보고서를 국세청장 및 관세청장에게 통보하여야 한다.

확인문제로 핵심키워드 정리하기

간단한 쪽지 시험으로 빈출 개념을 다시 정리해 보세요.

1 다음 설명이 맞으면 ○표, 틀리면 ×표 하세요.

(1) 해외예금 계좌에 대한 잔액현황보고서는 기관투자가를 포함하여 모든 거주자가 제출해야 한다. ( )

(2) 거주자가 해외에서 신탁계약을 체결한 후 신탁계약이 만료되었을 때, 금전이 아닌 자산을 취득하면 반드시 신고해야 한다. ( )

(3) 거주자가 해외에서 비거주자와 외화예금 거래를 할 경우, 원칙적으로 지정거래외국환은행을 통해 송금해야 한다. ( )

(4) 한국은행총재는 거주자의 해외입금보고서 및 잔액현황보고서를 국세청장 및 관세청장에게 통보해야 한다. ( )

(5) 거주자가 해외에서 외화신탁거래를 할 경우, 원칙적으로 한국은행총재에게 신고해야 한다. ( )

2 다음 빈칸에 들어갈 알맞은 말을 적으세요.

(1) 외국에 체재하고 있는 거주자는 해외에서 ( ) 또는 외화신탁거래를 하는 경우 신고하지 않아도 된다.

(2) 거주자가 외국에서 ( )을 발행하는 것과 관련하여 해외예금거래를 하는 경우, 신고 예외 대상이다.

(3) 해외입금보고서는 건당 미화 ( ) 달러 초과 입금 시 제출해야 한다.

(4) 거주자가 해외에서 비거주자와 외화예금 거래를 할 경우, 반드시 ( )외국환은행을 통해 송금해야 한다.

(5) 거주자가 해외에서 신탁계약을 체결하고 만료 시 금전 외 자산을 취득하는 경우, ( )에게 신고해야 한다.

01 다음 중 해외예금거래 신고 예외에 해당하지 <u>않는</u> 경우는?

① 기관투자가가 해외에서 외화예금거래를 하는 경우
② 외국에 체재하고 있는 거주자가 외화예금거래를 하는 경우
③ 거주자가 해외에서 증권을 발행하고 관련 예금거래를 하는 경우
④ 거주자가 해외에서 신탁거래를 하고 금전이 아닌 자산을 취득하는 경우

개념이해 해외신탁거래 후 금전이 아닌 자산 취득 시 신고 의무가 있다.

02 다음 중 해외예금 및 해외신탁 거래의 한국은행총재 보고 의무가 <u>없는</u> 경우는?

① 외국환은행 해외지점에 예치한 경우
② 비거주자와 외화예금거래를 한 경우
③ 해외에서 취득한 자금을 예치한 경우
④ 해외 신탁계약 만료 후 금전이 아닌 자산을 취득한 경우

개념이해 외국환은행 해외지점과의 예금거래는 신고 예외 대상이다.

오답분석 ②~④ 모두 자본거래에 해당되어 한국은행총재 보고 대상이다.

---

1 (1) × (2) ○ (3) ○ (4) ○ (5) ○
2 (1) 외화예금 (2) 증권 (3) 1만 (4) 지정거래 (5) 한국은행총재

| 정답 | 01 ④ 02 ①

04 6장 자본거래
금전의 대차계약

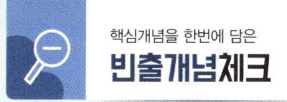

1 금전의 대차계약 신고의무(규정 제7-14조)

거주자	신고예외 항목을 제외하고, 거주자(지방자치단체·공공기관·정부출연기관·영리법인)가 비거주자로부터 외화자금 차입 시, 현지금융 여부 기재해 자금수령 후 **1개월** 이내 지정거래외국환은행장에 거래사실 보고 ※ 단, 인정된 거래에 대해서는 보고 불필요, 현지금융은 거주자가 보증·담보 제공을 안 하는 경우에 한함
5천만 달러 초과 차입	• 5천만 달러 초과 차입(1년간 누적차입액 포함, 현지금융 제외) 시 지정외국환은행을 경유하여 기획재정부장관에게 신고 • 지방자치단체·공공기관·정부출연기관이 5천만 달러 초과 차입 시 기획재정부장관 사전 협의 후 신고

외국인 투자기업	• 비거주자로부터 상환기간 1년 이하의 단기외화 차입 시 외국인투자금액 한도 내에서 지정외국환은행장 신고
	  – 고도기술업체: 외국인투자금액 이내(단, 외국인투자비율이 1/3 미만이면 75%)
	  – 일반제조업체: 외국인투자금액의 50%

정유회사·에너지 수입업체	원유·LNG·LPG 수입대금 결제를 위해 1년 이하 단기외화자금을 차입한 경우 지정거래외국환은행장에게 신고
투자매매업자	• 자기자본 1조원 이상의 투자매매업자가 비거주자로부터 외화 차입 시, 외화자금 차입현황을 매월 **다음달 10일**까지 한국은행총재·금융감독원장에게 보고 • 이 경우 '외국환은행'의 지위로 취급함
개인·비영리 법인	• 신고예외 항목을 제외하고 개인·비영리법인이 비거주자로부터 외화자금을 차입한 경우 지정외국환은행 경유 후 한국은행총재에게 신고 • 다만, 비영리법인 현지사용목적 현지차입은 **1개월** 내 거래사실을 지정은행에 보고

※ 신고 시 금전의대차계약신고서(증권: 증권발행신고서)에 차입자금 용도를 명기하여 제출해야 한다.

04. 금전의 대차계약

6장 자본거래

2 금전의 대차계약 신고예외

차관계약	• 거주자가 비거주자와 「외국인투자촉진법」에 의한 차관계약을 체결하거나 「공공차관의도입및관리에관한법률」에 의한 공공차관협약을 체결하는 경우 • 거주자가 비거주자와 「대외경제협력기금법」에 의한 차관공여계약을 체결하는 경우
거주자 간	거주자가 다른 거주자와 금전의 대차계약에 따른 외국통화로 표시되거나 지급을 받을 수 있는 채권의 발생 등에 관한 거래를 하고자 하는 경우
거주자와 비거주자 간	국민인 거주자와 국민인 비거주자간에 국내에서 내국통화로 표시되고 지급되는 금전의 대차계약을 하는 경우
생활비	대한민국정부의 재외공관근무자, 그 동거가족 또는 해외체재자 및 해외유학생이 그 체재함에 필요한 생활비 및 학자금 등의 지급을 위하여 비거주자와 금전의 대차계약을 하는 경우
유가증권거래	국제유가증권결제기구에 가입한 거주자가 유가증권거래의 결제와 관련하여 비거주자로부터 일중대출(intra-day credit) 또는 일일대출(over-night credit)을 받는 경우
부동산 취득	인정된 거래에 따라 제9-39조 제2항의 부동산을 취득하면서 취득자금에 충당하기 위해 취득부동산을 담보로 비거주자로부터 외화자금을 차입하는 경우
외환동시결제시스템을 통한 결제	• 외환동시결제시스템을 통한 결제와 관련하여 거주자 회원은행이 CLS은행으로부터 CLS은행이 정한 일정 한도의 원화 지급포지션(Short Position)을 받거나 비거주자에게 일중 원화신용공여(Intra-day Credit) 또는 일일 원화신용공여(Over-night Credit)를 하는 경우 • 외환동시결제시스템을 통한 결제와 관련하여 외국환업무취급기관이 비거주자 회원은행으로부터 일중 신용공여(Intra-day Credit) 또는 일일 신용공여(Over-night Credit)를 받는 경우
외국인투자기업	외국인투자기업이 국내에 있는 과세당국에 해외본사의 세금을 대납하기 위해 해외본사에게 상환기간이 1년 이하인 대출을 하는 경우

3 거주자의 외화차입금 사용

- 현지금융: 국내에 예치 및 유입 불가(현지법인 등과의 인정된 거래·보고 등의 사유 제외)
- 거주자가 현지금융을 제외한 외화 차입 시 지정외국환은행에서 개설한 거주자계정에 예치 후 신고(보고) 시 명기한 용도로 사용해야 한다.
  ※ 단, 경상거래대금·해외직접투자·외화증권발행자금 등은 해외지점·현지법인·비거주자에게 직접 지급 가능하다.

4 외화차입금 사용 보고

- 절차에 따라 외화차입금 예치·인출·상환 후에는 지정외국환은행장에게 보고해야 한다.
- 지정은행은 매분기 현황을 한국은행총재에게 보고, 한국은행총재는 이를 종합해 **다음 분기 첫째달 20일**까지 기획재정부장관에게 보고해야 한다.
- 기획재정부장관은 원화조달 목적으로 외화차입한 거주자에게 환위험 방지 조치 지도 가능하다.
- 외국환은행장·한국은행총재는 필요 시 국세청장에게 신고내용 열람을 허용한다.

04 금전의 대차계약

6장 자본거래

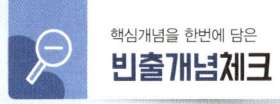

5 현지법인등의 외화자금차입 보고(규정 제7-14조의 2)

지정거래외국환 은행장 보고	• 거주자가 설치한 현지법인(또는 50% 이상 출자한 자회사·해외지점)이 현지금융을 수령할 때, 현지금융을 수령한 날로부터 **1개월** 이내에 지정외국환은행장에게 보고(단, 인정된 거래라면 보고 제외) • 주채무계열 소속 기업이라면 주채권은행을 거래외국환은행으로 지정
차입 및 상환반기 보고	• 현지법인이 거주자 보증·담보 없이 현지금융을 이용할 경우 보고 불필요 • 거주자 지분 50% 이상 현지법인·자회사, 또는 해외지점은 현지금융 차입·상환에 대해 지정외국환은행장에게 반기마다 보고해야 함 ※ 지정외국환은행장은 해당 내용을 다음 반기 첫째달 말일까지 한국은행총재에게 보고, 한국은행총재는 국세청·금감원장에게 통보
지정거래외국환 은행을 통한 송금	• 현지금융의 원리금·비용을 국내서 해외로 송금 시 지정외국환은행을 통해야 함(대지급 제외)

6 거주자의 원화자금차입 신고(규정 제7-15조)

신고예외(별도 규정) 사항을 제외하고 거주자가 비거주자에게서 원화를 차입하면 지정외국환은행장에게 신고해야 한다(단, 차입금액이 1년 누적 10억원을 초과할 시 지정외국환은행을 경유하여 기획재정부장관에게 신고해야 함).
※ 차입 원화는 비거주자자유원계정 예치분만 가능하다.

7 거주자의 비거주자에 대한 대출 보고/신고(규정 제7-16조)

지정거래외국환 은행장 보고	거주자가 외국 법인 투자 후 상환기간 1년 미만으로 금전을 대여한 경우, 자금 지급일 **1개월** 내에 지정외국환은행장에게 보고
한국은행총재 신고	• 보고 및 신고예외 사항을 제외하고, 거주자의 비거주자에 대한 대출은 한국은행총재에게 신고하여야 함 • 단, 다른 거주자의 보증이나 담보로 대출, 또는 **10억원**을 초과하는 원화자금을 대출하는 경우에는 비거주자가 신고해야 함
유관기관 통보	지정외국환은행장과 한국은행총재는 매월 법인이 아닌 거주자의 비거주자에 대한 대출 신고내역을 **익월 20일**까지 국세청에 통보

확인문제로 핵심키워드 정리하기

간단한 쪽지 시험으로 빈출 개념을 다시 정리해 보세요.

1 다음 설명이 맞으면 ○표, 틀리면 ×표 하세요.

(1) 거주자가 비거주자로부터 외화자금을 차입하는 경우, 모든 거래는 기획재정부장관에게 신고해야 한다. ( )

(2) 외국인투자기업은 외국 본사로부터 단기외화 차입 시 지정거래외국환은행장에게 신고해야 한다. ( )

(3) 외화 차입금은 반드시 지정거래외국환은행을 통해 국내 계좌에 예치해야 한다. ( )

(4) 거주자가 비거주자로부터 원화자금을 차입하는 경우, 원화 차입액이 10억 원을 초과하면 기획재정부장관에게 신고해야 한다. ( )

(5) 지정거래외국환은행장은 거주자의 외화 차입금을 상환한 내역을 매월 한국은행총재에게 보고해야 한다. ( )

01 거주자가 외화 차입금을 신고 없이 사용할 수 있는 경우는?

① 신고된 용도 외 사용 시
② 신고한 용도로 사용하는 경우
③ 미화 5천만 달러 이하 차입 시
④ 외국환은행을 통해 차입한 경우

개념이해 외화 차입은 신고된 용도로만 사용할 수 있으며, 용도 변경 시 변경 신고해야 한다.

오답분석 ④ 외국환은행을 통해 차입한 경우에도 자본거래에 해당하며, 한국은행 또는 외국환은행장에 신고 후 해당 용도에만 사용 가능하다.

2 다음 빈칸에 들어갈 알맞은 말을 적으세요.

(1) 거주자가 비거주자로부터 외화자금을 차입하는 경우, 미화 ( )달러 초과의 차입은 지정거래외국환은행장에게 신고해야 한다.

(2) 외국인투자기업이 외국 본사로부터 단기외화 ( )을 할 경우 신고해야 할 기관은 지정거래외국환은행장이다.

(3) 외화 차입 후 지정된 계좌에 예치하지 않아도 되는 경우 중 하나는 해외( )이다.

(4) 거주자가 외화 차입 후 국내에서 외환시장에 매도하려면 반드시 ( )장관에게 신고해야 한다.

(5) 원유, LNG, LPG 수입업체가 외화 차입을 할 경우, ( )외국환은행장에게 신고해야 한다.

02 비거주자로부터 차입한 원화자금이 10억 원을 초과할 경우 신고해야 하는 기관은?

① 국세청장
② 금융감독원장
③ 한국은행총재
④ 기획재정부장관

개념이해 원화자금 차입이 10억 원을 초과하면 기획재정부장관에게 신고해야 한다.

---

1 (1) × (2) ○ (3) × (4) ○ (5) ○
2 (1) 5천만 (2) 차입 (3) 직접투자 (4) 기획재정부 (5) 지정거래

03 다음 중 신고 없이 외화 차입이 가능한 경우는?

① 거주자가 원유 수입을 위해 외화 차입하는 경우
② 외국인투자기업이 외국 본사로부터 차입하는 경우
③ 거주자가 비거주자로부터 미화 6천만 달러 차입하는 경우
④ 거주자가 비거주자로부터 6개월 만기 외화자금을 차입하는 경우

개념이해 1년 이하의 단기 차입은 일부 예외적으로 신고 없이 가능하다.

04 거주자가 해외에서 외화 차입을 한 후 지정된 계좌에 예치하지 않아도 되는 경우는?

① 원화 차입금으로 사용하는 경우
② 해외직접투자 자금으로 사용하는 경우
③ 개인이 해외 체류 목적으로 차입한 경우
④ 외국환은행과 직접 대출 계약을 체결한 경우

개념이해 해외직접투자·외화증권발행자금 등은 거주자계정에 예치하지 않고 직접 지급 가능하다.

보충학습 해외직접투자 자금으로 사용하는 경우에 한 해, 자본거래 신고 후 예치 없이 바로 투자 자금으로 사용 가능하다. 그 외 모든 외화 차입금은 원칙적으로 지정계좌 예치 후 용도에 맞게 사용해야 한다.

05 현지법인이 외화 차입 후 상환하는 경우에 보고해야 할 기관은?

① 금융감독원장
② 한국은행총재
③ 기획재정부장관
④ 지정거래외국환은행장

개념이해 현지법인이 외화 차입 후 상환할 경우 지정거래외국환은행장에게 보고해야 한다.

06 거주자가 외화 차입 후 국내에서 외환시장에 매도하고자 할 경우 신고해야 하는 기관은?

① 국세청장
② 금융감독원장
③ 한국은행총재
④ 기획재정부장관

개념이해 외화 차입 후 외환시장 매도를 원하는 경우 기획재정부장관에게 신고해야 한다.

오답분석 ③ 자본거래 신고의 일부 또는 외화차입금의 예치, 용도 사용 신고 등을 수리하지만, 외화차입금의 국내 매도에 대한 신고는 기획재정부장관 소관이다.

| 정답 | 01 ② 02 ④ 03 ④ 04 ② 05 ④ 06 ④

05 채무의 보증계약

6장 자본거래

❶ 채무의 보증계약 보고 및 신고(규정 제7-18조, 제7-19조)

외국환은행의 장에게 보고 (거래 발생 후 1개월 내)	• 국내 투자매매업자와 현지법인의 인정업무 현지차입 보증(출자금 300% 이내) • 거주자 현지법인이 외국 시설대여회사와 인정사업에 필요한 시설 임차(거주자·계열사 보증) • 국내 시설대여회사와 현지법인의 현지차입 보증(출자금액 이내) • 지자체, 공공기관, 정부업무수탁법인, 영리법인, 거주자의 현지법인, 거주자의 해외지점에 해당하는 현지금융 관련 거주자가 보증(담보 포함)을 하는 경우 + 지정거래외국환은행
지정거래외국환은행장 보고 (거래 발생 후 1개월 내)	• 주채무계열 소속 상위 30대 기업이 장기외화차입(1년 이상) 계약에 대해 계열사 보증을 한 경우, 해당 계열사가 차입자 지정외국환은행에 보고 • 교포 등에 대한 국내금융기관 여신(50만 달러 이내) 원리금상환 보증 시 1개월 내 보고 ※ 거래외국환은행의 지정은 여신을 받는 자의 명의로 하고, 해외에서도 하나의 외국환은행해외지점 또는 현지법인 금융기관등을 거래금융기관으로 지정하여야 함 • 보증을 제공한 자가 대지급을 하고자 하는 경우에는 지정거래외국환은행을 통하여 송금의무(단, 외국환은행이 대지급 하는 경우 제외)
한국은행총재 신고	• 보고·예외사항이 아닌 경우, 거주자와 비거주자 거래(또는 비거주자 간 거래)에 대해 거주자가 채권자(또는 채무자)에게 보증계약(외환은행에 담보 제공 등) 체결 시 한국은행총재 신고 • 필요 시 한국은행총재는 국세청장에게 열람 허용

❷ 채무의 보증계약 신고예외 사항(규정 제7-17조)

거주자 간 + 외국통화	거주자(채권자)와 거주자(채무자)의 거래에 대하여 거주자가 외국통화표시 보증을 하는 경우
역외금융대출	• 거주자의 수출거래와 관련하여 외국의 수입업자가 외국환은행으로부터 역외금융대출을 받음에 있어 당해 거주자가 그 역외금융대출에 대하여 당해 외국환은행에 외국통화표시 보증을 하는 경우(당해 외국환은행은 수출관련 역외금융대출보증에 관한 보고서를 매분기별로 익월 20일까지 한국은행총재에게 제출하여야 함) • 국내에 본점을 둔 시설대여회사가 당해 시설대여회사 현지법인에 대한 외국환은행의 역외금융대출에 대하여 본사의 출자금액 범위내에서 외국통화표시 보증을 하는 경우
인정된 거래	거주자가 이 규정에 의해 인정된 거래를 함에 따라 비거주자로부터 보증을 받는 경우
보증	• 자금차입계약(현지금융은 제외)에 관하여 거주자가 비거주자에게 보증을 하는 경우(다만, 주채무계열 소속 상위 30대 계열기업체의 외화자금차입계약에 관하여 동 계열 소속 다른 기업체가 보증하고자 하는 경우 제외) • 거주자가 지급(해외여행경비, 해외이주비 지급절차, 재외동포의 국내재산 반출절차의 규정에 의한 경우 제외)을 위한 외국통화표시 보증을 하는 경우 • 거주자가 인정된 임차계약을 함에 따라 국내의 다른 거주자가 외국통화표시 보증을 하거나 시설대여회사가 외국의 시설대여회사와 국내의 실수요자간의 인정된 시설대여계약에 대하여 외국통화표시 보증을 하는 경우 • 거주자의 약속어음매각과 관련하여 당해 거주자의 계열기업이 외국통화표시 대외보증을 하는 경우 • 비거주자가 한국은행총재에게 신고하고 외국환은행으로부터 대출을 받음에 있어 거주자가 보증 또는 담보를 제공하는 경우
경상거래	거주자가 비거주자와 물품의 수출·수입 또는 용역거래를 함에 있어서 보증을 하는 경우

6장 자본거래

채무의 보증계약

국제입찰보증	거주자 및 거주자의 현지법인이나 해외지점의 수출, 해외건설 및 용역사업 등 외화획득을 위한 국제입찰 또는 계약과 관련한 입찰보증등을 위하여 비거주자가 보증금을 지급하거나 이에 갈음하는 보증을 함에 있어서 보증 등을 하는 비거주자가 부담하는 채무의 이행을 당해 거주자 또는 계열관계에 있는 거주자가 보증 또는 부담하는 계약을 체결하는 경우
해외장내파생상품거래	거주자의 해외장내파생상품거래에 필요한 자금의 지급에 갈음하여 비거주자가 지급 또는 보증을 함에 있어서 지급 또는 보증을 하는 비거주자가 부담하는 채무의 이행을 당해 거주자 또는 당해 거주자의 계열기업이 보증 또는 부담하는 계약을 체결하는 경우
거주자와 비거주자	국민인 거주자와 국민인 비거주자간에 다른 거주자를 위하여 내국통화로 표시되고 지급되는 채무의 보증계약을 하는 경우
증권금융회사	증권금융회사가 비거주자에게 보증하는 경우
국제입찰보증	거주자 및 거주자의 현지법인이나 해외지점이 비거주자와 해외건설 및 용역사업, 물품수출거래를 함에 있어 당해 비거주자(입찰대행기관 및 수입대행기관을 포함)와 보증 등을 하는 경우
파생상품거래	파생상품거래에 관하여 거주자가 비거주자에게 보증을 하는 경우

확인문제로 핵심키워드 정리하기

간단한 쪽지 시험으로 빈출 개념을 다시 정리해 보세요.

1 다음 설명이 맞으면 ○표, 틀리면 ×표 하세요.

(1) 거주자가 해외 현지법인의 외화차입금에 대해 보증하는 경우, 신고해야 한다. ( )

(2) 거주자가 해외건설 및 용역사업과 관련한 국제입찰에서 보증을 제공하는 경우, 신고가 필요하다. ( )

(3) 거주자가 외국에서 외국통화표시 대외보증을 제공하는 경우, 신고 대상이다. ( )

(4) 거주자가 비거주자로부터 공공차관을 제공받는 경우, 신고해야 한다. ( )

(5) 비거주자가 한국은행총재에게 신고한 후 외국환은행에서 대출을 받을 경우, 거주자가 보증할 수 있다. ( )

2 다음 빈칸에 들어갈 알맞은 말을 적으세요.

(1) 거주자가 외국환은행의 역외금융대출을 보증하는 경우 한국( )에게 신고해야 한다.

(2) 거주자가 해외 현지법인의 장기차입금에 대해 ( )을 제공하는 경우 한국은행총재에게 신고해야 한다.

(3) 거주자가 비거주자로부터 외화자금을 차입하는 경우, 미화 ( ) 달러 초과 시 기획재정부장관에게 신고해야 한다.

(4) 거주자가 외국에서 외국통화표시 대외보증을 제공하는 경우, 한국( )에게 신고해야 한다.

(5) 거주자가 비거주자로부터 원화자금을 차입하는 경우, ( )외국환은행장에게 신고해야 한다.

---

01 다음 중 거주자가 비거주자의 채무에 대한 보증을 제공하는 경우, 신고가 필요한 사례는?

① 거주자가 국내에서 외국통화표시 보증을 제공하는 경우
② 거주자가 국내 금융기관의 해외대출에 대해 보증하는 경우
③ 거주자가 해외건설 및 용역사업과 관련된 국제입찰에서 보증하는 경우
④ 거주자가 수출거래와 관련하여 외국환은행의 역외금융대출에 대해 보증하는 경우

개념이해 국내 금융기관이 해외에서 대출하는 경우 거주자가 보증을 제공하면 신고 대상이다.

오답분석 ① 신고대상이 아니다.
③④ 일반 영업활동 관련 보증은 사례는 신고가 면제된다.

02 다음 중 한국은행총재에게 신고해야 하는 보증거래는?

① 거주자가 비거주자로부터 원화자금을 차입하는 경우
② 거주자가 국내 기업에 외국통화 대출을 보증하는 경우
③ 거주자가 해외 금융기관의 대출에 대해 보증하는 경우
④ 거주자가 외국에서 외국통화표시 대외보증을 제공하는 경우

개념이해 해외 금융기관이 대출하는 경우, 거주자의 보증 제공은 신고 대상이다.

오답분석 ① 비거주자로부터의 차입은 보증거래에 해당하지 않는다.
② 거주자 간 외화대출 보증은 신고대상이 아니다.
④ 해외 현지 외화보증은 신고가 면제된다.

---

1 (1) ○ (2) × (3) ○ (4) ○ (5) ○
2 (1) 은행총재 (2) 보증 (3) 5천만 (4) 은행총재 (5) 지정거래

03 거주자가 외국환은행의 역외금융대출을 보증하는 경우 신고 대상 기관은?

① 한국은행총재
② 기획재정부장관
③ 지정거래외국환은행장
④ 필요 없음

개념이해 역외금융대출 보증은 한국은행총재에게 신고해야 한다.

04 거주자가 해외 현지법인의 장기차입금에 대해 보증을 제공하는 경우 신고 대상 기관은?

① 한국은행총재
② 기획재정부장관
③ 지정거래외국환은행장
④ 필요 없음

개념이해 해외 현지법인의 장기차입 보증은 한국은행총재에게 신고해야 한다.

05 비거주자가 국내에서 외화대출을 받을 때 거주자가 보증을 제공하는 경우 신고해야 하는 기관은?

① 한국은행총재
② 기획재정부장관
③ 지정거래외국환은행장
④ 신고 예외

개념이해 비거주자의 외화대출 보증은 한국은행총재에게 신고해야 한다.

오답분석 ② 특정 자본거래나 국가 외환정책상 필요한 경우에는 기획재정부장관 신고가 필요하지만, 일반적인 비거주자의 외화대출 보증은 한국은행총재 신고사항이다.

06 주채무계열 상위 30대 계열기업체가 외화자금 차입 계약을 체결할 경우 보증을 제공할 수 없는 대상은?

① 해외지점
② 외국환은행
③ 해외 현지법인
④ 계열 소속 다른 기업체

개념이해 동일 계열 소속 기업체가 보증을 제공하는 것은 제한된다.

| 정답 | 01 ② 02 ③ 03 ① 04 ① 05 ① 06 ④

06 대외지급수단, 채권 기타의 매매 및 용역계약에 따른 자본거래

6장 자본거래

1 거주자 간의 자본거래 시 신고의무(규정 제7-20조)

신고예외 사항을 제외하고 거주자가 다른 거주자와 대외지급수단, 채권 기타의 매매 및 용역계약에 따른 외국통화로 표시되거나 지급을 받을 수 있는 채권의 발생 등에 관한 거래를 하고자 하는 경우에는 한국은행총재에게 신고하여야 한다. (외국환은행을 통한 지급 또는 수령)

2 거주자 간의 자본거래 시 신고예외

거주자가 다른 거주자와 대외지급수단, 채권 기타의 매매 및 용역계약에 따른 외국통화로 표시되거나 지급을 받을 수 있는 채권의 발생 등에 관한 거래를 하고자 하는 경우로서 다음에 해당하는 경우에는 신고를 요하지 아니한다.

거주자 간 + 채권	거주자와 다른 거주자간 물품 기타의 매매, 용역계약에 따른 외국통화로 지급받을 수 있는 채권의 발생 등에 관한 거래
거주자 간 + 수집용	거주자간에 지급수단으로 사용목적이 아닌 화폐수집용 및 기념용으로 외국통화를 매매하는 거래
면세쿠폰	해외건설 및 용역사업자와 면세용물품제조자간에 해외취업근로자에 대한 면세쿠폰을 매매하는 거래
유네스코쿠폰	외국환은행이 거주자의 수입대금의 지급을 위하여 유네스코쿠폰을 당해 거주자에게 매각하는 거래
인정된 거래	거주자간 인정된 거래로 취득한 채권의 매매계약에 따른 외국통화로 표시되거나 지급받을 수 있는 채권의 발생 등에 관한 거래
미화 5천 달러 이내 거래	거주자간 매매차익을 목적으로 하지 않는 거래로서 동일자에 미화 5천 달러 이내에서 대외지급수단을 매매하는 거래

3 거주자와 비거주자 간의 자본거래 시 신고의무(규정 제7-21조)

신고의무	거주자가 비거주자와 대외지급수단·채권 매매로 채권이 발생한 경우 한국은행총재에게 신고(예외 및 보고사항 제외) ※ 보고사항: 거주자가 외국 부동산·시설물 등에 관한 회원권을 매입한 경우 거래 후 1개월 내 외국환은행장에게 보고
유관기관 통보	외국환은행장은 건당 10만 달러 초과 시 국세청·관세청에, 5만 달러 초과 시 금융감독원장에게 통보

06

6장 자본거래

대외지급수단, 채권 기타의 매매 및 용역계약에 따른 자본거래

❹ 거주자와 비거주자 간의 자본거래 시 신고예외

거주자가 비거주자와 대외지급수단, 채권의 매매계약에 따른 채권의 발생 등에 관한 거래를 하고자 하는 경우로서 다음에는 신고를 요하지 아니한다.

해외제재 거주자	• 외국환은행해외지점, 외국환은행현지법인, 외국금융기관(외국환전영업자를 포함)이 해외에 체재하는 거주자와 원화표시여행자수표, 원화표시자기앞수표 또는 내국통화의 매매거래를 하는 경우 • 외국에 체재하는 거주자(재외공관근무자 또는 그 동거가족, 해외체재자를 포함)가 비거주자와 체재에 직접 필요한 대외지급수단, 채권의 매매거래를 하는 경우
보유인정	거주자가 외국에서 보유가 인정된 대외지급수단 또는 외화채권으로 다른 외국통화표시 대외지급수단 또는 외화채권을 매입하는 경우
수출대금 전액회수	거주자가 수출관련 외화채권을 비거주자에게 매각하고 동 매각자금 전액을 외국환은행을 통하여 국내로 회수하는 경우
회원권등 전액회수	거주자가 국내외 부동산·시설물 등의 이용·사용과 관련된 회원권, 비거주자가 발행한 약속어음 및 비거주자에 대한 외화채권 등을 비거주자에게 매각하고 동 매각자금을 외국환은행을 통하여 국내로 회수하는 경우
회원권등 재매입	거주자가 비거주자에게 매각한 국내의 부동산·시설물 등의 이용·사용과 관련된 회원권 등을 비거주자로부터 재매입하는 경우

확인문제로 핵심키워드 정리하기

간단한 쪽지 시험으로 빈출 개념을 다시 정리해 보세요.

1 다음 설명이 맞으면 ○표, 틀리면 ×표 하세요.

(1) 거주자가 다른 거주자로부터 외국통화로 표시된 채권을 매입하는 경우 신고가 필요하다. ( )

(2) 외국환은행이 거주자의 수입대금을 지급하기 위해 유네스코 쿠폰을 매각하는 경우 신고해야 한다. ( )

(3) 거주자가 비거주자로부터 국내 부동산과 관련된 회원권을 매입하는 경우 신고해야 한다. ( )

(4) 외국환은행 해외지점이 해외 체재 거주자와 내국통화표시 자기앞수표 거래를 하는 경우, 신고 의무가 있다. ( )

(5) 거주자가 비거주자에게 외화채권을 매각할 경우 반드시 외국환은행을 통해 대금을 수취해야 한다. ( )

2 다음 빈칸에 들어갈 알맞은 말을 적으세요.

(1) 거주자가 다른 거주자와 외국통화 표시 채권을 매매하는 경우, 한국( )에게 신고해야 한다.

(2) 거주자가 수출대금을 비거주자로부터 회수하는 과정에서 외화채권을 매각하는 경우, 매각자금은 반드시 ( )은행을 통해 국내로 회수해야 한다.

(3) 외국환은행 해외지점이 해외 체재 거주자와 원화표시 여행자수표 거래를 하는 경우, ( )가 면제된다.

(4) 거주자가 외국환은행을 통하지 않고 대외지급수단을 수취하는 경우, ( )거래법을 위반하는 것이다.

(5) 외국환은행장은 거주자와 비거주자의 대외지급수단 거래 중 건당 ( )만 달러 초과 시 국세청·관세청에 통보해야 한다.

01 다음 중 거주자 간 대외지급수단, 채권 기타의 매매 및 용역계약 거래에서 신고가 필요한 경우는?

① 면세쿠폰 매매 거래
② 동일자 미화 5천 달러 이하의 외국통화 매매
③ 거주자가 다른 거주자로부터 외화채권을 매입하는 경우
④ 외국환은행이 유네스코 쿠폰을 이용해 수입대금 지급하는 거래

개념이해 거주자 간 외화채권 매입은 신고 예외에 해당하지 않으므로 한국은행총재에게 신고해야 한다.

오답분석 ② 거주자 간 외화 매매 거래라도 5천 달러 이하는 신고 면제 대상이다.

02 거주자가 비거주자와 체재에 직접 필요한 대외지급수단을 거래하는 경우 신고 의무는?

① 기획재정부 신고
② 한국은행총재 신고
③ 외국환은행장 신고
④ 신고 예외

개념이해 해외 체재자가 체재에 필요한 대외지급수단을 거래하는 경우 신고 예외이다.

---

1 (1) ○ (2) × (3) ○ (4) × (5) ○
2 (1) 은행총재 (2) 외국환 (3) 신고 (4) 외국환 (5) 10

| 정답 | 01 ③ 02 ④

07 6장 자본거래
증권의 발행 및 취득

① 증권의 발행(규정 제7-22조, 제7-23조, 제7-23조의 2, 제7-29조, 제7-30조)

거주자의 증권발행	• 국내에서 외화증권 발행 시 신고 불필요 • 외국에서 증권발행 시 신고의무 　– 외국에서 외화증권 발행(거주자가 국내에서 발행한 외화증권을 비거주자가 사모로 취득한 것을 포함) 　　1) 지정거래외국환은행의 장에게 보고 또는 신고(거주자의 외화자금차입 규정 준용) 　　2) 미화 **5천만 달러**를 초과한 현지금융은 지정거래외국환은행을 경유하여 기획재정부장관에게 신고 　– 외국에서 원화증권 발행 시 기획재정부장관에게 신고
비거주자의 증권발행	• 비거주자가 다음에 해당하는 증권을 발행하고자 하는 경우에는 기획재정부장관에게 신고하여야 함(다만, 증권의 발행으로 조달한 자금은 신고 시 명기한 용도로 사용하여야 함) 　– 국내외화: 비거주자가 국내에서 외화증권 또는 원화연계외화증권을 발행(외국에서 기발행된 외화증권을 증권시장에 상장하는 경우 포함)하고자 하거나 원화증권을 발행하고자 하는 경우 　– 외국원화: 비거주자가 외국에서 원화증권 또는 원화연계외화증권을 발행하고자 하는 경우
상장증권의 거래소간 이동	• 국내증권시장과 해외증권시장 간에 증권의 이동이 이루어지는 방식으로 증권을 상장하고자 하는 경우에는 최초 상장시점에 **1회**에 한하여 기획재정부장관에게 신고하여야 함 • 이후 매월 유가증권의 이동·발행수량 변동 발생 시, **다음 달 말까지 기획재정부장관에게 보고**

② 비거주자의 국내 증권발행 절차(제7-24조, 제7-27조, 제7-28조)

증권발행신고서 제출	비거주자는 기재부장관에 증권발행신고서(발행자금 용도 포함) 제출
▼	→ 주식예탁증서 발행, 신주인수권 행사, 배당금 지급 등을 위해 계정 개설 필요
계정의 개설	예탁결제원 명의로 <u>원화증권전용외화계정</u>(부기: 발행자명)을 외국환지정은행에 개설
▼	
증권납입대금의 예치	• 원화증권: 비거주자자유원계정에 예치 • 외화증권: 대외계정에 예치
▼	
보고	• 증권발행신고자가 납입을 완료하였을 경우에는 증권발행보고서를 기획재정부장관에게 제출 • 첨부서류: 발행조건 및 비용명세서, 인수기관별 인수내역
▼	
유관기관 통보	• 예탁결제원은 매월 계정(입·출금) 내역을 지정외국환은행장에게 통보 • 지정외국환은행장은 그 예치·처분상황을 매월 한국은행총재에게 보고 • 한국은행총재는 종합 후에 매월 기획재정부장관에게 보고
▼	
해외판매채권의 매매	• 해외판매채권 매매 시 국제결제기구에 예탁 가능 • 발행신고 시 기획재정부장관에게 신고

07
6장 자본거래
증권의 발행 및 취득

❸ 해외판매채권의 매매 등(규정 제7-28조)

발행신고서 제출	증권발행보고서 제출
• 발행채권의 일부를 해외에서 판매하고자 하는 자는 해외판매채권의 매매(외화결제 한정)를 위해 국제적으로 인정되는 결제기구 또는 예탁기관에 해외판매채권을 예탁할 수 있음 • 예탁자는 발행신고 시 기획재정부장관에게 신고	증권발행신고자가 납입을 완료하였을 경우에는 증권발행보고서를 기획재정부장관에게 제출

❹ 거주자의 증권 취득 시 신고 및 보고(규정 제7-31조)

신고	• 신고예외규정을 제외하고, 거주자가 비거주자의 증권을 취득하려면 한국은행총재에게 신고 • 필요 시 한국은행총재는 국세청장에게 열람 허용 • 보유증권 교환으로 취득 시 교환 대상 증권 가격 적정성 입증
보고	한국은행총재는 연도별 증권취득 현황을 다음 연도 **2월 말까지** 기획재정부장관에게 보고

❺ 거주자의 증권 취득 시 신고예외

거주자가 비거주자로부터 증권을 취득하고자 하는 경우로서 다음의 경우에는 신고를 요하지 아니한다(단, 외국법인 경영 참여 시 주식 취득은 직접투자 규정에 따름).

외화증권투자	거주자가 매매위탁방식으로 외화증권에 투자하는 경우
상속취득	거주자가 비거주자로부터 상속·유증·증여로 인하여 증권을 취득하는 경우
증권 만기전 상환	거주자가 발행한 증권의 만기 전 상환 및 매입소각 등을 위하여 증권을 취득하는 경우
인정된 거래	• 거주자가 인정된 거래에 따라 취득한 주식 또는 지분에 대신하여 합병 후 존속·신설된 법인의 주식 또는 지분을 비거주자로부터 취득하는 경우 • 거주자가 인정된 거래에 따른 대부금의 대물변제, 담보권의 행사와 관련하여 비거주자로부터 외화증권을 취득하는 경우
외국법	거주자가 외국의 법령에 의한 의무를 이행하기 위하여 비거주자로부터 외화증권을 취득하는 경우
비거주자에게 취득	거주자가 국민인 비거주자로부터 국내에서 원화증권을 내국통화로 취득하는 경우
만기 1년 이상	거주자가 비거주자가 국내 또는 국외에서 발행한 만기 **1년** 이상인 원화증권을 취득하거나 비거주자가 발행한 해외판매채권을 비거주자에게 매각할 목적으로 국내인수회사가 취득하는 경우(단, 거주자가 원주를 취득하는 경우에는 제2관의 규정을 준용함)
사업활동	국내기업이 사업활동과 관련하여 외국기업과의 거래관계의 유지 또는 원활화를 위하여 미화 **5만 달러** 이하의 당해 외국기업의 주식 또는 지분을 취득하는 경우
본사주식	외국인투자기업(국내자회사 포함), 외국기업국내지사, 외국은행국내지점 또는 사무소에 근무하는 자가 본사(본사의 지주회사나 방계회사를 포함)의 주식 또는 지분을 취득하는 경우
상장된 외화증권	거주자가 국내유가증권시장에 상장 또는 등록된 외화증권을 비거주자로부터 취득하거나, 거주자의 인정된 거래를 통해 부여된 권리를 거주자가 행사함으로써 주식 또는 지분을 취득하는 경우
재취득	증권을 취득한 비거주자로부터 동 증권을 취득하는 경우

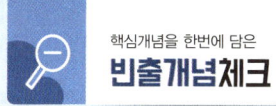

07 6장 자본거래
증권의 발행 및 취득

6 비거주자의 증권 취득 시 신고 및 보고(규정 제7-32조)

외국환은행장 신고	신고예외를 제외하고, 비거주자가 국내법인의 비상장·비등록 원화주식(지분)을 출자목적물로 취득 시 외국환은행장에게 신고(단, 외국인투자촉진법 비해당)
한국은행총재 신고	신고예외 및 외국환은행장 신고 대상을 제외하고, 비거주자가 거주자 증권을 취득 시 한국은행총재에게 신고

7 비거주자의 증권 취득 시 신고예외

비거주자가 거주자로부터 증권을 취득하고자 하는 경우로서 다음에 해당하는 경우에는 신고를 요하지 아니한다.

원화증권	원화증권을 취득하는 경우(다만, 인정된 증권대차거래를 위하여 외국금융기관에 개설한 계좌에 외화담보를 예치 및 처분하는 경우에는 금융·보험업에 대한 해외직접투자 거래로 간주)
인정된 외국인투자	인정된 외국인투자를 위하여 비거주자가 거주자로부터 증권을 취득하는 경우
상속	비거주자가 거주자로부터 상속·유증으로 증권을 취득하는 경우
국내법	비거주자가 국내법령에 정하는 의무의 이행을 위하여 국공채를 매입하는 경우
본사주식	거주자가 취득한 본사의 주식(지분 포함)을 비거주자가 당해 거주자로부터 매입하는 경우
외화증권	비거주자가 거주자가 외국에서 발행한 외화증권을 취득하거나, 비거주자의 인정된 거래를 통해 부여된 권리를 비거주자가 행사함으로써 주식 또는 지분을 취득하는 경우
원화증권	국민인비거주자가 거주자로부터 국내에서 원화증권을 취득하는 경우
증권 만기전 상환	• 국내에서 원화증권 및 원화연계외화증권을 발행한 비거주자가 당초 허가를 받거나 신고된 바에 따라 만기전 상환 등을 위하여 증권을 취득하는 경우 • 비거주자가 비거주자가 발행한 주식예탁증서를 거주자로부터 취득하거나 비거주자가 주식예탁증서의 원주를 거주자로부터 취득하는 경우 ※ 다만, 비거주자가 비거주자가 발행한 주식예탁증서를 거주자로부터 취득하는 경우에는 제7-37조(투자전용계정 등)의 규정을 준용하며, 주식예탁증서를 발행한 비거주자가 당해 주식예탁증서를 취득하는 경우에는 제7-24조(신고 및 발행자금의 사용)의 규정을 준용함 • 발행되는 해외판매채권을 인수한 국내 인수회사로부터 취득하는 경우
인정된 거래	비거주자가 인정된 거래에 따른 대부금의 대물변제, 담보권의 행사 및 채권의 출자전환과 관련하여 거주자로부터 증권을 취득하는 경우
상장된 외화증권	비거주자가 국내유가증권시장에 상장 또는 등록된 외화증권 또는 국내 외국환은행이 발행한 외화 양도성예금증서를 취득하는 경우(다만, 절차 등은 제3관의 규정을 준용함)
재취득	증권을 취득한 거주자로부터 동 증권을 취득하는 경우

07 6장 자본거래
증권의 발행 및 취득

8 거주자의 외화증권 투자절차 (규정 제7-33조, 제7-34조, 제7-35조)

투자대상	거주자가 이 관의 규정에 의하여 투자를 할 수 있는 외화증권은 제한을 두지 아니함
기관투자가 신고의무	원칙상 **무신고**(단, 신용파생결합증권 매매 시 한은총재 신고) ※ 단, 매월 다음 달 보고의무는 준수해야 함
거래의 절차	• 일반투자가가 외화증권 매매: 투자중개업자를 통하여 외화증권의 매매를 위탁의무 • 외국집합투자증권을 매매하고자 하는 경우에는 투자매매업자 또는 투자중개업자를 상대방으로 하여 외국집합투자증권을 매매할 수 있음 • 해외에서 취득한 외화증권을 해외에서 매도하려는 경우로서 아래의 요건을 모두 충족하는 경우에는 투자중개업자를 통하지 않고 매매거래를 할 수 있음 　－ 투자매매업자를 상대방으로 하거나 투자중개업자를 통하여 취득한 외화증권이 아닐 것 　－ 외화증권을 인정된 거래에 따라 취득하였을 것
계정의 개설	• 일반투자가로부터 외화증권의 매매를 위탁받은 투자중개업자는 외국환은행에 개설된 일반투자가명의(투자중개업자의 명의를 부기함) 또는 투자중개업자 명의의 외화증권투자전용외화계정을 통하여 투자관련 자금을 송금하거나 회수하여야 함 • 거주자가 이 관의 규정에 의하여 외화증권을 매매하고자 할 경우, 투자매매업자 또는 투자중개업자는 증권금융회사 명의의 외화증권투자전용계정에 투자자예탁금(「자본시장과 금융투자업에 관한 법률」제74조제1항에 따른 투자자예탁금을 말한다)을 예치하여야 함 • 제1항에도 불구하고, 투자매매업자 또는 투자중개업자가 제2항에 따라 증권금융회사 명의의 외화증권투자전용외화계정에 예치된 투자자예탁금으로 증권 매수대금을 결제하고자 하는 경우에는 증권금융회사 명의의 외화증권투자전용외화계정에서 예탁결제원으로 증권 매수대금을 송금할 수 있음
보고/통보 의무	• 기관투자가: 투자자금 원천별로 구분하여 매월 외화증권의 인수, 매매, 보유, 대여 및 외화예금의 보유, 운영실적과 투자자금의 대외지급 및 국내회수실적(국민연금기금의 관리·운용에 관한 업무를 위탁받은 법인의 경우 6개월전 거래실적 한정) → 다음달 **10일**까지 한국은행총재에게 보고 • 투자중개업자·외국집합투자증권 매매 투자매매업자: 분기별 일반투자가 외화증권투자현황 → 다음 분기 첫째 달 **10일**까지 한국은행총재·금융감독원장 보고 • 한국은행총재는 종합 후 기획재정부장관에게 통보

9 외국인투자자의 국내원화증권 투자절차 (규정 제7-36조, 제7-37조, 제7-38조, 제7-39조)

적용범위	• 비거주자(국민인 경우 해외영주권자 한정) 또는 외국인투자자(단, 외국인투자자가 외국인 통합계좌로 투자하는 경우 외국인투자자로 간주)가 국내원화증권(증권, 기업어음, 상업어음, 무역어음, 양도성예금증서, 표지어음, 종합금융사발행어음)을 취득하거나 그 취득증권을 국내에서 매각 또는 인정된 증권대차거래 또는 금융투자업규정 환매조건부매매를 함에 관하여는 이 관에 정하는 바에 의함 • 외국인투자자가 취득한 증권에 부여된 권리행사 및 상속·유증에 따른 승계취득으로 인하여 국내원화증권을 취득하거나 그 취득증권을 국내에서 매각하는 경우에도 동일함

07 증권의 발행 및 취득

6장 자본거래

계정의 개설	• 외국인투자자는 국내원화 증권에 투자(증권매각대금 외국으로 송금 포함)하거나 인정된 증권대차거래 및 환매조건부매매와 관련된 자금의 지급 등을 위해 외국환은행에 본인 명의 투자전용대외계정 및 투자전용계정을 통해 관련자금을 예치·처분할 수 있음 • 위 규정에도 불구하고 외국인투자자는 다음에 해당하는 경우에는 각 호에서 정한 투자전용계정을 통해 관련 자금을 예치·처분 가능함 　– 외국인투자자가 국제예탁결제기구에 보관 또는 결제를 위탁하여 국채증권 및 통화안정증권의 매매 등을 하고자 하는 경우: 국제예탁결제기구 명의 투자전용계정 　– 외국인투자자가 당해 외국인투자자와 증권의 보관·관리 업무와 관련된 계약을 맺은 외국 금융회사를 통해 증권의 매매 등을 하고자 하는 경우: 외국 금융회사 명의 투자전용계정 　– 국외에서 투자매매업, 투자중개업 또는 집합투자업에 상당하는 영업을 적법하게 영위하고 있는 외국 금융회사가 외국인투자자의 증권 매매거래 등을 처리하기 위해 필요한 경우: 외국 금융회사 명의 투자전용계정 　– 외국 정부, 중앙은행, 국부펀드 또는 국제기구 등이 외국인투자자의 증권 매매거래 등을 처리하기 위해 필요한 경우: 외국기관 명의 투자전용계정
투자전용 대외계정	• 외국인투자자가 투자전용대외계정에 예치할 수 있는 외화자금은 다음으로 한정함 　– 외국인투자자가 외국으로부터 송금 또는 휴대반입한 외화자금 　– 본인 명의의 다른 투자전용대외계정·대외계정·비거주자외화신탁계정·업무용외화계좌 및 투자중개업자등의 투자전용외화계정, 한국거래소·예탁결제원·증권금융회사·청산회사의 투자전용외화계정에서 이체되어 온 외화자금 　– 증권의 매각대금·배당금·이자 및 인정된 증권대차거래·환매조건부매매와 관련된 자금 등을 대가로 매입한 외화자금 　　※ 외국환은행은 외화를 매각한 다음 날로부터 3영업일 이내에 관련 거래내역을 확인할 수 있음 　– 본인 명의의 투자전용비거주자원화계정·비거주자유원계정·비거주자원화신탁계정에 예치자금을 대가로 매입한 외화자금 • 외국인투자자가 투자전용대외계정을 처분할 수 있는 경우 다음으로 한정함 　– 내국지급수단을 대가로 한 매각(다만, 제1항의 원화계정에 예치하거나, 증권의 취득 및 인정된 증권대차거래·환매조건부매매를 위하여 외국환은행·투자중개업자등·예탁결제원·증권금융회사·종합금융회사·상호저축은행 또는 체신관서의 원화계정으로 이체하는 경우에 한함) 　– 외국에 대한 송금 　– 본인 명의의 다른 투자전용대외계정·대외계정·비거주자외화신탁계정·업무용외화계좌 및 투자중개업자등의 투자전용외화계정, 한국거래소·예탁결제원·증권금융회사·청산회사의 투자전용외화계정으로의 이체 　– 대외지급수단으로의 인출 또는 다른 대외지급수단의 매입

07 6장 자본거래
증권의 발행 및 취득

투자전용 비거주자 원화계정	• 외국인투자자가 투자전용비거주자원화계정에 예치할 수 있는 자금은 다음으로 한정함 　− 증권의 매각대금·배당금·이자 및 인정된 증권대차거래·환매조건부매매와 관련된 자금 등. 다만, 외국환은행·투자중개업자등·예탁결제원·증권금융회사·종합금융회사·상호저축은행 또는 체신관서의 원화계정으로부터 이체하는 방법에 의함 　− 본인 명의의 다른 투자전용비거주자원화계정·비거주자자유원계정·비거주자원화신탁계정·업무용원화계좌로부터 이체되어 온 자금 　− 증권매매와 관련한 위탁증거금 　− 본인 명의의 투자전용대외계정에 예치된 외화자금을 내국지급수단을 대가로 매각한 자금 　− 외국인투자자가 국채 또는 통화안정증권의 매매를 국제예탁결제기구에 위탁하여 투자하는 경우로서, 국제예탁결제기구 명의의 투자전용비거주자원화계정으로부터 이체되어 온 자금(다만, 국제예탁결제기구 명의의 투자전용비거주자원화계정내 예치된 당해 외국인투자자의 자금에 한함) 　− 국내에 본점을 둔 외국환은행의 해외지점, 현지법인 또는 외국 금융기관에 예치된 본인 명의의 외화자금을 내국지급수단을 대가로 매각한 자금(다만, 외국에서 원화자금이 지급 의뢰되는 경우에는 동일자, 동일인 기준 미화 **2만 달러** 상당액 이하에 한함) 　− 외국인투자자가 본인 명의 계좌로「외국 금융기관의 외국환업무에 관한 지침」제1-2조제2호에 따른 해외외국환업무취급기관에게 원화자금을 수령하기 위해 외화자금을 매각하는 경우 　− 증권매매자금 결제와 직접 관련된 경우로서 2영업일 이내 결제자금을 위해 차입한 자금 　− 당해 외국인투자자와 증권의 보관·관리 업무와 관련된 계약을 맺은 외국 금융기관 명의의 투자전용비거주자원화계정으로부터의 이체 　− 외국인투자자가 주소 또는 거소를 둔 상대국 현지통화 직거래은행 명의의 비거주자자유원계정으로부터 이체된 자금 • 투자전용비거주자원화계정을 처분할 수 있는 경우는 다음으로 한정함 　− 본인 명의 투자전용대외계정으로 이체 　− 증권 취득 관련 자금 또는 인정된 증권대차거래·환매조건부매매와 관련된 자금의 지급을 위한 외국환은행·투자중개업자등·예탁결제원·증권금융회사·종합금융회사·상호저축은행 또는 체신관서의 원화계정으로의 이체 　− 본인명의의 다른 투자전용비거주자원화계정·비거주자자유원계정·비거주자원화신탁계정·업무용원화계좌로의 이체 　− 외국인투자자가 국내에서 체재함에 수반하는 생활비, 일상품 또는 용역의 구입 등을 위한 내국지급수단으로의 인출 　− 외국환은행으로부터의 증권의 매수 　− 외국인투자자가 국채 또는 통화안정증권의 매매를 국제예탁결제기구에 위탁하고자 하는 경우, 국제예탁결제기구 명의의 투자전용비거주자원화계정으로의 이체 　− 국내에 본점을 둔 외국환은행의 해외지점·현지법인 또는 외국 금융기관에 본인의 외화자금을 예치하기 위한 원화자금 매각 　−「외국 금융기관의 외국환업무에 관한 지침」제1-2조제2호에 따른 해외외국환업무취급기관에 대외지급수단을 대가로 한 매각 　− 증권매매자금 결제와 직접 관련된 경우로서 2영업일 이내 결제자금을 위해 차입한 자금을 상환하는 경우

07 증권의 발행 및 취득

6장 자본거래

투자전용 비거주자 원화계정	– 「외국 금융기관의 외국환업무에 관한 지침」 제3-3조 제1항의 업무용원화계좌로의 이체 – 당해 외국인투자자와 증권의 보관·관리 업무와 관련된 계약을 맺은 외국 금융기관 명의의 투자전용비거주자원화계정으로의 송금 – 현지통화 직거래(LCT) 체제에 의해 허용된 거래를 통해 취득한 자금을 상대국 현지통화 직거래은행 명의의 비거주자자유원계정으로 송금하는 경우 • 내국지급수단으로 인출하는 경우로서 동일자, 동일인 기준 미화 **1만 달러** 상당액을 초과하는 내국지급수단을 인출하는 경우에는 금융감독원장에게 통보하여야 함 • 외국보관기관은 배당금수령 등 보관증권의 권리행사(매매거래는 제외)를 위하여 외국환은행에 보관기관 명의의 대외계정 및 비거주자원화계정을 개설할 수 있음(다만, 외국보관기관의 대외계정 및 원화계정의 예치 및 처분은 외국인투자자의 투자전용대외계정 및 투자전용비거주자원화계정간에 상호이체하는 방법에 의하거나 외국예탁기관이 외국인투자자에게 권리를 배분하기 위하여 외국에 개설한 외국예탁기관의 계좌로 이체하는 방법에 의함)
투자중개 업자등 투자전용 외화계정	투자중개업자 등은 외국인투자자의 국내원화증권 취득 및 매각 또는 인정된 증권대차거래 또는 환매조건부매매를 위하여 외국환은행에 투자중개업자 등의 명의로 투자전용외화계정을 개설할 수 있음
보고 등	• 외국환은행장은 매일 **다음 영업일**까지 투자전용계정 현황(증권종류별 구분)을 한국은행총재 보고 • 투자매매업자·투자중개업자는 매일 **다음 영업일**까지 증권투자현황·매매실적(투자자별·증권종류별)를 한국은행총재에게 제출 　통계형 자료를 모아 다음 분기 첫째달 10일까지 금융감독원장 통보 ← • 한국은행총재는 종합 후 기획재정부장관에게 보고 – 투자전용계정을 개설한 국제예탁결제기구는 당해 국제예탁결제기구에 국채증권 및 통화안정증권의 매매를 직접 위탁한 외국인투자자의 월별 거래 및 보유내역을 다음 달 10일까지 한국은행총재에게 보고하여야 함 – 투자전용계정을 개설한 자는 외국인투자자의 거래내역을 5년 동안 보관하여야 하며, 한국은행총재의 자료제출 요구가 있는 경우에 이에 응해야 함

확인문제로 핵심키워드 정리하기

간단한 쪽지 시험으로 빈출 개념을 다시 정리해 보세요.

1 다음 설명이 맞으면 ○표, 틀리면 ×표 하세요.

(1) 거주자가 국내에서 외화증권을 발행하는 경우 신고해야 한다. (　)

(2) 거주자가 외국에서 원화증권을 발행하는 경우 기획재정부장관에게 신고해야 한다. (　)

(3) 비거주자가 국내에서 원화증권을 발행하는 경우 한국은행총재에게 신고해야 한다. (　)

(4) 상장증권의 거래소 간 이동은 최초 상장 시 1회만 기획재정부장관에게 신고하면 된다. (　)

(5) 거주자가 비거주자로부터 외화증권을 취득하는 경우 한국은행총재에게 신고해야 한다. (　)

2 다음 빈칸에 들어갈 알맞은 말을 적으세요.

(1) 거주자가 외국에서 (　　　)을 발행하는 경우 기획재정부장관에게 신고해야 한다.

(2) 비거주자가 (　　　)에서 원화증권을 발행하는 경우 기획재정부장관에게 신고해야 한다.

(3) 상장증권이 국내증권시장과 해외증권시장 간 이동할 경우, 최초 상장 시 (　　　)장관에게 신고해야 한다.

(4) 거주자가 비거주자로부터 (　　　)을 취득하는 경우, 한국은행총재에게 신고해야 한다.

(5) 외국인투자자는 국내 원화증권 투자 시 반드시 (　　　) 전용계정을 개설해야 한다.

01 비거주자가 국내에서 외화증권을 발행할 때 필요한 절차로 옳은 것은?

① 금융감독원의 허가 필요
② 한국은행총재에게 사전 신고 필요
③ 기획재정부장관에게 신고 후 발행 가능
④ 신고 없이 발행 가능

개념이해 비거주자가 국내에서 외화증권을 발행하는 경우 반드시 기획재정부장관에게 신고해야 한다.

오답분석 ① 금융감독원은 감독 및 검사 업무를 수행하나, 외화증권 발행에 대한 허가 권한은 없다.
② 한국은행총재는 외국환 거래와 관련된 일부 보고 및 승인 권한이 있지만, 비거주자의 국내 외화증권 발행 신고는 기획재정부장관에게 해야 한다.

02 거주자가 비거주자로부터 증권을 취득할 때 신고가 면제되는 경우는?

① 외화증권 투자
② 비상장주식 직접 취득
③ 비거주자의 원화증권을 내국통화로 취득
④ 외국법인의 지분을 경영참여 목적으로 취득

개념이해 거주자가 비거주자로부터 원화증권을 내국통화로 취득하는 경우 신고 예외이다.

---

1 (1) × (2) ○ (3) × (4) ○ (5) ○
2 (1) 원화증권 (2) 국내 (3) 기획재정부 (4) 외화증권 (5) 투자

개념확인문제

03 거주자가 비거주자로부터 외화증권을 취득할 때 신고해야 하는 기관은?

① 한국은행총재
② 기획재정부장관
③ 외국환은행장
④ 신고 의무 없음

개념이해 신고 예외사항이 아닌 경우, 거주자는 한국은행총재에게 신고해야 한다.

04 비거주자가 국내에서 비상장·비등록 원화주식을 취득할 경우 신고해야 하는 기관은?

① 외국환은행장
② 한국은행총재
③ 기획재정부장관
④ 금융감독원장

개념이해 비거주자가 국내법인의 비상장·비등록 원화주식을 취득하는 경우, 외국환은행장에게 신고해야 한다.

오답분석 ② 주로 외국환거래 및 자본거래 중 특정 신고·보고 업무를 담당하지만, 비거주자의 국내 비상장·비등록 주식 취득 신고는 외국환은행장을 통해 진행한다.

05 비거주자가 외국에서 원화증권을 발행하는 경우 신고 대상 기관은?

① 외국환은행장
② 한국은행총재
③ 기획재정부장관
④ 금융감독원장

개념이해 비거주자가 외국에서 원화증권을 발행하는 경우 기획재정부장관에게 신고해야 한다.

06 비거주자가 국내에서 증권을 발행할 때 필요한 신고 절차는?

① 신고 없이 발행 가능
② 금융감독원의 허가 필요
③ 한국은행총재에게 사전 신고 필요
④ 기획재정부장관에게 신고 후 발행 가능

개념이해 비거주자가 국내에서 증권을 발행하는 경우 반드시 기획재정부장관에게 신고해야 한다.

오답분석 ② 금융감독원은 금융회사 감독 및 검사 업무를 담당한다.
③ 한국은행총재는 대외거래 관련 보고와 관리 업무를 담당한다.

| 정답 | 01 ③ 02 ③ 03 ① 04 ① 05 ③ 06 ④

08 파생상품거래

6장 자본거래

1 파생상품거래의 신고 및 신고예외(규정 제7-40조, 제7-41조)

신고의무	• 신고예외에 해당하지 않는 파생상품거래이거나 아래 특정 케이스 중 하나에 해당하면, 거주자는 한국은행총재에게 파생상품거래내용을 신고해야 함 　- 액면금액의 **100분의 20**이상을 옵션프리미엄 등 선급수수료로 지급하는 거래를 하는 경우 　- 기체결된 파생상품거래를 변경·취소 및 종료할 경우에 기체결된 파생상품거래에서 발생한 손실을 새로운 파생상품거래의 가격에 반영하는 거래를 하고자 하는 경우 　- 파생상품거래를 자금유출입·거주자의 비거주자에 대한 원화대출·거주자의 비거주자로부터의 자금조달 등의 거래에 있어 이 법·영 및 규정에서 정한 신고등의 절차를 회피하기 위하여 행하는 경우 　- 한국은행총재에게 신고해야 한다고 규정된 경우 • 한국은행총재는 필요 시 국세청장에게 신고내용 열람 허용 ※ 다만, 제1호 내지 제3호에 해당하는 거래를 하고자 하는 경우에는 한국은행총재가 인정하는 거래타당성 입증서류를 제출하여야 함
신고 예외	거주자 간 또는 거주자와 비거주자 간 파생상품거래로서 외국환업무취급기관이 외국환업무로서 행하는 거래는 신고를 요하지 아니함
보고 등	• 한국거래소는 **매월** 파생상품거래 실적을 한국은행총재에게 보고 • 한국은행총재는 신고 및 보고 내역을 종합하여 기획재정부장관에게 보고

2 파생상품거래의 투자전용 계정 및 확인의무(규정 제7-42조)

투자전용 계정	• 비거주자 또는 투자자금의 대외송금을 보장받고자 하는 외국인거주자가 장내파생상품에 투자하거나 장외파생상품을 청산회사를 통하여 청산하고자 하는 경우에는 외국환은행에 투자자 명의의 투자전용대외계정과 투자전용비거주자원화계정을 개설하여 투자관련자금 또는 청산관련자금을 송금하거나 회수하여야 함(계정의 예치·처분은 제7-37조를 준용) • 투자중개업자·한국거래소·증권금융회사·청산회사는 비거주자 또는 투자자금의 대외송금을 보장받고자 하는 외국인거주자의 장내파생상품의 투자 또는 장외파생상품의 청산을 위해 투자중개업자 명의의 투자전용외화계정 또는 한국거래소·증권금융회사·청산회사 명의의 투자전용외화계정을 개설할 수 있음(투자전용외화계정의 예치·처분은 제7-38조를 준용) • 투자중개업자·한국거래소·증권금융회사·청산회사 명의의 투자전용외화계정의 현황, 장내파생상품 투자현황, 장외파생상품 청산 현황 및 매매실적 등의 보고 등은 제7-39조를 준용
업무상 확인 의무	투자중개업자는 비거주자의 장내파생상품 투자 및 장외파생상품 청산을 위한 계정을 관리함에 있어 투자자의 결제자금이 이 규정에 의한 인정된 거래에 의한 것인지를 확인하여야 함

확인문제로 핵심키워드 정리하기

간단한 쪽지 시험으로
빈출 개념을 다시 정리해 보세요.

1 다음 설명이 맞으면 ○표, 틀리면 ×표 하세요.

(1) 파생상품거래를 이용하여 거주자가 비거주자로부터 자금을 조달하는 경우 신고 대상이 아니다. ( )

(2) 비거주자가 장내파생상품에 투자하려면 투자전용 계정을 개설해야 한다. ( )

(3) 한국거래소는 모든 파생상품거래를 기획재정부장관에게 직접 보고해야 한다. ( )

(4) 파생상품거래에서 옵션프리미엄이 액면금액의 20%를 초과할 경우 신고 대상이다. ( )

(5) 한국은행총재는 필요 시 신고된 파생상품거래 내용을 국세청장에게 열람하도록 할 수 있다. ( )

01 다음 중 거주자가 한국은행총재에게 신고해야 하는 파생상품거래 유형이 아닌 것은?

① 옵션프리미엄이 액면금액의 20% 이상인 거래
② 장내파생상품 투자 시 투자전용 계정을 개설하는 경우
③ 신고 절차를 회피하기 위해 파생상품거래를 이용하는 경우
④ 기체결된 파생상품거래에서 발생한 손실을 새로운 거래 가격에 반영하는 경우

개념이해 장내파생상품 투자 시 투자전용 계정 개설은 신고 대상이 아니다.

2 다음 빈칸에 들어갈 알맞은 말을 적으세요.

(1) 거주자가 ( )거래를 통해 비거주자로부터 자금을 조달하는 경우 한국은행총재에게 신고해야 한다.

(2) ( )는 매월 파생상품거래 실적을 한국은행총재에게 보고해야 한다.

(3) 거주자가 ( )% 이상의 옵션프리미엄을 지급하는 경우, 한국은행총재에게 신고해야 한다.

(4) 한국은행총재는 필요 시 신고된 파생상품거래 내용을 ( )장에게 열람하도록 할 수 있다.

(5) 비거주자가 장내파생상품에 투자하려면 반드시 ( )계정을 개설해야 한다.

02 거주자가 신고 없이 파생상품거래를 할 수 있는 경우는?

① 비거주자와 선물거래를 체결하는 경우
② 거주자가 외국에서 장내파생상품에 투자하는 경우
③ 외국환업무취급기관이 외국환업무로 수행하는 거래
④ 거주자가 옵션 거래를 통해 외환 리스크를 헷지하는 경우

개념이해 외국환업무취급기관이 외국환업무로 수행하는 거래는 신고 예외에 해당한다.

오답분석 개인 거주자가 옵션, 선물 등을 포함하여 직접 파생상품 거래를 하는 경우에는 신고가 필요하다.

---

1 (1) × (2) ○ (3) × (4) ○ (5) ○
2 (1) 파생상품 (2) 한국거래소 (3) 20 (4) 국세청 (5) 투자전용

| 정답 | **01** ② **02** ③

6장 자본거래 **125**

09 6장 자본거래
기타 자본거래

1 거주자 간 외국통화표시 기타 자본거래(규정 제7-43조)

적용 범위	• 거주자가 다른 거주자와 다음에 해당하는 거래 또는 행위를 함에 관하여는 이 관에서 정하는 바에 의함
	  – 법 제3조제1항제19호가목에 해당하는 경우를 제외하고, 거주자가 다른 거주자와 외국통화로 표시되거나 지급을 받을 수 있는 임대차계약·담보·보증·보험(보험사업자의 보험거래 제외)·조합·사용대차·채무의 인수 기타 이와 유사한 계약에 따른 채권의 발생 등에 관한 거래
	  – 거주자간의 상속·유증·증여에 따른 외국통화로 지급을 받을 수 있는 채권의 발생 등에 관한 거래
	  – 거주자가 다른 거주자로부터 외화증권 또는 이에 관한 권리의 취득(다만, 해외직접투자의 요건을 충족하게 된 경우에는 제9장 규정 따름)

신고	• 원칙: **신고 불필요** ※ 단, 담보·보증 계약에 따른 채권 발생 등은 이 장 제3절제2관(채무의 보증계약) 규정 준용

2 거주자와 비거주자 간 기타 자본거래의 범위 및 규정(규정 제7-44조, 제7-45조)

적용 범위	• 법 제3조제1항제19호가목에 해당하는 경우를 제외하고, 거주자와 비거주자 간의 임대차계약(비거주자의 국내부동산 임차 제외)·담보·보증·보험(보험사업자의 보험거래 제외)·조합·채무의 인수·화해 기타 이와 유사한 계약에 따른 채권의 발생 등에 관한 거래 • 거주자와 비거주자 간 상속·유증·증여에 따른 채권의 발생 등에 관한 거래 • 거주자가 해외에서 학교 또는 병원의 설립·운영 등과 관련된 행위 및 그에 따른 자금의 수수 • 거주자의 자금통합관리 및 그와 관련된 행위
규정 준용	• 담보 및 보증계약에 따른 채권의 발생 등에 관한 거래에 관하여는 채무의 보증계약에 관한 규정을 준용 • 비거주자가 부동산 담보를 취득하는 경우에는 이 항 본문의 규정 및 제9장제5절(비거주자의 국내부동산 취득)의 규정을 준용 • 해외직접투자에 해당하는 경우에는 제9장의 규정(직접투자 및 부동산 취득)에서 정하는 바에 의함
제출 의무	화해 등 유사계약(7-44조1항1호) 신고자는 한국은행총재가 요구 시 계약 타당성 서류와 지급일 후 1개월 내 실제 계약 자료를 제출해야 함

09 기타 자본거래

6장 자본거래

3. 거주자와 비거주자 간 기타 자본거래의 신고 및 보고/신고예외(제7-46조)

신고 및 보고	• 비거주자와 다음 거래 시 거래일로부터 **1개월** 내 외환은행장에게 보고해야 함 　－ 계약 건당 미화 **3천만 달러** 이하, 부동산 이외의 물품 임대차(소유권 이전 포함) 　－ 국내 외항운송업자와 비거주자 간 선박·항공기의 1년 이상 외화표시 임대차계약(소유권 이전 제외) • 거주자와 비거주자 간에 신고예외규정, 외국환은행장 보고대상을 제외하고, 해당 거주자가 한국은행총재에게 신고하여야 함 　－ 자금통합관리(거주자 그룹 내 해외법인 등과 자금풀링)는 사전 한국은행총재에게 신고 후 분기별 운영현황 보고(익월 **20일**까지) 　－ 해외 학교·병원 설립·운영 행위 신고자는 다음 연도 1월 20일까지 자금운영현황을 한국은행총재에게 보고 　－ 직전 분기말 자기자본 1조원 이상 투자매매·중개업자는 외화증권 차입·대여(제1항제4호 대여 포함) 내역을 매월 다음달 10일까지 한은총재·금감원장에게 보고 　－ 증권 차입잔액 **300억원** 초과 시 초과 최초 발생한 날부터 3영업일 내에 한국은행총재에게 보고(이후 매월 10일까지 변동내역 보고)
허가 및 신고예외	• 한국은행, 외국환업무취급기관등이 외국환업무를 영위함에 따라 비거주자에게 담보를 제공하는 경우 • 신용카드에 의한 현금서비스거래 • 수출신용장: 거주자가 물품의 수출과 관련하여 외국에 있는 금융기관이 발행한 신용장을 그 신용장 조건에 따라 비거주자에게 양도하는 경우 • 용선: 소유권 이전의 경우를 제외하고 국내의 외항운송업자와 비거주자 간의 선박이나 항공기(항공기엔진 및 외국환거래업무취급지침에서 정하는 관련 주요부품을 포함하며 이하 이 관에서 같음)를 임대차 기간이 **1년 미만**인 조건으로 외화표시 임대차계약을 체결하는 경우 • 부동산임대: 거주자가 신고수리를 받아 취득한 외국에 있는 부동산을 비거주자에게 취득신고수리 시 인정된 범위 내에서 외국통화표시 임대를 하는 경우 • 무상임차: 거주자가 비거주자로부터 부동산 이외의 물품을 무상으로 임차하는 경우 • 담보: 비거주자가 이 규정에 의하여 외국으로의 원리금 송금이 허용되는 예금·신탁·증권 등을 금융기관의 자기여신에 관련된 담보로 제공하거나 제3자를 위해 담보로 제공하는 경우 • 비거주자가 국내에서의 법적절차를 위해 필요한 예치금을 납입하거나 예치금에 갈음하여 내국법인이 발행한 외화증권을 제공하는 경우 • 보험범: 보험에 관한 법령의 규정에 의하여 인정된 바에 따라 국내의 거주자가 비거주자와 외국통화표시 보험계약을 체결하거나 외국에 있는 보험사업자와 재보험계약을 체결하는 경우 • 해외건설 및 용역사업자가 해외건설 및 용역사업과 관련하여 현지에서 비거주자로부터 장비를 임차하는 계약을 체결하는 경우 • 거주자와 국민인비거주자 간에 국내에서 내국통화로 표시되고 지급되는 제7-44조제1항제1호 및 제2호의 거래 또는 행위를 하는 경우 • 상속·유증·증여: 거주자가 비거주자로부터 상속·유증·증여에 의한 채권의 발생 등의 당사자가 되는 경우 • 국제유가증권결제기구에 가입한 거주자가 일중대출과 관련하여 담보를 제공하는 경우 • 기관투자가가 인정된 거래에 따라 보유한 외화증권을 외국증권대여기관(Securities Lending Agent)을 통하여 대여하는 경우 • 직전 분기말 기준 자기자본 **1조원** 이상의 투자매매업자 또는 투자중개업자가 외화증권을 차입·대여하는 경우

09 기타 자본거래

6장 자본거래

허가 및 신고예외	※ 이 규정에도 불구하고 직전 분기말 자기자본 1조원 이상 투자매매·중개업자는 외화증권 차입·대여(제1항제4호 대여 포함) 내역을 매월 다음달 10일까지 한국은행총재·금융감독원장에게 보고 • 임차계약 만료 전 수출자유지역내에서 당해 수출자유지역 관리소장의 허가를 받아 폐기처분하는 경우 • 증권: 거주자와 비거주자가 예탁결제원, 증권금융회사 또는 증권대차거래의 중개업무를 영위하는 투자매매업자 또는 투자중개업자를 통하여 원화증권 및 원화연계외화증권을 차입·대여하거나 이와 관련하여 원화증권, 외화증권 또는 현금(외국통화를 포함)을 담보로 제공하는 경우 ※ 이 규정에도 불구하고 비거주자는 차입잔액 300억원 초과 시 초과가 최초 발생한 날부터 3영업일 내 한국은행총재에게 보고하고, 이후 매월 10일까지 변동내역 보고 • 현지금융 상환: 거주자의 현지법인이 거주자의 보증·담보제공이 수반된 현지금융을 상환하기 위하여 제5절의 규정에서 정하는 바에 따라 국내에서 원화증권을 발행하는 경우로서 현지법인을 위하여 당해 거주자(계열회사를 포함)가 보증 및 담보를 제공하는 경우 • 국내부동산 임차: 거주자가 비거주자로부터 국내부동산을 임차하는 경우(다만, 내국통화로 지급하는 경우에 한함) • 외환동시결제시스템을 통한 결제와 관련하여 거주자 회원은행이 CLS은행과 결제관련 약정(손실부담약정 포함)을 체결하고 동 약정에 따라 자금을 지급 또는 수령하는 경우 • 외환동시결제시스템을 통한 결제와 관련하여 외국환업무취급기관이 비거주자와 결제관련 약정(손실부담에 관한 합의 포함)을 체결하고 동 약정에 따라 자금을 지급 또는 수령하는 경우 • 종교단체가 해외에 선교자금을 지급하는 경우 • 비영리법인이 해외에서의 구호활동에 필요한 자금을 지급하는 경우(다만, 당해법인의 설립취지에 부합하여야 함) • 비거주자가 거주자로부터 상속·유증을 받는 경우 • 거주자가 국제기구, 국제단체 또는 외국정부에 대해 의연금, 기부금을 지급하는 경우

④ 비거주자 간 내국통화표시 자본거래(제7-47조, 제7-48조)

적용범위	• 비거주자 간 내국통화로 표시되거나 지급받을 수 있는 채권의 발생 등에 관한 거래 • 비거주자가 다른 비거주자로부터 원화증권 또는 이에 관한 권리를 취득하는 경우
신고의무	신고 예외규정을 제외하고, 한국은행총재에게 신고
신고예외	• 내국통화 매매: 외국환은행해외지점, 외국환은행현지법인이 비거주자와 내국통화표시 거래(비거주자와의 내국통화, 원화표시여행자수표 및 원화표시자기앞수표의 매매에 한한다)를 하는 경우 • 국민인 비거주자 간에 국내에서 내국통화표시거래(자본거래 포함)를 하는 경우 • 비거주자가 대한민국내에 체재함에 수반하는 생활비, 일상품 또는 용역의 구입 등과 관련하여 다른 비거주자와 내국통화표시거래를 하거나 비거주자가 대한민국내에서 허용되는 사업의 영위와 관련하여 다른 비거주자와 내국통화표시거래를 하는 경우 • 비거주자가 다른 비거주자로부터 인정된 거래에 따라 취득한 원화증권을 취득하는 경우 • 외국금융+내국통화: 비거주자가 외국에 있는 금융기관과 내국통화표시예금거래를 하는 경우 • 원화증권차입: 비거주자 간에 예탁결제원, 증권금융회사 또는 인정된 증권대차거래의 중개업무를 영위하는 투자매매업자 또는 투자중개업자를 통하여 원화증권을 차입·대여하거나 이와 관련하여 원화증권 또는 현금(외국통화를 포함한다)을 담보로 제공하는 경우

09 기타 자본거래

6장 자본거래

신고예외	• 외국인투자자가 취득한 증권을 비거주자에게 담보로 제공하는 경우 • 외국금융기관 및 외국환전영업자가 비거주자와 내국통화, 원화표시여행자수표 및 원화표시자기앞수표의 매매를 하는 경우 • 비거주자 간 상속·유증에 따른 내국통화로 표시되거나 지급받을 수 있는 채권의 발생 등에 관한 거래 • 비거주자 간 해외에서 행하는 내국통화표시 파생상품거래로서 결제 차액을 외화로 지급하는 경우 • 외환동시결제시스템을 통한 결제와 관련하여 비거주자와 다른 비거주자간의 원화가 개재된 다음 각목 중 하나에 해당하는 거래를 하는 경우 – CLS은행과 외환동시결제시스템의 비거주자 회원은행 간 또는 비거주자 회원은행과 다른 비거주자 간의 결제관련 약정 – 외환동시결제시스템의 비거주자 회원은행이 CLS은행으로부터 CLS은행이 정한 일정 한도의 원화 지급 포지션(Short Position)을 받거나 고객인 비거주자가 비거주자 회원은행으로부터 일중(Intra-day) 또는 일일(Over-night) 원화신용공여를 받는 거래 – 외환동시결제시스템의 비거주자 회원은행 간의 결제유동성 감축을 목적으로 하는 In/Out Swap 또는 이와 유사한 거래 – 유동성공급약정에 따른 CLS은행과 비거주자(Liquidity Provider)간의 현물환, 선물환 또는 스왑거래 – 외환동시결제시스템의 비거주자가 CLS은행 또는 회원은행으로부터 당초 약정한 통화와 다른 통화로 수령하는 거래 – CLS은행과 외환동시결제시스템의 비거주자 회원은행간의 손실부담약정 체결 – 외환동시결제시스템의 비거주자 회원은행과 고객인 비거주자와의 손실부담에 관한 합의 • 비거주자가 외국으로의 원리금 송금이 자유로운 원화예금 및 원화신탁을 다른 비거주자에게 담보로 제공하는 경우 • 한국은행과 외국 중앙은행간의 통화스왑 자금을 활용하여 비거주자 간 내국통화표시 금전대차 계약을 하는 경우 • 청산은행 및 청산은행이 지정된 국가의 외환시장에서 청산은행에 내국통화 계좌를 둔 외국금융기관(단, 영 제14조제1호에 준하는 금융기관으로 한정) 간의 현지통화와 내국통화 간 매매 및 파생상품거래와 내국통화표시 대차거래 • 청산은행이 지정된 국가의 외환시장에서 청산은행에 내국통화 계좌를 둔 외국금융기관(단, 영 제14조제1호에 해당하는 금융기관으로 한정함)과 비거주자로서 해당국에 주소 또는 거소를 둔 자 간의 무역관련 현지통화와 내국통화 간 파생상품거래 또는 내국통화표시 대차거래(무역금융)를 하는 경우(단, 확인된 무역거래 대금 범위 내로 한정) • 투자전용계정을 개설한 자와 당해 투자전용계정을 통해 관련자금을 예치·처분하는 외국인 투자자간 증권매매 자금 결제와 직접 관련된 원화 대차거래 • 동일한 국제예탁결제기구에 투자를 위탁한 비거주자 간에 해당 국제예탁결제기구를 통하여 국채 또는 통화안정증권의 매매, 환매조건부 매매, 담보제공 거래 등을 하는 경우 • 상대국 현지통화 직거래은행 간의 원화표시 대차거래, 원화와 상대국 통화 간 매매 및 외환 파생상품 거래 • 상대국 현지통화 직거래은행이 상대국 내 주소 또는 거소를 둔 비거주자와 물품 또는 용역거래 결제와 관련된 원화표시 대차거래, 원화와 상대국 통화 간 매매 및 외환 파생상품 거래를 하는 경우

확인문제로 핵심키워드 정리하기

간단한 쪽지 시험으로 빈출 개념을 다시 정리해 보세요.

1 다음 설명이 맞으면 ○표, 틀리면 ×표 하세요.

(1) 거주자가 비거주자와 외국통화표시 보험계약을 체결하는 경우, 신고 대상이 아니다. ( )

(2) 거주자가 신고 수리를 받아 취득한 외국 부동산을 비거주자에게 임대하는 경우, 신고해야 한다. ( )

(3) 비거주자가 국내에서 법적 절차를 위해 필요한 예치금을 납입하는 경우, 신고 대상이다. ( )

(4) 거주자가 해외에서 학교를 설립하려는 경우, 신고해야 한다. ( )

(5) 비거주자가 거주자로부터 증여를 받는 경우, 신고 대상이 아니다. ( )

2 다음 빈칸에 들어갈 알맞은 말을 적으세요.

(1) 거주자가 비거주자와 기타 자본거래를 체결할 때, 채무의 ( )계약의 규정을 준용해야 한다.

(2) 거주자가 비거주자로부터 외국통화표시 임대차 계약을 체결할 경우, 원칙적으로 ( ) 대상이다.

(3) 거주자가 신고 수리를 받아 취득한 외국 부동산을 비거주자에게 ( )하는 경우, 신고예외로 인정된다.

(4) 비거주자가 국내에서 법적 절차를 위해 필요한 ( )을 납입하는 경우, 신고 대상이 아니다.

(5) 거주자가 외국에서 병원을 설립하려는 경우, 반드시 한국은행( )에게 신고해야 한다.

01 다음 중 거주자 간 기타 자본거래의 적용 범위에 포함되지 않는 거래는?

① 외국통화로 표시된 보증 계약
② 외국통화로 표시된 부동산 매매 계약
③ 외국통화로 지급받을 수 있는 채권의 발생
④ 외국통화로 표시된 보험 계약(보험사업자의 보험거래 제외)

개념이해 거주자 간 외국통화 표시 부동산 매매 계약은 기타 자본거래 적용 대상이 아니다.

오답분석 거주자 간의 외국통화 표시 보증, 보험, 채권 발생은 기타 자본거래에 포함된다.

02 다음 중 거주자 간 기타 자본거래에서 신고 예외 사항이 아닌 것은?

① 거주자 간 외화증권 취득
② 외국통화표시 임대차계약
③ 외국통화표시 채무의 인수
④ 거주자 간 외국통화표시 보증

개념이해 거주자 간 외국통화표시 보증은 채무의 보증계약 규정을 준용하며 신고 대상이 될 수 있다.

---

1 (1) ○ (2) × (3) × (4) ○ (5) ○
2 (1) 보증 (2) 신고 (3) 임대 (4) 예치금 (5) 총재

03 거주자가 비거주자와 기타 자본거래를 체결할 때 신고 예외에 해당하는 경우는?

① 거주자가 비거주자로부터 국내 부동산을 임차하는 경우
② 거주자가 비거주자로부터 해외 부동산을 임차하는 경우
③ 거주자가 신고수리를 받아 취득한 외국 부동산을 비거주자에게 임대하는 경우
④ 거주자가 비거주자에게 외국환업무취급기관의 승인을 받지 않고 담보를 제공하는 경우

개념이해 거주자가 신고수리를 받아 취득한 외국 부동산을 비거주자에게 임대하는 경우는 신고 예외이다.

오답분석 부동산 임차나 담보 제공 등은 신고 예외가 아니므로 반드시 신고 또는 승인 절차를 밟아야 한다.

04 다음 중 거주자와 비거주자 간 기타 자본거래에서 신고 예외에 해당하지 않는 경우는?

① 수출신용장의 양도
② 거주자가 해외에서 학교를 설립하는 경우
③ 비거주자가 거주자로부터 상속·유증을 받는 경우
④ 외국환업무취급기관이 외국환업무를 영위하기 위해 비거주자에게 담보를 제공하는 경우

개념이해 거주자가 해외에서 학교를 설립하는 경우는 신고 대상이다.

05 다음 중 거주자와 비거주자 간 거래에서 신고가 필요한 경우는?

① 비거주자가 국내 부동산을 내국통화로 임차하는 경우
② 비거주자가 내국통화로 표시된 채권을 거래하는 경우
③ 거주자가 해외 병원을 운영하기 위해 자금을 지급하는 경우
④ 거주자가 외국 금융기관과 내국통화 예금 거래를 체결하는 경우

개념이해 해외 병원 운영은 신고 대상이다.

오답분석 기타 내국통화 관련 거래나 부동산 임차 등은 신고 대상에서 제외된다.

06 비거주자가 국내에서 법적 절차를 위해 예치금을 납부하는 경우에 필요한 절차는?

① 신고가 필요하다.
② 신고가 필요하지 않다.
③ 외국환은행을 통해 보고해야 한다.
④ 한국은행총재의 사전 허가를 받아야 한다.

개념이해 비거주자가 국내에서 법적 절차를 위해 예치금을 납부하는 경우는 신고 예외이다.

| 정답 | 01 ② 02 ④ 03 ③ 04 ② 05 ③ 06 ②

01 해외직접투자

7장 해외직접투자 및 부동산 취득

1 해외직접투자 개요(규정 제9-1조~제9-4조)

정의	해외직접투자는 아래의 어느 하나에 해당하는 거주자의 거래·행위 또는 지급을 의미함
	• 외국법령에 따라 설립된 법인(설립 중인 법인을 포함)이 발행한 증권을 취득하거나, 그 법인에 대한 금전의 대여 등을 통하여 그 법인과 지속적인 경제관계를 맺기 위하여 하는 거래 또는 행위로서 대통령령으로 정하는 것

	1) 외국법인의 경영에 참가하기 위하여 취득한 투자비율이 **100분의 10** 이상인 투자
	2) 투자비율이 **100분의 10** 미만인 경우로서 해당 외국법인과 다음 각 목의 어느 하나에 해당하는 관계를 수립하는 것
	   가. 임원의 파견
	   나. 계약기간이 1년 이상인 원자재 또는 제품의 매매계약의 체결
	   다. 기술의 제공·도입 또는 공동연구개발계약의 체결
	   라. 해외건설 및 산업설비공사를 수주하는 계약의 체결
	3) 제1호 또는 제2호에 따라 이미 투자한 외국법인의 주식 또는 출자지분을 추가로 취득하는 것
	4) 제1호부터 제3호까지의 규정에 따라 외국법인에 투자한 거주자가 해당 외국법인에 대하여 상환기간을 1년 이상으로 하여 금전을 대여하는 것

	• 외국에서 영업소를 설치·확장·운영하거나 해외사업 활동을 하기 위하여 자금을 지급하는 행위로서 대통령령으로 정하는 것
	 1) 지점 또는 사무소의 설치비 및 영업기금 2) 거주자가 외국에서 법인 형태가 아닌 기업을 설치·운영하기 위한 자금 3) 「해외자원개발 사업법」 제2조에 따른 해외자원개발사업 또는 사회간접자본개발사업을 위한 자금(다만, 해외자원개발을 위한 조사자금 및 해외자원의 구매자금은 제외)
	▼ 〈Point 요약정리!〉
	• 거주자가 외국법인(설립 중 포함) 주식·지분을 일정 비율 이상 취득하거나, 영업소 설치·확장을 위해 자금을 지급하는 등 **지속적 경제관계**를 맺기 위해 하는 투자 • 구체적으로 '10% 이상 지분' 또는 '10% 미만이라도 임원 파견, 장기계약 등 경제적 연계가 있는 경우' 등이 해당

해외직접투자의 신고 등	• 거주자 또는 비거주자가 직접투자 등을 하고자 하는 경우에는 신고 등을 하여야 함(다만, 비거주자가 「외국인투자촉진법」의 규정에 따라 국내에 직접투자를 하고자 하는 경우에는 자본거래에서 정한 바에 따름)
	• 사전지급
	  – 거주자가 해외직접투자 할 때, 미화 10만 달러 범위 내에서 이장 각 절에서 정한 지정거래 외국환은행을 통해 지급 가능
	  – 이 경우 계약 성립일로부터 1년 이내에 정식 신고절차 이행
	• 변경신고
	  – 이미 신고(수리) 후 신고내용을 변경하려면, 변경사항을 첨부하여 해당 기관에 제출
	  – 다만, 기존 신고인·대리인·거래상대방 정보 변경은 사후보고 가능
	• 전자적 방법에 대한 실명확인
	  위 신고 등의 서류는 전자적 방법으로 실명확인을 받고 제출할 수 있음

01 7장 해외직접투자 및 부동산 취득
해외직접투자

수단	• 지급수단 • 현지법인의 이익유보금 및 자본잉여금 • 자본재(「외국인투자촉진법」 제2조제1항제9호의 자본재) • 산업재산권 기타 이에 준하는 기술과 이의 사용에 관한 권리 • 해외법인 또는 해외지점·사무소를 청산한 경우의 그 잔여재산 • 대외채권 • 주식 • 기타 그 가치와 금액의 적정성을 입증할 수 있는 자산
보고서 제출 의무	한국수출입은행장은 해외직접투자자 또는 신고기관으로부터 제출받은 각종 통계·보고서 등을 종합관리하고, 다음의 보고서를 작성하여 규정된 기일 내에 기획재정부장관에게 제출하여야 함 • 해외직접투자 신고 및 투자실적(월보): 매 익월 말일 이내 • 해외직접투자 동향분석(분기보 및 연보): 매 분기 익익월 10일 이내 및 매 익년도 3월 이내 • 해외직접투자 경영분석보고서: 매 익년도 10월 이내
투자금의 회수	해외직접투자자는 신고 내용에 따라 투자원금과 과실을 국내에 회수하여야 함(다만, 해외에서 인정된 자본거래를 계속하고자 하는 경우 등에는 예외)
해외직접 투자의 지원 등	기획재정부장관은 해외직접투자가 국내산업·국제수지·대외관계 등에 미치는 영향을 고려하여 투자유형·업종 또는 지역 등에 따라 투자 및 이에 대한 각종 지원을 제한하거나 우대하게 할 수 있음

❷ 금융기관을 제외한 거주자의 해외직접투자의 신고 등(규정 제9-5조)

신고	거주자가 해외직접투자(증액투자 포함)를 하고자 하는 경우 다음에서 정하는 외국환은행의 장에게 신고하여야 함 • 주채무계열 소속 기업체인 경우에는 당해 기업의 주채권은행 • 거주자가 주채무계열 소속 기업체가 아닌 경우에는 여신최다은행 • 제1호 내지 제2호에 해당하지 않는 거주자의 경우 거주자가 지정하는 은행
사후 보고	외국환은행장 신고규정에도 불구하고, 거주자가 다음에 해당하는 해외직접투자를 하고자 하는 경우에는 거래가 발생한 날로부터 3개월 이내에 사후보고를 할 수 있음 • 거주자가 해외직접투자를 한 거주자로부터 당해 주식 또는 지분을 양수받아 해외직접투자를 하고자 하는 경우 • 이미 투자한 외국법인이 자체이익 유보금 또는 자본잉여금으로 증액투자하는 경우
사후 신고	거주자가 신고 없이 투자하거나, 신고내용과 달리 투자한 경우엔 위반사실을 제재기관의 장에게 보고 후, 그 투자에 대해 신고기관의 상에게 사후신고 가능

01 해외직접투자

7장 해외직접투자 및 부동산 취득

신고 서류	해외직접투자를 하고자 하는 자는 별지 제9-1호 서식의 해외직접투자신고서(보고서)에 다음 각호의 서류를 첨부하여 외국환은행의 장에게 제출하여야 함(제2항에 따른 사후보고의 경우에도 동일) ※다만, 제4항에 따라 이미 제출한 서류는 제출하지 아니할 수 있음 • 사업계획서(자금조달 및 운용계획 포함) • 종합신용정보 집중기관에 등록되지 않았음을 입증(신용불량 여부) • 조세체납이 없음을 입증하는 서류 • 기타 신고기관의 장이 필요하다고 인정하는 서류
규정 비적용	직접투자 등을 한 자가 영주권, 시민권을 취득한 경우에는 제9-4조, 제9-6조, 제9-9조 및 제9-40조의 규정은 적용하지 아니함(다만, 영주권을 취득한 자가 이후 국내에 체재하여 거주자가 된 경우에는 해당되지 않음)

❸ 해외직접투자의 청산 및 조사의뢰(규정 제9-6조, 제9-8조)

청산	• 해외직접투자자가 투자사업을 청산할 때는 잔여재산을 제9-4조 규정에 따라 즉시 국내로 회수하고 청산 관련 서류를 신고기관에 보고 • 다만, 잔여재산 즉시 회수가 불가피하면 분할회수, 또는 해외에서 인정된 자본거래가 필요한 경우 미회수 가능
조사 의뢰	기획재정부장관은 현지공관의 장에게 투자환경의 조사를 의뢰할 수 있으며, 현지공관의 장으로 하여금 현지국 정부의 외국인투자 관련조치 및 투자환경의 변화 내용을 보고하게 할 수 있음

❹ 해외직접투자의 보고서 등의 제출(규정 제9-9조)

해외직접투자자는 다음의 보고서 또는 서류를 다음에서 정한 기일 내에 당해 신고기관의 장에게 제출하여야 함

※ 다만, 해외직접투자자 또는 투자한 현지법인의 휴·폐업, 현지의 재난·재해 등 불가피한 사유로 해외직접투자자가 보고서 등을 제출하는 것이 불가능하다고 신고기관의 장이 인정하는 경우에는, 당해 불가피한 사유가 해소되기 전까지 다음 각호의 1의 보고서 또는 서류를 제출하지 아니할 수 있다.

- 외화증권(채권)취득보고서(법인 및 개인기업 설립보고서 포함): 투자금액 납입 또는 대여자금 제공 후 **6개월** 이내(다만, 해외자원개발사업 및 사회간접자본개발사업으로서 법인 형태가 아닌 투자의 경우에는 외화증권(채권)취득보고서 제출을 면제함)
- 송금(투자)보고서: 송금 또는 투자 즉시(투자금액을 현지금융으로 현지에서 조달하는 경우 투자시점)
- 연간사업실적보고서(**대상: 투자금액 합계가 미화 300만 달러 초과**, 해외자원개발사업 및 사회간접자본개발사업으로 법인 아닌 투자제외): 회계기간 종료 후 **5개월** 이내
- 청산보고서(금전대여의 경우 원리금회수내용을 포함): 청산자금 수령 또는 원리금회수 후 즉시
- 거주자가 신고하거나 보고한 내용을 변경하는 경우: 변경사유가 발생한 회계기간 종료 후 **5개월** 이내
- 해외직접투자를 한 거주자가 다른 거주자에게 당해 주식 또는 지분을 매각하는 경우: 변경사유가 발생한 후 **3개월** 이내
- 기타 신고기관의 장이 해외직접투자의 사후관리에 필요하다고 인정하여 요구하는 서류

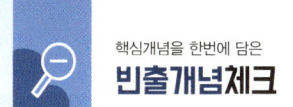

해외직접투자

7장 해외직접투자 및 부동산 취득

제출	신고기관의 장은 신고를 받은 해외직접투자 관리대장을 작성하여야 하며, 다음 기일내에 한국수출입은행장에게 제출하여야 함 ※ 다만, 신고기관의 장이 관련 보고서나 서류를 제출받는 것이 불가능한 것으로 인정되는 경우 제출 X, 보고서 제출 등이 곤란한 경우에는 한국수출입은행장에게 보고 • 해외직접투자 신고서 사본(내용변경보고서 포함), 해외직접투자 신고 및 투자실적(월보): 매 익월 **15일** 이내 • 연간사업실적보고서(현지법인 투자현황표): 해외직접투자자로부터 제출받은 즉시 • 사후관리종합내역 등 기타 통계 또는 사후관리에 필요한 서류
전자제출 및 실명확인	• 신고기관의 장이 해외직접투자 통계시스템에 입력 시 서류 제출 갈음 가능 • 보고서 또는 서류는 전자적 방법을 통해 실명확인을 받고 제출할 수 있음
유관기관 통보	신고기관의 장은 개인(사업자 포함)·법인의 투자 및 송금·청산 등 내용을 한국수출입은행을 경유하여 국세청장·관세청장·금융감독원장에게 통보 • 해외직접투자 신고내용, 송금(투자)보고 내용, 해외직접투자사업 청산 및 대부채권 회수보고 내용, 해외직접투자자 또는 투자한 현지법인의 휴·폐업, 소재불명 및 시민권의 취득 등의 사실: 매 익월 **25일** 이내 • 연간사업실적보고서: 매 익년도 **9월 말일** 이내
직접투자 기업파악	한국수출입은행장은 매년 해외직접투자기업 현황을 작성하여 기획재정부장관 및 해외공관의 장에게 송부해야 함 (기획재정부장관은 사실 확인 등을 위하여 추가적인 자료의 요청 및 실태 점검 등을 실시할 수 있음)

5 역외금융회사 등에 대한 해외직접투자(규정 제9-15조의 2)

거주자(공동으로 동일한 역외금융회사 등에 대하여 투자하고자 하는 경우에는 투자비율이 가장 높은 자)가 역외금융회사 등에 대하여 다음의 해외직접투자를 하고자 하는 경우 역외금융회사(현지법인금융기관)투자 신고서를 한국은행총재에게 제출하여야 한다.

- 영 제8조제1항에 준하는 투자
- 제1호에 의한 투자금액을 포함하여 역외금융회사에 대하여 투자(부채성증권 매입, 제7장의 규정에서 정한 절차를 거친 대출·보증 및 담보제공)한 총투자금액이 당해 역외금융회사 총자산의 100분의 10 이상인 경우(외국환업무취급기관이 투자목적이 아닌 업무로서 행하는 거래의 경우는 제외)
- 역외금융회사에 대한 투자(제1호 또는 제2호에 준하는 경우)를 목적으로 외국금융기관에 대하여 제2호에 해당하는 투자를 하는 경우
- 역외금융회사 또는 외국금융기관에 소속된 자금운용단위에 대한 제1호 내지 제3호에 해당하는 투자인 경우

신고의무	제9-5조(일반 해외직접투자 신고)에도 불구, 거주자(개인·개인사업자는 제외)가 역외금융회사 등에 투자하려면 한국은행총재에게 신고해야 함
보고의무	• 신고내용 변경·역외금융회사 폐지 등 발생: **1개월** 이내 보고 • 다른 거주자에게 지분 매각 시 변경(폐지): 즉시 보고 • 역외금융회사 등에 대한 해외직접투자 신고(보고)를 한 자: 매반기별 설립·운영현황을 **다음 반기 첫째달 말일**까지 한국은행총재에게 보고하여야 하며, 한국은행총재는 이를 취합하여 **다음 반기 둘째달 말일**(역외금융회사 신고(수리)서 또는 보고서 사본의 경우에는 매 익월 10일)까지 기획재정부장관에게 보고, 국세청장·금융감독원장에게 통보

01 해외직접투자

7장 해외직접투자 및 부동산 취득

증권취득 갈음	거주자가 역외금융회사 등에 대한 해외직접투자 신고 후 1년 간 투자금액(또는 해외직접투자 변경보고 후 6개월간 투자금액)이 역외금융회사의 총 출자액 또는 총 자산의 **100분의 10** 미만인 경우에는 그 역외금융회사 등에 대한 해외직접투자 신고는 제7-31조제2항에 따른 신고를 한 것으로 봄
폐지 권고	• 역외금융회사가 자본잠식·투자금 전액 회수 후 6개월 이상 존속 시 한국은행총재가 폐지보고 권고 가능 • 한국은행총재의 폐지보고 권고 이후 **1개월** 이내에 투자지속의사를 밝히지 않은 역외금융회사는 폐지보고를 한 것으로 봄
회수내역 보고	투자금을 회수하면 회수일로부터 1개월 이내 한국은행총재 보고(다만, 역외금융회사 등의 변경(폐지) 보고를 한 경우에는 그러하지 아니함)

6 비금융기관의 해외지사 (규정 제9-16조~제9-25조)

해외지사의 설치신고	• 비금융기관이 해외지사를 설치하고자 하는 경우에는 지정거래외국환은행의 장에게 신고하여야 함 • 해외지사를 설치한 자가 해외지사의 설치·운영·확장에 필요한 자금을 지급하고자 하는 경우에는 제1항의 지정거래외국환은행을 통하여 지급하여야 함
국내항공 또는 선박 회사 해외지점의 운영경비	• 외국항로 취항 항공·선박회사는 전 해외지점 수입금의 **30%** 범위 내 주재원급여·설치비 등 직접 사용 가능 • 사용명세서 매년 연도 종료 후 2개월 내 지정거래외국환은행의 장에게 제출
해외지점의 영업활동 신고	• 부동산에 관한 거래 또는 행위(다만, 당해 해외지점의 영업기금과 이익금유보액 범위내(독립채산제의 예외적용을 받는 해외지점의 경우에는 인정된 설치비 및 유지활동비 범위내)에서 사무실 및 주재원의 주거용 부동산 등 해외에서의 영업활동에 필요한 외국에 있는 부동산의 취득 등과 관련하여 행하는 부동산 거래는 그러하지 아니함) • 증권에 관한 거래 또는 행위(다만, 당해 해외지점의 영업활동과 관련하여 당해 주재국 법령에 의한 의무를 이행하기 위한 경우와 당해 주재국내의 정부기관 또는 금융기관이 발행한 증권으로서 즉시 환금이 가능하며 시장성이 있는 증권에 대한 거래는 그러하지 아니함) • 비거주자에 대한 상환기한이 **1년**을 초과하는 대부(다만, 현지금융에 해당하는 경우는 제8-2조의 규정에 의한 경우를 제외함)
결산 순이익금의 처분 **(2025 개정)**	• 해외지점을 설치한 자가 해외지점으로부터 결산순이익금을 수령하고자 하는 경우에는 설치신고를 한 **지정거래외국환은행**을 통해 수령해야 함 • **결산순이익금**은 지정거래외국환은행의 장에게 해외지점의 재무제표, 국내 본사의 연결재무제표 등의 서류을 제출하여 확인을 받은 뒤 수령 가능
해외지사 변경·폐쇄	• 해외지사 명칭 or 위치 변경: 지정거래외국환은행 장에게 사후보고 가능 • 해외지사 폐쇄: 잔여재산을 즉시 국내 회수 + 재산목록·대차대조표·처분명세서·외국환매각증명서류를 지정거래외국환은행의 장에게 제출(불가피한 경우 분할회수가 가능하며, 해외 인정 자본거래 시 미회수 가능)

해외직접투자

7장 해외직접투자 및 부동산 취득

7 외국기업등의 국내지사(규정 제9-32조)

구분	내용
비거주자의 국내지사 구분	• 국내에서 수익을 발생시키는 영업활동을 영위하는 지점 • 국내에서 수익을 발생시키는 영업활동을 영위하지 아니하고 업무연락, 시장조사, 연구개발활동 등 비영업적 기능만을 수행하는 사무소
변경신고	국내지사 설치신고를 한 자가 신고한 내용을 변경하고자 하는 경우에는 별지 제9-9호 서식의 외국기업국내지사변경신고서에 다음에 해당하는 서류를 첨부하여 해당 설치신고를 받은 자에게 제출해야 함 • 변경사실 입증서류 • 사업계획서(지사의 업무내용 변경 시)
영업기금 등의 도입	• 국내지사가 외국의 본사로부터 영업기금을 도입하고자 하는 경우에는 지정거래외국환은행을 통해야 함 • 한국은행총재는 제1항에 따라 도입된 영업기금을 매연도별로 다음 연도 **2월 말**까지 금융감독원장에게 통보하여야 함
결산순이익금의 대외송금 등	• 설치신고를 한 지점이 결산순이익금을 외국에 송금하고자 하는 경우에는 지정거래외국환은행을 통하여 송금하여야 함 • 송금을 하고자 하는 자는 외국기업국내지사 결산순이익금 송금신청서에 다음 각호의 서류를 첨부하여 지정거래외국환은행의 장에게 제출하여야 함 ※ 다만, 제9-33조 제2항의 규정에 의하여 기획재정부장관에게 설치신고를 한 지점의 경우에는 결산순이익금 대외처분에 관한 관계법령에 의한 허가서 등으로 이를 갈음할 수 있음 – 당해 지점의 대차대조표 및 손익계산서 – 납세증명 – 당해 회계기간의 순이익금의 영업기금도입액에 대한 비율이 **100분의 100** 이상이거나 순이익금이 1억원을 초과할 경우에는 공인회계사의 감사증명서 • 설치신고를 한 지점(금융기관에 한함)이 관계법령에서 정한 절차에 따라 감액된 영업기금을 외국에 송금하고자 하는 경우에는 제9-35조 제2항을 준용
지사의 폐쇄 등	• 이 절의 규정에 의하여 설치신고를 한 자가 국내지사를 폐쇄하고자 하는 경우에는 외국기업국내지사폐쇄신고서를 해당 설치신고를 받은 자에게 제출하여야 함 • 폐쇄신고를 한 자가 국내보유자산의 처분대금을 외국으로 송금하고자 하는 경우에는 지정거래 외국환은행의 장에게 당해 국내지사의 관할세무서장이 발급한 납세증명을 제출하여야 함

확인문제로 핵심키워드 정리하기

간단한 쪽지 시험으로 빈출 개념을 다시 정리해 보세요.

1 다음 설명이 맞으면 ○표, 틀리면 ×표 하세요.

(1) 해외직접투자는 주식 취득 비율이 5% 이상이면 인정된다. ( )

(2) 해외직접투자는 외국환은행장이 아닌 국세청에 신고해야 한다. ( )

(3) 투자자는 신고 전에 미화 5만 달러까지 지급할 수 있다. ( )

(4) 해외직접투자 변경 신고는 필수적이며, 사후보고는 불가능하다. ( )

(5) 해외직접투자는 사업 실적을 매년 보고해야 한다. ( )

2 다음 빈칸에 알맞은 말을 고르거나 적으세요.

(1) 해외직접투자란 거주자가 외국법인에 (　　)% 이상 주식을 취득하거나 경제관계를 맺는 투자이다.

(2) 해외직접투자자는 신고한 투자 원금과 과실을 (　　)로 회수해야 한다.

(3) 해외직접투자의 연간사업실적 보고서는 회계기간 종료 후 (　　)개월 이내에 제출해야 한다.

(4) 거주자가 해외에서 사무소를 설치하는 경우 (　　) 장에게 신고해야 한다.

(5) 해외직접투자자는 신고 후 (　　)년 이내에 정식 신고 절차를 완료해야 한다.

---

01 다음 중 해외직접투자의 정의에 해당하지 않는 것은?

① 거주자가 외국법인에 1년 이상 금전을 대여하는 경우
② 거주자가 해외 부동산을 투자 목적으로 매입하는 경우
③ 거주자가 외국법인의 주식을 10% 이상 취득하는 경우
④ 거주자가 외국법인과 1년 이상 원자재 매매계약을 체결하는 경우

개념이해 해외 부동산 매입은 해외직접투자가 아닌 별도의 규정이 적용된다.

보충학습 〈해외직접투자〉
1) 경영참여 목적 10% 이상 지분투자
2) 10% 미만이지만,
　가. 임원의 파견
　나. 계약기간 1년 이상 매매계약의 체결
　다. 기술의 제공·도입 or 공동연구개발계약의 체결
　라. 해외건설 및 산업설비공사를 수주하는 계약의 체결
3) 기 투자한 외국법인의 주식 또는 출자지분을 추가로 취득하는 것
4) 외국법인에 투자한 거주자가 해당 외국법인에 대하여 상환기간을 1년 이상으로 하여 금전을 대여하는 것

02 거주자가 해외직접투자를 할 때 사전 신고 없이 지급할 수 있는 금액은?

① 미화 3만 달러
② 미화 5만 달러
③ 미화 10만 달러
④ 미화 50만 달러

개념이해 해외직접투자의 경우, 신고 전 미화 10만 달러까지 지급 가능하며, 1년 내에 정식 신고 절차를 완료해야 한다.

---

1 (1) × (2) × (3) ○ (4) × (5) ○
2 (1) 10 (2) 국내 (3) 5 (4) 외국환은행 (5) 1

03 해외직접투자를 신고해야 하는 기관은?

① 국세청
② 기획재정부
③ 한국은행총재
④ 외국환은행장

개념이해 해외직접투자의 경우 기본적으로 외국환은행장에게 신고해야 하며, 특정 경우 한국은행총재에게 신고해야 한다.

04 거주자가 해외직접투자 이후, 투자 원금과 과실을 회수하지 않아도 되는 경우는?

① 해외법인이 적자가 발생한 경우
② 한국은행총재의 승인을 받은 경우
③ 해당 국가의 법령상 회수가 금지된 경우
④ 외국에서 인정된 자본거래로 계속 사용할 경우

개념이해 해외직접투자자는 원칙적으로 투자 원금과 과실을 국내로 회수해야 하지만, 해외에서 인정된 자본거래로 계속 사용하는 경우에는 예외가 적용된다.

오답분석 ③ 해당 국가의 법률로 인해 회수가 금지된 경우에는 투자 원금과 과실 회수가 불가능하지만, 이는 예외적 상황으로 반드시 신고 및 허가가 필요하다.

05 다음 중 해외직접투자의 신고 제외 대상이 아닌 것은?

① 개인사업자가 해외 법인을 설립하는 경우
② 외국법인이 국내에 지사를 설치하는 경우
③ 외국환업무취급기관이 외국에서 직접 투자하는 경우
④ 거주자가 해외에서 연구개발을 위한 사무소를 설치하는 경우

개념이해 개인사업자가 해외 법인을 설립하는 경우에도 외국환은행장에게 신고해야 한다.

| 정답 | **01** ② **02** ③ **03** ④ **04** ④ **05** ①

7장 해외직접투자 및 부동산 취득 **139**

02 부동산 취득

7장 해외직접투자 및 부동산 취득

1. 거주자의 외국부동산 취득(규정 제9-38조, 제9-39조)

구분	내용

신고	거주자의 외국에 있는 부동산 또는 이에 관한 권리의 취득과 관련하여 한국은행총재 또는 지정거래외국환은행의 장은 외국부동산 취득 신고가 있는 경우에 다음의 사항을 심사하여 수리여부를 결정하여야 함
	• 외국에 있는 부동산 또는 이에 관한 물권·임차권 기타 이와 유사한 권리(이하 이 관에서 '권리'라 한다)를 취득하고자 하는 자 다음 각목의 1에 해당하는 자가 아닌지 여부
	  – 「신용정보의이용및보호에관한법률」에 의한 금융거래 등 상거래에 있어서 약정한 기일 내에 채무를 변제하지 아니한 자로서 종합신용정보집중기관에 등록된 자
	  – 조세체납자
	• 부동산 취득금액이 현지금융기관 및 감정기관 등에서 적당하다고 인정하는 수준인지 여부
	• 부동산 취득이 해외사업활동 및 거주목적 등 실제 사용목적에 적합한지 여부

신고 예외	거주자가 외국에 있는 부동산 또는 이에 관한 권리를 취득하고자 하는 경우로서 다음의 경우에는 신고를 요하지 아니함 • 외국환업무취급기관이 해외지사의 설치 및 운영에 직접 필요한 부동산의 소유권 또는 임차권을 취득하는 경우(당해 해외지점의 여신회수를 위한 담보권의 실행으로 인한 취득을 포함) • 거주자가 비거주자로부터 상속·유증·증여로 인하여 부동산에 관한 권리를 취득하는 경우 • 정부가 외국에 있는 비거주자로부터 부동산 또는 이에 관한 권리를 취득하는 경우 • 외국인거주자와 법 제3조 제1항제15호 단서의 규정에 해당하는(비거주자의 지점,출장소,대리인등) 거주자가 법 이외의 거래에 의하여 외국에 있는 부동산 또는 이에 관한 권리를 취득하는 경우 • 외국환업무취급기관이 외국환업무를 영위함에 따라 해외소재 부동산을 담보로 취득하는 경우 • 「부동산투자회사법」에 의한 부동산투자회사, 「자본시장과 금융투자업에 관한 법률」에 의한 금융투자업자가 당해 법령이 정한 바에 의하여 외국에 있는 부동산 또는 이에 관한 권리를 취득하는 경우 • 법률에 따라 설립된 기금을 관리·운용하는 법인 및 「국민연금법」 제102조제5항에 따라 국민연금기금의 관리·운용에 관한 업무를 위탁받은 법인이 당해 법령에 따라 해외자산운용목적으로 부동산을 매매 또는 임대하기 위한 경우 • 은행, 보험회사, 종합금융회사가 해외자산운용목적으로 부동산을 매매 또는 임대하기 위한 경우로서 당해기관의 관련 법령이나 규정 등에서 정한 범위 내에서 외국에 있는 부동산 또는 이에 관한 권리를 취득하는 경우 • 해외체재자 및 해외유학생이 본인 거주 목적으로 외국에 있는 부동산을 임차하는 경우 • 외국에 있는 부동산을 임차하는 경우(임차보증금이 미화 **1만 달러** 이하인 경우에 한함)

지정거래 외국환은 행장 신고 대상 **(거주목적)**	• 신고수리: 거주자가 다음에 해당하는 외국의 부동산 또는 관련 권리를 취득하고자 하는 경우 부동산취득신고(수리)서를 작성하여 지정거래외국환은행의 장에게 신고하여 수리를 받아야 함
	  1) 거주자가 주거 이외의 목적으로 외국에 있는 부동산을 취득하는 경우
	  2) 거주자 본인 또는 거주자의 배우자가 해외에서 체재할 목적으로 주거용 주택을 취득하는 경우(거주자의 배우자 명의의 취득 포함)
	  3) 외국에 있는 부동산을 임차하는 경우(임차보증금이 미화 1만 달러 초과인 경우 포함)
	• 내신고수리: 거주자가 외국부동산 매매계약이 확정되기 이전에 지정거래외국환은행의 장으로부터 내신고수리를 받은 경우에는 취득 예정금액의 100분의 10이내에서 외국부동산 취득대금을 지급할 수 있음
	이 경우 내신고수리를 받은 날로부터 3개월 이내에 신고하여 수리를 받거나, 지급한 자금을 국내로 회수하여야 함

02 부동산 취득

7장 해외직접투자 및 부동산 취득

한국은행 총재 신고대상 (투자목적)	위 경우를 제외하고 거주자가 외국의 부동산 또는 관련 권리를 취득하고자 하는 경우 부동산취득신고(수리)서를 작성하여 한국은행총재에게 신고하여 수리를 받아야 함

② 거주자의 외국부동산 취득 시 사후관리(규정 제9-40조)

통보	신고수리 내용을 매 익월 20일까지 국세청장·관세청장·금융감독원장에 통보
보고서 제출	• 신고수리를 받아 외국에 있는 부동산 또는 이에 관한 권리를 취득한 자는 다음의 보고서를 한국은행총재 또는 지정거래외국환은행의 장에게 제출의무

보고서
제출
	- 해외부동산취득보고서: 부동산 취득대금 송금 후 3월 이내
	    - 해외부동산처분(변경)보고서: 부동산 처분(변경) 후 3월 이내
	    ※ 다만, 3월 이내에 처분대금을 수령하는 경우에는 수령하는 시점
	    - 수시보고서: 한국은행총재 또는 지정거래외국환은행의 장이 취득부동산의 계속 보유여부의 증명 등 사후관리에 필요하다고 인정하여 요구하는 경우
	• 한국은행총재 또는 지정거래외국환은행의 장은 보고서를 제출받은 날이 속하는 달의 익월 말일까지 국세청장, 관세청장 및 금융감독원장에게 제출 의무
	• 다만, 현지의 재난·재해 등 불가피한 사유로 인해 부동산 또는 이에 관한 권리를 취득한 자가 보고서를 제출하는 것이 불가능한 것으로 한국은행총재 또는 지정거래외국환은행의 장이 인정하는 경우에는 그 사유가 해소될 때까지 다음의 보고서 또는 서류를 제출하지 아니할 수 있으며, 국세청장, 관세청장 및 금융감독원장에게 그 사실을 통보하여야 함
	• 보고서 또는 서류는 전자적 방법을 통해 실명확인을 받고 제출할 수 있음

③ 비거주자의 국내부동산 취득(규정 제9-42조, 제9-43조)

신고예외	비거주자가 국내에 있는 부동산 또는 이에 관한 물권·임차권 기타 이와 유사한 권리를 취득하고자 하는 경우로서 다음에 해당하는 경우에는 신고를 요하지 아니함 •「해저광물자원개발법」의 규정에 의하여 인정된 바에 따라 비거주자인 조광권자가 국내에 있는 부동산 또는 이에 관한 권리를 취득하는 경우 • 비거주자가 본인, 친족, 종업원의 거주용으로 국내에 있는 부동산을 임차하는 경우 • 국민인비거주자가 국내에 있는 부동산 또는 이에 관한 권리를 취득하는 경우 • 비거주자가 국내에 있는 비거주자로부터 토지 이외의 부동산 또는 이에 관한 권리를 취득하는 경우 • 외국인비거주자가 상속 또는 유증으로 인하여 국내에 있는 부동산 또는 이에 관한 권리를 취득하는 경우

02. 부동산 취득

7장 해외직접투자 및 부동산 취득

신고의무	• 외국환은행장 신고: 신고예외 규정을 제외하고, 비거주자가 국내부동산 또는 이에 관한 권리를 취득하고자 하는 경우로서 다음의 경우에는 부동산취득신고(수리)서에 당해 부동산거래를 입증할 수 있는 서류 또는 담보취득을 입증할 수 있는 서류를 첨부하여 외국환은행의 장에게 신고하여야 함 　1) 외국으로부터 휴대수입 또는 송금(대외계정에 예치된 자금을 포함)된 자금으로 취득하는 경우 　2) 거주자와의 인정된 거래에 따른 담보권을 취득하는 경우 　3) 위 1) 또는 2) 방식으로 부동산을 취득한 비거주자에게서 다시 부동산을 취득 • 한국은행총재 신고: 신고예외규정 및 외국환은행장 신고대상 제외하고, 한국은행총재에게 신고
매각대금의 지급	• 비거주자가 신고예외, 외국환은행장 신고, 한국은행총재 신고 대상인 국내 취득 부동산 또는 이에 관한 권리의 매각대금을 외국으로 지급하고자 하는 경우에는 당해 부동산 또는 이에 관한 권리의 취득 및 매각을 입증할 수 있는 서류를 외국환은행의 장에게 제출하여야 함(다만, 재외동포의 국내재산 반출의 경우에는 제4-4조 제1항 제8호의 규정을 적용함) • 외국환은행장에게 서류 제출 규정을 제외하고 비거주자가 국내에 있는 부동산 또는 이에 관한 권리의 매각대금을 외국으로 지급하기 위하여 대외지급수단을 매입하는 경우에는 대외지급수단매매신고서에 의하여 한국은행총재에게 신고하여야 함

확인문제로 핵심키워드 정리하기

간단한 쪽지 시험으로 빈출 개념을 다시 정리해 보세요.

1 다음 설명이 맞으면 ○표, 틀리면 ×표 하세요.

(1) 거주자가 외국에서 부동산을 임차하는 경우, 보증금이 1만 달러 이하이면 신고가 필요 없다. (　　)

(2) 비거주자가 국내에서 부동산을 취득할 때, 상속받는 경우에도 반드시 신고해야 한다. (　　)

(3) 거주자가 외국부동산을 취득할 때 조세체납자는 신고 수리가 불가능하다. (　　)

(4) 외국부동산을 담보로 대출을 받을 경우 반드시 한국은행 총재에게 신고해야 한다. (　　)

(5) 외국환업무취급기관이 해외지점을 운영할 목적으로 부동산을 취득하는 경우 신고가 필요하다. (　　)

2 다음 빈칸에 알맞은 말을 고르거나 적으세요.

(1) 거주자가 외국부동산을 취득한 후 (　　)개월 이내에 해외부동산취득보고서를 제출해야 한다.

(2) 비거주자가 국내 (　　)을 매각할 경우 외국환은행의 장에게 신고해야 한다.

(3) 외국부동산을 임차하는 경우, 보증금이 미화 (　　) 달러 이하이면 신고가 필요 없다.

(4) 외국부동산을 처분한 경우 (　　)개월 이내에 처분보고서를 제출해야 한다.

(5) (　　)가 국내 부동산을 취득하는 경우 부동산취득신고서를 제출해야 한다.

개념확인문제

01 다음 중 거주자의 외국부동산 취득이 제한되는 경우는?

① 해외 사업용 부동산 취득
② 외국 정부로부터 부동산 증여
③ 조세 체납자의 부동산 취득
④ 외국의 금융기관을 통한 부동산 매입

개념이해 조세 체납자는 외국부동산을 취득할 수 없다.

오답분석 ① 해외이주 수속 중인 개인 또는 개인사업자의 부동산 취득 제한규정은 2025년 개정으로 삭제되었다.

02 거주자가 외국부동산을 취득할 때 신고해야 하는 기관은?

① 국세청
② 관세청
③ 기획재정부
④ 한국은행총재 또는 지정거래외국환은행

개념이해 외국부동산 취득 신고는 한국은행총재 또는 지정거래외국환은행장에게 해야 한다.

---

1 (1) ○ (2) × (3) ○ (4) ○ (5) ×
2 (1) 3 (2) 부동산 (3) 1만 (4) 3 (5) 비거주자

| 정답 | 01 ③　02 ④

03 다음 중 신고 없이 외국부동산을 취득할 수 있는 경우는?

① 해외이주자가 부동산을 취득하는 경우
② 외국인 거주자가 외국부동산을 상속받는 경우
③ 법인이 투자 목적으로 외국 아파트를 매입하는 경우
④ 국내 법인이 해외 사업 확장을 위해 부동산을 매입하는 경우

개념이해 외국인 거주자가 외국부동산을 상속받는 경우 신고가 면제된다.

오답분석 그 외 외국 부동산 취득은 모두 자본거래로 분류되어 신고가 필요하다.

04 외국부동산 취득 시 한국은행총재가 심사할 사항이 아닌 것은?

① 취득 목적 적합성
② 부동산 가격 적절성
③ 취득자의 조세체납 여부
④ 취득자의 외국정부 계약 여부

개념이해 외국정부와의 계약 여부는 심사 대상이 아니다.

오답분석 한국은행총재는 주로 투자자의 신용, 가격의 적절성, 목적의 적합성 등 법령상 기준에 부합하는지를 심사한다.

05 비거주자가 국내 부동산을 취득할 때 신고가 필요하지 않은 경우는?

① 상속을 통해 취득하는 경우
② 국내 토지를 매입하는 경우
③ 외국 자금으로 국내 아파트 구입
④ 국내 법인이 비거주자에게 건물 양도

개념이해 상속을 통한 취득은 예외적으로 신고가 면제된다.

06 거주자가 외국부동산을 취득한 후 제출해야 하는 보고서가 아닌 것은?

① 수시보고서
② 해외부동산취득보고서
③ 해외부동산처분보고서
④ 외국부동산 감정평가보고서

개념이해 외국부동산 감정평가보고서는 필수 제출서류가 아니다.

| 정답 | **03** ② **04** ④ **05** ① **06** ④

에듀윌이
너를
지지할게
ENERGY

인생은 끊임없는 반복.
반복에 지치지 않는 자가 성취한다.

– 윤태호 「미생」 중

01

8장 보칙

경고 및 거래정지 / 보고 및 검사
(법 제19조, 제20조)

① 경고·거래 정지·제한·허가취소

경고	• 기획재정부장관은 이 법을 적용받는 자가 다음의 어느 하나에 해당하는 경우에는 경고를 할 수 있음
	
	   – 허가사항 또는 신고사항에 명시된 기한이 지난 후 거래/행위를 한 경우
	   – 행정처분 대상금액 이하의 거래/행위로 신고등 의무 위반
	
	• 행정처분 대상금액
	
	   – 지급절차 등 위반 (15조): 미화 1만 달러
	   – 지급/수령방법 신고 위반 (16조): 미화 1만 달러
	   – 지급수단 수출입 신고 위반 (17조): 미화 1만 달러
	   – 자본거래 신고 위반 (18조): 미화 5만 달러

거래 정지· 제한·허가 취소	기획재정부장관은 이 법을 적용받는 자의 거래 또는 행위가 신고 등의 의무를 **5년 이내에 2회 이상** 위반한 경우에는 각각의 위반행위에 대하여 **1년 이내**의 범위에서 관련 외국환거래 또는 행위를 **정지·제한하거나 허가를 취소**할 수 있음 ※ 거래 제한 처분 전 청문 필요

② 기재부 장관 보고 및 자료제출 요구

보고 요구	• 거래 당사자 또는 관계인으로 하여금 필요한 보고를 하게 할 수 있음 • 비거주자에 대한 채권을 보유하고 있는 거주자로 하여금 그 보유 채권의 현황을 보고하게 할 수 있음
자료제출의 요구	• 기획재정부장관은 이 법을 시행하기 위하여 필요하다고 인정되는 경우에는 국세청, 한국은행, 금융감독원, 외국환업무취급기관 등 이 법을 적용받는 관계 기관의 장에게 관련 자료 또는 정보의 제출을 요구할 수 있음 • 이 경우, 관계 기관의 장은 특별한 사유가 없으면 그 요구에 따라야 함

③ 검사의 실시

검사권의 부여	• 기획재정부장관은 이 법을 시행하기 위하여 필요하다고 인정되는 경우에는 **소속 공무원**으로 하여금 외국환업무취급기관 등이나 그 밖에 이 법을 적용받는 거래 당사자 또는 관계인의 업무에 관하여 검사하게 할 수 있음 • 법 제20조제3항에 따른 검사는 서면검사 또는 실지검사로 구분하여 할 수 있음
자료제출의 요구	기획재정부장관은 효율적인 검사를 위하여 필요하다고 인정되는 경우에는 외국환업무취급기관 등이나 그 밖에 이 법을 적용받는 거래 당사자 또는 관계인의 업무와 재산에 관한 자료의 제출을 요구할 수 있음
조치 명령	기획재정부장관은 제3항에 따른 검사 결과 위법한 사실을 발견하였을 때에는 그 시정을 명하거나 그 밖에 대통령령으로 정하는 필요한 조치를 할 수 있음 – 시정명령 – 업무방법의 개선 요구 및 개선 권고 – 법령을 위반한 경우 관계 기관이나 수사기관에의 통보 – 그 밖에 기획재정부장관이 법, 이 영 및 그 밖의 관련 법령 등에 따라 할 수 있는 조치

01

8장 보칙

경고 및 거래정지 / 보고 및 검사
(법 제19조, 제20조)

업무 위탁	기획재정부장관은 필요하다고 인정되는 경우에는 대통령령으로 정하는 바에 따라 한국은행총재, 금융감독원장, 그 밖에 대통령령으로 정하는 자에게 위탁하여 그 소속 직원으로 하여금 제3항부터 제5항까지의 규정에 따른 업무를 수행하게 할 수 있음
증표 제시	검사를 하는 사람은 그 권한을 표시하는 증표를 지니고 이를 관계인에게 내보여야 함

4 검사권한

기획재정부장관은 한국은행총재, 금융감독원장 또는 관세청장에게 다음의 구분에 따라 검사 등 업무를 위탁하여 그 소속 직원으로 하여금 수행하게 할 수 있다.

한국은행총재	• 외국환업무취급기관인 외국 금융기관과 그 관계인 ※ 금융감독원장에게 검사 등을 요구하거나 금융감독원장이 수행하는 검사 등에 공동으로 참여하는 방법 • 외국환중개업무를 영위하는 자와 그 거래 당사자 및 관계인 • 한국은행총재가 위탁받아 수행하는 업무의 대상인 외국환업무취급기관 중 「한국은행법」 제11조에 따른 금융기관 - 금융감독원장에게 검사 등을 요구하거나 금융감독원장이 수행하는 검사 등에 공동으로 참여하는 방법으로 하여야 함 • 한국은행총재가 위탁받아 수행하는 업무에 관련되는 보고 대상자 • 한국은행총재가 위탁받아 수행하는 업무의 대상인 부담금납부의무자 - 금융감독원장에게 검사 등을 요구하거나 금융감독원장이 수행하는 검사 등에 공동으로 참여하는 방법
금융감독원장 ↳ 한국은행총재/ 관세청장 검사 대상 제외	• 외국환업무를 취급하는 자와 그 거래 당사자 및 관계인 • 소액해외송금업무를 영위하는 자와 그 거래 당사자 및 관계인 • 기타전문외국환업무를 영위하는 자와 그 거래당사자 및 관계인 • 수출입거래와 관련되지 아니한 용역거래 또는 자본거래 당사자 등 제1호 각 목 및 제3호 각 목에 해당하지 아니하는 자
관세청장	• 환전업무를 영위하는 자와 그 거래 당사자 및 관계인 • 수출입거래나 용역거래 · 자본거래(용역거래 · 자본거래의 경우 수출입거래와 관련된 거래 또는 대체송금을 목적으로 법 제16조제3호 및 제4호의 방법으로 지급하거나 수령하는 경우로 한정)의 당사자 및 관계인

5 유관기관 통보

검사기준	검사업무를 수행하는 자가 검사의 기준 · 방법 · 절차 · 제재 등을 제정 또는 개정한 경우에는 그 내용을 지체없이 기획재정부장관에게 통보하여야 함
위규사항	검사업무를 수행하는 자는 검사결과 발견된 위규사항이 외환정책, 금융정책과 관련된 중요사항이라고 판단될 경우 그 내용을 기획재정부장관, 한국은행총재 등 관계기관에 통보하여야 함

확인문제로 핵심키워드 정리하기

간단한 쪽지 시험으로 빈출 개념을 다시 정리해 보세요.

1 다음 설명이 맞으면 ○표, 틀리면 ×표 하세요.

(1) 기획재정부장관은 외국환은행의 모든 내부 문서 제출을 요구할 수 있다. ( )

(2) 지급절차 위반의 행정처분 대상금액은 미화 1만 달러이다. ( )

(3) 기획재정부장관은 5년 이내 신고의무를 2회 이상 위반한 경우 1년 이내의 거래 제한 조치를 할 수 있다. ( )

(4) 검사 업무를 수행하는 자는 변경된 검사 기준을 관세청장에게 보고해야 한다. ( )

(5) 기획재정부장관은 외국환업무취급기관에 대한 검사를 직접 수행할 수 없다. ( )

01 다음 중 기획재정부장관이 경고할 수 있는 대상이 아닌 것은?

① 5년 이내에 신고 의무를 2회 위반한 경우
② 신고사항에 명시된 기한이 지난 후 거래한 경우
③ 지급절차 위반으로 미화 1만 달러 이하의 거래를 한 경우
④ 행정처분 대상금액 이하의 거래로 신고 의무를 위반한 경우

개념이해 5년 이내에 신고 의무를 2회 이상 위반한 경우는 거래정지·제한·허가취소 대상이며, 경고 대상이 아니다.

오답분석 ② 기한을 초과하여 거래한 경우, 행정처분 대상 금액 이하라면 기획재정부장관이 경고 처분을 할 수 있다.

2 다음 빈칸에 알맞은 말을 고르거나 적으세요.

(1) 기획재정부장관은 신고 기한이 지난 후 거래한 경우에 ( )를 할 수 있다.

(2) 지급절차 위반의 행정처분 대상금액은 미화 ( ) 달러 이하이다.

(3) 거래 제한 조치를 내리기 전에 반드시 ( )을 실시해야 한다.

(4) 기획재정부장관은 필요 시 거래 ( ) 및 관계인에게 보고를 요구할 수 있다.

(5) 검사업무 수행자는 변경된 검사 기준을 ( )장관에게 통보해야 한다.

02 다음 중 지급수단 수출입 신고 위반에 대한 행정처분 대상금액 기준은?

① 미화 1만 달러 이하
② 미화 5만 달러 이하
③ 미화 10만 달러 이하
④ 미화 20만 달러 이하

개념이해 지급수단 수출입 신고 위반의 행정처분 대상금액은 미화 1만 달러 이하이다.

---

1 (1) × (2) ○ (3) ○ (4) × (5) ×
2 (1) 경고 (2) 1만 (3) 청문 (4) 당사자 (5) 기획재정부

03 다음 중 거래정지 또는 제한 조치를 받을 수 있는 경우는?

① 5년 이내 신고의무를 2회 이상 위반한 경우
② 외국환은행과의 협의 없이 지급절차를 변경한 경우
③ 단순 서류 누락으로 인해 신고 의무를 다하지 못한 경우
④ 지급절차 위반으로 미화 1만 달러 이하의 거래를 한 경우

개념이해 신고의무를 5년 이내 2회 이상 위반한 경우, 1년 이내의 범위에서 거래정지 또는 제한 조치를 받을 수 있다.

04 거래제한 처분을 내리기 전에 반드시 시행해야 하는 절차는?

① 청문 실시
② 국세청과의 협의
③ 검찰의 기소 결정
④ 기획재정부장관의 사전 승인

개념이해 거래제한 처분 전에는 반드시 청문 절차를 거쳐야 한다.

보충학습 외국환거래법상 거래정지·제한 등 중대한 행정처분을 내리기 전에는 반드시 청문을 실시해야 한다. 청문을 통해 당사자에게 의견진술 및 소명 기회를 부여하여 절차적 정당성을 확보하는 것이 법적 요건이다.

05 기획재정부장관이 국세청, 한국은행, 금융감독원 등에 자료 제출을 요구할 수 있는 사유는?

① 외환시장 변동성을 예측하기 위해
② 국내 은행의 외환보유고를 점검하기 위해
③ 외국환 업무 취급기관의 민원을 조사하기 위해
④ 외국환거래법 시행을 위해 필요하다고 인정되는 경우

개념이해 기획재정부장관은 외국환거래법 시행을 위해 필요한 경우 관계기관에 자료 제출을 요구할 수 있다.

보충학습 외국환거래법 제20조에 따라 기획재정부장관은 법령의 시행과 그 목적 달성을 위해 필요하다고 인정되는 경우에 한해 국세청, 한국은행, 금융감독원 등에 자료 제출을 요구할 수 있다. 단순 점검, 민원 조사, 시장 예측 목적은 해당되지 않는다.

06 기획재정부장관이 검사 결과 위법한 사실을 발견한 경우 취할 수 있는 조치는?

① 시정명령
② 업무개선 권고
③ 법령 위반 시 관계기관 통보
④ 위의 모든 조치

개념이해 위법 사항이 발견되면 기획재정부장관은 시정명령, 업무개선 권고, 관계기관 통보 등의 조치를 취할 수 있다.

| 정답 | 01 ① 02 ① 03 ① 04 ① 05 ④ 06 ④

8장 보칙
유관기관 통보(법 제21조)

1 유관기관 통보의 개념 및 범위

개념	다른 법률에도 불구하고 기획재정부장관은 이 법을 적용받는 거래, 지급, 수령, 자금의 이동 등에 관한 자료를 국세청장, 관세청장, 금융감독원장 또는 한국수출입은행장에게 직접 통보하거나 한국은행총재, 외국환업무취급기관등의 장, 세관의 장, 그 밖에 대통령령으로 정하는 자로 하여금 국세청장, 관세청장, 금융감독원장 또는 한국수출입은행장에게 통보하도록 할 수 있음
범위	기획재정부장관은 한국은행총재, 외국환업무취급기관 등의 장, 세관의 장, 외환정보집중기관의 장과 「여신전문금융업법」에 따른 여신전문금융업협회의 장으로 하여금 국세청장, 관세청장, 금융감독원장 또는 한국수출입은행장에게 통보하도록 명하는 경우에는 통보 대상 거래, 통보 시기 등 필요한 사항을 정하여 고시하여야 함

2 통보거래 및 시기

국세청장	• 한국은행총재, 외국환업무취급기관의 장, 여신협회장 및 전문외국환업무취급업자가 이 규정에서 정하는 바에 의하여 국세청장에게 통보 또는 열람하도록 하여야 하는 거래 및 통보시기는 아래와 같음(단, 제3호에 해당하는 거래의 경우 국세청장은 조세탈루혐의의 확인을 위해 필요 시 당해 신고기관에 제출된 신고서류를 열람만 할 수 있음) 　– 통보대상거래: 제2-2조, 제2-3조, 제2-24조, 제2-29조, 제2-31조, 제2-39조, 제4-8조제1항, 제5-4조, 제5-5조, 제5-8조, 제5-10조, 제5-11조, 제6-2조, 제7-12조, 제7-16조, 제7-21조, 제8-4조, 제9-9조, 제9-15조의2, 제9-25조, 제9-40조 및 제10-6조의 규정에 의한 지급등 또는 거래 사실(인별·건별 내역을 포함) 　– 통보시기: 매월별로 **익월 10일** 이내(다만 규정에서 따로 정하는 경우에는 그 정하는 바에 의함) 　– 열람대상거래: 제2-6조 제1항, 제2-8조, 제7-14조, 제7-19조, 제7-31조 및 제7-40조
관세청장	• 한국은행총재, 외국환업무취급기관의 장, 여신협회장 및 전문외국환업무취급업자가 이 규정에서 정하는 바에 의하여 관세청장에게 통보하여야 하는 거래 및 통보시기는 아래와 같음 　– 통보대상거래: 제2-2조, 제2-3조, 제2-29조, 제2-31조, 제2-39조, 제4-8조제2항, 제5-4조, 제5-5조, 제5-8조, 제5-10조, 제5-11조, 제7-12조, 제7-21조, 제9-9조, 제9-25조, 제9-40조, 제9-42조 및 제10-6조의 규정에 의한 지급등 또는 거래사실(인별·건별 내역을 포함) 　– 통보시기: 매월별로 **익월 10일** 이내(다만, 규정에서 따로 정하는 경우에는 그 정하는 바에 의함)
금융감동원장	• 한국은행총재, 외국환업무취급기관의 장 및 전문외국환업무취급업자가 이 규정에서 정하는 바에 의하여 금융감독원장에게 통보하여야 하는 거래 및 통보시기는 아래와 같음 　– 통보대상거래: 제2-9조의2 제5항, 제2-31조, 제2-39조, 제4-8조제3항, 제5-4조, 제5-5조, 제5-10조, 제7-21조, 제7-37조, 제8-4조 제2항, 제9-9조, 9-34조 및 제9-40조 및 제10-11조의 규정에 의한 지급등 또는 거래사실과 제2-10조의 2 제2항의 규정에 의한 파생상품거래실적 중 차액결제 선물환거래 내역(인별·건별 내역을 포함) 　– 통보시기: 매월별로 **익월 10일** 이내(다만 규정에서 따로 정하는 경우에는 그 정하는 바에 의함)

확인문제로 핵심키워드 정리하기

간단한 쪽지 시험으로 빈출 개념을 다시 정리해 보세요.

1 다음 설명이 맞으면 ○표, 틀리면 ×표 하세요.

(1) 기획재정부장관은 외국환은행이 보유한 모든 정보를 국세청장에게 통보할 수 있다. ( )

(2) 국세청장은 조세탈루혐의 확인을 위해 열람대상 거래의 신고서류를 열람할 수 있다. ( )

(3) 기획재정부장관은 외환거래 자료를 국세청장 등 유관기관에 직접 또는 한국은행총재 등을 통해 통보하게 할 수 있다. ( )

(4) 유관기관 통보는 매월 1일에 반드시 진행되어야 한다. ( )

2 다음 빈칸에 알맞은 말을 고르거나 적으세요.

(1) 유관기관 통보는 원칙적으로 매월별 익월 ( ) 이내에 이루어져야 한다.

(2) 국세청장에게 통보되는 거래 정보의 주요 목적은 ( ) 혐의 확인이다.

(3) 외국환업무취급기관의 장은 통보 대상 거래 및 시기를 ( )장관이 정하여 고시한 대로 따라야 한다.

(4) 금융감독원장에게 통보되는 정보는 주로 ( ) 시장 감시 목적이다.

(5) 관세청장에게 통보되는 거래 정보는 주로 ( ) 절차의 적법성을 확인하는 목적이다.

01 다음 중 기획재정부장관이 유관기관에 통보할 수 <u>없는</u> 기관은?

① 국세청장
② 금융감독원장
③ 한국무역협회장
④ 한국수출입은행장

개념이해 기획재정부장관이 자료 통보나 처분 사항을 알릴 수 있는 기관은 국세청, 한국은행, 금융감독원, 한국수출입은행 등 공공 감독기관 및 정책 수행기관으로 한정된다. 한국무역협회장은 외환거래법상 행정처분·감독과 관련된 유관기관이 아니며, 법적 통보 대상 기관에 포함되지 않는다.

오답분석 ① 외국환거래법 위반사항이나 필요 자료를 과세행정에 활용할 수 있도록 통보할 수 있는 대상이다.

02 다음 중 국세청장에게 통보되는 거래의 통보 시점으로 적절한 것은?

① 매월 1일
② 매월 익월 10일 이내
③ 매년 3월 31일
④ 매년 12월 31일

개념이해 국세청장에게 통보되는 거래의 경우, 원칙적으로 매월 익월 10일 이내에 통보해야 한다.

---

1 (1) × (2) ○ (3) ○ (4) ×
2 (1) 10일 (2) 조세 탈루 (3) 기획재정부 (4) 금융 (5) 수출입

| 정답 | **01** ③ **02** ②

03 외환정보집중기관과 외환정보분석기관

8장 보칙

1 외환정보집중기관과 외환정보분석기관 (법 제25조)

개요	기획재정부장관은 대통령령으로 정하는 바에 따라 외국환업무와 관련이 있거나 전문성을 갖춘 법인 또는 단체 중에서 하나 이상의 법인 또는 단체를 지정하여 외국환거래, 지급 또는 수령에 관한 자료를 중계·집중·교환 또는 분석하는 기관으로 운영할 수 있음
지정	• 기획재정부장관은 외환정보집중기관을 지정하거나 외국환거래, 지급 또는 수령에 관한 자료를 분석하는 기관(이하 '외환정보분석기관')을 지정할 수 있으며, 지정할 때에는 다음 사항을 고려하여야 함 　– 외국환업무취급기관과 외환전산망을 연결하는 등의 방법으로 외환정보를 집중할 수 있는 체계를 구축하고 있을 것 　– 외환통계의 작성 및 분석을 수행할 수 있는 전문인력을 5명 이상 갖추고 있을 것 – 한국은행총재에게 신고해야 한다고 규정된 경우 • 한국은행을 외환정보집중기관, 국제금융센터를 외환정보분석기관으로 함

2 자료의 제공 및 정보보안

자료의 제공	• 외국환업무취급기관 등은 외국환거래나 지급 또는 수령의 업무를 수행한 때에는 그 내용을 외환정보집중기관에 통보하여야 하며, 외환정보집중기관은 업무처리기준에서 정하는 외국환거래 자료를 외환정보분석기관에 제공할 수 있음 • 기획재정부장관은 외국환업무취급기관 등에 대하여 외환거래정보의 신속한 집중과 집중된 자료의 사실여부 확인 등을 위하여 필요한 자료를 외환정보집중기관의 장에게 제출하도록 요구할 수 있음 • 외환정보분석기관의 장은 기획재정부장관이 인정하는 경우 외환정보분석업무에 필요한 자료의 제공을 외환정보집중기관에 요구할 수 있음 • 외환정보분석기관의 장은 외환정보집중기관 업무처리기준에서 정하는 바에 따라 다음 각호의 정보를 외환정보집중기관으로부터 제공받을 수 있음 　– 기관투자가의 증권투자 관련자료 　– 금융기관 외화유동성 관련자료 　– 비거주자 국내증권투자 관련자료 　– 환율 및 외환거래, 파생거래 관련자료 　– 기타 기획재정부장관이 외환정보분석을 위하여 필요하다고 인정하는 정보
정보 보안	외환정보집중기관의 장은 외환정보전산시스템에 대한 제3자의 불법 접근 또는 입력된 정보의 변경, 훼손, 파괴나 그 밖의 위험에 대한 기술적·물리적 보안대책을 수립하여야 하며, 외환정보분석기관의 장은 외환정보의 유출 및 훼손 방지 등에 대한 보안대책을 수립하여야 함

3 세부 운영기준의 수립 및 경비 지원

세부 운영기준의 수립	• 기획재정부장관은 외환정보집중기관 및 외환정보분석기관의 업무처리기준을 정할 수 있으며, 외환정보집중기관 및 외환정보분석기관으로 하여금 그 세부 운영기준을 정하게 할 수 있음 • 외환정보집중기관의 장 및 외환정보분석기관의 장은 제4항에 따라 세부 운영기준을 정한 경우에는 그 내용을 지체 없이 기획재정부장관에게 통보하여야 함
필요경비의 지원	기획재정부장관 및 한국은행총재는 외환정보분석기관의 업무 수행과 관련하여 예산의 범위에서 필요한 경비를 지원할 수 있음

확인문제로 핵심키워드 정리하기

간단한 쪽지 시험으로 빈출 개념을 다시 정리해 보세요.

1 다음 설명이 맞으면 ○표, 틀리면 ×표 하세요.

(1) 외환정보집중기관으로 지정된 기관은 한국은행이다. ( )

(2) 외환정보분석기관은 외환거래의 사전 승인 권한을 갖는다. ( )

(3) 외환정보분석기관은 외환정보집중기관으로부터 기관투자가의 증권투자 관련자료를 제공받을 수 있다. ( )

(4) 외환정보집중기관은 외환정보 유출 방지 대책을 수립할 의무가 없다. ( )

(5) 외환정보집중기관과 외환정보분석기관은 모두 한국은행에 소속되어 있다. ( )

2 다음 빈칸에 알맞은 말을 고르거나 적으세요.

(1) 외환정보집중기관으로 지정된 기관은 ( )이다.

(2) 외환정보분석기관으로 지정된 기관은 국제( )이다.

(3) 외환정보집중기관 및 외환정보분석기관이 설정한 세부 운영기준은 ( )장관에게 통보해야 한다.

(4) 외환정보분석기관이 요청하면 외환( )기관은 기관투자가의 증권투자 관련 자료의 정보를 제공할 수 있다.

(5) 외환정보집중기관의 보안 대책 마련 목적은 외환정보 ( )을 방지하기 위함이다.

---

01 다음 중 외환정보집중기관으로 지정된 기관은?

① 국세청
② 한국은행
③ 기획재정부
④ 금융감독원

개념이해 한국은행은 외환정보집중기관으로 지정되어 외국환거래 관련 자료를 집중, 중계, 교환하는 역할을 수행한다.

02 외환정보집중기관이 외환정보분석기관에 제공할 수 있는 자료가 아닌 것은?

① 국가예산 집행 내역
② 금융기관 외화유동성 관련자료
③ 기관투자가의 증권투자 관련자료
④ 환율 및 외환거래 관련자료품에 투자하는 경우

개념이해 외환정보집중기관이 제공하는 자료는 주로 외환거래와 금융시장 관련 자료이며, 국가예산 집행 내역은 해당하지 않는다.

보충학습 〈외환정보집중기관이 외환정보분석기관에 제공 가능한 자료〉
- 기관투자가의 증권투자 관련자료
- 금융기관 외화유동성 관련자료
- 비거주자 국내증권투자 관련자료
- 환율 및 외환거래, 파생거래 관련자료
- 기타 기획재정부장관이 외환정보분석을 위하여 필요하다고 인정하는 정보

---

1 (1) ○ (2) × (3) ○ (4) × (5) ×
2 (1) 한국은행 (2) 금융센터 (3) 기획재정부 (4) 정보집중 (5) 유출

| 정답 | **01** ② **02** ①

04 8장 보칙
기타 기관의 업무

1 여러 기관의 업무

기관 업무의 지정	기획재정부장관은 이 법의 효율적인 운영과 실효성 확보를 위하여 필요하다고 인정되는 경우에는 사무처리나 지급 또는 수령의 절차와 그 밖에 필요한 사항을 정할 수 있음
국제금융정책 자문기구	기획재정부장관은 법 외환 및 국제금융시장 모니터링 및 정책수립 등을 위하여 외환 및 국제금융분야 전문가로 구성된 자문기구를 둘 수 있음
외국환거래 촉진 외국환업무기관의 선정	기획재정부장관은 한국은행으로 하여금 외국환거래의 촉진을 위한 역할을 수행하는 외국환업무취급기관을 원화·위안화 시장 시장조성자 또는 원화·미화 시장 선도은행으로 선정하게 할 수 있음
서울외환시장 운영협의회	• 기획재정부장관은 외환시장 참가자들의 자율 협의체인 서울외환시장운영협의회(이하 '협의회')를 구성·운영토록 할 수 있음 • 협의회는 외환시장 참가자 상호 간의 업무질서 유지 및 공정한 거래 관행 확립을 통한 외환시장의 건전한 발전을 위하여 참가기관 및 구성, 외환시장 행동규범 등을 정할 수 있음
외환제도발전 심의위원회	• 외국환거래제도에 관한 사항을 심의하기 위하여 기획재정부장관 소속으로 외환제도발전심의위원회를 둠 • 심의대상 　- 외국환거래제도에 관한 주요정책의 수립에 관한 사항 　- 외국환거래 관련 법령의 제정·개정 및 해석에 관한 사항 　- 그 밖에 위원회의 위원장이 심의가 필요하다고 인정하여 회의에 부치는 사항 • 위원회의 구성: 위원장을 포함한 **10명** 이내의 위원 • 위원회의 위원장: 기획재정부의 고위공무원단에 속하는 일반직 공무원 중에서 **기획재정부장관이 지명** • 위원 　- 기획재정부, 금융위원회 및 관세청의 3급 또는 4급 공무원 중에서 해당 기관의 장이 지명하는 사람 　- 다음 각 목의 어느 하나에 해당하는 사람 중에서 기획재정부장관이 위촉하는 사람 　　1) 한국은행총재가 추천하는 사람 　　2) 금융감독원장이 추천하는 사람 　　3) 은행연합회, 금융투자협회, 여신금융협회, 핀테크산업협회 소속 또는 소속 기관의 외국환거래 업무 경력자로서 부장급 이상이거나 10년 이상 해당 업무에 종사한 사람 　　4) 외국환거래 관련 업무에 7년 이상 종사한 변호사이거나, 법률전문대학원 또는 법과대학에서 관련 분야 조교수 이상 경력을 3년 이상 보유한 사람 　　5) 국제금융 또는 외국환거래제도 관련 연구 경력을 보유하고 관련 연구기관에서 10년 이상 종사한 사람 • 제4항 제2호에 따라 위촉되는 위원의 임기는 **2년**으로 하며, 한 차례만 연임할 수 있음 ※ 반기별 1회 대면회의 개최를 원칙으로 하되, 의장이 필요하다고 인정하는 경우에는 수시로 위원회를 소집하거나 서면회의로 대체할 수 있음

04 기타 기관의 업무

8장 보칙

2 청산업무

- 기획재정부장관은 한국은행총재로 하여금 원화와 특정 외국통화의 원활한 거래를 위해 특정 외국환은행, 외국환은행해외지점 및 외국환은행현지법인을 청산은행으로 지정하여 해당 통화의 자금결제와 유동성 공급 역할을 수행하도록 할 수 있다.
- 제1항에 따라 청산은행으로 지정된 외국환은행, 외국환은행해외지점 및 외국환은행현지법인은 해당 통화의 자금결제와 유동성 공급 역할을 수행하는 다음의 업무와 관련된 자금에 대해서는 다른 자금과 구분하여 회계 처리하여야 한다.
    - 청산은행에 본인 명의의 해당 통화 계정을 두고 거래하는 금융회사(이하 '참가금융회사'라 함)의 해당 통화의 청산 및 결제를 위한 계좌개설 및 예금.(다만, 만기 3개월을 초과하는 예금은 제외)
    - 참가금융회사의 포지션 조정거래
    - 참가금융회사와의 콜거래
    - 참가금융회사의 자금운용을 위한 채권거래
- 기획재정부장관은 한국은행총재로 하여금 청산은행의 장으로부터 외환시장에서의 거래와 관련한 자료를 보고받도록 할 수 있다.
- 청산은행으로 지정된 외국환은행해외지점 및 외국환은행현지법인이 제1항에 따라 청산은행 명의의 비거주자자유원계정이 개설된 외국환은행과 3조원을 초과하는 원화대출 또는 3조원을 초과하는 원화차입(다른 외국환은행과의 대출 또는 차입을 포함)을 하려는 경우에는 한국은행 총재에게 신고하여야 하며, 해당 청산은행은 전단과 관련하여 당월 원화 대차거래 내역 등을 매 익월 말일까지 한국은행총재에게 보고하여야 한다.

3 현지통화 직거래은행 선정 등

- 한국은행총재는 대한민국과 외국간 합의한 현지통화 직거래(LCT) 체제에 따라 원화와 특정 외국통화의 사용을 촉진하기 위해 특정 외국환은행을 현지통화 직거래은행으로 선정할 수 있다.
- 한국은행총재는 외국과 제1항의 현지통화 직거래(LCT) 체제를 구축함에 있어 기획재정부장관과 관련 내용을 사전에 협의하여야 한다.
- 기획재정부장관은 한국은행총재로 하여금 현지통화 직거래은행의 장으로부터 거래와 관련한 자료를 보고받도록 할 수 있으며, 보고의 내용, 범위, 절차 등은 한국은행총재가 별도로 정할 수 있다.

확인문제로 핵심키워드 정리하기

간단한 쪽지 시험으로 빈출 개념을 다시 정리해 보세요.

1 다음 설명이 맞으면 ○표, 틀리면 ×표 하세요.

(1) 청산은행으로 지정된 외국환은행은 특정 외국통화의 자금결제 및 유동성 공급 역할을 수행한다. (　　)

(2) 기획재정부장관은 서울외환시장운영협의회의 운영 내용을 직접 결정한다. (　　)

(3) 현지통화 직거래은행(LCT)은 외국과 협의 없이 한국은행총재가 단독으로 지정할 수 있다. (　　)

(4) 외환제도발전심의위원회 위원 구성원에는 금융감독원장이 포함된다. (　　)

(5) 청산은행으로 지정된 외국환은행은 원화대차거래 내역을 한국은행총재에게 보고해야 한다. (　　)

2 다음 빈칸에 알맞은 말을 고르거나 적으세요.

(1) 외환제도발전심의위원회의 위원장은 (　　)장관이 지명한다.

(2) 한국은행은 외국환거래 촉진을 위해 시장(　　)로 지정될 수 있다.

(3) (　　) 참가자들의 협의체로 서울외환시장운영협의회가 운영될 수 있다.

(4) 외국환거래 관련 법령의 제·개정을 심의하는 위원회는 (　　)심의위원회이다.

(5) 기획재정부장관은 한국(　　)를 통해 청산은행의 자료를 보고받을 수 있다.

01 다음 중 외국환 및 국제금융정책 수립을 위한 전문가 자문기구를 운영할 수 있는 기관은?

① 관세청
② 한국은행
③ 금융감독원
④ 기획재정부

개념이해 기획재정부장관은 외국환 및 국제금융시장 모니터링 및 정책수립을 위해 전문가 자문기구를 운영할 수 있다.

02 서울외환시장운영협의회의 역할로 적절하지 않은 것은?

① 공정한 거래 관행 확립
② 외환시장 개입 및 조정
③ 외환시장 행동규범 수립
④ 외환시장 참가자 간의 업무질서 유지

개념이해 서울외환시장운영협의회는 외환시장 참가자 간의 질서 유지 및 거래 관행 확립을 위한 협의체이며, 직접적인 시장 개입 권한은 없다.

보충학습
- 기획재정부장관은 외환시장 참가자들의 자율 협의체인 서울외환시장운영협의회를 구성·운영토록 할 수 있음
- 협의회는 외환시장 참가자 상호 간의 업무질서 유지 및 공정한 거래 관행 확립을 통한 외환시장의 건전한 발전을 위하여 참가기관 및 구성, 외환시장 행동규범 등을 정할 수 있음

---

1 (1) ○ (2) × (3) × (4) × (5) ○
2 (1) 기획재정부 (2) 조성자 (3) 외환시장 (4) 외환제도발전 (5) 은행총재

03 외환제도발전심의위원회의 기능으로 적절한 것은?

① 외환시장 개입 결정
② 금융시장 안정 정책 수립
③ 외환거래 위반자 처벌 결정
④ 외국환거래 관련 법령 제정·개정 심의

개념이해 외환제도발전심의위원회는 외국환거래 관련 법령의 제정·개정 및 주요 정책 수립을 심의하는 기능을 수행한다.

오답분석 외환시장 개입, 처벌, 정책 수립의 의사결정 권한은 없다.

04 외환제도발전심의위원회의 위원장으로 지정될 수 있는 인사는?

① 관세청장
② 금융감독원장
③ 한국은행총재
④ 기획재정부장관이 지명하는 고위공무원

개념이해 외환제도발전심의위원회의 위원장은 기획재정부장관이 지명하는 고위공무원이 맡는다.

보충학습 위원장은 회의 소집, 의안 상정 및 심의 진행 등 위원회를 총괄하며, 외환제도 전반의 법령 제·개정 심의 기능을 수행한다.

05 외환제도발전심의위원회 위원의 임기와 연임 가능 횟수는?

① 1년, 연임 불가
② 3년, 연임 불가
③ 4년, 2회 연임 가능
④ 2년, 1회 연임 가능

개념이해 위원회의 위원 임기는 2년이며, 한 차례만 연임 가능하다.

06 외국환은행이 청산은행으로 지정될 경우 수행하는 업무가 <u>아닌</u> 것은?

① 환율 조정
② 유동성 공급
③ 참가금융회사와의 콜거래
④ 외국환은행의 원화 청산 및 결제

개념이해 청산은행은 외국환은행의 원화 청산 및 결제, 유동성 공급 등의 역할을 수행하나 환율을 조정하는 역할은 하지 않는다.

| 정답 | 01 ④ 02 ② 03 ④ 04 ④ 05 ④ 06 ①

05 벌칙 및 과태료의 부과(법 제27조~제32조)

8장 보칙

1 벌칙

5년 이하의 징역, 5억 이하의 벌금	다음의 어느 하나에 해당하는 자는 5년 이하의 징역 또는 5억원 이하의 벌금에 처함(다만, 위반행위의 목적물 가액(價額)의 3배가 5억원을 초과하는 경우에는 그 벌금을 목적물 가액의 3배 이하로 함) • 제5조제2항을 위반하여 기준환율등에 따르지 아니하고 거래한 자 • 제6조제1항제1호의 조치를 위반하여 지급 또는 수령이나 거래를 한 자 • 제6조제1항제2호의 조치에 따른 보관·예치 또는 매각 의무를 위반한 자 • 제6조제1항제3호의 조치에 따른 회수의무를 위반한 자 • 제6조제2항의 조치에 따른 허가를 받지 아니하거나, 거짓이나 그 밖의 부정한 방법으로 허가를 받고 자본거래를 한 자 또는 예치의무를 위반한 자 • 제10조제2항을 위반하여 외국환업무를 한 자
3년 이하의 징역, 3억 이하의 벌금	다음의 어느 하나에 해당하는 자는 3년 이하의 징역 또는 3억원 이하의 벌금에 처함(다만, 위반행위의 목적물 가액의 3배가 3억원을 초과하는 경우에는 그 벌금을 목적물 가액의 3배 이하로 함) • 제8조제1항 본문 또는 같은 조 제3항에 따른 등록을 하지 아니하거나, 거짓이나 그 밖의 부정한 방법으로 등록을 하고 외국환업무를 한 자(제8조제4항에 따른 폐지신고를 거짓으로 하고 외국환업무를 한 자 및 제12조제1항에 따른 처분을 위반하여 외국환업무를 한 자를 포함한다) • 제9조제1항 전단, 같은 조 제3항 또는 제5항에 따른 인가를 받지 아니하거나, 거짓이나 그 밖의 부정한 방법으로 인가를 받고 외국환중개업무를 한 자(제9조제3항에 따른 신고를 거짓으로 하고 외국환중개업무를 한 자 및 제12조제1항에 따른 처분을 위반하여 외국환중개업무를 한 자를 포함한다) • 제15조제2항에 따른 허가를 받지 아니하거나, 거짓이나 그 밖의 부정한 방법으로 허가를 받고 지급 또는 수령을 한 자
2년 이하의 징역, 2억 이하의 벌금	제22조를 위반하여 정보를 이 법에서 정하는 용도가 아닌 용도로 사용하거나 다른 사람에게 누설한 사람은 2년 이하의 징역 또는 2억원 이하의 벌금에 처함
1년 이하의 징역, 1억 이하의 벌금	다음의 어느 하나에 해당하는 자는 1년 이하의 징역 또는 1억원 이하의 벌금에 처함(다만, 위반행위의 목적물 가액의 3배가 1억원을 초과하는 경우에는 그 벌금을 목적물 가액의 3배 이하로 함) • 제8조제5항에 따른 인가를 받지 아니하거나, 거짓이나 그 밖의 부정한 방법으로 인가를 받고 계약을 체결한 자 • 제10조제1항을 위반하여 확인하지 아니한 자 • 제16조 또는 제18조에 따른 신고의무를 위반한 금액이 5억원 이상의 범위에서 대통령령으로 정하는 금액을 초과하는 자 • 제17조에 따른 신고를 하지 아니하거나 거짓으로 신고를 하고 지급수단 또는 증권을 수출하거나 수입한 자(제17조에 따른 신고의무를 위반한 금액이 미화 2만달러 이상의 범위에서 대통령령으로 정하는 금액을 초과하는 경우로 한정한다) • 제19조제2항에 따른 거래 또는 행위의 정지·제한을 위반하여 거래 또는 행위를 한 자 • 제32조제1항에 따른 과태료 처분을 받은 자가 해당 처분을 받은 날부터 2년 이내에 다시 같은 항에 따른 위반행위를 한 경우
몰수와 추징	제27조제1항 각 호, 제27조의2제1항 각 호 또는 제29조제1항 각 호의 어느 하나에 해당하는 자가 해당 행위를 하여 취득한 외국환이나 그 밖에 증권, 귀금속, 부동산 및 내국지급수단은 몰수하며, 몰수할 수 없는 경우에는 그 가액을 추징함

05 8장 보칙
벌칙 및 과태료의 부과(법 제27조~제32조)

양벌규정	법인의 대표자나 법인 또는 개인의 대리인, 사용인, 그 밖의 종업원이 그 법인 또는 개인의 재산 또는 업무에 관하여 제27조, 제27조의2, 제28조 및 제29조의 어느 하나에 해당하는 위반행위를 하면 그 행위자를 벌하는 외에 그 법인 또는 개인에게도 해당 조문의 벌금형을 과(科)함(다만, 법인 또는 개인이 그 위반행위를 방지하기 위하여 해당 재산 또는 업무에 관하여 상당한 주의와 감독을 게을리하지 아니한 경우에는 그러하지 아니함)

❷ 과태료의 부과

1억원 이하	다음의 어느 하나에 해당하는 자에게는 1억원 이하의 과태료를 부과함(다만, 제29조에 해당하는 경우는 제외) • 제8조제4항에 따른 변경신고를 하지 아니하거나 거짓으로 변경신고를 하고 외국환업무를 한 자 • 제9조제1항 후단에 따른 변경신고를 하지 아니하거나 거짓으로 변경신고를 하고 외국환중개업무를 한 자 또는 같은 조 제2항을 위반하여 거래한 자 • 제16조에 따른 신고를 하지 아니하거나 거짓으로 신고를 하고 지급 또는 수령을 한 자 • 제18조제1항에 따른 신고를 하지 아니하거나 거짓으로 신고를 하고 자본거래를 한 자 • 제18조제5항을 위반하여 신고수리가 거부되었음에도 그 신고에 해당하는 자본거래를 한 자 • 제18조제6항을 위반하여 같은 조 제4항제3호의 권고내용과 달리 자본거래를 한 자
5천만원 이하	다음의 어느 하나에 해당하는 자에게는 5천만원 이하의 과태료를 부과함(다만, 제29조에 해당하는 경우는 제외) • 제11조의3제5항에 따른 자료를 제출하지 아니하거나 거짓으로 제출한 자 • 제15조제1항에 따른 지급절차 등을 위반하여 지급·수령을 하거나 자금을 이동시킨 자 • 제17조에 따른 신고를 하지 아니하거나 거짓으로 신고를 하고 지급수단 또는 증권을 수출입하거나 수출입하려 한 자
3천만원 이하	다음의 어느 하나에 해당하는 자에게는 3천만원 이하의 과태료를 부과함 • 제16조 또는 제18조를 위반하여 신고를 갈음하는 사후 보고를 하지 아니하거나 거짓으로 사후 보고를 한 자 • 제20조제3항 또는 제6항에 따른 검사에 응하지 아니하거나 검사를 거부·방해 또는 기피한 자 • 제20조제5항 또는 제6항에 따른 시정명령에 따르지 아니한 자 • 제21조에 따른 기획재정부장관의 명령을 위반하여 통보 또는 제공을 하지 아니하거나 거짓으로 통보 또는 제공한 자
1천만원 이하	다음의 어느 하나에 해당하는 자에게는 1천만원 이하의 과태료를 부과함 • 제8조제4항에 따른 폐지신고를 하지 아니한 자 • 제9조제3항에 따른 신고를 하지 아니한 자 • 제19조제1항에 따른 경고를 받고 2년 이내에 경고 사유에 해당하는 위반행위를 한 자 • 제20조제1항 또는 제2항에 따른 보고 또는 자료 제출을 하지 아니하거나 거짓으로 보고 또는 자료 제출을 한 자 • 제20조제4항 또는 제6항에 따른 자료를 제출하지 아니하거나 거짓으로 자료 제출을 한 자 • 제24조제2항에 따른 기획재정부장관의 명령을 위반하여 신고, 신청, 보고, 자료의 통보 및 제출을 전자문서의 방법으로 하지 아니한 자

외국환거래법

01 외국환거래법은 국제수지의 균형 유지와 대외거래의 원활한 수행을 주요 목적으로 한다. 이 법률의 근본 취지와 배치되는 사항이 있다면, 이에 해당하는 것은 무엇인가?

① 국제 금융시장에서 국가 신뢰도를 높이는 역할을 한다.
② 거주자와 비거주자의 외환거래를 최대한 자유롭게 보장한다.
③ 외국환 거래의 규칙을 정하고 통화 정책과 연계하여 운영한다.
④ 외국환거래를 합리적으로 조정하고 국제 금융거래를 관리한다.

02 외국환거래법은 법적 성격상 강행법규로 작용하며, 법률 위반 시 일정한 제재 조치를 부과할 수 있도록 규정되어 있다. 다음 중 외국환거래법의 법적 성격에 대한 설명으로 틀린 것은?

① 법률 위반 시 행정처분 및 형사처벌 대상이 될 수 있다.
② 일부 외국환거래는 사전 신고 또는 허가를 받아야 유효하게 성립될 수 있다.
③ 외국환거래법은 강행법규로서, 특정 거래가 법률 요건을 충족하지 못하면 사법상 무효가 된다.
④ 외국환거래법 위반 행위는 단속규정의 하나로서, 거래의 효력을 직접적으로 무효화하지 않는다.

---

01 ② 외국환거래법은 외국환거래의 자유를 원칙으로 하나, 필요 시 특정 거래에 대해 규제를 할 수 있으므로 '최대한의 자유 보장'은 법의 근본 취지와 일치하지 않을 수 있다.

오답분석 ① 외환거래의 질서 있는 운영과 감독은 국제금융시장 신뢰도 유지에 기여한다.
③ 외환거래 규칙은 한국은행의 통화정책 및 외환정책과 긴밀하게 연계되어 운용된다.
④ 법률의 중요한 기능 중 하나로 무분별한 자본 유출입을 방지하고 금융질서를 안정화한다.

02 ③ 외국환거래법은 강행법규이긴 하지만, 원칙적으로 단속규정에 해당하므로 이를 위반했다고 해서 거래가 자동으로 사법상 무효가 되는 것은 아니다. 거래의 효력에는 영향을 주지 않고, 위반자에게 제재를 가하는 것이 원칙이다.

03 외국환거래법상 외국환의 개념에 포함되지 않는 것은?

① 귀금속
② 외화채권
③ 외화증권
④ 대외지급수단

04 외국환거래법의 적용 대상은 외국환 거래뿐만 아니라 외국환에 준하는 다양한 금융거래를 포함한다. 다음 중 외국환거래법의 적용을 받지 않는 거래는 무엇인가?

① 외국에서 비거주자 간에 이루어진 외화표시 거래
② 거주자가 국내 금융기관을 통해 외화를 매입하는 경우
③ 대한민국에서 거주자가 외국에서 금융상품을 매입하는 경우
④ 비거주자가 대한민국 원화를 외국에서 사용하기 위해 환전하는 경우

---

03 ① 외국환에는 대외지급수단(외화, 외화표시 채권 등)이 포함되지만, 귀금속(금, 은 등)은 법적으로 외국환에 포함되지 않는다.

04 ① 외국환거래법은 대한민국 내에서 이루어지는 거래를 주 대상으로 하므로, 외국 내에서 비거주자 간에 이루어지는 거래는 적용 대상이 아니다.

오답분석 ② 외국환거래법상 외국환 거래로 명백하게 법의 적용을 받는 행위로 이 과정에서 외화의 종류, 금액 등에 따라 신고나 허가가 필요할 수도 있다.
③ 외국환거래법상 자본거래에 해당하며, 일정한 신고의무 또는 허가 요건이 적용될 수 있다.
④ 원화 환전 및 사용 역시 관리·감독 대상으로 외국환 거래법의 적용을 받는다.

I 외국환거래법

05 외국환거래법상 거주자와 비거주자의 구분 기준 중 적절하지 <u>않은</u> 것은?

① 국내에서 6개월 이상 거주한 외국인은 거주자로 분류된다.
② 대한민국 국민으로서 해외 체류 기간이 2년 이상이면 비거주자로 본다.
③ 대한민국 국민이라도 외국에서 3개월 이상 체류하면 비거주자로 간주된다.
④ 외국 정부 공무로 입국한 외국인은 일정한 체류 기간이 지나야 거주자로 인정된다.

06 외국환거래법에 따라 기획재정부장관은 외국환거래의 원활한 수행과 금융시장의 안정을 위해 특정 권한을 행사할 수 있으며, 필요 시 이를 관련 기관에 위임할 수 있다. 다음 중 기획재정부장관이 수행하는 업무에 해당하지 <u>않는</u> 것은?

① 외환시장의 변동성을 조절하기 위해 외국환평형기금을 운영하고 정책을 결정한다.
② 외국환업무취급기관의 등록 및 감독을 수행하며, 필요 시 금융감독원에 위임할 수 있다.
③ 외국환은행의 외국환포지션 한도를 조정하고, 외국환 거래에 대한 자율규제 정책을 수립한다.
④ 국가 경제 상황에 따라 외국환거래에 대한 긴급 조치를 발동할 수 있으며, 이를 통해 특정 거래를 제한할 수 있다.

---

05 ③ 비거주자의 판단 기준은 보통 2년 이상의 해외 체류를 기준으로 하며, 단순히 3개월 체류했다고 비거주자로 분류하지 않는다.

06 ③ 기획재정부장관은 외환시장 정책 수립 및 외국환업무취급기관 감독 등의 역할을 수행하지만, 외국환은행의 외국환포지션 한도 조정은 금융감독원이 담당한다.

07 외국환관리기관은 외국환거래법에 따라 각자의 역할을 수행하며, 특정 거래에 대해 심사 및 감독 권한을 가진다. 다음 중 해당 기관의 역할과 가장 거리가 먼 것은?

① 한국은행은 외환보유액을 관리하며, 외환시장 안정화 조치를 수행할 수 있다.
② 관세청은 거주자의 해외 부동산 취득 및 대외 직접 투자 신고를 관리하고 승인한다.
③ 금융감독원은 외국환은행의 외환건전성 감독과 외국환업무취급기관의 운영을 관리한다.
④ 기획재정부는 자본거래 허가 및 외환위기 대응 조치를 담당하며, 필요 시 외국환거래 전면 중단 조치를 내릴 수 있다.

08 금융감독원의 외국환거래 감독 역할 중 잘못된 설명은 무엇인가?

① 금융감독원은 외국환거래법 위반 시 제재 조치를 부과할 수 있다.
② 금융감독원은 외국환업무취급기관의 재무건전성을 점검하고 규제한다.
③ 금융감독원은 외국환은행의 외화자금 유출입을 직접 심사하고 허가한다.
④ 금융감독원은 외환포지션과 관련하여 외국환은행의 위험 관리 수준을 점검할 수 있다.

---

07 ② 관세청은 외국환거래 신고 대상 기관이 아니며, 해외 부동산 취득이나 대외 직접 투자 신고는 주로 한국은행 등 다른 기관이 담당한다.
오답분석 ① 한국은행은 외국환거래법상 외환당국으로서 외환보유액을 직접 관리하며, 외환시장 변동성이 심할 때 시장안정화 조치를 수행할 권한이 있다.
③ 금융감독원은 외국환은행 및 외국환업무취급기관의 외환업무 운영상황과 건전성을 감독하고 관리하는 역할을 수행한다.
④ 기획재정부는 외국환거래법상 최상위 외환당국으로서 자본거래의 허가, 외환위기 대응, 외국환거래 제한 및 전면 중단 같은 긴급 조치 권한을 가진다.
08 ③ 외국환은행의 외화자금 유출입 심사는 한국은행이 담당하며, 금융감독원은 주로 재무건전성 점검과 제재 조치를 담당한다.

외국환거래법

09 외국환거래법에서 한국은행의 역할과 관련하여 적절하지 <u>않은</u> 설명은 무엇인가?

① 한국은행은 필요 시 외환시장에 개입하여 환율 변동성을 조정할 수 있다.
② 한국은행은 거주자의 대외송금 및 대외투자 통계를 관리·분석할 수 있다.
③ 한국은행은 외국환은행이 수행하는 모든 외국환거래를 사전 승인해야 한다.
④ 한국은행은 국내 외환시장에서 외환보유액을 활용해 시장 안정화 조치를 시행할 수 있다.

10 외국환업무취급기관으로 등록된 금융기관이 반드시 갖추어야 하는 요건이 <u>아닌</u> 것은?

① 일정 수준 이상의 자기자본 보유
② 금융감독원의 정기적인 심사를 받는 것
③ 외국환포지션을 자유롭게 운용할 수 있는 재량권 보장
④ 외국환거래를 전문적으로 처리할 수 있는 조직과 인력 확보

---

09 ③ 한국은행은 외환시장 개입을 통해 시장 안정을 도모하지만 모든 외국환거래를 사전 승인하는 것은 아니며, 일정 기준을 초과하는 거래에 대해서만 심사 및 보고를 요구한다.

10 ③ 외국환업무취급기관은 외환거래 관련 리스크 관리를 위해 금융감독원의 규제를 받으며, 외국환포지션의 자유로운 운용은 허용되지 않는다.

오답분석 ① 이는 외국환거래의 안정성과 금융기관의 건전성 확보를 위한 최소 요건이다.
② 등록 이후에도 법령 준수 여부, 건전성, 외국환거래의 적정성을 점검받으며, 위반 시 행정처분을 받을 수 있다.
④ 외국환거래의 정확성과 효율적 처리를 위해 필수적인 요건이다.

11 외국환거래법에서는 외국환 거래를 자본거래와 경상거래로 구분하여 신고 및 심사 기준을 달리 적용한다. 다음 중 경상거래로 분류되지 <u>않는</u> 것은?

① 거주자가 해외 부동산 취득을 위해 외화를 지급하는 경우
② 외국인 거주자가 국내에서 발생한 소득을 해외로 송금하는 경우
③ 거주자가 해외에서 서비스 용역을 제공받고 그 대가를 지급하는 경우
④ 수출업체가 해외 거래처로부터 지급받은 외화를 국내 원화로 환전하는 경우

12 외국환거래법상 신고를 담당하는 기관이 <u>아닌</u> 것은?

① 관세청
② 한국은행
③ 기획재정부
④ 금융위원회

---

11 ① 경상거래에는 재화와 서비스 거래가 포함되지만, 해외 부동산 취득은 자본거래에 해당하여 별도의 신고 절차가 필요하다.
오답분석 ② 거주자가 국내에서 벌어들인 소득(근로소득, 사업소득, 투자소득 등)을 해외로 송금하는 행위는 경상거래로 분류된다.
③ 경상거래에는 상품의 수출입, 용역의 제공·이용, 이자·배당 등 투자수익 지급 등이 포함되며, 이 사례는 해외 용역 서비스 이용에 대한 지급이므로 경상거래에 해당한다.
④ 수출대금 수령과 환전은 국제 무역거래의 대가 수령 과정으로, 외국환거래법상 경상거래에 해당한다.
12 ① 외국환거래 신고는 기획재정부, 한국은행, 금융위원회가 담당하며 관세청은 관련 업무에 포함되지 않는다.

외국환거래법

13 외국환거래 신고처리 기간이 올바르게 짝지어진 것은?

① 외국환은행장 신고수리업무: 7일, 신고업무: 2일
② 외국환은행장 신고수리업무: 5일, 신고업무: 2일
③ 외국환은행장 신고수리업무: 7일, 신고업무: 3일
④ 외국환은행장 신고수리업무: 5일, 신고업무: 3일

14 외국환거래법상 신고기관이 올바르게 짝지어진 것은?

① 상호계산 신고 – 금융감독원
② 대외증권 투자 신고 – 국세청
③ 외화예금 거래 신고 – 관세청
④ 지급수단 등의 수출입 신고 – 관할 세관

13 ① 외국환은행장은 신고수리를 7일 이내에 처리하고, 신고업무는 2일 이내에 완료해야 한다.
14 ④ 지급수단 등의 수출입 신고는 관세청(세관)에서 처리한다.

15 외국환거래 신고를 대리할 수 <u>없는</u> 경우는?

① 개인이 타인의 명의로 신고하는 경우
② 미성년자의 법정대리인이 대리하는 경우
③ 회사의 임원이 회사 명의로 신고하는 경우
④ 외국에 있는 비거주자가 국내 대리인을 지정하는 경우

16 외환시장 변동성이 심할 경우, 기획재정부장관은 외국환거래법에 따라 특정 거래를 제한하거나 신고의무를 부과할 수 있다. 다음 중 외국환거래의 규제 조치로 적절하지 <u>않은</u> 것은?

① 급격한 자본 유출 방지를 위해 외화예금 인출 한도 제한
② 외국환거래법 위반 시 일정 기준 이상의 과태료 또는 형사처벌 적용
③ 국내 기업이 외국환을 이용해 해외 자산을 취득하는 것을 무조건 금지
④ 외국환은행을 통한 일정 금액 이상의 외환 송금 시 사전 신고 의무 부과

15 ① 외국환거래 신고는 본인 또는 법적으로 인정된 대리인만 할 수 있으며, 타인의 명의로 신고하는 것은 허용되지 않는다.
오답분석 ② 미성년자는 법적으로 의사표시 능력이 제한되므로, 외국환거래 신고 역시 법정대리인이 대신 신고할 수 있다.
③ 회사 거래는 법인 명의로 이루어지므로, 회사의 대표자나 임원 등이 법인을 대표해 외국환거래 신고를 수행하는 것은 법적으로 가능한 적법한 대리행위이다.
④ 외국환거래법상 비거주자가 국내에서 거래 또는 신고를 해야 하는 경우, 국내 대리인을 정하여 신고를 대행하게 할 수 있다.
16 ③ 해외 자산 취득에 대한 규제는 가능하나, 무조건 금지하는 것은 법적 한계가 있다.

Ⅰ 외국환거래법

17 기획재정부장관이 외국환거래를 정지할 수 있는 요건이 <u>아닌</u> 것은?

① 전시·사변 발생 시
② 특정 외국환은행의 대규모 부실 발생 시
③ 국내 거주자의 외국 금융기관 대출 증가 시
④ 국제금융시장에서 원화 가치의 급등락 발생 시

18 외국환거래법상 기획재정부장관이 자본거래 허가 의무를 부과할 수 있는 요건이 <u>아닌</u> 것은?

① 국제금융위기의 발생
② 환율정책 수행의 어려움
③ 국제수지의 심각한 악화
④ 외국기업의 국내 투자 증가

17 ③ 국내 거주자의 외국 금융기관 대출 증가는 외국환거래 정지 사유가 되지는 않는다.
18 ④ 외국기업의 국내 투자는 경제 활성화 요인으로, 자본거래 규제 대상으로 보지 않는다.

19 외환위기 시 정부가 자본 유출을 통제하기 위해 취할 수 있는 조치가 <u>아닌</u> 것은?

① 모든 외국환거래 전면 금지 및 원화 유통 제한
② 외국인 투자자의 국내 증권 투자 한도 일시 제한
③ 외국환은행을 통한 일정 금액 이상의 외환 송금 제한
④ 국내 기업이 외국 금융기관에서 대출 받을 경우 사전 허가 요구

20 외국환거래법상 긴급 외환조치를 시행하는 경우, 허가를 받아야 하는 거래 유형으로 적절하지 <u>않은</u> 것은?

① 일정 금액 이상의 외환 송금
② 국내 기업의 외국계 은행 차입
③ 외국환은행을 통한 외국환 거래
④ 비거주자의 국내 원화 예금 거래

19 ① 정부는 외환시장 안정을 위해 여러 조치를 취할 수 있으나, 모든 외국환거래를 전면 금지하는 것은 현실적으로 불가능하다.
20 ④ 비거주자의 원화 예금 거래는 외국환거래법 적용 대상이기는 하나, 긴급 외환조치 허가 대상과는 직접적인 관련이 없다.
오답분석 ① 외환 송금은 외환유출과 직접적으로 연결되므로 긴급 외환조치 시 일정 금액 이상의 송금에 대해 사전 허가를 요구할 수 있다.
② 해외 차입은 자본유출입과 외환시장에 큰 영향을 미치는 자본거래에 해당하며, 긴급조치 시 허가 대상 거래로 지정될 수 있다.
③ 긴급 외환조치가 발동되면 외국환은행을 통한 외국환거래 역시 허가를 요할 수 있다.

I 외국환거래법

21 외국환업무취급기관이 되기 위해서는 일정한 요건을 충족해야 하며, 등록 후에도 감독 기관의 규제를 받는다. 다음 중 외국환업무취급기관의 등록 요건으로 적절하지 <u>않은</u> 것은?

① 충분한 자본금 및 재무 건전성 유지
② 외국환거래 관련 업무 수행을 위한 내부 통제 시스템 구축
③ 외국환거래법상의 적격성을 갖춘 전문가를 일정 인원 이상 확보
④ 기획재정부장관의 사전 승인을 받으며, 외국환업무 개시 후 매년 재승인을 받아야 한다.

22 외국환업무취급기관으로 등록된 금융기관이 반드시 수행해야 하는 업무가 <u>아닌</u> 것은?

① 외국환 거래의 실시간 모니터링 및 리스크 관리
② 외국환거래 관련 분쟁 발생 시 고객 보호 조치 시행
③ 외환 건전성 비율 준수를 위한 내부 감시 시스템 운영
④ 외국환포지션을 자유롭게 운용할 수 있는 재량권 확보

---

21 ④ 외국환업무취급기관 등록 시 기획재정부의 승인은 필요하지만 매년 재승인을 받을 필요는 없으며, 일정 조건을 유지하면 계속 운영할 수 있다.
22 ④ 외국환포지션의 운용은 금융기관의 재량이 아니라 금융감독원의 규제 하에 엄격하게 관리된다.

23 금융감독원이 외국환거래 관련 업무를 감독하는 주요 목적이 아닌 것은?

① 불법 외환거래 방지
② 환율 변동성 증가 유도
③ 외환시장의 건전성 확보
④ 금융기관의 외환리스크 관리

24 외국환업무취급기관이 감독을 받지 않는 경우는?

① 외국환 거래가 제한적일 때
② 외화 건전성 비율이 높을 때
③ 외국환 거래 규모가 일정 기준 미만일 때
④ 금융기관이 내부 외환 리스크 관리를 충족할 때

23 ② 금융감독원의 감독 목적은 외환시장의 안정과 건전성을 유지하는 것이며, 환율 변동성을 증가시키는 것은 목표와 정반대이므로 옳지 않다.
24 ③ 외국환 거래 규모가 일정 기준 미만인 경우 감독 대상에서 제외될 수 있다.

외국환거래법

25 외국환은행의 외환거래 관련 업무 중 가장 핵심적인 기능은 무엇인가?

① 외화 예금 수납
② 해외 투자 심사
③ 외국환 매매 및 지급결제
④ 국내 금융기관의 대출 규제

26 외국환거래법상 신고 대상이 아닌 것은?

① 외화차입
② 대외지급수단 매매
③ 국내 거주자의 원화 대출
④ 해외 법인의 국내 채권 매입

---

25 ③ 외국환은행의 주된 역할은 외국환 매매 및 지급결제를 수행하는 것이다.
오답분석 ① 외환은행이 외화 예금을 수납하는 것은 외환업무 중 하나이긴 하지만, 핵심 기능은 아니다.
② 해외 투자에 대한 신고수리 및 심사 업무는 기획재정부 또는 외국환은행이 일정 부분 수행할 수 있지만, 외국환은행의 핵심적인 외환거래 업무는 아니다.
④ 대출 규제는 금융위원회 또는 금융감독원의 감독 권한에 속하며, 외국환은행의 외환거래 기능과는 관련이 없다.
26 ③ 국내 거주자의 원화 대출은 외국환거래법의 신고 대상이 아니다.

27 외국환거래 신고가 면제될 수 있는 경우가 <u>아닌</u> 것은?

① 해외 현지 법인의 배당금 송금
② 대외거래가 국제조약에 의해 면제된 경우
③ 거주자가 해외 금융기관에서 외화예금을 인출하는 경우
④ 국내 거주자가 미화 5만 달러 이하를 해외로 송금하는 경우

28 외국환거래 신고처리 기간이 올바르게 짝지어진 것은?

① 외국환은행장 신고수리업무: 7일, 신고업무: 2일
② 외국환은행장 신고수리업무: 5일, 신고업무: 3일
③ 외국환은행장 신고수리업무: 7일, 신고업무: 3일
④ 외국환은행장 신고수리업무: 5일, 신고업무: 2일

27 ① 해외 법인의 배당금 송금은 일정 금액 이상일 경우 신고 대상이 된다.
28 ① 외국환은행장은 신고수리를 7일 이내, 신고업무는 2일 이내에 완료해야 한다.

외국환거래법

29 외국환거래 신고 절차에서 대리 신고가 <u>불가능한</u> 경우는?

① 개인이 타인의 명의로 신고하는 경우
② 미성년자의 법정대리인이 신고하는 경우
③ 회사 임원이 회사의 외국환거래를 신고하는 경우
④ 외국에 있는 비거주자가 국내 대리인을 지정하여 신고하는 경우

30 외국환거래 신고의무 위반 시 부과될 수 있는 조치는?

① 형사처벌
② 행정처분
③ 벌금 및 과태료
④ 모든 항목 해당

---

29 ① 외국환거래 신고는 본인 또는 법적으로 인정된 대리인에 의해서만 가능하며, 타인의 명의를 사용하는 것은 허용되지 않는다.
30 ④ 외국환거래 신고 의무 위반 시 위반 정도에 따라 형사처벌, 행정처분, 벌금 및 과태료 등이 부과될 수 있다.

31 외환위기의 발생 원인으로 옳지 않은 것은?

① 환율 급등
② 경상수지 적자 누적
③ 단기 외채 비율 급증
④ 외국인직접투자 증가

32 외환위기 발생 시 정부가 외환보유액을 활용하는 주요 목적이 아닌 것은?

① 외채 상환
② 환율 급등 방지
③ 기업 구조조정 자금 지원
④ 내국인의 해외여행 비용 지원

31 ④ 외국인직접투자는 오히려 경제 안정에 기여하는 요인으로, 외환위기의 원인으로 보기는 어렵다.
32 ④ 외환보유액은 외환시장 안정 및 외채 상환 등 금융안정을 위해 사용되며, 개인 해외여행의 비용 지원은 해당되지 않는다.

I 외국환거래법

33 외환위기 시 외환시장 안정 대책으로 적절한 것은?

① 외환보유액 축소
② 통화량 무제한 확대
③ 자본시장 완전 개방
④ 긴급 외환조달 정책 시행

34 외환위기 시 금융기관이 직면하는 가장 큰 문제는?

① 대출 증가
② 외화예금 확대
③ 외화 유입 증가
④ 외화 유동성 부족

---

33 ④ 외환위기 시 정부는 긴급 외환조달 정책을 통해 외환 유동성을 확보하고 시장 불안을 완화할 수 있다.
오답분석 ① 보유 외환을 축소하면 외환 유동성이 악화되고 환율 급등, 외환위기 심화를 초래할 수 있어 위기 상황에 적절하지 않다.
② 위기 상황에서 통화량을 무제한으로 확대하면 인플레이션과 외화유출을 초래할 수 있다.
③ 외환위기 시 자본시장 완전 개방은 자본 유출입의 통제를 어렵게 만들어 위기를 악화시킬 수 있다.
34 ④ 외환위기 상황에서는 외화 조달이 어려워지면서 외화 유동성 부족 문제가 심각해진다.

35 외환시장 안정화를 위한 정부의 역할이 아닌 것은?

① 긴급 외환조달
② 외환시장 개입
③ 외환보유액 감축
④ 외국환평형기금 활용

35 ③ 정부는 외환보유액을 축소하기보다는 이를 활용하여 환율 변동성을 조정하고 시장 안정을 도모한다.

과목 2

2과목 개정사항
2025년 이후 개정된 법령, 규정, 기타 내용을 QR코드를 통해 확인하시면 됩니다.

외국환거래실무

과목공략 포인트

- ✓ 외국환거래실무는 '은행 간 외환거래 ▶ 대고객 외환거래 ▶ 특수 외환상품(선물환·스왑 등) ▶ 외국환 회계 처리 ▶ 외국환업무 관련 컴플라이언스'로 이어지는 구조를 먼저 이해하면, 각 챕터의 개념이 유기적으로 연결되어 수월하게 학습할 수 있다.

- ✓ 외화예금·송금·보험·펀드 등은 각 상품별로 거래 계정, 허용 조건, 신고 여부가 함께 출제되는 경우가 많으므로, 각 상품별 조건을 표로 정리하며 학습하는 것이 효율적이다.

- ✓ TTS/TTB, MT103, DCD, NDF 등의 약어는 전체 명칭(Full Name)과 기능(어떤 역할을 하는지)을 함께 기억하는 것이 중요하다. 용어의 전체 명칭과 기능을 함께 이해하다 보면, 보다 쉽게 개념을 정리하고 자연스럽게 암기할 수 있다.

- ✓ 컴플라이언스 업무 및 외국환거래 위규사례는 정답보다 오답 지문 형태로 출제되는 경우가 많으므로, 자주 틀리는 사례들을 중심으로 정리하는 것이 효율적이다.

장별 출제경향 분석

구분	출제 빈도	빈출 키워드
1장 은행 및 본지점 간 외환실무	▇▇▇▇ (보통)	환거래계약, 서명감·Test Key, Nostro 계정, Vostro 계정, SWIFT MT 코드, 외화자금관리(유동성·안정성·수익성), Call Money, 외화LCR, 외국환대사(Short/Over), Shadow vs Actual, 환포지션(Overbought/Oversold), 외화계산·마감
2장 대고객 외환실무	▇▇▇▇▇▇ (높음)	외화예금(거주자·대외·해외이주자 계정), 전신환 TTB/TTS, 현찰매매율, 당발송금(T/T·M/T·Draft), 타발송금 MT103, 환율 스프레드, 소액해외송금업자(5천/5만 USD), 외국통화매입·재환전, 취득경위 입증, 환차손·환차익, BEN/OUR/SHA 수수료 방식
3장 특수한 외환상품	▇▇▇▇ (보통)	선물환, 통화스왑, NDF, 통화옵션, DCD(Dual Currency Deposit), 환율연동예금, 외화보험(저축성·변액·종신), 해외펀드, 국제금융시장(외환·단기·자본), 환헤지 비용, 파생상품 리스크
4장 외국환회계	▇▇▇ (낮음)	외국환회계 개념, 외화재무상태표, 상대적 유동성배열법, 외화자산·외화부채, 매매기준율, 환차익·환차손, 환산손익 반영, 복식부기, 외화포지션 평가, IFRS 환산 규정, 결산 시점 환율
5장 외국환 컴플라이언스 업무 및 외국환거래 위규사례	▇▇▇▇▇ (보통~높음)	컴플라이언스(내부통제), AML·KYC·CDD, STR/CTR 보고, OFAC SDN·FATF, 거주자/비거주자 구분, 분할송금·차명송금, 허위무역·무신고, 제3자 지급 신고, 검사 주체(기재부·금감원·관세청), 과태료·영업정지, 위반사례별 제재 수위

01 환거래계약

1장 은행 및 본지점 간 외환실무

❶ 환거래계약의 의의

- 환거래계약이란 은행(환거래은행)이 금융상품 및 서비스(환거래서비스)를 국외의 은행(환거래요청은행)의 요청에 의해 제공하는 관계를 수립하는 것을 의미한다.
- 우리나라의 외국환은행(**당행**)과 해외 은행(**상대은행**)이 맺는 협약으로 송금(SWIFT, 해외송금 등), 신용장(L/C) 개설, 무역대금 결제 등을 원활히 진행하기 위해 사전에 체결해 두는 계약관계이다.
- 환거래계약을 맺으면 두 은행은 상호 신뢰를 바탕으로 결제나 서류 교환 등의 절차를 간소화할 수 있어 업무 효율이 높아진다.
- 환거래은행(Correspondent Bank): 환거래계약을 체결한 상대 은행을 의미하며, 환거래은행이 많을수록 해외 거래망(네트워크)이 넓어져 다양한 통화로 결제를 처리할 수 있다.

❷ 환거래계약 체결을 위한 주요 서류

서명감 (List of Authorized Signature)	상대은행에 공식적으로 전달하는 직원 서명 샘플 혹은 도장·전자서명 등 목록으로, 결제·서류상의 위조나 착오를 방지하기 위함
전신 암호문 (Telegraphic Test Key)	• 두 은행 간 전신(전문) 내용의 진위를 인증하기 위한 암호화 키 • SWIFT 인증과 유사하지만, 은행마다 별도의 Test Key 테이블을 교환·보관하기도 함
거래조건 및 수수료율 (Terms & Condition)	수수료(송금수수료, 서류취급 수수료 등), 거래 한도(여신한도), 각종 조건을 미리 합의하여 문서화함

❸ 환거래은행의 종류

예치환거래은행 (Depository Bank)	• 국내은행(우리 측)이 해외은행에 직접 계좌(**당방계정**, Nostro Account)를 개설해두는 형태 • 이 계정을 통해 송금, 수출·수입대금 결제가 바로 이뤄지므로 편리하지만, 계좌잔액이 부족해지면 당좌차월(overdraft) 이자가 발생하므로 잔액관리 필요성이 커짐
무예치환거래은행 (Non-Depository Bank)	• 계좌를 개설하지 않고 단순히 계약(서명감·전신암호문 교환)만 맺어 놓은 형태 • 실제 결제 시 다른 중개은행을 거쳐야 할 수 있으며, 자금세탁(AML) 측면에서 보면 **중복계좌**(Nested Account) 위험이 커질 수도 있음

❹ 당방계정(Nostro Account) vs 선방계정(Vostro Account)

당방계정 (Nostro Account)	• 우리(국내 외국환은행)가 해외 은행에 개설한 예금계좌 • 수출환어음 매입대금, 당발송금 지급, 수입대금 결제 등이 이 계좌를 통해 이뤄짐 ※ Nostro(Nos=Our) = 우리
선방계정 (Vostro Account)	해외 은행이 국내은행에 개설한 예금계좌 ※ Vostro(Vos=Your) = 당신(상대)

01 1장 은행 및 본지점 간 외환실무
환거래계약

❺ 환거래계약 체결 시 대상은행 심사

환거래 요청은행 신용조사	• 신용평가기관(Moody's, S&P 등) 신용등급 확인 • FATF(국제 자금세탁방지 기구) 회원국인지 여부 • OFAC SDN(미국 재무부가 지정한 대테러·자금세탁 리스트) 포함 여부
자금세탁방지(AML) 위험도 확인	〈환거래계약 서비스의 자금세탁에 대한 취약점〉 • 환거래 요청은행의 고객확인 및 거래목적 확인 어려움 • 환거래요청은행 or 은행 소재국의 자금세탁 방지제도 수행여부 확인 어려움 • 중복계좌(Nested Account): 환거래 요청은행이 개설한 계좌를 제3금융기관이 익명으로 공유·사용 가능성 • 대리지불계좌(Payable-Through Account): 은행이 보유한 계좌를 하위 예금주(Sub-Account Holder)에게 직접 이용하도록 허용하면, 자금 출처 파악이 어려워질 수 있음

❻ 환거래계약 체결 관련규정(자금세탁방지 및 공중협박자금조달금지에 관한 업무규정)

제58조 (주의의무 등)	① 자금세탁 예방 통제방안 수립: 환거래은행이 환거래계약을 체결하는 경우 이와 관련된 자금세탁행위 등의 위험을 예방하고 완화할 수 있도록 필요한 절차와 통제방안을 수립 및 운용하여야 한다. ② 위장은행과 계약체결금지: 환거래은행은 실제로 존재하지 않는 은행 또는 감독권이 미치지 않는 지역 또는 국가에 설립된 은행(이하 '위장은행'이라 함)과 환거래계약을 체결하거나 거래를 계속할 수 없다. ③ 환거래은행의 확인의무: 환거래은행은 환거래요청은행이 위장은행의 계좌이용을 금지하고 있는지 확인하기 위한 적절한 조치를 취해야 한다.

제59조
(환거래계약
조치 등)
	① 환거래요청은행에 대한 조치: 환거래은행은 환거래계약을 체결하는 경우 당해 환거래요청은행에 대해 다음 각 호의 조치를 취하여야 한다.
	  1. 환거래요청은행의 지배구조, 주요 영업활동, 주된 소재지(또는 국가) 등에 관한 정보 수집을 통한 영업 또는 사업 성격을 확인
	  2. 입수 가능하거나 공개된 정보 등을 통해 환거래요청은행의 평판, 자금세탁행위등과 관련된 조사 또는 규제대상 여부 등의 감독수준 평가
	  3. 환거래요청은행이 주로 소재하는 지역(또는 국가)에 대한 자금세탁방지등의 조치와 환거래요청은행의 자금세탁방지등의 통제수단의 적절성 및 효과성 평가
	  4. 환거래은행 및 환거래요청은행간 자금세탁방지등 각각의 책임의 문서화
	② 대리지불계좌 포함시 조치: 환거래은행은 환거래요청은행이 자신의 고객에게 환거래계좌를 직접 이용하여 거래할 수 있는 서비스(이하 '대리지불계좌'라 한다)가 환거래계약에 포함되어 있는 경우 제1항 각 호의 조치와 함께 다음 각 호의 조치를 하여야 한다.
	  1. 환거래요청은행이 대리지불계좌를 통해 거래하고자 하는 자신의 고객에 대해 고객확인
	  2. 환거래요청은행은 환거래은행이 요청하는 경우 해당 고객의 신원확인과 관련된 정보의 제공

제60조 (환거래계약 승인)	환거래은행은 새로운 환거래계약을 체결하는 경우 미리 임원 등 고위경영진의 승인을 얻어야 한다.

확인문제로 핵심키워드 정리하기

간단한 쪽지 시험으로 빈출 개념을 다시 정리해 보세요.

1 다음 설명이 맞으면 ○표, 틀리면 ×표 하세요.

(1) 무예치환거래은행은 해외은행에 자기 명의 계좌(당방계정)를 의무적으로 개설해야만 환거래계약을 체결할 수 있는 형태를 의미한다. ( )

(2) 당방계정은 국내은행이 해외은행에 개설한 예금계좌를 의미한다. ( )

(3) 환거래계약 체결 시 교환하는 대표적 문서에는 서명감, 전신암호문, 거래조건 및 수수료율 등이 포함된다. ( )

(4) 환거래은행이 많으면 다양한 통화로 무역대금 결제가 불가능해진다. ( )

(5) FATF 회원국 여부는 환거래계약 체결 시 고려사항이 아니다. ( )

01 다음 중 무예치환거래은행에 대한 설명으로 가장 적절한 것은?

① 중복계좌, 대리지불계좌 등의 개설과는 관계가 없다.
② 무예치환거래은행은 자금세탁 문제와 전혀 무관하다.
③ 해외은행에 자기 명의의 예금계좌(Nostro)를 개설한 후 환거래계약을 체결한다.
④ 예금계좌 없이 서명감 및 Test Key만 교환하여 환거래계약을 체결할 수 있다.

개념이해 무예치환거래은행은 계좌 없이 계약 체결이 가능하다.

오답분석 ② 오히려 자금 흐름이 계좌 없이 직접 이뤄지므로 자금세탁 위험에 취약할 수 있어 주의가 필요하다.

2 다음 빈칸에 들어갈 알맞은 말을 적으세요.

(1) 환거래계약 체결 전 상대은행이 ( ) 회원국인지와 OFAC SDN 리스트 대상 여부를 확인한다.

(2) ( ) 환거래은행은 해외은행에 우리 명의 예금계좌(당방계정)를 개설하지 않고, Test Key 등만 교환하는 계약 형태다.

(3) ( )은 국내은행이 해외은행에 개설한 예금계좌를 의미한다.

(4) ( )을 제출해 은행 간 서명의 진위를 사전에 파악하도록 하는 문서를 '서명감'이라 한다.

(5) 자금세탁방지 관점에서, 중복계좌(Nested Account)는 제3금융기관이 해당 계좌에 접속해 ( )으로 거래할 위험이 있다.

02 환거래계약 시 상대은행의 위험평가 대상이 아닌 것은?

① 신용등급
② FATF 회원국 여부
③ 국내 본점 등기부등본
④ OFAC SDN 리스트 대상 여부

개념이해 국내 본점 등기부등본은 계약 체결 시 은행 내부 사항일 순 있으나, 상대방 은행 입장에서 필수 조회사항은 아니다.

---

1 (1) × (2) ○ (3) ○ (4) × (5) ×
2 (1) FATF (2) 무예치 (3) 당방계정 (4) 서명샘플 (5) 익명

| 정답 | 01 ④ 02 ③

02 | 1장 은행 및 본지점 간 외환실무
외화자금관리 및 외신관리

1 외화자금관리

목표	은행이 해외업무(수출·수입·해외투자·파생상품 거래 등)를 위해 필요한 외화를 안정적으로 조달하고, 유동성·안정성·수익성을 균형 있게 달성하는 것
원칙	• 안정성: 일정 시점에 모든 외화부채를 상환할 수 있는 재무상태 유지 • 유동성: 외화예금 인출이나 단기자금 수요 급등 시에도 대응 가능한 수준 확보 • 수익성: 적절한 이자이익·투자수익을 도모(단, 유동성·안정성과 상충될 수 있어 균형 필요)

2 외화자금 조달방안

초단기 (1~90일)	• 하루짜리 외화콜머니(차입)·콜론(대여)으로 유동성을 맞춤(금리변동에 즉각적 영향) • 수출환어음 매입자금, 외화수표 매입자금, 중장기 차입 부족분 보충 등에 활용
단기자금	• 해외 코레스은행이 부여한 Credit Line/Committed Line을 사용해 필요 시 끌어다 쓰며, 한도소진률·이용수수료를 주기적으로 점검함 • 수출환어음 매입자금, 외화수표 매입자금, 중장기 차입 부족분 보충 등에 활용 • 주로 외화콜(Call Money), 외화예금, 코레스은행 Credit Line(단기 차입)으로 마련 • Call Money는 1일물부터 **90일** 이내의 초단기 자금이 많고, 금리변동에 즉각적 영향
중장기자금	• 국제금융시장에서 채권 발행(외국채·유로채 등) 혹은 장기 차입을 통해 자금을 확보 • 해외지점 운용자금, 대형 프로젝트 파이낸싱, 해외투자 등에 사용 • 중장기 차입은 금리 리스크(조달 시점·금리)가 발생할 수 있으므로 시기 조정이 관건
한국은행 외화수탁금	• 한국은행이 국내 외국환은행에 예치해둔 외화자금으로, 용도가 명확히 정해져 있어 별도로 관리 • 원/달러 스왑 등 파생상품: 원화를 맡기고 달러를 빌려오는 방식으로 단기 유동성 확보, 스왑 만기에 원화 – 달러를 재교환하며, 이자·스왑레이트 등을 고려

3 외화자금의 운용방식

외국통화(현찰) 보유	• 영업점에서 직접 달러·엔화·유로 등 현찰을 보유하는 것 • 고객에게 즉시 현찰매매를 제공할 수 있지만, 현송수수료·보관비용·내부금리 부담(보유비용)이 발생하므로 적정량만 유지
외화예치금	• 해외 예치환거래은행(당방계정), 한국은행, 국내 타은행 등에 외화를 예치 • 예치금이 지나치게 많으면 Idle Money(수익성 하락), 너무 적으면 Overdraft(추가 이자비용) 문제 발생
외화대출	• 국내 기업·개인에게 외화로 대출을 제공, 은행으로서는 대표적인 외화자산 운용수단 • 운전자금(1~5년), 시설자금(10년 내) 등 용도·기간에 따라 중장기로 조달 • 한국은행 수탁금을 활용한 특별외화대출도 존재
은행 간 외화대출금	• 다른 은행에 초단기성 대출(외화콜론)을 해주거나, 중·장기 대여(은행 간 대여금) • 신용도·거래한도(Exposure) 관리가 필수
매입외환	• 수출환어음이나 외화수표 등을 은행이 매입하여, 수출기업에 원화를 조기 지급해 주는 방식 • 일람출급 어음이면 단기차입금·외화콜머니 등으로, 기한부 어음이면 장단기 혼합조달 등으로 자금을 확보

02 외화자금관리 및 외신관리

1장 은행 및 본지점 간 외환실무

4 외화유동성리스크 관리

의의	• 외화자산(예치금 등)과 부채(고객 예금·차입금)의 만기를 체계적으로 관리하여, 부족분이 생기거나 대규모 자금 인출이 발생해도 문제없이 대응할 수 있도록 하는 것 • 유동성과 수익성은 상충관계이므로 효율적 관리 필요
잔존만기 6-버킷 관리	• 유동성 관리대상: 은행(본·지점, 해외지점, 해외현지법인)의 모든 자산과 부채, 역외계정, 유동성 영향을 미치는 모든 부외거래 포함 • 외화자산·부채를 ① 1 M ② 1-3 M ③ 3-6 M ④ 6-12 M ⑤ 1-3 Y ⑥ 3 Y+ 여섯 구간으로 분류해 만기불일치를 사전에 파악함
외화건전성 관리	• 외화 유동성커버리지 비율: 외국환업무취급기관은 외화자산과 외화부채에 대하여 향후 **30일간** 순현금유출액에 대한 고유동성자산의 비율을 **80% 이상**으로 유지하여야 함 ※ 외화 유동성 커버리지 비율 = $\dfrac{\text{외화고유동성자산보유규모}}{\text{향후30일간순현금외화유출액}} \geq 80\%$ • 외화 유동성커버리지 비율 제외대상 ① 외국은행 국내지점 ② 외국환업무취급기관의 신탁계정 등 위탁계정 ③ 직전 반기 종료일 현재 외화부채 규모가 5억 달러 미만이고 총부채 대비 외화부채 비중이 5% 미만인 은행 면제 • 직전 반기 종료일 현재 외화부채 규모가 5억 달러 미만이고 총부채 대비 외화부채 비중이 5% 미만인 은행 ① 외화자산 및 외화부채를 각각 잔존만기별로 구분관리 ② 비율 유지 – 외화유동성비율: **잔존만기 3개월**이내 부채에 대한 잔존만기 3개월이내 자산의 비율: 85% 이상 – 만기불일치(MCO)비율: 잔존만기 **1개월** 이내: 부채가 자산을 초과하는 비율 **10%** 이내 – 비율산정시 자산은 은행업감독규정⟨별표7⟩에 따른 각각의 자산 유형별 유동화 가중치를 곱하여 산출 • 중장기외화자금관리 – 외국환업무취급기관은 상환기간이 1년 이상인 외화대출(외화상각후원가측정유가증권을 포함)의 100% 이상을 상환기간이 1년 초과인 외화자금으로 조달하여야 함 – 외화대출잔액이 미화 50백만 달러 미만인 경우 제외

지표	계산식	규제값	비고
외화 LCR	고유동성자산 ÷ 30일 순현금유출	≥ 80%(산업은행 60%)	외은지점·외화부채 5억 달러·5% 미만 은행은 면제
외화 유동성비율	3개월 내 자산 ÷ 3개월 내 부채	≥ 85%	
만기불일치(MCO)	1개월 내 (부채−자산) ÷ 총자산	≤ 10%	
중장기 조달비율	1년↑ 조달 ÷ 1년↑ 대출	≥ 100 % (50백만 USD 미만은 제외)	

02 외화자금관리 및 외신관리

1장 은행 및 본지점 간 외환실무

5 SWIFT Code

- 국제은행 통신망으로 MT+3자리 형식(예: MT103 고객송금, MT202 은행자금이체, MT110 수표발행 통지)이 기본이다.
- 접속 시 LOG-IN KEY · SELECT KEY, 메시지 진위 확인용 Authentication Key를 사용하며 중요 참고번호가 빠지면 자동 분류가 되지 않는다.
- ※ 'MT+4자리'의 오답 선지 주의
- MT N N N(카테고리, 그룹, 타입)

MT10	해외 고객 송금 지급지시 (송금은행 → 지급은행)
MT202	금융회사간 자금이체(차기) 지시 송금은행 → 중계은행(송금은행과 지급은행 모두의 계좌를 가진 은행) 차기지시
MT901	MT202를 받은 중계은행이 송금은행 계좌 → 지급은행 계좌로 이체 및 입금통지 전신을 지급은행에게 보냄
MT110	수표발행 통지
MT700, MT701	신용장 개설

6 외신(전문) 교환 시 주의사항

- Authentication Key 또는 SWIFT Key를 사전에 교환하여 전문이 위 · 변조되지 않았는지 검사해야 한다.(자동 인증)
- 송신 후 수신은행은 즉시 전문 내용을 확인 · 자동분류(MT 코드별) · 처리해야 한다.

7 기타 관리 포인트

- 해외송금 시 수취은행 BIC(Bank Identifier Code), 수취인 계좌번호 등 정확성이 필수이다.
- 자금세탁방지(AML) 모니터링: SWIFT 통신망으로 거래되는 금액이 불법 자금과 연관되지 않았는지 OFAC, FATF 리스트 등과 대조해 보아야 한다.
- 대량 · 반복 거래가 자동 스크리닝 시스템(Filtering)을 통해 탐지될 수 있다.

확인문제로 핵심키워드 정리하기

간단한 쪽지 시험으로 빈출 개념을 다시 정리해 보세요.

1 다음 설명이 맞으면 ○표, 틀리면 ×표 하세요.

(1) 외화자금 관리는 유동성, 안정성, 수익성을 모두 만족하기 위해 은행 내에서 별도의 자금을 0%의 이율로 묶혀놓는 것을 의미한다. (　)

(2) 외화콜(Call Money)은 보통 1~90일 이내 만기로 거래되는 초단기 외화자금이다. (　)

(3) 한국은행이 외국환은행에 예치한 외화수탁금은 목적이 정해져 있으므로, 일반 외화예금과 분리하여 관리해야 한다. (　)

(4) 외신 관리에서 가장 중요한 것은 환율 변동 추이를 자세히 기입하는 것이다. (　)

(5) SWIFT 망을 사용하면 모든 자금거래가 무심사로 자동 승인된다. (　)

2 다음 빈칸에 들어갈 알맞은 말을 적으세요.

(1) 외화유동성리스크 관리에서는 1개월 만기불일치율을 (　　)% 이하로 유지하는 것이 권고된다.

(2) (　　　) 발행은 중장기 외화자금을 조달하기 위한 대표적 방법으로, 유로채·외국채 형태가 있다.

(3) 외화예치금 잔액이 과도하면 유휴자금이 발생하고, 부족하면 (　　　)이 발생한다.

(4) (　　) 망을 통해 은행 간 전자전문을 교환하며, 외신(전문)을 자동 분류하여 처리한다.

(5) SWIFT에서 전송된 전문이 위조되지 않음을 확인하기 위해 (　　)를 교환한다.

---

01 다음 중 외화자금 조달수단으로 잘못 짝지어진 것은?

① Call Money: 초단기 자금
② 외화채권 발행: 중장기 자금
③ 한국은행 외화수탁금: 제한적 용도
④ 해외 지점 로컬 커런시(현지 통화) 예금: 무조건 장기자금 전용

개념이해 해외지점의 현지 예금이라도 장기자금 용도로만 쓰는 것이 아니라 단·중·장기 운용이 모두 가능하다. 표현이 모호하나 문맥상 '무조건 장기자금 전용'은 틀린 표현임을 주의해야 한다.

02 외화대출 운용 시 유의할 점으로 가장 적절한 것은?

① 한국은행 외화수탁금은 아무 목적 없이 대출해도 된다.
② 장기 대출일수록 단기 차입만으로도 충분히 조달 가능하다.
③ 수익성만 극대화하면 유동성이나 안정성은 중요하지 않다.
④ 운전자금(1~5년)과 시설자금(10년 이내) 등 기간에 맞춰 중장기 조달원을 확보해야 한다.

개념이해 기간별 특성을 맞춰 자금을 조달해야 만기불일치 위험이 낮아진다.

오답분석 ① 한국은행 외화수탁금을 목적 없이 대출하는 건 규정 위반이며, 용도 및 규정에 맞게 승인 절차를 거쳐 대출을 운용해야 한다.
③ 수익성만 극대화하고 유동성·안정성을 무시하는 건 외화운용 원칙에 어긋나며, 외화자금은 수익성, 유동성, 안정성의 균형이 필수이다.

---

1 (1) × (2) ○ (3) ○ (4) × (5) ×
2 (1) 10 (2) 국제채(외화채권) (3) Overdraft (4) SWIFT (5) 인증키(또는 Test Key)

03 외화예치금 관리에서 'Idle Money'의 의미로 가장 적절한 것은?

① 예치금 잔액이 부족해 당좌차월 발생
② 해외은행이 잔액조회가 불가능한 상태
③ 중장기 차입금을 빨리 상환하려는 정책
④ 예치금이 필요 이상으로 과다해 수익성이 저하된 상태

개념이해 Idle Money란 과도한 예치로 이자수익 기회를 잃는 상태를 의미한다.

오답분석 ① 당좌차월 발생은 예치금이 부족해 마이너스 상태가 된 경우로 Idle Money와는 정반대의 개념이다.

04 국내은행이 해외에 외화채권(유로본드 등)을 발행하는 주된 이유는?

① 초단기 환포지션의 관리
② 환거래계약 체결의 필수 조건
③ 중장기 외화자금의 안정적 조달
④ 국내 규제를 피하기 위한 단기 우회

개념이해 해외 채권발행은 주로 중장기 외화자금 조달수단이다.

보충학습 외화채권 발행은 대규모 외화자금을 만기구조에 맞게 안정적으로 확보할 수 있어 시설자금, 해외사업자금, 외환포지션 관리 등에 활용된다. 특히 유로본드는 국제자본시장에서 비교적 자유로운 조건으로 발행 가능하여 중장기 외화조달의 주요 수단이 된다.

05 SWIFT에서 'MT700' 전문의 의미로 가장 적절한 것은?

① 신용장(L/C) 개설
② 해외 대금추심 의뢰
③ 수출통관 절차 안내
④ 외화수표 발행 신청

개념이해 MT700 시리즈는 주로 신용장 관련 전문이다.

06 Authentication Key 교환이 이루어지지 않았을 때 발생할 수 있는 문제로 가장 올바른 것은?

① 전문 송신 속도가 빨라진다.
② 환율이 인상될 가능성이 커진다.
③ 메시지 위·변조 위험이 높아진다.
④ 은행별로 제휴수수료가 자동 계산된다.

개념이해 인증키가 없으면 수신자가 전문 진위를 판별하기 어려워진다.

| 정답 | 01 ④ 02 ④ 03 ④ 04 ③ 05 ① 06 ③

03 외국환대사

1장 은행 및 본지점 간 외환실무

1 대사의 개념

- 대사(Reconciliation)란 당방은행이 자체적으로 기록한 외화 거래내역(Shadow Account)과, 예치은행(상대은행)에서 보내온 실제 명세(Actual Account)를 서로 맞춰 보면서 오차나 누락을 찾아내 정정하는 과정이다.
- 외환실무에서는 **미달환**(Short)과 **초과환**(Over)이 빈번히 발생하므로 이를 찾아내 조기에 해결하는 것이 중요하다.

2 절차

- 대사 흐름 : Shadow 계정(자행 장부) → 상대은행 명세로 Actual 계정 작성 → 두 계정 대조 → 미달 · 초과환 정정

Shadow 계정 생성	당방은행(우리 측)이 각 거래건(송금, 추심, 매입 등)을 자체 계정 장부에 반영해 놓음
Actual 계정 수령	상대은행(예치환은행)에서 발행하는 **Statement**(예: MT950)를 받아, 계좌(당방계정)의 실제 입출금 내역을 확인함
대사 및 미달 · 초과 환 확인	Shadow vs Actual을 비교해 불일치 항목을 찾고, 그 목록을 Pending List(미결 항목)로 작성함
원인 파악 및 수정	착오 입금 · 차입, 전신문 누락, 환율차이 정산 등 다양한 원인을 확인하여 처리함 계정잔액 불일치 확인(Differ 관리) ▼ 선방은행 차기(They debited)거래 관리 ▼ 금액 상이에 의한 미달환 관리 ▼ 미달환 발생일로부터 **1, 3 ,6개월** 보고서 작성 후 부서장 보고

3 미달환(Short)과 초과환(Over)의 예시

미달환 (Short)	They debited but we didn't credit.	• 상대은행이 먼저 차변(Debit) 처리를 해두었지만, 우리은행(당방은행)에서는 아직 대변(Credit)을 반영하지 않은 경우 • 실제 자금 흐름이 완전히 일치하지 않아, 우리은행 장부상 **부족(Short)**이 발생할 수 있음
	We debited but they didn't credit.	• 우리은행이 먼저 차변(Debit) 처리를 했으나, 상대은행에서는 아직 대변(Credit)을 잡지 않은 경우 • 우리은행은 이미 자금을 인출했다고 보지만, 상대은행에는 그 자금이 도착하지 않은 것으로 처리되어 **부족분(Short)**이 발생
초과환 (Over)	They credited but we didn't debit.	• 상대은행에서 이미 대변(Credit) 처리를 완료했으나, 우리은행 쪽에서는 차변(Debit) 기록이 누락되었거나 늦게 반영된 경우 • 우리은행 입장에서는 자금이 실제보다 더 많은 것처럼 보여 일시적으로 **초과(Over)** 상태가 됨
	We credited but they didn't debit.	• 우리은행에서 대변(Credit) 처리를 했으나, 상대은행이 아직 차변(Debit)을 반영하지 않은 경우 • 한쪽에서는 자금이 들어왔다고 인식하고 다른 쪽에서는 빠져나가지 않은 것으로 처리되어 **초과(Over)**가 발생할 여지가 있음

확인문제로 핵심키워드 정리하기

간단한 쪽지 시험으로 빈출 개념을 다시 정리해 보세요.

1 다음 설명이 맞으면 ○표, 틀리면 ×표 하세요.

(1) 외국환대사(Reconciliation)는 당방은행의 내부기록(Shadow)과 상대은행의 실제 명세(Actual)를 비교해 불일치를 해소하는 절차이다. (　　)

(2) 당방은행 장부에는 이미 외화수표를 매입해 차기했지만, 상대은행에선 아직 입금되지 않았다면 이를 '초과환(Over)'이라 한다. (　　)

(3) 'They credited but we didn't debit.' 유형은 상대은행이 입금했으나 당방은행 장부에 반영이 안 된 경우이다. (　　)

(4) 외화대사를 주기적으로 하지 않으면 외환계정 오류나 자금세탁 위험까지 야기될 수 있다. (　　)

(5) Shadow 계정을 'Actual 계정'이라고 부르며 MT950에 해당하는 내역을 'Pending List'라고 한다. (　　)

2 다음 빈칸에 들어갈 알맞은 말을 적으세요.

(1) 당행에서 기록한 내부 장부를 (　　　) 계정이라 하고, 상대은행에서 발행한 실계정 명세를 Actual 계정이라 한다.

(2) 'We debited but they didn't credit' 상황에 해당하는 것은 (　　)이다.

(3) MT950 등으로 통보되는 해외은행의 예치계정 내역을 기반으로 (　　　) 리스트에서 불일치 항목을 관리한다.

(4) 국내 은행이 해외 은행에 개설해 둔 계정을 당방계정(Nostro), 반대 개념을 (　　　)계정(Vostro)이라 한다.

(5) 외국환대사를 (　　　)적으로 수행하지 않으면, 누락이나 착오가 장기간 방치될 수 있다.

---

01 당방은행 Shadow에선 벌써 Debit 처리했으나 상대은행 Actual에는 Credit 미입금인 상황을 의미하는 것은?

① Over(초과환)
② Short(미달환)
③ MCO(만기불일치)
④ 잔액 일치

개념이해 당방은행 Shadow에서 먼저 차변(Debit) 처리를 했으나, 상대은행에서는 아직 대변(Credit)을 잡지 않은 경우(We debited but they didn't credit.)는 Short(미달환)의 상황에 해당한다.

오답분석 ① 반대로 실제 계좌 잔액이 장부상 잔액보다 많은 상태
③ 결제일(만기일)이 불일치한 경우로 거래처리 타이밍과는 별개 개념
④ Shadow와 Actual 잔액이 동일한 정상 상태

02 외국환대사에서 'Pending List'의 의미는 무엇인가?

① 환포지션 관리표
② 환율 변동기록 장부
③ 외화자산·부채의 총합표
④ 대사 시 발견된 미달·초과 내역을 모아둔 명세

개념이해 미일치 항목이 잠정적으로 남아 있는 리스트이다.

---

1 (1) ○ (2) × (3) ○ (4) ○ (5) ×
2 (1) Shadow (2) 미달환 (3) Pending (4) 선방 (5) 정기(주기)

| 정답 | 01 ② 02 ④

04 외화계산

1장 은행 및 본지점 간 외환실무

❶ 외화계산의 개요

의미	• 외화계산은 은행이 외국환 업무(수출입 결제, 해외송금, 환포지션 관리 등)를 처리함에 있어 환율 적용, 포지션 정리, 수익·비용 계산을 총괄하는 과정을 의미함 • **환율** 자체(전신환 매입·매도율, 현찰매매율 등)뿐만 아니라 **수수료**(환가료·전신료), 대금추심, 외화유동성 관리, 외국환 거래 마감 등을 포괄
중요성	• 은행 입장에서는 외환 매매에서 발생하는 환차익·스프레드로 수익을 얻음 • 고객 입장에서는 어떤 환율과 수수료가 적용되느냐에 따라 최종 수취금액·지급금액에 큰 영향을 받음 • 환포지션(Overbought/Oversold)이나 거래 마감 시점의 정리 작업도 모두 외화계산의 범주에 속함

❷ 환포지션

• 환포지션 = (외화자산 − 외화부채) ± 선물환·옵션 노출
 Spot 매매뿐 아니라 선물환·NDF로도 중립화한다.

개념	환포지션 (FX Position)	은행(또는 거래주체)이 특정 통화에 대해 매입액과 매도액을 비교해, 현재 어느 정도의 환위험을 지고 있는지를 나타내는 지표
	Square Position	외국환 매입액 = 외국환 매도액 환리스크 제로
	Over Bought Position	외국환 매입액 > 외국환 매도액 환율이 오르면 이익, 내리면 손실을 봄
	Over Sold position	외국환 매입액 < 외국환 매도액 환율이 떨어지면 이익, 오르면 손실을 봄
환포지션과 현물·선물 거래	종합포지션	현물 매매 포지션 + 선물 매매 포지션 → Square 포지션으로 관리해야 함
	Actual 포지션	종합포지션 − 선물 매매 포지션 + 추심미완 포지션
	Cash 포지션	Actual 포지션 − 추심미완 포지션 → 언제든지 자금화할 수 있는 외화만 포함(추심된 실제 자금으로, 어음은 제외)
위험관리	• 환리스크 본점 일괄 관리 : 환포지션 영업점 → 본점 이전(영업점의 환포지션을 0으로 함) • 은행은 내부적으로 환포지션 한도를 설정해두고, 과도한 Overbought/Oversold 상태를 방치하지 않음 • Overbought 시 환율 상승 ▶ 이익, Oversold 시 환율 상승 ▶ 손실	

04 외화계산

1장 은행 및 본지점 간 외환실무

❸ 외국환의 마감

당일 미처리 업무 점검	외환 업무 중 당일 내 처리 필수 항목 확인 • 외환본지점 간 전금, 역외송금 등은 마감 전 확인 필수(수입신용장 대지급 등도 포함) • 전산 시스템에서 누락된 업무 없는지 체크 후 마감 진행
외국통화 시재 확인	외화 실물 잔액과 전산상의 잔액 일치 여부 점검 • 전일자 외화 보유 잔액 + 당일 외화 거래내역을 확인 • 실물 외화와 비교하여 과부족 여부 점검 • 불일치 시 전표 누락 또는 전산입력 오류 가능성 검토
외화대체 (순대체) 거래 정리	통화별 입·출금 금액 불일치 시 전표 확인 및 정정 • 입금과 출금 금액이 다른 경우 전표 오류 가능 • 전표를 찾아 취소 후 정확한 금액으로 재입력 • 특히 순대체 거래는 영업시간 내 즉시 정정 필요
환포지션 정리	포지션 과부족 여부 조회 및 보정 거래 수행 • 각 통화별 보유 외화량(순보유액) 확인 • 포지션 과다 시 매도, 부족 시 매수 등 시장 거래 또는 내부 처리 필요 • 외환 리스크 관리 차원에서 핵심 절차
외화 계정 잔액 확인	외화계정 입·출금 내역과 최종 잔액 일치 여부 점검 • 마감 후 전산에서 외화계정잔액표 추출 • 전표 누락 없이 입금·출금 내역이 모두 반영되었는지 확인 • 회계 오류나 이체 누락 방지를 위한 마지막 검토 단계

❹ 외국환의 마감

• 외환자산은 환율의 변동에 따라 가치가 변동한다.

기록 시점	취득 시 환율로 장부 기입
평가 시점	결산일 기준 매매기준율로 재평가
평가 목적	실질가치 반영, 환율 변동 손익 인식
손익 처리	평가차액은 외환평가이익/손실 → 당기손익(외화평가손익)
자산 평가	환율 상승 → 이익(자산가치), 환율 하락 → 손실
부채 평가	환율 상승 → 손실(부채금액), 환율 하락 → 이익
예시	− 장부가: 50,000달러 × 1,200 = 60,000,000원 − 기말평가: 50,000달러 × 1,230 = 61,500,000원 → 평가이익 1,500,000원 발생

확인문제로 핵심키워드 정리하기

간단한 쪽지 시험으로 빈출 개념을 다시 정리해 보세요.

1 다음 설명이 맞으면 ○표, 틀리면 ×표 하세요.

(1) 전신환(TT) 매입·매도 환율(TTB, TTS)은 현찰매매율보다 스프레드가 일반적으로 더 작은 편이다. (   )

(2) 매매기준율(Base Rate)은 실무에서 이용되지 않는 환율로 공시만 되어 있을 뿐이다. (   )

(3) 수수료(환가료 등)는 TTB·TTS 산정 시 가산·공제 항목 중 하나가 될 수 있다. (   )

(4) 외화채권(외국채·유로채) 발행 이율은 환율 스프레드 계산과 직접적으로 무관하다. (   )

2 다음 빈칸에 들어갈 알맞은 말을 적으세요.

(1) (   ) 환율은 은행이 고시하는 기준 환율로, 전신환(TT) 및 현찰매매율 산출의 기준이 된다.

(2) 고객 입장 매도 시 적용되는 환율은 (   )이다.

(3) (   ) 거래는 물리적 현찰이 수반되므로 수수료와 스프레드가 큰 편이다.

(4) 외화 스프레드는 매매 환율 간 차이를 의미하며, (   ), 위험프리미엄 등을 가산하여 결정된다.

(5) 계약 통화가 USD임에도 최종 결제를 EUR로 받으려면, 중간에 (   ) 환전 계산을 거쳐야 한다.

01 전신환매입률(TTB)와 전신환매도율(TTS)에 대한 설명으로 옳은 것은?

① TTB보다 TTS가 큰 경우가 일반적이다.
② 매매기준율보다 TTB/TTS 간 스프레드는 전혀 반영되지 않는다.
③ TTB는 은행이 외화를 파는 환율, TTS는 은행이 외화를 사는 환율이다.
④ TTB는 고객이 외화를 팔 때 적용받는 환율, TTS는 고객이 외화를 살 때 적용받는 환율이다.

개념이해 은행이 고객에게서 외화를 사들이는 시점의 환율은 TTB, 파는 시점의 환율은 TTS이다.

02 현찰매매율(Notes Rate)이 전신환매입·매도율 대비 높아지는 주된 이유는?

① 현찰 거래는 신용 리스크가 전혀 없기 때문이다.
② 은행 이익을 최소화하기 위한 방침이기 때문이다.
③ 중앙은행이 강제로 정해둔 고정환율이기 때문이다.
④ 현찰을 다루는 물리적 비용(현송료 등)과 위험프리미엄을 반영하기 때문이다.

개념이해 현찰 취급·운송 비용 등으로 스프레드가 더 크게 책정된다.

오답분석 ③ 우리나라는 시장자율 환율제이므로 중앙은행이 강제로 고정환율을 정하지 않는다.

---

1 (1) ○ (2) × (3) ○ (4) ○
2 (1) 매매기준율 (2) 전신환매입률(또는 TTB) (3) 현찰 (4) 수수료 (5) 통화 교차

| 정답 | 01 ④ 02 ④

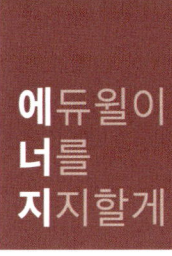

인생의 목적은
끊임없는 전진에 있다.

– 프리드리히 니체(Friedrich Wilhelm Nietzsche)

01 외화예금

2장 대고객 외환실무

① 외화예금의 개요

개념	• 거주자 또는 비거주자가 원화가 아닌 외화(USD, EUR 등)로 예금 거래를 하는 것 • 해외 수출대금을 외화 상태로 보관하거나, 환율 변동 리스크(환차손/이익)를 관리하기 위해 활용됨
종류 및 계정 구분	• 요구불성(외화보통예금, 외화당좌예금), 정기성(외화정기예금), 별도 보관(외화별단예금) 등 • 가입 주체에 따라 거주자계정, 대외계정, 해외이주자계정으로 구분

② 외화예금 거래의 특징

원화 대가 시 환율 개입	원화를 매입하거나 매도해 외화예금을 만들면, 시점에 따라 환율이 달라 환차익이나 손실이 발생할 수 있음
통화별 금리 상이	미 달러 vs 유로 vs 엔화 등 통화마다 금리가 다름 ┗→ 시험 빈출!
계정별 가입 주체·처분 제한	• 거주자계정: 국민인 거주자 + (개인사업자 자격의 외국인 거주자) • 대외계정: 비거주자, 순수 개인자격의 외국인 거주자, 재외공관 근무자(및 가족) • 해외이주자계정: 재외동포/해외이주법상 해외이주자가 개설
환리스크 헤지 수단	수출 후 받은 달러를 예금에 두고, 나중에 수입대금을 외화로 지급함으로써 환율 변동 위험을 완화

③ 외국환의 마감

거주자계정	거주자로부터 취득 또는 보유가 인정된 대외지급수단을 예수하는 경우(단, 내국 지급수단을 대가로 외국환은행으로부터 매입한 대외지급수단을 예수하는 경우 제외) • 개설 가능 주체: ① 국민인 거주자, ② '개인사업자 자격'을 갖춘 외국인 거주자 ※ 개인사업자인 외국인거주자는 거주자계정, 순수 개인 외국인거주자는 대외계정 • 개설가능 외화예금: 외화당좌예금, 외화보통예금, 외화정기예금, 외화정기적금 • 제출 서류: 취득경위 입증서류(외국환신고(확인)필증, 계약서 등), 영수확인서 • 확인 사항: ① 인적사항 확인 ② 외국환취득 신고여부 확인(예외: 미화 2만 달러, 정부 지자체, 외국환업무 취급기관, 환전영업자로부터 예수, 다른 거주자계정 또는 거주자외화신탁계정으로부터 이체) ③ 영수확인서(외국으로부터 송금된 미화 10만 달러 초과 대외지급수단 예치 시 취득경위 입증서류 미제출 시, 외국통화 및 여행자수표(취득경위 입증서류 미제출 시) 이전거래로 간주하여 예치) • 처분 제한: 원칙적으로 자유로운 편이지만, 대외로 지급하려면 인정된 지급 사유에 해당해야 함
대외계정	인정된 거래에 따라 대외지급이 허용된 대외지급수단을 예수하는 경우 • 개설 가능 주체: 비거주자, 순수 개인자격 외국인거주자, 재외공관 근무자와 가족 • 개설가능 외화예금: 외화당좌예금, 외화보통예금, 외화정기예금, 외화정기적금 • 제출 서류: ① 취득경위 입증서류, ② 외국환신고(확인)필증, ③ 지급수단 등의 수출입(변경)신고서

01 외화예금

2장 대고객 외환실무

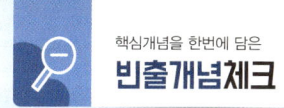

대외계정	• 확인 사항: ① 인적사항 확인 ② 제출서류를 징구하여 인정된 대외지급수단인지 여부 확인(다만, 영 제10조제2항제1호, 제2호 및 제6호 가목 또는 나목에 해당하는 비거주자로부터 예수하는 경우에는 그러하지 아니함) ③ 미화 2만 달러 초과 외국통화 또는 외화표시(여행자)수표 예치 : 외국환신고(확인)필증을 징구하여야 함 ※ 외국환신고(확인)필증을 징구한 경우 : 동 신고(확인)필증 금액범위 내에서 제한없이 예치가 가능함. 다만, 동일자 동일인기준 미화 2만 달러 이하의 경우로서 외국환신고(확인)필증의 징구없이 외국통화 또는 외화표시(여행자)수표를 예치하고자 하는 경우에는 규정 제4-4조제2항에 의한 금액과 합산하여 연간 미화 5만 달러 범위 내에서만 예치가 가능 • 처분 시 유의: (1) 대외지급수단 인출을 위하여 처분: 외국환신고(확인)필증 발행 및 교부 (2) 내국지급수단 대가로 대외계정 처분: ① 외국환의 처분이 신고 등을 하였는지 여부 확인(예외 ⓐ미화 2만 달러 이하 ⓑ영 제10조제2항제1호, 제2호 및 제6호 가목 또는 나목에 해당하는 비거주자에게 처분하는 경우) ② ①에 불구하고 당해 외국환의 처분목적을 알 수 없는 상태에서 내국지급수단을 대가로 대외계정의 처분을 요청받은 경우 외국인 또는 국민인 비거주자의 경우 '해외재산반입자금'으로 간주하여 처리 가능함 ※ 신고 등의 절차를 거치지 않고 생활비 등의 명목으로 원화 대가로 매각한 자금을 부동산이나 증권의 취득 등 자본 거래로 사용한 후 동 투자수익 등의 처분자금을 대외지급하고자 할 경우, 거래당사자는 관련 기관의 제재 등 불이익을 받을 수 있음 ③ 외국인거주자 또는 비거주자에게 처분 시 외국환은행의 장은 1회에 한하여 외국환매입증명서 또는 외국환매입영수증·계산서 1부를 발행·교부하여야 함
해외이주자 계정	• 개설 가능 주체: 해외이주법상의 해외이주자, 재외동포 • 개설가능 외화예금: 외화당좌예금, 외화보통예금, 외화정기예금, 외화정기적금 • 예치 대상: 본인 명의 재산을 매각한 대금, 국내 부동산 처분대금, 예금·신탁 원리금 등 • 처분: 해외로 송금할 때 일정 한도(10만 달러 초과 시 자금출처확인서 등) 요건 준수

외화예금 업무처리 기준	• 개설 시: 외화예금거래신청서, 실명확인 등 필요 서류 접수. 국제금융기구 등은 서류 간소화 가능
	• 예치통화: 은행별 고시 통화 중심(주로 USD, EUR, JPY 등)
	• 만기일: 요구불형(보통예금)은 기한 설정 없음. 정기예금은 월·연 단위(마지막 달 동일 일자) 또는 일 단위(입금일부터 계산한 일수 + 1일)
	• 이자계산: 예치 통화별 국제기준(일수: 360일 또는 365일) 적용(보조단위 미만 절사)
	• 시효: 5년 경과 시 은행이 이익금 처리
	   – 요구불예금은 '최종 거래일', 정기성 예금은 '만기일(또는 이자 지급일)로부터 5년' 후 이익금계정 처리
	   – 추후 되돌려줄 경우, 소급 이자 재정산

외화예금 종류	• 외화보통예금: 요구불, 잔액에 금리 부여. 낮은 금리. 수출입기업 우대 상품도 있음 • 외화당좌예금: 원칙적으로 무이자. 최근 거래량 감소(보통예금이 더 선호됨) • 외화별단예금: 장기 미결 외화송금, 수취인 미확인 송금 등, 임시로 보관(이자 無) • 외화정기예금: 일정 기간 예치 후 만기 지급 ※ 자동갱신은 7일 이상 ~ 6개월 이내 상품일 경우에만 가능하며, '1년 이내'라고 표기된 오답 선지 주의

확인문제로 핵심키워드 정리하기

간단한 쪽지 시험으로 빈출 개념을 다시 정리해 보세요.

1 다음 설명이 맞으면 ○표, 틀리면 ×표 하세요.

(1) 외화예금의 이자율은 예치된 통화의 종류에 따라 차등 적용될 수 있다. ( )

(2) 외화예금 계정은 거주자와 비거주자 모두 개설할 수 있으며, 용도에 따른 계정 제한이 없다. ( )

(3) 외화예금은 환리스크를 헤지하는 수단으로 활용될 수 있다. ( )

(4) 외화예금의 처분에는 원칙적으로 제한이 없으며, 자유롭게 외환거래가 가능하다. ( )

(5) 외화정기예금의 자동 갱신은 계약기간이 7일 이상 6개월 이내일 경우에만 가능하다. ( )

01 외화예금의 자동 갱신에 대한 설명으로 옳은 것은?

① 모든 외화예금은 자동 갱신된다.
② 계약기간이 1년 이상일 경우에 가능하다.
③ 외화보통예금의 경우 자동 갱신이 필수이다.
④ 계약기간이 7일 이상 6개월 이내일 경우에 가능하다.

개념이해 자동 갱신은 7일 이상 6개월 이내의 계약기간에 한해 가능하다.

오답분석 ① 1년 이상 예금은 자동 갱신이 불가능하고, 만기 시 별도의 지시가 필요하다.
③ 외화보통예금은 원칙적으로 언제든 입출금 가능한 예금으로 자동 갱신 개념이 없다.

2 다음 빈칸에 들어갈 알맞은 말을 적으세요.

(1) 외화예금의 계정은 거주자계정, ( )계정 및 대외계정으로 구분된다.

(2) 외화예금을 ( )로 인출할 경우 적용되는 환율은 전신환매도율이다.

(3) 기업이 외화예금을 활용하여 ( )를 관리할 수 있다.

(4) 외화예금의 소멸시효는 최종 거래일부터 ( )이 경과하면 완성된다.

(5) 외화정기예금의 자동 갱신은 계약기간이 7일 이상 ( )개월 이내일 경우에만 가능하다.

02 외화예금이 환리스크 관리에 유용한 이유는?

① 거래제한이 없다.
② 환율 변동과 무관하다.
③ 금리가 고정되어 있다.
④ 환차손을 방지할 수 있다.

개념이해 외화예금을 이용하면 환율 변동으로 인한 환차손을 줄일 수 있다.

오답분석 ② 외화예금의 금리는 시장상황에 따라 변동되며 고정 금리가 아니다.

---

1 (1) ○ (2) × (3) ○ (4) × (5) ○
2 (1) 비거주자 (2) 원화 (3) 환리스크 (4) 5년 (5) 6

03 외화예금의 소멸시효 기산일이 되는 것은?

① 개설일
② 가입일
③ 최종 거래일
④ 원화 환전일

개념이해 최종 거래일부터 5년이 지나면 소멸시효가 완성된다.

04 다음 중 외화예금의 특징으로 옳지 않은 것은?

① 환율 변동에 따른 헤지 기능이 있다.
② 모든 외화예금은 자유로운 처분이 가능하다.
③ 외화정기예금의 금리는 통화별로 다르게 적용된다.
④ 소멸시효가 지나면 이익금 계정으로 처리될 수 있다.

개념이해 외화예금의 처분은 일부 제한이 있을 수 있다.

보충학습 외화예금은 외환거래법령상 거래 목적이나 금액, 거래 형태에 따라 제한을 받는 경우가 있다.
특히, 자본거래 목적이나 해외 송금, 해외 지급 시에는 사전에 신고하거나 외국환은행을 통해야 하는 경우도 있어 모든 외화예금이 무제한, 자유롭게 처분 가능한 것은 아니다.

05 외화예금 계정 중 비거주자가 개설할 수 없는 것은?

① 대외계정
② 거주자계정
③ 비거주자계정
④ 외화정기예금계정

개념이해 비거주자는 거주자계정을 개설할 수 없다.

06 외화예금을 원화로 인출할 경우 적용되는 환율은?

① 현찰매입률
② 현찰매도율
③ 전신환매입률
④ 전신환매도율

개념이해 외화예금을 원화로 인출할 경우, 전신환매도율이 적용된다.

| 정답 | 01 ④ 02 ④ 03 ③ 04 ② 05 ② 06 ④

02 2장 대고객 외환실무
당발송금

① 당발송금의 개요

개념	• 국내에서 해외로 송금하는 것(송금은행이 해외지급은행에 '해당 금액을 지급하라'고 요청) • 신용장 결제보다 간단 · 저렴한 방법으로 수입업체 등이 자주 이용
국내 원화송금의 특징(vs 해외 외화송금)	• 송금방식이 다양함(전신송금, 송금수표 등) • 환율의 개입(원화를 외화로 바꿀 때 환차익 · 손 발생) • 인정된 거래만 가능(외국환거래법령 준수) • 실시간 송금: 전통적으로는 시일 소요 → 다만 특급송금, 소액송금업자 등은 실시간에 가까운 송금도 제공함 ('무조건 실시간 불가'라는 문장이 나오면 오답)

② 당발송금의 방식

전신송금(T/T)	• SWIFT 등으로 지급지시(Payment Order)를 해외은행에 전송 • 송금처리 기간이 짧아 가장 일반적으로 사용됨
우편송금(M/T)	• 우편으로 지급지시서를 보내는 방식 • 현재 사용 빈도가 낮음
송금수표(D/D)	• 은행이 발행한 송금수표를 수취인에게 보내면, 수취인이 해외은행에서 현금화 • 상대방의 계좌가 없을 때나 소액(축의금 · 시험응시료 등) 송금에 이용

③ 당발송금의 절차

송금신청서 · 증빙서류 접수	• 송금의뢰인이 은행에 신청서를 작성 · 제출수취인 성명, 주소, 계좌번호(IBAN 포함), 지급은행명 · 코드 송금액, 송금사유 등 정확한 정보가 필수 • 거래외국환은행 지정이 필요한 거래인지 확인 ※ 일정 규모 이상의 송금은 외국환거래법령의 '인정된 거래'에 해당해야 하며, 거래외국환은행 지정이 필요한지 확인하는 절차가 필수
▼	
송금 의뢰인 실명확인	금융실명거래 및 비밀보장에 관한 법률에 따라 실명확인인증표로 확인
▼	
환율 적용 및 원화수납	• 원화로 낼 경우 **전신환매도율**(T/T Selling Rate)이 적용 • 환율 변동으로 환차익 · 손이 발생할 수 있음을 안내해야 함
▼	
해외 지급은행에 송금지시 전송	• 전신송금(T/T)이 대부분 • 송금은행은 SWIFT 메시지 형식에 맞춰 송금내용을 발송
▼	
송금수수료 · 중계은행수수료	송금인 부담(OUR 방식), 수취인 부담(BEN 방식), 수수료 나눔(SHA 방식) 중 선택
▼	
사후 모니터링	일정 금액 초과 시 외국환신고필증 발행, 사유 확인, 자금세탁방지(AML) 심사 등

02 2장 대고객 외환실무
당발송금

4 환율 변동과 송금의 영향

- 원화를 외화로 환전하여 송금할 경우 환율 변동에 따라 송금액의 실제 가치가 변동될 수 있다.
- 송금 시점과 수취 시점의 환율 차이로 인해 환차손익이 발생할 수 있으며, 특히 큰 금액을 송금할 경우 환율 변동 리스크를 고려해야 한다.

5 송금 가능 여부 및 규제 사항

- 외국환거래법령에 따라 정상적인 거래 목적으로만 송금이 가능하며, 불법적인 자금 이동은 금지된다.
- 일정 금액을 초과하는 송금의 경우 송금인은 자금 출처 확인을 위한 서류 제출이 필요할 수 있다.

6 소액해외송금업자

- 소액해외송금업자의 등록

등록신청서류	소액해외송금업무를 업으로 하려는 자는 신청서에 정관 등 기획재정부장관이 정하여 고시하는 서류를 첨부하여 기획재정부장관에게 등록을 신청하여야 함
▼	
신청서 제출	소액해외송금업무의 등록을 하고자 하는 자는 소액해외송금업무등록신청서에 서류를 첨부하여 금융감독원장을 경유하여 기획재정부장관에게 제출하여야 함

- 소액해외송금업자 등록절차

등록요건	• 「상법」 제169조에 따른 회사로서 자기자본이 **10억원** 이상일 것 • 부채비율 **200%** 이내 유지: 기획재정부장관이 정하여 고시하는 재무건전성 기준을 충족할 것 • 외환정보집중기관과 전산망이 연결되어 있을 것 • 전산설비와 전문인력 확보 • 외국환업무 **2년 경력** or 교육이수자를 **2명 이상** 확보 • 임원이 결격사유(금융회사의 지배구조법)에 해당하지 않을 것
▼	
확인요청	• 기획재정부장관은 등록 신청을 받은 때에는 금융감독원장 및 외환정보집중기관의 장에게 요건을 갖추었는지 여부 확인 가능 • 금융감독원장은 외환정보집중기관의 장에게 통보(전산망 연결여부 확인) 의무 • 금융감독원장 및 외환정보집중기관의 장은 등록신청서의 내용과 등록요건의 충족 여부를 확인하여 기획재정부장관에게 결과 통보 의무
▼	

02 2장 대고객 외환실무
당발송금

등록	기획재정부장관은 등록배제대상을 제외하고는 등록을 해주어야 함 〈등록배제대상〉 • 등록 요건을 갖추지 못한 경우 • 제출받은 서류에 흠이 있다고 인정되는 경우 • 등록 취소된 자가 취소일로부터 3년 이내 재등록 신청 • 그 밖에 이 법 또는 다른 법령에 따른 제한에 해당하는 경우
등록증 발급	기획재정부장관은 등록 완료 시 등록증 발급 의무
등록요건 변경 및 폐지	• 등록내용을 변경하고자 하는 자는 소액해외송금업무등록내용변경(폐지)신고서에 서류를 첨부하여 금융감독원장에게 제출하여야 함 • 소액송금업무를 폐지하고자 하는 자는 별지 소액해외송금업무등록내용변경(폐지)신고서에 서류를 첨부하여 금융감독원장에게 제출하여야 함
등록요건 유지 및 증빙서류 제시 요구	• 소액해외송금업자는 자기자본을 같은 호에서 정한 금액의 100의 70 (이하 '최저자기자본')에 미달하지 아니하도록 운용 의무 • 각 회계연도 말을 기준으로 최저자기자본을 충족하지 못한 소액해외송금업자는 다음 회계연도 말까지 최저자기자본 요건 충족 의무 • 금융감독원장은 등록요건 유지 여부를 확인하기 위하여 증빙서류 제시 등을 요구할 수 있으며, 소액해외송금업자는 금융감독원장의 요구에 따라야 함

• 소액해외송금업무의 규모 및 방식

취급가능 규모	• 건당 지급 및 수령 한도는 각각 건당 미화 **5천 달러**로 하며, 동일인당 연간 지급 및 수령 누계 한도 각각 미화 **5만 달러**로 함 • 외국환은행을 상대로 외국통화를 매입 또는 매도할 수 있음 • 고객으로부터 자금을 수령하는 경우 건별로 수령하여야 함
전용계좌 사용의무	• 원칙적으로 등록된 전용계좌를 통해서만 자금 지급·수령 가능 〈예외: 전용계좌를 통하지 않을 수 있는 사유〉 – 외국환업무를 등록한 금융회사 등(다만, 한국해양진흥공사는 제외) 및 기타전문외국환업무를 등록한 자를 통하여 고객에게 자금을 지급하거나 고객으로부터 자금을 수령하는 경우 – 환전영업자 및 「전자금융감독규정」 제3조제2호에서 정하는 사업자를 통하여 고객에게 자금을 지급하거나 고객으로부터 자금을 수령하는 경우(무인환전기기를 통한 지급 및 수령 포함) • 전용계좌를 고객에게 자금을 지급 및 수령에 따른 용도로만 사용 의무 • 전용계좌는 다른 자산과 분리하여 회계 처리
자료보관의무 및 유관기관 통보	• 국내의 지급인 및 수령인별로 지급등의 내역을 기록하고 **5년간** 보관하여야 하며, 지급 등의 내역을 매월별로 익월 **10일**까지 외환정보집중기관을 통하여 금융정보분석원장, 국세청장, 관세청장, 금융감독원장에게 통보하여야 함 • 소액해외송금업무 수행 과정에서의 정산 및 거래 내역을 기록하고 **5년간** 보관해야 하며, 금융감독원장이 요구할 경우 이를 제출해야 함

02 2장 대고객 외환실무
당발송금

- 소액해외송금업자의 안전성 확보 및 약관의 제정/변경

소액해외 송금 업자의 안정성 확보	• 소액해외송금업무의 안전성과 신뢰성을 확보할 수 있도록 전자적 전송이나 처리를 위한 기획재정부장관이 정하는 기준을 준수하여야 함 • 소액해외송금업자는 기획재정부장관이 정하는 자격요건을 갖춘 사람을 정보보호최고책임자로 지정하여야 함 〈정보보호최고책임자 요건: 전자금융거래법 시행령 별표1〉 - 소액해외송금업무의 안정성 확보 및 고객 보호를 위한 전략 및 계획의 수립 - 정보기술부문의 보호 - 정보기술부문의 보안에 필요한 인력관리 및 예산편성 - 전자적 장치를 통한 업무 수행과 관련한 사고 예방 및 조치 - 정보기술부문 보안을 위한 자체심의에 관한 사항 - 정보기술부문 보안에 관한 임직원 교육에 관한 사항
약관의 제정/변경	• 소액해외송금업자가 약관을 제정 또는 변경하고자 하는 경우에는 해당 약관 및 약관 내용을 이해하는데 필요한 관련서류를 시행 예정일 **45일 전까지** 금융감독원장에게 제출하여야 함(약관변경권고 및 수락여부보고에 소요되는 기간 불산입) ※ 약관 및 관련서류는 전자문서로 제출할 수 있음
정보제공 의무	소액해외송금업자는 기획재정부장관이 정하여 고시하는 소액해외송금업무와 관련된 주요 정보를 고객에게 제공하여야 함 〈소액해외송금업무와 관련된 주요 정보〉 - 지급·수령에 소요되는 예상 기간 - 고객이 지불해야 하는 수수료 금액 - 고객이 지급·수령하는 자금의 원화표시 및 외화표시 금액과 적용 환율 - 분쟁처리절차 및 관련 연락처

확인문제로 핵심키워드 정리하기

간단한 쪽지 시험으로 빈출 개념을 다시 정리해 보세요.

1 다음 설명이 맞으면 ○표, 틀리면 ×표 하세요.

(1) 전신송금(T/T)은 송금 즉시 수취인이 자금을 사용할 수 있으며, 별도의 확인 절차가 필요하지 않다. (　)

(2) 당발송금은 국내에서 해외로 자금을 송금하는 것을 의미한다. (　)

(3) 당발송금 시 적용되는 환율은 대고객 전신환 매입률이다. (　)

(4) 송금인이 제공하는 계좌 정보가 부정확할 경우에도 해외 수취은행은 송금을 강제 처리할 수 있다. (　)

(5) 일정 금액을 초과하여 해외로 송금하는 경우, 송금인은 자금 출처 확인을 위한 서류를 제출해야 할 수도 있다. (　)

2 다음 빈칸에 들어갈 알맞은 말을 적으세요.

(1) 전신송금(T/T)은 (　　)망을 이용하여 전자적으로 지급 지시를 전달하는 방식이다.

(2) 송금인이 (　　)를 송금할 때 적용되는 환율은 대고객 전신환 매도율이다.

(3) 일정 금액을 초과하여 송금하는 경우, 송금인은 자금 (　　)의 확인을 위한 서류를 제출해야 할 수도 있다.

(4) 우편송금(M/T)은 지급 지시서를 (　　)으로 송부하는 방식이다.

(5) 당발송금이 정상적으로 처리되려면 수취은행명 및 (　　)가 정확해야 한다.

01 다음 중 당발송금 방식에 해당하지 않는 것은?

① 전신송금(T/T)
② 우편송금(M/T)
③ 송금수표(D/D)
④ 외화환어음(Bill of Exchange)

개념이해 외화환어음은 당발송금 방식이 아니다.

02 당발송금 시 가장 빠르게 송금할 수 있는 방법은?

① 전신송금(T/T)
② 우편송금(M/T)
③ 송금수표(D/D)
④ 국제 우편환(Money Order)

개념이해 전신송금(T/T)은 전자적으로 지급 지시가 이루어지므로 가장 빠르게 처리된다.

오답분석 ② 우편으로 보내 처리하며, 시간이 오래 걸리고 분실 위험이 존재한다.
③ 수취인 명의로 발행된 수표를 우편이나 직접 송부하며, 현금화까지 상당한 시간이 소요된다.
④ 소액 송금용으로 사용하며 시간과 절차가 느리다.

---

1 (1) × (2) ○ (3) × (4) × (5) ○
2 (1) SWIFT (2) 외화 (3) 출처 (4) 우편 (5) 계좌번호

| 정답 | **01** ④　**02** ①

03 타발송금

2장 대고객 외환실무

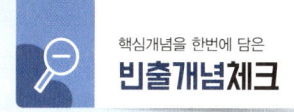

❶ 타발송금의 개념

정의	• 해외에서 국내로 들어오는 송금 • 해외은행(송금은행)이 국내은행(코레스은행 혹은 중계은행 역할을 할 수도 있음)으로 지급지시를 보내면, 국내은행이 수취인 계좌에 입금(또는 현금 지급)하는 것
흐름	• 해외은행 ▶ 국내은행(지급은행) ▶ 수취인 계좌 • 해외은행은 SWIFT 메시지를 통해 지급지시(보통 MT103 형식)를 전송함 • 국내은행은 송금금액과 수취인 정보를 확인하고 해당 수취인에게 자금을 지급함

❷ 타발송금의 지급절차 <외국환거래업무 취급지침 제3장 제1절>

송금지시서 (해외은행 → 국내은행)	• 해외은행이 보내는 전신(또는 서신)상에 수취인 이름, 계좌번호, 송금액, 송금사유 등이 기재됨 • 수취계좌, 수취인명 일치 : 국내은행은 수취정보(계좌번호, 예금주명, 금액)를 전산으로 매칭해야 하며, 계좌번호만 일치한다고 지급하는 것이 아니라, **예금주명**(수취인명)도 반드시 일치해야 함(불일치시 송금은행에 조건변경 요청 후 정확한 수취인명으로 정정) ※ '계좌번호만 맞으면 지급'이라는 오답선지 주의
외국환거래법 신고대상 확인	• 타발송금이 미화 **5천 달러** 초과: 내국인 거주자로부터 영수 사유 및 금액 입증서류 수취하여 신고대상 확인 • 영수 - 신고대상 자본거래인 경우: 미화 5천 달러 초과 10만 달러 이내 + 연간 누계 10만 달러 이내 → 신고절차 생략 및 지정거래외국환은행에서 지급. 단, 취득경위 입증서류 제출 시 신고절차 진행 • 취득경위 입증서류 제출 생략대상 ① 거주자 또는 비거주자로부터 미화 2만 달러 이하의 대외지급수단을 수령하는 경우 (동일자, 동일인, 동일점포 기준으로 합산) ② 정부, 지자체, 외국환업무취급기관 및 환전영업자가 수령하는 경우 ③ 국내에 있는 외국정부의 공관과 국제기구, 미합중국 군대 등 국제연합군, 외국정부의 공관 및 국제기구 등에 근무하는 비거주자가 수령하는 경우 ④ 내국인 거주자가 미화 10만 달러 초과 대외지급수단을 수령하는 경우 ⑤ 외국인 또는 비거주자가 외국으로부터 수령한 대외지급수단을 대국지급수단을 대가로 매입하는 경우로써 처분목적을 알수없는 경우 → 해외재산반입으로 간주매입 • **5천 달러** 이하의 소액송금은 비교적 간단히 수령 가능하나, 금융기관에서는 자금세탁방지(AML) 측면에서 주의 깊게 보고 있음
환율 적용	• 송금이 달러나 유로 등으로 들어오면 수취인에게 원화를 지급할 때 원화 환산 환율이 적용됨(대고객 전신환매입률, T/T Buying Rate) • 수취인이 외화로 직접 수령도 가능하지만, 그 경우 별도 외화계좌에 입금하거나 외화현찰로 인출할 수도 있음(관련 서류·신고 절차가 있을 수 있음)
착오 송금·반환	• 수취인이 잘못된 송금을 입금받은 경우, 해외 발신은행 측 요청에 따라 반환해야 하는 상황이 생길 수 있음 • 은행은 착오 송금 여부를 확인하고 해당 금액을 동결하거나 반환 절차를 안내해야 함

확인문제로 핵심키워드 정리하기

간단한 쪽지 시험으로 빈출 개념을 다시 정리해 보세요.

1 다음 설명이 맞으면 ○표, 틀리면 ×표 하세요.

(1) 타발송금은 해외에서 국내로 자금이 유입되는 거래를 의미한다. ( )

(2) 해외에서 송금된 외화는 국내 지급은행의 확인 없이 자동으로 수취인의 계좌에 입금된다. ( )

(3) 타발송금으로 받은 외화를 원화로 환전할 경우, 대고객 전신환 매도율이 적용된다. ( )

(4) 일정 금액을 초과하는 타발송금은 자금 출처 증빙이 필요할 수 있다. ( )

(5) 송금인의 정보가 불명확하더라도 국내 지급은행은 송금을 강제 처리할 수 있다. ( )

2 다음 빈칸에 들어갈 알맞은 말을 적으세요.

(1) 타발송금은 해외에서 국내로 ( )이 송금되는 거래를 의미한다.

(2) ( )으로 입금된 외화를 원화로 환전할 경우 적용되는 환율은 대고객 전신환 매도율이다.

(3) 타발송금이 정상적으로 지급되기 위해서는 수취인의 ( ) 및 은행명 정보가 정확해야 한다.

(4) 일정 금액을 초과하여 타발송금을 받을 경우, ( ) 확인이 필요할 수도 있다.

(5) 타발송금 방식 중 가장 빠르게 처리되는 방식은 ( )이다.

---

01 타발송금과 관련된 설명으로 옳지 않은 것은?

① 타발송금은 해외에서 국내로 송금하는 것을 의미한다.
② 일정 금액을 초과하는 타발송금은 자금 출처 확인이 필요할 수 있다.
③ 타발송금으로 입금된 외화를 환전하지 않고 보유하는 경우 신고해야 한다.
④ 타발송금이 정상적으로 지급되려면 송금인 및 수취인 정보가 정확해야 한다.

개념이해 타발송금으로 입금된 외화를 환전하지 않고 보유하는 경우, 별도 신고가 필요하지 않다.

02 타발송금으로 입금된 외화를 국내에서 직접 사용할 수 없는 이유는?

① 외화를 예금으로 보관할 수 없기 때문이다.
② 국내에서는 원화만 법정통화로 사용되기 때문이다.
③ 외화 수취 시 반드시 원화로 환전해야 하기 때문이다.
④ 외국환거래법에서 외화 사용을 금지하고 있기 때문이다.

개념이해 국내에서는 원화만 법정통화로 사용되므로, 외화를 직접 사용하는 것은 제한된다.

오답분석 ③ 반드시 환전해야 하는 의무는 없으며, 외화예금으로 보관 가능하고 해외송금 등 외화 사용 목적에 따라 이용할 수 있다.

---

1 (1) ○ (2) × (3) × (4) ○ (5) ×
2 (1) 자금 (2) 타발송금 (3) 계좌번호 (4) 자금 출처 (5) 전신송금(T/T)

| 정답 | 01 ③ 02 ②

04 2장 대고객 외환실무
외국통화의 매매

❶ 외국통화 매매의 개념

매입	개인(또는 기업)이 보유한 외화현찰, 여행자수표, 외화수표 등을 은행이 사는 행위로 은행은 그 대가로 원화를 지급함
매도 (재환전)	개인이 원화를 은행에 주고 외화를 다시 구입하거나, 본인이 이미 보유하고 있던 외화(예: 외화예금)를 현찰로 바꿔 가져가는 행위도 포함됨

❷ 외국통화 매입 시 주요 절차

실명확인 & 취득경위 확인	• 은행은 매입 대상인 외국통화가 합법적으로 취득된 것인지 확인해야 함 • 외화 보유 경로가 미신고 불법 반입이 아닌지, 관할세관 신고필증(**2만 달러** 초과 시) 등도 확인 대상 • **1백만원** 이하: 실명확인 생략 • 매입 가능 통화: 매입은행이 환율 고시 외국통화 • 매입 제한 통화 ① 손상화폐, 위·변조통화　② 주화(사전협의 후 거래)　③ 유로화 이전 사용하던 통화 ④ 제한통화, 유통정지통화　⑤ 유통이 어려워 은행이 매입을 금지한 통화 [위조지폐] • 위조지폐여부 확인: ① 위폐감별기 → ② 외국통화견양집 • 위조지폐 발견 시: ① 위폐회수 + 위·변조 외국통화보관증 교부 및 사본보관 + 지문보존 + 절대 위폐 복사하지 않고 경찰 인도 ② 은행은 강제회수 권한 없으므로 즉시 수사기관에 직접 신고 ③ 위폐 사용 시 위조통화 취득 후 지정행사(형법 제210조) 처벌 ④ 발견 시 한국은행 국제국 국제총괄팀앞으로 위·변조 외국통화 발견통보서 제출
금액별 제한 및 서류	• **1백만원** 이하: 실명확인 생략 • 미화 **2만 달러** 이하: 실명확인증표 • 미화 **2만 달러** 초과: ① 취득경위 입증서류 제출 ② 외국인거주자: 외국환신고 (확인)필증 or 대외지급수단매매신고필증(외국환신고필증 × + 2만 달러 이상 휴대 외국통화 + 직접 한은신고) • 미화 **5만 달러** 이하: 추가로 취득 경위 입증서류가 필요할 수 있음 　└→ 기출문제 빈출 [취득 경위 입증서류 제출 생략대상] • 미화 **2만 달러** 이하의 대외지급수단을 매입하는 경우(동일자, 동일인, 동일점포를 기준으로 하며, 2회 이상 매입하는 경우 이를 합산) • 비거주자의 대외계정이나 비거주자 외화신탁계정으로부터 인출하거나 송금방식에 의하여 영수한 외국환을 매입하는 경우(외국인 거주자 공통) • 국내에 있는 외국정보의 공관, 국제기구, 미군 및 국제연합군, 외국정부의 공관 및 국제기구 등에 근무하는 비거주자로부터 매입하는 경우

04 외국통화의 매매
2장 대고객 외환실무

위조지폐· 위조 T/C 식별	• 은행은 위폐 감별 장치나 전문가를 통해 외화현찰·여행자수표 위조 여부를 확인 • 위조지폐는 반드시 관할 경찰서에 신고해야 하며, 고객에게 돌려주지 않음(수거 후 별도로 보관×, 경찰에 인도)

❸ 외국통화 매도(재환전) 시 유의사항

비거주자 재환전	• 미화 **1만 달러**를 초과해 재환전하는 경우, 외국환신고(확인)필증 발급 및 교부 • **100만원** 이하 소액 환전 시 여권 기재 생략 가능 등의 금액 구간별 절차가 존재
외화현찰 수수료	• 원화와 맞교환 없이 단순히 외화예금 인출을 현찰로 가져가는 경우 은행은 외화현찰 조달비용·보험료 명목으로 수수료를 받을 수 있음 ※ '수수료를 받을 수 없다'는 오답 선지 주의 • 원화 대가 없이 외화를 인출할 때 부과 가능

❹ 환전영업자

• 환전영업자의 등록

등록 신청	• 환전업무를 업으로 하려는 자는 신청서에 기획재정부장관이 정하여 고시하는 서류를 첨부하여 **기획재정부장관에게 등록**을 신청하여야 함 • 환전업무 방식선택(관세청장 위임업무 → 환전영업자): 환전업무의 등록을 하고자 하는 자는 환전업무등록신청서에 다음의 환전업무 방식 중 영위하고자 하는 방식을 선택(복수 선택 가능)하여 등록요건을 충족하고 증빙서류를 첨부하여 **관세청장에게 제출**하여야 함 　• 일반 　• 무인환전기기 　• 온라인
등록 요건	• 환전업무를 하는 데에 필요한 영업장 • 보고 및 자료제출을 원활하게 할 수 있는 컴퓨터 등의 전산설비 • 무인환전기기와 온라인 환전영업자: 환전업무의 안정성과 신뢰성을 확보할 수 있는 정보처리 및 정보보호 시스템으로서 관세청장이 인정하는 전산설비
등록 절차	기획재정부장관은 등록 신청이 아래 어느 하나에 해당하는 경우를 제외하고는 등록을 해 주어야 함 　• 영업장 및 전산설비를 갖추지 못한 경우 　• 제출받은 서류에 흠이 있다고 인정되는 경우 　• 등록 취소된 자가 취소일로부터 **3년 이내** 재등록 신청 　• 그 밖에 이 법 또는 다른 법령에 따른 제한에 위반되는 경우 ※ 등록 완료 시 등록증 발급

04 외국통화의 매매

2장 대고객 외환실무

- 환전업무의 등록내용 변경 및 폐지: 관세청장
- 환전영업자 등록요건 유지여부 확인: 관세청장
  관세청장은 환전영업자 등록요건 유지 여부를 확인하기 위하여 증빙서류 제시 등을 요구할 수 있으며, 환전영업자는 관세청장의 요구에 따라야 한다.

- 환전영업자의 업무

환전장부 기록 보관	• 환전장부 기록: 환전일자, 매각자(매입자)의 성명·주민등록번호·여권번호 등 인적사항, 환전금액, 적용환율, 거래내용 • 제출기한: **매 반기 종료 후 다음 달 10일**까지 환전장부(전자문서를 포함한다)의 사본을 관세청장에게 제출 • 온라인환전영업자 + 이행보증금을 예탁하거나 보증보험에 가입한 경우: **매분기 다음 달 10일**까지 제출

외국통화 등 매입	• 환전영업자는 다음과 같이 거주자 또는 비거주자로부터 내국지급수단을 대가로 외국통화등을 매입할 수 있음
	  - 외국환매각신청서를 제출받아 실명확인증표(주민등록증, 여권, 사업자등록증 등)로 인적사항 확인(다만, 자동동전교환기를 설치하여 외국통화를 매입하는 경우 제외)
	  - 동일자, 동일인 기준 미화 **2만 달러** 초과 시 신고대상 확인 의무
	    〈소액환전〉
	    • 동일자, 동일인 기준 미화 2천 달러 이하 환전 시 외국환매각신청서 및 외국환매입증명서 생략
	    • **전산관리업자의 경우 4천 달러**까지 확대
	  - 외국환매각신청서 사본을 **익월 10일 이내**에 국세청장 및 관세청장에게 통보
	    〈통보제외〉
	    • 자동동전교환기를 설치하여 외국통화를 매입하는 경우
	    • 동일자에 동일인으로부터 미화 1만 달러 이하의 외국통화등을 매입하는 경우
	  - 외국인거주자 또는 비거주자로부터 외국통화등을 매입하는 경우에는 **1회에 한하여** 외국환매입증명서를 발행·교부하여야 함 (다만, **자동동전교환기**를 설치하여 외국통화를 매입하는 경우 제외)

재환전	• 비거주자가 입국 후 체류 중 매각한 금액 범위 내에서 재환전 가능 • 비거주자 및 외국인거주자 카지노 환전금액 재환전 가능
재환전 시 제출	• 재환전 시 재환전신청서, 외국환매입증명서 및 여권 제출 • 특수 대상자(외교관, 외국 정부 공무원 등): 여권 외 신분증, 외국인등록증으로 대체 가능
거래외국환 은행 지정	• 외국통화등의 외국환은행에 대한 매각 및 예치 • 외국환은행으로부터의 외국통화 매입

04 2장 대고객 외환실무
외국통화의 매매

서류보관	환전영업자는 환전장부, 외국환매각신청서, 외국환매입증명서 등 환전관계 서류를 해당 연도 이후 **5년간** 보관하여야 함
무인환전기기 환전영업자 특례규정	• 매입·매각 한도: 동일자, 동일인 기준 미화 **2천 달러**(전산관리업자는 **4천 달러**) • 업무 준수 기준 　– 고객 실명확인증표(주민등록증, 여권 등) 스캔으로 인적사항 확인 　– 고객 보호 및 불편 해소를 위한 고객지원센터 운영
온라인 환전영업자 특례규정	• 매입·매각 한도: 동일자, 동일인 기준 미화 **2천 달러**(전산관리업자는 **4천 달러**) • 영업소 이외의 장소 또는 금융회사 등에 개설된 계좌를 통해서 고객으로부터 외국통화등을 수령하거나 고객에게 외국통화 등을 지급할 수 있음 • 주민등록번호, 여권번호 등 실명확인증표에 의해 인적사항 확인 • 관세청장 규정 절차 준수 • 고객 불만 처리 및 손해 배상 절차 마련 • 1억원 이상의 이행보증금 예탁 또는 보증보험 가입 • 온라인 환전업무용 외화계좌 사용 의무
겸영	• 환전영업자가 무인환전기기 방식과 온라인 방식을 동시에 겸영 시 관련규정을 모두 준수 • 무인환전기기환전영업자 매입·매각 한도: 동일자, 동일인 기준 미화 **2천 달러**(전산관리업자는 **4천 달러**) • 온라인환전영업자 매입·매각 한도: 동일자, 동일인 기준 미화 2천 달러(전산관리업자는 **4천 달러**)
보고	지정거래외국환은행의 보고: **거래일 다음 영업일까지** 한국은행총재에게 보고 → 한국은행총재는 보고 내용을 즉시 관세청장에게 통보

확인문제로 핵심키워드 정리하기

간단한 쪽지 시험으로 빈출 개념을 다시 정리해 보세요.

1 다음 설명이 맞으면 ○표, 틀리면 ×표 하세요.

(1) 거주자가 미화 5만 달러를 초과하는 외화를 매입할 경우, 자금 출처를 증빙해야 한다. (　　)

(2) 외국통화를 원화로 환전할 경우, 환전 당시 적용되는 환율은 대고객 현찰매입률이다. (　　)

(3) 외화 매입 시 반드시 외환당국에 신고해야 하며, 신고 없이 외화를 매입하는 것은 불가능하다. (　　)

(4) 외국인 거주자가 재환전할 경우, 최초 외화 매입 당시의 환율이 적용된다. (　　)

(5) 외국환업무취급기관은 외국통화의 매매 업무를 수행할 수 있으며, 이를 위해 한국은행의 승인이 필요하다. (　　)

2 다음 빈칸에 들어갈 알맞은 말을 적으세요.

(1) 거주자가 미화 5만 달러를 초과하는 외화를 매입할 경우, 자금 출처에 대한 (　　) 서류를 제출해야 한다.

(2) 외국통화를 원화로 환전할 때 적용되는 환율은 (　　) 현찰매입률이다.

(3) 외환거래법령에 따라 외국통화 매매가 허용된 경우, 별도의 (　　) 없이 자유롭게 거래할 수 있다.

(4) 외국인 거주자가 (　　)할 경우, 반드시 증빙서류가 있어야 한다.

(5) 외국환업무취급기관이 위조지폐를 발견하면 즉시 (　　)에 신고해야 한다.

---

01 다음 중 외국통화 매매 시 신고가 필요한 경우는?

① 미화 1천 달러를 환전하는 경우
② 미화 1만 달러를 매입하는 경우
③ 미화 2만 달러를 매입하는 경우
④ 미화 5만 달러를 초과하여 매입하는 경우

개념이해 미화 5만 달러를 초과하여 외화를 매입하는 경우, 자금 출처 증빙이 필요하다.

02 외국인 거주자가 재환전할 경우 필요한 서류는?

① 신분증
② 거주자등록증
③ 재환전 증빙서류
④ 외국환거래허가서

개념이해 외국인 거주자가 재환전할 경우 재환전 증빙서류가 필요하다.

오답분석 ④ 일정 금액 이상의 자본거래 등에 사용하는 허가서로, 일반 재환전에는 요구되지 않는다.

---

1 (1) ○ (2) ○ (3) × (4) × (5) ×
2 (1) 증빙 (2) 대고객 (3) 승인 (4) 재환전 (5) 경찰서

| 정답 | **01** ④　**02** ③

05 여행자수표

2장 대고객 외환실무

1 여행자수표의 개요

- 여행자수표(T/C, Traveler's Check)는 해외여행 시 현금을 대신할 수 있는 안전한 결제수단이다.
- 은행 등 금융기관에서 발행하며, 분실 시 재발행이 가능하다.
- 여행자수표는 현금을 사용할 때의 위험을 줄여주며 주로 은행, 호텔, 일부 상점 등에서 사용된다.

2 여행자수표의 발행 및 사용 절차

발행 절차	여행자수표는 은행 등 금융기관에서 발행하며, 발행 시 첫 번째 서명(Signature 1)을 작성하여 이를 통해 여행자수표의 소유자를 인증함 ※ 과거에는 은행이나 전용 기관(아메리칸익스프레스 등)이 수표를 발행해 구매자에게 교부하고, 구매자는 그 금액에 해당하는 원화(또는 다른 통화)와 발행수수료를 냄
사용 절차	• 결제 시 수표의 두 번째 서명(Signature 2)을 작성해야 하며, 최초 서명과 동일해야 함 • 수표를 제시하고 신분증을 통해 본인 확인을 받은 후 결제가 이루어짐

3 여행자수표의 특징

분실·도난 시 보호 및 재발행	여행자수표는 최초 서명(Signature 1)과 사용 시 서명(Signature 2)이 동일해야 하며, 이를 통해 분실이나 도난 시 재발행이 가능함
환율 적용 방식	여행자수표를 원화로 환전할 경우, 대고객 현찰매입률이 적용됨
사용 가능 지역	여행자수표는 주요 호텔, 은행, 일부 면세점 등에서 사용 가능하나 일부 국가에서는 사용이 제한적이며, 현금화(환전) 후 사용하는 경우도 있음

4 여행자수표의 환불 가능 여부

- 여행 후 남은 T/C나 해외에서 들여온 T/C를 국내 은행이 사들일 수 있는데, 이때 **동일자·동일점포 2만 달러 초과** 시 외국환신고필증이 필요하다.
- 서명 대조(구매 시 서명과 사용 시 서명)로 본인 여부를 확인한다.

개념확인문제

확인문제로 핵심키워드 정리하기

간단한 쪽지 시험으로 빈출 개념을 다시 정리해 보세요.

1 다음 설명이 맞으면 ○표, 틀리면 ×표 하세요.

(1) 여행자수표는 현금과 동일한 기능을 하며, 서명 없이도 사용할 수 있다. ( )

(2) 여행자수표는 은행 계좌 없이도 사용할 수 있는 지급 수단이다. ( )

(3) 여행자수표는 구매할 때 환율이 결정되므로, 환율 변동에 영향을 받지 않는다. ( )

(4) 여행자수표는 발행 은행이 보증하므로, 분실하더라도 즉시 현금으로 보상받을 수 있다. ( )

(5) 여행자수표는 모든 국가에서 제한 없이 사용 가능하다. ( )

2 다음 빈칸에 들어갈 알맞은 말을 적으세요.

(1) 여행자수표를 구매할 때는 ( ) 서명을 해야 한다.

(2) 여행자수표를 사용할 때는 ( ) 서명을 해야 하며, 구매 시 서명과 일치해야 한다.

(3) 여행자수표를 ( )로 환전할 경우 적용되는 환율은 대고객 현찰매입률이다.

(4) 여행자수표는 ( ) 없이도 사용할 수 있는 지급 수단이다.

(5) 여행자수표는 ( ), 호텔, 일부 면세점 등에서 사용 가능하다.

---

01 여행자수표를 사용할 때 반드시 필요한 절차는?

① 발행 은행의 승인이 필요하다.
② 사용 전에 은행에 신고해야 한다.
③ 현금과 교환한 후에만 사용할 수 있다.
④ 구매 당시와 동일한 서명을 해야 한다.

개념이해 여행자수표는 구매 시 서명과 동일한 서명을 해야만 사용할 수 있다.

오답분석 ① 발행은행의 승인 필요없이, 서명 확인만 거치면 사용 가능하다.
② 여행자수표는 전세계에서 통용되는 지급수단으로 일반적인 사용에 신고 의무는 없다.

02 여행자수표를 원화로 환전할 때 적용되는 환율은?

① 대고객 현찰매입률
② 대고객 현찰매도율
③ 대고객 전신환 매입률
④ 대고객 전신환 매도율

개념이해 여행자수표를 원화로 환전할 경우, 대고객 현찰매입률이 적용된다.

---

1 (1) × (2) ○ (3) × (4) × (5) ×
2 (1) 첫 번째(Signature 1) (2) 두 번째(Signature 2) (3) 원화 (4) 은행 계좌 (5) 은행

| 정답 | **01** ④ **02** ①

06 2장 대고객 외환실무
외화수표

1 외화수표의 개요

- 외화수표(Foreign Currency Check)는 해외에서 발행된 외화 표시 지급 수단으로 국내에서 추심을 거쳐 현금화할 수 있다.
- 은행수표, 개인수표, 머니오더 등으로 구분되며 원화로 환전할 때는 **대고객** 전신환매입률(T/T Buying Rate)이 적용된다.

2 외화수표의 종류

구분	내용
은행수표 (Bank Draft)	• 발행은행(또는 환거래은행)이 수표금액 지급을 보증하는 수표 • 우리나라의 자기앞수표와 유사하며, 비교적 안정적(부도 가능성 낮음) • 다만, 환거래은행인지(서명 확인 가능 여부)에 따라 처리 방식이 조금 달라짐
개인수표 (Personal Check)	• 개인(또는 법인)이 발행, 결제 은행이 그 개인의 계좌잔액을 지급 재원으로 삼음 • 우리나라의 당좌수표와 유사함 • 부도 위험이 있어 국내 은행에서 매입 시 엄격히 심사할 수 있음
머니오더 (Money Order)	• 발행기관(금융사, 우체국 등)이 책임을 지고 발행하는 수표 형태 • 신청인이 수표금액과 수수료를 내면, 발행기관 명의로 발행되는 소액 송금용 수표 • 소액 해외 송금이나 개인 간 금전 교환 등에 종종 쓰임
국고수표	• 각 국가 재무성 발행수표(캐나다 국고수표, 미재무성 국고수표) • 유효기간: 발행일로부터 **1년** • 추심이 불가능하여 **매입**거래만 가능함 ※일본 소절수: 일본 국내에서만 통용되는 수표로 추심·매입 모두 불가 ※채권(Bond): 추심·매입 모두 불가

3 외화수표의 취급

외화수표를 국내 은행에 제시할 때, 보통 추심 또는 매입의 두 가지 방식을 사용한다.

구분	내용
추심 (Collection)	• 국내은행이 먼저 수표를 해외 발행은행에 보내고, 실제 결제가 완료되어 자금이 도착하면 수취인에게 지급하는 방식 • 장점: 부도 위험이 거의 없음(발행은행에서 실금액 수령 후 지급) • 단점: 결제 완료까지 시간이 오래 걸릴 수 있음(며칠~수주)
매입 (Purchase)	• 국내은행이 수표금액을 미리 고객에게 지급(원화나 외화예금 등)하고, 뒤늦게 발행은행에 추심하여 자금을 회수하는 방식 • 장점: 고객이 빠르게 현금화 가능 • 단점: 만약 수표가 부도나 위조로 판명되면, 은행은 고객에게 이미 지급한 금액을 다시 청구(환불)해야 하는 위험 부담이 있음

※ 추심 전 매입도 부도 위험이 있어, 일부 은행은 개인수표는 추심 처리하고 신뢰도 높은 은행수표(특히 환거래은행 발행)는 매입하는 경우가 많다. 일반적으로 '추심 후 지급'이 '추심 전 매입'보다 더 안전하다.

06 2장 대고객 외환실무
외화수표

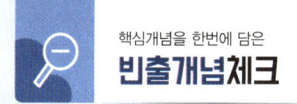

4 외화수표 부도관리

부도원인	• 발행인 계좌잔액 부족(개인수표) • 배서(Endorsement) 위조, 서명 불일치, 발행은행 서명 진위 불명 등
부도 시 처리절차	• 은행은 수표금액을 고객에게 이미 지급했다면 그 금액을 회수해야 함(환불 청구) • 부도 대금 원금·이자 회수 환율: 원금을 원화로 회수할 때 '회수 시점 전신환매도율(T/T Selling)'을 적용 　※ '미국 상법상 뒷면배서 위조 시 지급일로부터 3년 이내에 발행인이 이의 제기하면 부도처리 가능'이라는 내용이 자주 　　등장하며, '5년 이내' 등의 오답 선지 주의 • 추심 건의 경우면 은행은 아직 돈을 내주지 않았으니 부도 시 고객에게 단순히 부도 통보 후 종료
부도 등록요건	• 추심 전 매입한 외화수표가 대외 발송일부터 60일이 지나도록 결제 입금이 안될 경우에는 부도 처리 등록 • 매입 시 유의사항 　– 캐나다 국고수표와 미국 재무성 국고수표는 추심 전 매입만 가능하며 수표로서 추심 후 지급은 불가함 　　※ 해당국의 CLEARING SYSTEM상 추심이 불가능하기 때문 　– 일본 소정수표는 일본 국내에서만 통용되는 수표로서 매입이나 추심이 불가함 　– 미국 상법상 수표발행인은 앞면 위·변조의 경우 지급일로부터 1년 이내, 뒷면 배서 위조의 경우 지급일 　　로부터 3년 이내에 언제든지 지급은행에 이의를 제기하여 부도 처리할 수 있으므로 유의해야 함 　– 채권(Bond)은 매입이나 추심이 불가능함 　– 수표상에 통화가 $로만 표기된 수표는 지급은행 소재지 국가의 통화로 봄 • Money Order 매입 시 유의사항 　– Money Order는 Bank, Postal, Personal Money Order 등 그 종류가 다양하며, Personal Money 　　Order일 경우 은행에서 자금을 보증하는 것이 아니므로 매입 시 주의 　– U.S. Postal Money Order 중에서 'United States International Postal Money Order'로 명시된 경우 　　는 해외(미국 외 지역) 지급이 가능하지만, 은행에서는 매입할 수 없음(우체국 지급) 　– 'U.S. Postal Money Order' 중 'Negotiable Only in the U.S. and Possessions' 라고 찍혀있는 경우, 　　이는 미국과 그 영토에서만 유효하므로 해외에서 매입할 수 없다는 점에 유의 　– Canada에서 발행된 Postal Money Order 중 USD통화는 매입이나 추심이 불가능함

확인문제로 핵심키워드 정리하기

간단한 쪽지 시험으로 빈출 개념을 다시 정리해 보세요.

1 다음 설명이 맞으면 ○표, 틀리면 ×표 하세요.

(1) 외화수표는 국내 은행에서 즉시 현금화할 수 있으며, 별도의 지급 승인 절차가 필요하지 않다. ( )

(2) 개인수표(Personal Check)는 계좌 잔액이 부족하면 지급이 거절될 수 있다. ( )

(3) 외화수표는 일반적으로 은행수표(Bank Draft), 개인수표(Personal Check), 머니오더(Money Order)로 구분된다. ( )

(4) 외화수표의 현금화 소요 기간은 은행 간 거래 관계에 따라 달라질 수 있다. ( )

(5) 지급 보증이 없는 개인수표의 경우, 은행에서 추심 전에 현금화해 주는 것이 원칙이다. ( )

2 다음 빈칸에 들어갈 알맞은 말을 적으세요.

(1) 외화수표의 대표적인 종류에는 ( ), 개인수표, 머니오더가 있다.

(2) 외화수표를 원화로 환전할 경우 적용되는 환율은 대고객 ( )매입률이다.

(3) 개인수표는 발행인의 ( )이 부족할 경우 지급이 거절될 수 있다.

(4) 외화수표를 현금화하려면 국내 은행이 ( ) 은행에 추심 요청을 해야 한다.

(5) 외화수표의 현금화 소요 기간은 일반적으로 ( )주 내외이지만, 경우에 따라 더 길어질 수도 있다.

01 외화수표의 주요 특징으로 옳지 <u>않은</u> 것은?

① 외화수표는 발행 주체에 따라 종류가 구분된다.
② 외화수표는 국내은행에서 바로 현금화할 수 있다.
③ 외화수표의 현금화에는 일정 시간이 소요될 수 있다.
④ 외화수표는 국내은행이 발행 은행에 추심 요청을 해야 한다.

개념이해 외화수표는 국내 은행에서 바로 현금화되지 않으며, 발행 은행의 승인 절차를 거쳐야 한다.

02 개인수표(Personal Check)에 대한 설명으로 옳은 것은?

① 개인수표는 은행에서만 발행할 수 있다.
② 개인수표는 은행수표보다 지급 보장이 강하다.
③ 지급이 보장되므로 언제든지 현금화가 가능하다.
④ 발행인의 계좌 잔액이 부족하면 지급이 거절될 수 있다.

개념이해 개인수표는 발행인의 계좌 잔액이 부족하면 지급이 거절될 수 있다.

오답분석 ③ 개인수표는 지급이 보장되지 않으며, 발행인의 계좌 잔액 여부에 따라 지급 거절이 가능하다.

---

1 (1) × (2) ○ (3) ○ (4) ○ (5) ×
2 (1) 은행수표 (2) 전신환 (3) 계좌 잔액 (4) 발행 (5) 2~4

03 외화수표의 매입 처리 방식에 대한 설명으로 옳지 않은 것은?

① 고객에게 즉시 현금으로 지급하는 방식이다.
② 발행인의 지급 거절이 발생해도 이미 지급한 금액은 은행이 부담하지 않는다.
③ 매입 후 부도처리 시 은행은 고객에게 이미 지급한 금액을 다시 청구할 수 있다.
④ 외화수표를 고객에게서 매입하여 대금을 지급하고, 뒤늦게 발행은행에 추심하여 환수한다.

개념이해 발행은행이 지급을 거절(부도 등)하면 그 위험은 매입 당시 은행이 부담하게 되며 통상 고객에게 다시 청구하는 절차를 밟는다.

오답분석 ① 외화수표를 매입할 때, 은행은 고객에게 대금을 바로 지급하고 이후 발행은행에 추심 처리한다.
④ 외화수표 매입은 추심 전 매입 방식으로, 매입 후 발행은행에 추심하여 환수하는 절차이다.

04 외화수표의 현금화 소요 기간에 영향을 미치는 요인이 아닌 것은?

① 수표의 금액
② 수취인의 신용 등급
③ 환거래 은행과의 관계
④ 수표 발행 은행의 위치

개념이해 외화수표의 현금화 소요 기간은 수표 발행 은행의 위치, 금액, 환거래 은행과의 관계 등에 영향을 받지만, 수취인의 신용 등급과는 무관하다.

05 다음 중 지급 보장이 가장 강한 외화수표 유형은?

① 개인수표
② 머니오더
③ 은행수표
④ 여행자수표

개념이해 은행수표는 은행이 발행하고 지급을 보장하기 때문에 가장 신뢰도가 높다.

06 외화수표를 원화로 환전할 때 적용되는 환율은?

① 대고객 전신환 매입률
② 대고객 전신환 매도율
③ 대고객 현찰 매입률
④ 대고객 현찰 매도율

개념이해 외화수표를 원화로 환전할 경우 대고객 전신환 매입률이 적용된다.

오답분석 ③ 고객이 외화 현찰을 들고 왔을 때 적용하는 환율로, 외화수표는 현찰이 아니므로 해당되지 않는다.

| 정답 | 01 ② 02 ④ 03 ② 04 ② 05 ③ 06 ④

01 국제금융과 국제금융시장의 개요

3장 특수한 외환상품

1 국제금융시장의 의의

- 국가 간 또는 거주자와 비거주자 간에 장·단기 금융거래가 반복·대량으로 일어나는 장(場)을 의미한다. 거래 대상은 예금·채권·주식·파생상품 등 모든 외국통화 표시 자산이며, 외환시장까지 넓은 의미의 국제금융시장에 포함된다.

2 국제금융의 기능

국제대차 결제	교역·투자 대금을 외화로 상계·결제
국제무역 지원	수출입 과정의 단기 자금 융자
국제대차 및 국제유동성 조정	• 경제개발이나 국제수지 적자를 보전하는 데 필요한 중장기 자금을 조달 • 국가·기업 간 초과·부족 자금을 이동시켜 균형 유지
국제자금 관리 경로 제공	다국적기업이나 국제은행에 환위험 관리, 유동성 관리, 투자·투기 경로 등 다양한 금융기법을 제공함

3 국제금융시장의 세부 구성

외환시장
(FX Market)
	• 정의: 이종통화 간의 교환으로 환율을 결정하는 추상적 개념의 시장
	• 기능: 국가 간 구매력 이전, 무역·투자 신용제공, 환위험 관리 경로 등
	• 형태
	  – 현물환 시장(Spot): 계약과 거의 동시에 결제가 이뤄짐
	  – 선물환 시장(Forward): 일정 기간 후에 결제가 이뤄짐
	  ※ 대부분 장외거래(OTC) 형태이고 특정 장소만을 의미하지 않으며, 대규모 은행 간 거래 비중이 높음

단기금융시장
(Money Market)
	• 정의: 만기 1년 이하의 상품(CD, CP, 재정증권, 콜자금 등)이 거래되는 시장
	• 특징
	  – 운전자금 조달, 여유자금 운용(안정성과 유동성 중시)
	  – 공개시장조작 등 통화정책 수립·집행에 용이
	  – 국제자금 거래와 연계되어 금리재정거래(Interest Arbitrage)가 발생하기도 함
	  ※ 참가자들은 위험회피 성향이 높고, 수익성보다는 안전성을 더 중시함

중장기 자본시장
(Capital Market)
	• 정의: 만기가 보통 1년 이상인 채권·주식·CB·DR 등이 거래되는 시장
	• 특징
	  – 투자은행, 증권사가 주축이 되어 직접금융 형태로 자금을 조달
	  – 발행시장(Primary)과 유통시장(Secondary)으로 구분됨
	  – 금융통화당국이 직접 규제하기보다는 간접적 영향을 미치는 편임
	  ※ 기업의 장기 설비자금 조달, 투자은행 주도, 직접금융 등의 키워드로 출제됨

직접/간접금융	• 직접금융: 기업이 채권·주식을 발행하여 직접 투자자로부터 자금을 조달 • 간접금융: 은행 대출·예금 등을 통해 중개기관(은행)이 자금을 연결
역내/역외시장	• 역내시장(Onshore): 자국 시장 내에서 자국 통화로 거래 • 역외시장(Offshore): 통화발행국 밖에서 해당 통화로 이뤄지는 거래(유로시장 등)

확인문제로 핵심키워드 정리하기

간단한 쪽지 시험으로 빈출 개념을 다시 정리해 보세요.

1 다음 설명이 맞으면 ○표, 틀리면 ×표 하세요.

(1) 국제금융시장은 단기금융시장, 자본시장, 외환시장, 국제채권시장 등으로 구성된다. (　　)

(2) 국제금융시장의 주요 기능 중 하나는 국가 간 채권·채무 관계를 원활하게 결제하는 것이다. (　　)

(3) 단기금융시장은 만기 3년 이하의 금융상품을 거래하는 시장이다. (　　)

(4) 국제금융시장에서 거래되는 금융상품에는 예금, 채권, 주식 등이 포함된다. (　　)

(5) 외환시장은 국제금융시장과 무관하며, 국가 내부에서만 운영된다. (　　)

2 다음 빈칸에 들어갈 알맞은 말을 적으세요.

(1) 국제금융시장은 단기금융시장, (　　), 외환시장, 국제채권시장 등으로 구성된다.

(2) 국제금융시장의 금융거래는 (　　) 거래 또는 금융기관을 통해 이루어진다.

(3) 단기금융시장은 만기 (　　) 이하의 금융상품이 거래되는 시장이다.

(4) 중장기 자본시장에서는 (　　) 및 장기 금융상품이 거래된다.

(5) 국제채권시장은 국가 간 (　　) 발행 및 거래가 이루어지는 시장이다.

개념확인문제

개념을 확실하게 정리하는

01 다음 중 국제금융시장의 구성 요소가 아닌 것은?

① 외환시장
② 자본시장
③ 소비재시장
④ 단기금융시장

개념이해 소비재시장은 국제금융시장과 무관하다.

보충학습 국제금융시장은 국제적으로 자금이 이동하고 금융거래가 이루어지는 시장으로, 다음과 같은 구성요소로 이루어진다.
- 외환시장 : 서로 다른 통화 간 교환 거래
- 단기금융시장 : 만기 1년 이내 단기 자금 거래
- 자본시장 : 주식, 채권 등 장기 자금 거래

반면, 소비재시장은 물품이나 서비스의 실물거래가 이루어지는 상품시장에 해당하므로 국제금융시장의 구성요소가 아니다.

02 외환시장의 역할로 적절하지 않은 것은?

① 환율 결정
② 통화 교환
③ 국가 간 금융거래 중개
④ 국내 실물경제 생산 관리

개념이해 외환시장은 실물경제 생산을 관리하지 않는다.

---

1 (1) ○ (2) ○ (3) × (4) ○ (5) ×
2 (1) 자본시장 (2) 직접 (3) 1년 (4) 주식 (5) 채권

| 정답 | 01 ③　02 ④

02 환율연동상품

3장 특수한 외환상품

1 환율연동상품의 개념과 종류

개념	• 환율연동상품은 정기예금(또는 채권) 원금을 그대로 두고, 그 이자 일부를 통화옵션(Call·Put)을 사는 데 사용해 옵션 수익을 추가 금리 형태로 돌려주는 '원금 + 옵션' 결합 상품이다. • 자금 흐름 예시 ① 원금: 고객이 1년 만기 예금(예: 연 3%)에 가입 → 원금과 기본이자(2%)는 은행이 보장 ② 옵션: 나머지 1% 이자만큼 은행이 USD Call / KRW Put 같은 옵션을 매수 ③ 만기 시 환율이 옵션 조건을 충족하면 옵션 이익을 더해 금리를 올려 주고, 빗나가면 기본 2%만 지급 ▶ 이렇게 갈라놓으면, 원금 100% + 기본금리는 이미 안전하게 확보되고, ▶ 옵션이 잘 맞으면 추가 수익이 생기고, 빗나가면 0원이 되지만 원금·기본금리는 변동 없음 ※ 환율연동 정기예금 = 원금·기본금리를 고정해 두고, 옵션으로 '보너스 금리'를 노리는 예금

• 기본 형태

유형	환율 조건	추가 금리 발
상승형	환율이 기준선 이상 상승	원·약세(**달러 강세**) 때 초과 이자
하락형	환율이 기준선 이하 하락	원·강세(**달러 약세**) 때 초과 이자
범위형	환율이 미리 정한 구간 유지	구간 안에 머무르면 우대 금리

※ 상승형과 달러 강세의 내용이 자주 출제됨

2 ELD·ELF와 비교

항목	환율연동 정기예금(ELD 형식)	ELF(증권사 판매)
판매 주체	은행	증권사
원금보장	예금자보호 5천만 원	원금 비보장
상장 여부	불가(예금은 유가증권 아님)	대부분 상장·유통 가능
예상 수익	안정성↑ 예상 수익↓	안정성↓ 예상 수익↑

02 환율연동상품

3장 특수한 외환상품

③ 통화옵션 기초 이해

• 콜·풋 구분

구분	살 권리	유리한 시기(달러/원 예)
USD Call KRW Put	달러를 미리 정한 값으로 사겠다.	'달러가 오를 것' 같을 때
USD Put KRW Call	달러를 미리 정한 값으로 팔겠다.	'달러가 내릴 것' 같을 때

• 숫자로 보는 행사·결제

> 예시: USD Call 100만 $, 행사환율 1,180원, 만기 현물 1,190원
> • 행사하면 원화 118억 내고 달러 100만$ 받는다. 시장가는 1,190원이므로 10원*100만 $ = 1억 이익
> • European Style 옵션이라 '만기일 하루'만 행사 가능하며, 결제는 통상 T+2일에 이뤄진다.

• 옵션값을 흔드는 5대 변수

현물환율 · 행사환율 · 만기 · 양국 금리차 · 내재변동성(σ)
※ 유동성은 포함되지 않는다.

④ 위험과 판매 시 유의사항

이자 0% 위험	환율이 불리하게 움직이면 정기예금 기본금리만 받거나 그마저도 0%가 될 수 있음
시장 변동성	정부 개입, 글로벌 이벤트로 환율 변동 폭이 커질수록 옵션 가치가 급변함
설명의무	은행은 옵션 구조·최대이익/손실 구간을 서면과 음성으로 안내해야 함

확인문제로 핵심키워드 정리하기

간단한 쪽지 시험으로 빈출 개념을 다시 정리해 보세요.

1 다음 설명이 맞으면 ○표, 틀리면 ×표 하세요.

(1) 환율연계예금(DCD)은 특정 환율 조건을 충족하면 원리금이 사전에 정해진 통화로 지급되는 상품이다. ( )

(2) 통화옵션을 매입한 투자자는 반드시 계약된 환율로 거래를 실행해야 한다. ( )

(3) 환율연동채권(FX-Linked Bonds)의 이자는 환율 변동과 관계없이 일정하게 지급된다. ( )

(4) 환변동보험(FX Risk Insurance)은 환율 변동으로 인해 발생하는 손실을 보장하는 상품이다. ( )

(5) 환율연동상품은 환율 변동성을 활용한 투자 목적뿐만 아니라 환위험을 관리하는 용도로도 활용된다. ( )

2 다음 빈칸에 들어갈 알맞은 말을 적으세요.

(1) 환율연동채권(FX-Linked Bonds)의 이자 지급액은 특정 ( ) 변동에 따라 달라진다.

(2) 환변동보험(FX Risk Insurance)은 환율 변동으로 인해 발생할 수 있는 ( )을 보장하는 보험 상품이다.

(3) DCD는 일반 예금보다 높은 ( )를 제공하지만, 환율 변동에 따라 손실 위험이 존재한다.

(4) 옵션 매입자는 계약된 환율로 거래할 수 있는 ( )을 가지지만, 반드시 행사해야 하는 것은 아니다.

(5) 환율연동상품은 환위험을 ( )하거나, 환율 변동성을 이용해 추가 수익을 창출하기 위한 목적으로 사용된다.

01 환율연동채권(FX-Linked Bonds)의 이자 지급 방식은?

① 고정 금리로만 운영된다.
② 일정한 이율로 이자가 지급된다.
③ 투자자가 선택한 통화로 이자가 지급된다.
④ 환율 변동에 따라 이자 지급액이 결정된다.

개념이해 환율연동채권의 이자는 환율 변동에 따라 달라질 수 있다.

오답분석 ① FX-Linked Bonds는 고정금리가 아닌 환율 연동형이다.

02 DCD의 특징으로 옳은 것은?

① 일반 정기예금보다 금리가 낮다.
② 환율 변동과 관계없이 항상 동일한 금리를 적용받는다.
③ 특정 환율 조건 충족 시 원리금이 특정 통화로 지급된다.
④ 원금이 보장되며, 환율 변동에 따른 손실이 발생하지 않는다.

개념이해 DCD는 특정 환율 조건을 충족하면 원리금이 특정 통화로 지급된다.

---

1 (1) ○ (2) × (3) × (4) ○ (5) ○
2 (1) 환율 (2) 손실 (3) 금리 (4) 선택권 (5) 헤지

| 정답 | 01 ④ 02 ③

03 외화보험상품

3장 특수한 외환상품

빈출개념체크 - 핵심개념을 한번에 담은

1 외화보험상품의 개념

- 외화보험은 보험료·연금·해약환급금이 모두 달러·엔화·유로 등 외국통화로 표시·지급되는 장기저축성 상품이다.
- 예금자보호 대상이 아니므로, 보험계약자보호(파산 시 5천만원 한도)는 적용되지 않는다.
- 보험료 납입·환급 시점의 원/외화 환율에 따라 환차익·환차손이 그대로 계약자에게 귀속된다.
- 판매·감독 근거:「보험업법」및 금융감독원 '외화보험 모집·판매 가이드라인'

2 주요 외화보험상품의 유형

외화저축성보험	• 보험료를 외화로 납부하고 만기 시 외화로 지급받는 저축성 상품 • 해외 금리와 연동된 수익 구조를 가짐
외화연금보험	• 일정 기간 외화로 보험료를 납입하고, 연금 형태로 지급받는 상품 • 해외 거주자나 글로벌 자산 운용을 고려하는 투자자에게 유리함
외화종신보험	• 가입자가 사망하면 사망보험금을 외화로 지급하는 상품 • 국제 자산 이전 및 상속 설계에 활용 가능
외화변액보험	• 보험료를 외화로 납입하고, 글로벌 금융시장에 투자하여 실적에 따라 적립금이 변동하는 보험 • 외화표시 채권, 주식 등에 투자할 수 있으며 환율 변동에 직접적인 영향을 받음

3 공통 리스크와 소비자 유의사항

환차손	달러 강세기에 가입했다가 만기 시 원화 강세(환율 하락)가 오면 보험수익이 원화 기준으로 줄어듦
중도해지 손실	해약환급금은 '적립금 − 해지공제액 − 환차손'으로 산정되므로, 만기 이전 해지 시 원금이 깎일 수 있음
낮은 유동성	만기·연금개시 전에 담보 대출을 제외하면 현금화가 어려움
수수료·보증비용	변액·지수연동형은 펀드보수·옵션비용·보증료가 연 1~2% 차감되어 표면금리보다 실수익이 작음

확인문제로 핵심키워드 정리하기

간단한 쪽지 시험으로 빈출 개념을 다시 정리해 보세요.

1 다음 설명이 맞으면 ○표, 틀리면 ×표 하세요.

(1) 외화보험상품은 보험료 납입과 보험금 지급이 모두 외화로 이루어지는 상품이다. (   )

(2) 외화연금보험은 가입자가 사망하면 외화로 보험금을 지급하는 상품이다. (   )

(3) 외화저축성보험은 일정 기간 동안 외화를 납입하고 만기 시 원리금을 외화로 지급받는 상품이다. (   )

(4) 외화변액보험은 외화로 보험료를 납입하고 글로벌 금융시장에 투자하여 실적에 따라 보험금이 변동된다. (   )

(5) 외화보험상품은 환율 변동과 무관하게 원금과 이자가 보장된다. (   )

2 다음 빈칸에 들어갈 알맞은 말을 적으세요.

(1) 외화보험상품은 보험료 납입, 보험금 지급, (   ) 운용이 외화로 이루어지는 보험이다.

(2) 외화연금보험은 일정 기간 외화로 보험료를 납입하고, (   ) 형태로 보험금을 지급받는 상품이다.

(3) 외화저축성보험은 (   ) 시점에 원리금을 외화로 지급받는 저축형 보험이다.

(4) 외화변액보험은 보험료를 외화로 납입하고 글로벌 (   ) 시장에 투자하여 적립금이 운용된다.

(5) 외화종신보험은 가입자가 (   )할 경우 사망보험금을 외화로 지급하는 상품이다.

01 외화보험상품의 특징이 <u>아닌</u> 것은?

① 해외 거주자는 가입할 수 없다.
② 환율 변동의 영향을 받을 수 있다.
③ 글로벌 금융시장과 연계된 상품도 있다.
④ 보험료 납입과 보험금 지급이 외화로 이루어진다.

개념이해 외화보험상품은 해외 거주자도 가입이 가능하다.

02 외화보험상품 해지 시 고려해야 할 사항이 <u>아닌</u> 것은?

① 중도 해지 시 원금과 이자가 보장된다.
② 해지 시 적용되는 환율이 달라질 수 있다.
③ 환율 변동으로 인해 환차손이 발생할 수 있다.
④ 계약 유지 기간에 따라 해지환급금이 달라질 수 있다.

개념이해 중도 해지 시 원금과 이자가 보장되지 않을 수도 있다.

오답분석 ② 해지 시점의 환율로 원화 환산, 금액 달라질 수 있다.
④ 보험 유지 기간에 따라 환급금액이 달라진다.

---

1 (1) ○ (2) × (3) ○ (4) ○ (5) ×
2 (1) 적립금 (2) 연금 (3) 만기 (4) 금융 (5) 사망

| 정답 | 01 ① 02 ①

04 해외펀드 상품

3장 특수한 외환상품

① 해외펀드 상품의 개념

- 해외펀드는 집합투자재산이 60% 이상 해외자산(주식·채권·부동산·ETF 등)으로 운용되는 금융투자상품이며 글로벌 주식, 채권, 부동산 등에 분산 투자할 수 있다.
- 국내 금융기관을 통해 가입 가능하며, 국제 금융시장에 직접 투자하는 효과를 얻을 수 있다.
- 예금자보호 미적용·원금 비보장. 운용실적과 환율 변동에 따라 손실이 0~100%까지 발생할 수 있다.
- 판매·공시 근거: 「자본시장법」 및 금융투자회사 영업규정 §4-48, §4-62

② 해외펀드 상품의 유형

해외주식형 펀드	해외 기업 주식에 투자하는 펀드로, 특정 국가나 글로벌 시장을 대상으로 운용됨 ※ 미국, 유럽, 신흥국 주식형 펀드 등
해외채권형 펀드	• 해외 국채, 회사채 등에 투자하여 이자 수익을 목표로 하는 펀드 • 금리 변화 및 환율 변동에 따라 수익률이 달라짐
해외부동산 펀드	• 해외 부동산 및 관련 자산(리츠, 인프라 등)에 투자하는 펀드 • 장기적인 자산 가치 상승을 목표로 하며, 유동성이 낮을 수 있음
해외혼합형 펀드	• 해외 주식과 채권에 혼합 투자하여 안정성과 수익성을 동시에 추구하는 펀드 • 시장 변동성을 줄이면서도 글로벌 투자의 기회를 제공함
펀드 오브 펀드 (FoF, Fund of Funds)	• 다양한 펀드에 분산 투자하는 상품으로, 여러 자산에 간접 투자하는 효과를 가짐 • 포트폴리오 다변화가 가능하지만 관리 수수료가 추가될 수 있음

③ 해외펀드 상품의 장점·위험성

장점	• 글로벌 분산 투자를 통한 위험 관리 가능 • 해외 경제 성장률 및 특정 산업 성장 수혜 가능 • 국내 시장 대비 높은 수익률을 기대 가능
위험성	• 환율 변동으로 인한 원금 손실 가능성 • 해외 경제 및 금융시장의 불확실성 영향 • 각국의 법률 및 세제 변화가 투자 수익에 미칠 영향 존재

④ 해외펀드 투자의 특징

- 장기투자는 단기 환율 변동폭이 커 손실 위험이 높을 수 있으므로, 장기로 가져갈수록 위험을 분산할 수 있다(안정적인 수익 추구).
- 해외펀드는 환차익 목적이 아니므로, 환차익만을 노리는 투자는 바람직하지 않다.
  → 해외펀드의 핵심은 자산 분산과 포트폴리오의 다각화
- 운용사 실적, Load(판매수수료), 환헤지 비용 등을 고려해야 한다.

확인문제로 핵심키워드 정리하기

간단한 쪽지 시험으로 빈출 개념을 다시 정리해 보세요.

1 다음 설명이 맞으면 ○표, 틀리면 ×표 하세요.

(1) 해외펀드는 국내 금융시장에만 투자하는 펀드를 의미한다. ( )

(2) 해외주식형 펀드는 특정 국가 또는 글로벌 주식시장에 투자하는 펀드이다. ( )

(3) 해외채권형 펀드는 환율 변동과 관계없이 일정한 이자를 제공한다. ( )

(4) 해외펀드는 글로벌 금융시장 변동성과 환율 리스크를 고려해야 한다. ( )

(5) 해외부동산펀드는 해외 부동산을 직접 매입하는 것이 아니라 부동산 관련 자산에 투자하는 펀드이다. ( )

2 다음 빈칸에 들어갈 알맞은 말을 적으세요.

(1) 해외펀드는 투자자의 자금을 모아 해외 ( )시장에 투자하는 집합투자상품이다.

(2) 해외주식형 펀드는 특정 국가 또는 ( ) 주식시장에 투자하는 펀드이다.

(3) 해외채권형 펀드는 해외 ( ) 및 회사채에 투자하여 이자 수익을 추구한다.

(4) 해외부동산펀드는 해외 부동산 또는 부동산 관련 ( )에 투자하는 펀드이다.

(5) 해외혼합형 펀드는 해외 ( )과 채권을 혼합하여 투자하는 펀드이다.

01 해외펀드상품의 특징이 <u>아닌</u> 것은?

① 글로벌 금융시장에 투자한다.
② 포트폴리오 다변화가 가능하다.
③ 국내 주식만을 대상으로 투자한다.
④ 환율 변동의 영향을 받을 수 있다.

개념이해 해외펀드는 글로벌 금융시장에 투자하며, 국내 주식만을 대상으로 하지 않는다.

02 해외주식형 펀드의 주요 특징은?

① 부동산에 투자한다.
② 해외 채권에 투자한다.
③ 현금성 자산에 투자한다.
④ 해외 주식시장에 투자한다.

개념이해 해외주식형 펀드는 해외 주식시장에 투자하는 펀드이다.

보충학습 해외주식형 펀드란 해외에 상장된 주식이나 주식관련 자산(ETF, DR 등)에 투자하는 펀드이며, 주요 특징은 다음과 같다.
- 해외 주식시장의 성장성과 수익률을 추구
- 환율 변동에 따라 환차익·환차손 발생 가능
- 지역별, 산업별, 테마별로 다양하게 운용 가능

---

1 (1) × (2) ○ (3) × (4) ○ (5) ○
2 (1) 금융 (2) 글로벌 (3) 국채 (4) 자산 (5) 주식

| 정답 | **01** ③ **02** ④

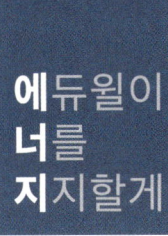

성공은 우리가 생각하는
자신의 모습을 끌어올리는 것에서
시작한다.

– 덱스터 예거(Dexter Yager)

01 4장 외국환회계
외국환회계 개요

1 개념

- 외국환회계는 외국환은행이 수행하는 외환 거래에서 발생하는 자산, 부채, 손익 변동을 기록하고 관리하는 회계 시스템이다.
- **복식부기**의 원칙을 따르며, 외화재무상태표 작성 기준과 계정과목 처리 기준을 마련하는 것이 주요 목적이다.
- 일반 은행회계와 유사하지만, 다음과 같은 외환 거래의 특성을 반영한다.

  - 다양한 통화를 사용하는 국제 거래가 빈번함
  - 매입외환, 매도외환, 미결제외환 등 외환 특유의 계정 활용
  - 외화재무상태표는 금융당국의 외환건전성 평가 및 외환정책 수립을 위한 기초 자료로 사용됨

2 외국환회계의 주요 특징

외화재무상태표	• 일반 재무제표(손익계산서 등)와 달리, 외화재무상태표에서는 손익 항목을 원화로 처리함 • 계정과목 배열은 상대적 유동성배열법을 적용 • 주로 미국 달러(USD) 기준으로 작성됨
상품적 성격	• 외국 통화, 외화수표 등 외국환 자체를 상품으로 간주 • 환율 변동에 따라 가치가 달라져, 거래 시점에 따라 손익 발생

환율의 개입	• 외환거래에서는 각 통화 간 교환비율(환율)이 필수적으로 적용됨
	• 적용환율
	    – 현찰매매율: 외화를 현금으로 사고팔 때 적용되는 환율
	    – 전신환매매율: 전신송금 방식으로 거래할 때 적용되는 환율
	• 환율은 다음 요소에 따라 달라짐
	    – 통화 종류 (예: USD, JPY, EUR)
	    – 거래 유형 (예: 송금, 수출환어음 매입, 외화예금)
	    – 결제 방법 (예: 현찰, 전신환)

외환손익 평가 방식	• 국제 외환 거래에서는 매매이익뿐만 아니라, 신용거래와 관련된 이자 및 수수료도 손익 요소에 포함됨 • 외환거래에서 발생하는 모든 손익은 즉시 원화로 환산하여 반영 • 환가료(Exchange Commission): 외국환 매입과 결제 기간 사이의 이자 • 매매마진: 대고객 외국환거래 시 환율차이에서 발생하는 마진 • 수수료 : 용역의 대가

외환거래에서의 특수 계정	• 외환거래에서는 거래의 진행 상태에 따라 경과계정과 결제계정으로 구분됨
	    – 경과계정: 매입외환, 미결제외환 등 (일시적인 중간 처리 계정)
	    – 결제계정: 외화본지점, 외화타점예치금 등 (거래가 최종적으로 귀착되는 계정)

01 외국환회계 개요

4장 외국환회계

대내외 구분 기준	• 거주성에 따라 외화자산·부채를 두 갈래로 구분 • 통계·감독지표(외환보유액, NFA) 산출 시 필수 전제값			
	구분기준	외화자산	외화부채	대표사례
	거주자 ↔ 거주자	대내외화자산	대내외화부채	내국 기업이 국내은행에 보유한 USD 예금
	거주자 ↔ 비거주자	대외외화자산	대외외화부채	해외법인에 대한 USD 대출
예정대체일 제도	• 해외 결제통보 도착을 기다리지 않고 거래일 + 8일(일람출금신용장 수출환어음 추심전 매입)째 되는 날 자동으로 '경과계정 → 결제계정'으로 대체 • 목적: 외화자금 조기 가시화·유동성 관리 효율화 ※ 예정대체일은 현금주의 아님, 유동성 중시			

확인문제로 핵심키워드 정리하기

간단한 쪽지 시험으로 빈출 개념을 다시 정리해 보세요.

1 다음 설명이 맞으면 ○표, 틀리면 ×표 하세요.

(1) 외국환회계는 복식부기를 원칙으로 하며, 외화재무상태표는 주로 미국 달러(USD) 기준으로 작성된다. (　　)

(2) 외국환거래에서는 모든 외화자산과 외화부채를 최초 거래 시 적용된 환율로 평가한다. (　　)

(3) 외국환은행은 외화재무상태표를 작성할 때, 외화 손익 항목을 원화 기준으로 반영해야 한다. (　　)

(4) 외국환거래에서는 환율 변동에 따른 손익이 발생할 수 있으며, 이러한 손익을 외환손익이라고 한다. (　　)

(5) 외환거래에서 현찰매매율과 전신환매매율은 동일한 환율을 의미한다. (　　)

2 다음 빈칸에 들어갈 알맞은 말을 적으세요.

(1) 외국환회계는 기본적으로 (　　　) 원칙을 따른다.

(2) 외화재무상태표에서 손익 항목은 반드시 (　　　) 기준으로 평가하여 반영해야 한다.

(3) 외국환은행이 보유한 외화자산과 외화부채의 변동은 (　　　) 변동에 영향을 받는다.

(4) 외화재무상태표에서는 계정과목 배열 시 (　　　) 유동성배열법을 적용한다.

(5) 외국환은행의 외환거래에서 발생하는 환차손익은 (　　　) 손익에 포함된다.

01 외화재무상태표에서 손익 항목을 평가할 때 적용해야 하는 기준은?

① 원화 기준
② 외화 기준
③ 거래 발생 시의 환율 기준
④ 외국환은행의 내부 기준

개념이해 외화재무상태표에서는 모든 손익 항목을 원화 기준으로 평가하여 반영해야 한다.

오답분석 ② 재무제표는 반드시 원화로 표시해야 한다.
③ 환산할 때 적용되는 환율일 뿐, '기준통화' 자체는 원화이다.
④ 법적 회계처리 기준이 아니다.

02 외환거래에서 외화가 금융상품처럼 취급될 수 있는 이유는?

① 외화는 현금과 동일하기 때문이다.
② 환율 변동에 따라 가치가 달라지기 때문이다.
③ 외국환은행이 직접 외화를 발행하기 때문이다.
④ 외국환거래는 모두 동일한 가치로 평가되기 때문이다.

개념이해 외환거래에서는 환율 변동에 따라 외화의 가치가 달라지므로 금융상품처럼 취급될 수 있다.

---

1 (1) ○ (2) × (3) ○ (4) ○ (5) ×
2 (1) 복식부기 (2) 원화 (3) 환율 (4) 상대적 (5) 외환

| 정답 | **01** ① **02** ②

02 계정과목 해설

4장 외국환회계

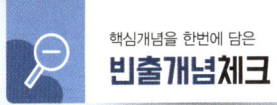
핵심개념을 한번에 담은
빈출개념체크

1 외화 계정과목의 개요

- 외화 관련 계정과목은 「은행업감독업무 시행세칙」에서 정한 '외국환계정 회계처리기준'에 따라 운영된다.
- 외국환은행은 이 기준을 준수하여 외화자산과 외화부채를 정확하게 회계처리 해야한다.
- 외화자산과 부채는 거래가 발생한 통화 기준으로 계상되며, 금융기관은 이를 다음과 같이 보고한다.
    - 한국은행: 외국환은행의 외화자금상황보고서 제출
    - 금융감독원: 외국환업무보고서 및 외화재무상태표 작성

2 외화 계정과목의 체계

차변(왼쪽)	대변(오른쪽)		반대방향에 쓰면 (−) 기록
(1) 자산	(2) 부채	▶	재무상태표(B/S)
	(3) 자본		
비용	수익	▶	손익계산서(I/S)

구분	자산계정(차변)	부채계정(대변)
외국통화	외국통화	외화예수금
외화예치금	외화예치금	매도외환
외화증권	외화증권	미지급외환
외화대출금	외화대출금	외화차입금
경과계정	매입외환, 미결제외환	매도외환, 미지급외환
결제계정	외화본지점, 외화타점예치금	외화본지점, 외화타점예수금

3 주요 계정과목

외화자산계정	외국통화 (Foreign Currency)	• 외국환은행이 보유한 외화 현금만 포함하며 타인발행수표, 자기앞수표, 송금수표, 우편환증서 등은 해당되지 않음 • 외화 현찰 보유량을 차변(자산)으로 계상 　－ 외화현찰 매입 시: 외국통화(차변) ↑ / 원화자산(대변) ↓ 　－ 외화현찰 매도 시: 외화통화(대변) ↓ / 원화자산(차변) ↑			
	외화예치금 (Due from Bank in Foreign Currency)	• 해외은행·국내 타외국환은행·한국은행 등에 예치한 외화자금 • 종류			
		구분	자금형태	자산/부채	경과/결제
		외화타점예치금 (Our A/C, Nostro)	해외은행·한국은행·국내 타외은행	자산	결제계정
		외화타점예수금 (Their A/C, Vostro)	국내계좌 내 해외은행 명의	부채	결제계정
		외화정기/기타예치금	목적성·정기성 자금 '만기' 있으면 정기, 없으면 기타	자산	결제계정

02

4장 외국환회계
계정과목 해설

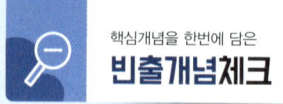

외화 자산 계정	외화예치금 (Due from Bank in Foreign Currency)	예시) 신용장방식 수출환어음 매입 ① 매입일 → 매입외환(경과) 증가 ② 예정대체일(+8일) → 외화타점예치금(결제)로 자동이체
	매입외환 (Purchased Foreign Exchange)	• 고객이 보유한 외국환(수표, 수출환어음 등)을 '추심전매입' 형식으로 은행이 먼저 사들였을 때, 해외에서 실제로 대금이 도착하기 전까지 임시로 처리하는 계정 • 매입외환 계정 잔액: 아직 해외로부터 입금이 확정되지 않은 외화(추심 중) ※ '매입외환은 경과계정이며 자산계정'임을 묻는 문제 빈출
	미결제외환 (Unsettled Foreign Exchange)	해외 예치금 계정에 이미 자금이 입금·차감되었으나, 부족분 또는 귀속이 불명확한 금액이 남아 있을 때 임시로 처리 ※ 수출환어음 추심금액 일부가 부족하여 다시 국내 고객에게 정산해야 할 경우, 그 부족분을 '미결제외환'으로 잡음
	기타 외화대출금· 외화증권· 외화리스자산 등	일반은행회계와 유사한 방식이지만, 통화단위가 '외화'라는 점이 다름
외화 부채 계정	매도외환 (Sold Exchange) [경과계정 / 부채]	• 은행이 고객 의뢰로 해외로 송금(당발송금)하거나 외화송금수표(DD)를 발행했는데, 아직 해외에서 실제 지급되지 않은 상태일 때 대변에 잡음 • 전신송금(T/T)인 경우에는 바로 결제계정(외화타점예치금 등)으로 가는 경우도 많음
	미지급외환 (Unpaid Exchange) [경과계정 / 부채]	• 해외에서 타발송금(해외발송 대금)이 이미 은행의 외화계정에 들어왔으나 국내 수취인에게 지급이 완료되지 않은 경우 • 일시적으로 은행이 보유하게 되는 부채 성격
	외화예수금 (Foreign Currency Deposits)	• 개인·기업 등이 은행에 맡긴 외화자금(외화 보통예금, 외화 정기예금 등) • 은행에서는 '고객에게 언젠가 돌려줘야 할 돈'이므로 부채에 해당
	외화타점예수금 (Their Account)	• 해외은행 또는 외국환은행이 국내 은행에 개설한 예치금(선방계정, Vostro A/C) • 은행에서는 '고객에게 언젠가 돌려줘야 할 돈'이므로 부채에 해당
외화자본계정		• 은행이 외화표시로 발행한 주식, 자본잉여금 등이 있다면 외화자본계정에 해당함 • 실제 재무제표 공시 시에는 원화로 환산하여 표기하는 경우가 많음

❹ 경과계정 vs 결제계정

구분	자산계정(차변)	부채계정(대변)
경과계정	매입외환, 미결제외환	매도외환, 미지급외환
결제계정	외화본지점, 외화타점예치금	외화본지점, 외화타점예수금

• 경과계정(결제 전 임시 처리): 매입외환(자산), 미결제외환(자산), 매도외환(부채), 미지급외환(부채)
• 결제계정(최종 귀속): 외화타점예치금(자산), 외화타점예수금(부채), 외화본지점 등
※ 〈매입외환/매도외환 = 경과계정〉 vs 〈외화타점예치금 = 결제계정〉

확인문제로 핵심키워드 정리하기

간단한 쪽지 시험으로 빈출 개념을 다시 정리해 보세요.

1 다음 설명이 맞으면 ○표, 틀리면 ×표 하세요.

(1) 외화타점예치금(Nostro Account)은 외국환은행이 해외 금융기관에 개설한 계좌를 의미한다. (　　)

(2) 외국환은행이 보유한 외화 현찰은 외화예치금 계정으로 분류된다. (　　)

(3) 외화타점예수금(Vostro Account)은 국내 외국환은행이 해외 금융기관에 개설한 계정이다. (　　)

(4) 매입외환은 외국환은행이 고객으로부터 외화를 매입하여 추심 중인 자산을 의미한다. (　　)

(5) 미결제외환은 이미 지급이 완료된 외화 거래를 의미한다. (　　)

2 다음 빈칸에 들어갈 알맞은 말을 적으세요.

(1) 외국환은행이 보유한 외화 현찰을 기록하는 계정은 (　　)이다.

(2) 외국환은행이 국내외 금융기관에 예치한 외화 자산을 기록하는 계정은 외화(　　)이다.

(3) 외국환은행이 고객으로부터 외화를 매입하여 (　　) 중인 자산은 매입외환 계정에 해당한다.

(4) 해외에서 결제가 완료되지 않은 외화 대금을 기록하는 계정은 (　　)외환이다.

(5) 외국환은행이 고객에게 외화를 매도한 후 지급 완료 전까지 기록하는 계정은 (　　)이다.

개념확인문제

01 외국환은행이 보유한 외화 현찰을 기록하는 계정은?

① 외국통화
② 외화예치금
③ 외화본지점
④ 미결제외환

개념이해 외국환은행이 보유한 외화 현찰은 외국통화 계정으로 기록된다.

오답분석 ② 해외은행에 예치해둔 외화 예금이다.
③ 같은 은행 내 해외 지점과의 미결제 외환거래 잔액 계정이다.
④ 결제 전 상태의 외환거래 미결제분을 기록하는 계정이다.

02 외국환은행이 고객에게 외화를 매도한 후 지급이 완료될 때까지 기록하는 계정은?

① 매입외환
② 매도외환
③ 외화대출금
④ 외화타점예치금

개념이해 매도외환은 외국환은행이 외화를 판매한 후 지급이 완료될 때까지 기록하는 부채 계정이다.

---

1 (1) ○ (2) × (3) × (4) ○ (5) ×
2 (1) 외국통화 (2) 예치금 (3) 추심 (4) 미결제 (5) 매도외환

| 정답 | **01** ① **02** ②

03 외국환거래에서 미결제외환이 의미하는 것은?

① 외화예치금에 포함된 부채
② 고객에게 지급할 외화 부채
③ 외국환은행이 보유한 외화 자산
④ 해외에서 결제가 완료되지 않은 외화 대금

개념이해 미결제외환은 해외에서 결제가 완료되지 않은 외화 대금을 의미한다.

오답분석 ① 외화예수금 또는 지급예정금이다.
② 외화예치금은 자산 계정이므로 부채가 아니다.

04 외국환은행이 해외 금융기관과의 결제를 위해 사용하는 계정은?

① 외화본지점
② 외화예치금
③ 외화타점예수금
④ 외화타점예치금

개념이해 외화타점예치금(Nostro Account)은 외국환은행이 해외 금융기관과의 결제를 위해 사용하는 계정이다.

05 외화타점예수금은 어떤 금융기관이 개설한 계좌를 의미하는가?

① 외국환은행이 자체적으로 운영하는 내부 계정
② 외국환은행이 고객에게 제공하는 외화예금 계좌
③ 해외 금융기관이 국내 외국환은행에 개설한 계좌
④ 국내 외국환은행이 해외 금융기관에 개설한 계좌

개념이해 외화타점예수금(Vostro Account)은 해외 금융기관이 국내 외국환은행에 개설한 계좌이다.

보충학습 외화타점예수금은 해외 은행이 한국 외국환은행에 맡긴 외화 자금 계정이다. 이 계좌에 자금이 들어오면 국내 외국환은행은 이를 타점(타은행)의 자금으로 관리하며, 필요 시 국내 지급이나 결제에 사용한다.

06 외국환거래가 최종적으로 귀착되는 계정은?

① 경과계정
② 결제계정
③ 외화예치금
④ 외화타점예수금

개념이해 외국환거래가 최종적으로 귀착되는 계정은 결제계정이다.

| 정답 | 03 ④ 04 ④ 05 ③ 06 ②

03 난외계정

4장 외국환회계

1 난외계정(Off-Balance-Sheet Account)의 개요

- 재무제표에 직접 포함되지 않지만 금융기관의 우발적인 금융 거래와 관련된 정보를 기록하는 계정이다. → 주석에 기록
- **불확정의무 우발부채**로 볼 수 있으므로 은행의 리스크 관리 차원에서 중요하다.
- 난외계정은 본문(자산·부채)에 포함되지 않지만, 우발부채나 약정 등을 별도로 표시한다.
- 금융기관의 리스크를 평가하는 데 중요한 역할을 하며, 재무제표에 포함되지 않지만 은행의 신용위험을 평가할 때 반드시 고려해야 한다.

2 난외계정의 대표적 예시

미확정 외화지급보증	• 지급이 확정되지 않은 외화보증거래 → 수입자가 대금 지급 못할 경우이므로 미확정 • 수입신용장(Importer's L/C), 내국신용장(Local L/C), 차관보증 • 일람불 신용장: 하자 없는 서류 접수 후 **5영업일**(또는 3영업일) 이내 결제
확정 외화지급보증	• 지급 의무가 확정된 외화보증 거래 • 수입화물선취보증(L/G)
배서어음	• 은행이 지급을 보증한 어음 • 소구권이 없는 경우 난외계정 ×
외화약정	외화로 체결된 금융 약정
외화대손 상각채권	회수가 불가능하여 **대손처리된** 외화채권
외화신용파생상품 보증매입	신용파생상품 매입 시 발생한 보증
외화환매조건부 대출채권매각	환매조건부 대출채권을 매각한 거래
외화파생상품거래	선물, 옵션, 스왑 등 외화 파생상품 거래내역

※ 우발·확정 외화지급보증
- 미확정: 수입신용장발행, 외화표시내국신용장발행 등 (난외자산 0, 우발채무만 인식)
- 확정: 수입화물선취보증·인수어음 등 (난외자산 + 리스크 가중)
- BIS 비율: 확정보증은 위험 가중치가 커져 총위험 가중자산 상승 → 자기자본비율 하락 주의

3 난외계정의 필요성

- 재무상태표상 나타나지 않는 잠재적 위험·의무를 **계량화**하여 감독기관에 보고한다.
- 은행에서 자체적으로 우발부채로 관리하며, 필요 시 충당금 적립 등의 사전 대비가 가능하다.

확인문제로 핵심키워드 정리하기

간단한 쪽지 시험으로 빈출 개념을 다시 정리해 보세요.

1 다음 설명이 맞으면 ○표, 틀리면 ×표 하세요.

(1) 난외계정은 재무제표에 직접 포함되지 않지만, 은행의 신용위험 평가에 중요한 영향을 미친다. ( )

(2) 외화지급보증은 은행이 고객의 외화부채를 대신 상환할 것을 보증하는 거래이며, 지급이 확정되지 않은 경우도 포함된다. ( )

(3) 배서어음(Endorsed Bill)은 은행이 지급 의무를 반드시 부담하는 어음을 의미한다. ( )

(4) 외화대손상각채권은 회수가 불가능한 외화채권을 의미하며, 대차대조표에 포함되지 않는다. ( )

(5) 외화파생상품거래는 환율 변동 위험을 관리하기 위해 선물, 옵션, 스왑 등의 파생상품을 활용하는 거래이다. ( )

2 다음 빈칸에 들어갈 알맞은 말을 적으세요.

(1) 난외계정은 재무제표에 직접 포함되지 않으며 ( ) 항목으로 관리된다.

(2) 은행이 고객의 ( )를 대신 지급할 것을 보증하는 거래를 외화지급보증이라고 한다.

(3) 은행이 배서하여 유통한 어음을 ( )어음이라고 한다.

(4) 회수가 불가능하여 ( )된 외화채권을 외화대손상각채권이라고 한다.

(5) 난외계정은 금융기관의 ( )을 평가하는 데 중요한 역할을 한다.

---

01 외화지급보증과 관련된 설명으로 적절한 것은?

① 외화지급보증은 은행의 수익과 전혀 관계가 없다.
② 외화지급보증은 은행의 대차대조표에 반드시 포함된다.
③ 외화지급보증에는 미확정 보증과 확정 보증이 포함된다.
④ 은행이 고객의 외화부채를 대신 지급하는 것이 아니라, 단순한 계약서 작성만 진행하는 것이다.

개념이해 외화지급보증은 미확정 보증과 확정 보증으로 구분되며, 은행의 신용위험과도 관련이 있다.

오답분석 ④ 외화지급보증은 단순 계약서 작성이 아니라, 실제 지급 의무를 부담하는 보증행위이다.

02 외화대손상각채권의 특징으로 옳지 않은 것은?

① 대차대조표에 포함된다.
② 난외계정으로 관리될 수 있다.
③ 은행의 신용위험 평가에 반영될 수 있다.
④ 회수가 불가능하여 대손처리된 외화채권을 의미한다.

개념이해 외화대손상각채권은 대차대조표에 포함되지 않는다.

---

1 (1) ○ (2) ○ (3) × (4) × (5) ○
2 (1) 주석 (2) 외화부채 (3) 배서 (4) 대손처리 (5) 신용위험

| 정답 | **01** ③   **02** ①

04 4장 외국환회계 손익계정

핵심개념을 한번에 담은
빈출개념체크

1 외환매매손익

구성	• 환차익·환차손: 환율 변동에 따른 이익·손실 • 환가료(Exchange Commission): 기한부 어음 매입 등에서 결제일까지 자금을 미리 제공함에 따라 발생하는 이자성 수익 　액면금액 × (연이율 ÷ 360) × 일수 (예정대체일까지 8일인 경우 = 8) ※ 환가료 = 실질적으로 기한부 자금 지원에 대한 이자 • 수수료(Fee): 당·타발송금, 신용장 개설, 추심, 외화수표 매입 등에 대한 용역 대가
예시	〈수출환어음 매입 시〉 • 매매환율 차이 → 매매차익 or 차손 • 결제기간에 대한 환가료 → 이자 수익 • 제반 수수료 → 신용장 통지수수료, 추심수수료 등

2 외환평가손익

- 발생 즉시 원화 손익으로 계상한다.
- 외환매매손익과 외환평가손익을 구분하되, 모두 원화로 환산하여 회계처리한다.
- 외화자산·부채를 일정 시점(결산 등)에 환율로 다시 환산했을 때, 당초 장부금액과 차이가 발생하면 평가이익·평가손실을 기록한다.

3 손익 처리상의 특징

- 외국환손익은 실제 발생 시점에 원화로 환산하여 즉시 인식한다.
- 외화로 이루어진 거래는 환율을 적용해 원화로 환산한 후, 이를 기준으로 은행의 재무제표에 반영된다.

4 외국환거래 관련 발생이자 및 수수료

정액 수수료	• 수출신용장 통지수수료 • 수입화물선취보증서(L/G) 발급수수료 • 수출실적증명 발급수수료	• 수출신용장 양도수수료 • 수입결제하자수수료 • 수출환어음매입 취급수수료
정률 수수료	• 당(타)발 추심수수료 • D/A, D/P 타발추심 어음결제 시 추심수수료 • 외화현찰수수료	• 내국신용장 취급수수료 • 외화대체료
신용위험부담 보상 수수료	• 신용장 개설수수료 • 외화표시 지급보증수수료 • 수입화물 선취보증료(L/G 보증료)	• 수입환어음 인수수수료 • 수출신용장 확인수수료
자금부담비용 보상 수수료	• 수입환어음 결제이자 • 내국신용장 판매대금추심의뢰서 매입이자	• 수출환어음 매입이자(환가료) • 기타어음 매입이자

확인문제로 핵심키워드 정리하기

간단한 쪽지 시험으로 빈출 개념을 다시 정리해 보세요.

1 다음 설명이 맞으면 ○표, 틀리면 ×표 하세요.

(1) 외환매매손익은 환율 변동으로 인해 발생하는 차익 또는 차손을 의미한다. ( )

(2) 환가료(Exchange Commission)는 외환을 즉시 결제할 때 발생하는 비용이다. ( )

(3) 외환평가손익은 외화 자산 및 부채를 원화로 환산할 때 발생하는 평가 차익 또는 차손을 의미한다. ( )

(4) 외국환업무 수행 과정에서 발생하는 각종 수수료 수익은 외환매매손익에 포함된다. ( )

(5) 외국환은행은 모든 외환거래 손익을 발생 즉시 원화로 환산하여 반영해야 한다. ( )

2 다음 빈칸에 들어갈 알맞은 말을 적으세요.

(1) 외국환은행이 외국환을 사고팔 때 환율 차이로 인해 발생하는 손익을 ( )손익이라고 한다.

(2) 외환을 매입한 후 결제일까지 발생하는 금융비용을 ( )라고 한다.

(3) 외화 자산 및 부채를 원화로 환산할 때 발생하는 평가 차익·차손을 ( )손익이라고 한다.

(4) 외국환업무 수행 과정에서 발생하는 각종 서비스 수익을 ( )수익이라고 한다.

(5) 외국환은행은 외환거래에서 발생하는 모든 손익을 즉시 ( )로 환산하여 반영해야 한다.

---

01 환가료(Exchange Commission)가 발생하는 경우는?

① 외화를 즉시 결제하는 경우
② 외환거래 시 발생하는 서비스 수수료
③ 외국환은행이 외환을 보유하고 있는 경우
④ 기한부 어음 매입 후 결제일까지 자금 비용이 발생하는 경우

개념이해 환가료는 외환을 매입한 후 결제일까지 발생하는 금융비용으로, 주로 기한부(Usance) 어음 매입 시 발생한다.

오답분석 ② 외환거래 시 발생하는 서비스 수수료는 송금수수료, 신용장 개설수수료 등이 있으며, 환가료는 해당하지 않는다.

02 외국환은행이 외국환업무를 수행하면서 발생하는 수수료 수익에 해당하지 <u>않는</u> 것은?

① 해외 송금 수수료
② 외화수표 매입수수료
③ 수입신용장 개설 수수료
④ 환율 변동으로 인한 매매차익

개념이해 환율 변동으로 인한 매매차익은 수수료 수익이 아니라 외환매매손익에 해당한다.

---

1 (1) ○ (2) × (3) ○ (4) × (5) ○
2 (1) 외환매매 (2) 환가료 (3) 외환평가 (4) 수수료 (5) 원화

| 정답 | 01 ④ 02 ④

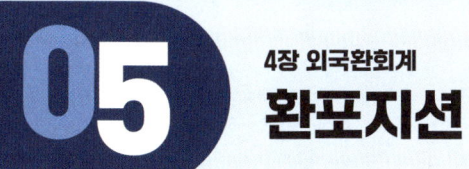

05 4장 외국환회계
환포지션

① 환포지션(Foreign Exchange Position)

- 은행이 보유한 외화자산(= 매입 포지션)과 외화부채(= 매도 포지션)의 차이를 의미한다.
- 은행이 외화자산을 많이 가지면 **매입초과(Long)**, 외화부채가 더 많으면 **매도초과(Short)**, 양자가 동일하면 **스퀘어(Square)**

② 유형별 환율 변동 효과

매입초과(Long) 포지션	• 환율 상승 → 은행이 보유한 외화가치 상승 → **환차익** • 환율 하락 → **환차손**
매도초과(Short) 포지션	• 환율 상승 → 은행이 갚아야 할 외화가치 상승 → **환차손** • 환율 하락 → **환차익**
스퀘어(Square) 포지션	매입·매도 균형 → 이론상 환율 변동으로 인한 환리스크 거의 없음

③ 환포지션 관리 목적

- 환율이 급등락하면 은행 이익 또는 손실 폭이 커질 수 있으므로, 통상 일정 한도 내에서 환포지션을 관리한다.
  (스퀘어에 가깝게 유지)
- 다만, 환율 전망에 따라 의도적으로 Long 또는 Short 포지션을 취하여 수익을 노리는 경우도 있다.
  (투자·트레이딩의 목적)

확인문제로 핵심키워드 정리하기

간단한 쪽지 시험으로 빈출 개념을 다시 정리해 보세요.

1 다음 설명이 맞으면 ○표, 틀리면 ×표 하세요.

(1) 환포지션(Foreign Exchange Position)은 외국환은행이 보유한 외화자산과 외화부채 간의 차이를 의미한다. ( )

(2) 매입초과포지션(Long Position)은 외화자산이 외화부채보다 적은 상태를 의미한다. ( )

(3) 매도초과포지션(Short Position)에서는 환율이 상승할 경우 환차익이 발생한다. ( )

(4) 스퀘어포지션(Square Position)은 외화자산과 외화부채가 동일한 상태를 의미하며, 환리스크가 존재하지 않는다. ( )

(5) 매입초과포지션을 보유한 경우 환율이 하락하면 환차익이 발생한다. ( )

2 다음 빈칸에 들어갈 알맞은 말을 적으세요.

(1) 외국환은행이 보유한 외화자산과 외화부채 간의 차이를 (　　　)이라고 한다.

(2) 외화자산이 외화부채보다 많은 상태는 (　　　)초과 포지션이다.

(3) 외화부채가 외화자산보다 많은 상태는 (　　　)초과 포지션이다.

(4) 외화자산과 외화부채가 동일한 상태는 (　　　)포지션이다.

(5) 매입초과포지션에서는 환율이 상승하면 환차익이 발생하고, 환율이 하락하면 (　　　)이 발생한다.

01 다음 중 당발송금 방식에 해당하지 않는 것은?

① 옵션
② 스왑
③ 선물환
④ 외화예금

개념이해 외화예금은 단순한 외화 보유 방식이며, 환율 변동에 따른 리스크를 직접적으로 줄이는 헤징 전략은 아니다.

02 매도초과포지션(Short Position)에서 환율이 상승하면 어떤 결과가 발생하는가?

① 환차익 발생
② 환차손 발생
③ 외환보유고 증가
④ 손익 없음

개념이해 매도초과포지션에서는 환율이 상승할 경우 환차손이 발생한다.

오답분석 ① 환율 상승 시 손해이며, 환차익은 환율 하락 시 발생한다.

---

1 (1) ○ (2) × (3) × (4) ○ (5) ×
2 (1) 환포지션 (2) 매입 (3) 매도 (4) 스퀘어 (5) 환차손

| 정답 | 01 ④　02 ②

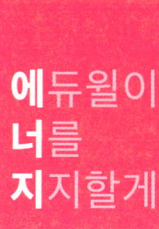

능력 때문에 성공한 사람보다
끈기 때문에 성공한 사람이 더 많습니다.

– 조정민, 『인생은 선물이다』, 두란노

5장 외국환 컴플라이언스 업무 및 외국환거래 위규사례
외국환업무의 컴플라이언스

1 외국환업무의 컴플라이언스

의의	외국환업무는 국내외 다양한 법령을 지켜야 하며, 금융회사·전문외국환업무취급업자는 **내부통제**(Compliance) 시스템을 구축해야 함
주요 법규	외국환거래법(시행령·규정), 대외무역법, 외국인투자촉진법, 특정금융거래정보법(FIU 관련), 국제제재(UN 안보리·OFAC), 자금세탁방지법 등
위반 리스크	불법 송금·분산송금·차명거래 등으로 적발 시 개인·법인뿐 아니라 취급은행도 제재(과태료, 영업정지) 가능

※ 1) 외국환은행은 고객이 미신고 또는 무허가 거래를 시도하는 경우, 이를 중개하거나 알선해서는 안된다.
2) 분할송금, 친인척 명의 송금 등은 대표적인 불법사례이다.

2 외국환업무 취급 시 점검사항

- 거주자·비거주자 구분: **각종 거래 절차 및 신고 범위가 다름**
- 실명확인·CDD: 외국통화 환전, 송금, 수표 매매 시 실명 확인 필수, 특정금융거래정보법상 **1천만원** 이상 현금거래 시 CTR 보고, 의심거래(STR) 보고
- 증빙서류·사후관리: 수출입대금, 해외직접투자, 해외이주비 등은 근거서류(계약서, 인보이스 등)로 합법성 점검, 해외직접투자, 해외부동산 신고 후, 일정기간 안에 **사후보고** 필요
- 불법행위 예방: 외환관리제도의 허점을 이용한 환치기·차명·분산송금 등이 빈번하게 적발, 은행 내부통제와 당국 검사로 적발 시 처벌 수위 높음

3 외국환업무 관련 주요사례

- 무역금융: 실적기준금융·포괄금융 취급 시 동일은행 사용, 내국신용장 발급 가능 차수에 제한 없음
- 외화수표: 발행일로부터 **6개월** 내 제시 여부 검사, 선일자수표 등도 취급이 가능하나 은행 내부지침을 따라야 함
- 송금(당발송금·타발송금): 국가별 은행코드·송금번호를 정확히 입력해야 하며, 송금 지연·오류는 고객 분쟁을 유발하기 때문에 주의해야 함
- 수출환어음 매입·추심: B/L 배서, 유효기일, 하자서류(선적일자 경과 등) 확인 필수
- 수입신용장: 감액·취소 시 반드시 수익자의 동의 필요, BWT(보세창고도) 거래 시 담보 확보 유의
- 중계무역: 수출대금과 수입대금 시점이 서로 맞물려 있고, 매입된 자금은 수입결제로 충당해야 함
- 해외직접투자: 사전 신고가 원칙이나, **10만 달러** 이하 소액은 **1년 내** 사후신고 예외 가능하며 지정거래외국환은행 제도를 통해 관리함
- 외국인직접투자: **1억원** 이상·지분 **10%** 이상 시 외국인투자촉진법 적용, 그 외는 외국환거래법을 따라야 함
- 자본거래: 거주자 간 **10%** 이상 의결권 주식 거래, 해외부동산 취득, 해외 지사 설치 등은 신고·사후관리

확인문제로 핵심키워드 정리하기

간단한 쪽지 시험으로 빈출 개념을 다시 정리해 보세요.

1 다음 설명이 맞으면 ○표, 틀리면 ×표 하세요.

(1) 외국환업무취급기관은 고객이 분할송금으로 신고를 회피하려는 정황이 있을 시 중개·알선을 해서는 안된다. (　　)

(2) 국내 거주자가 해외 부동산 취득 시 한국은행총재에게만 신고하면 된다. (　　)

(3) 외국환거래 법령에 따르면, 실명확인 의무는 1만 달러 초과 송금 시에만 해당한다. (　　)

(4) 외국환은행은 고객이 해외직접투자를 신고 없이 이미 송금한 사실을 발견하면, 반드시 해당 위반 사실을 검사·제재기관(금융감독원 등)에 보고해야 한다. (　　)

(5) 해외여행경비는 건당 미화 5천 달러 초과라도 무조건 증빙서류를 제출하지 않아도 된다. (　　)

2 다음 빈칸에 들어갈 알맞은 말을 적으세요.

(1) 외국환업무취급기관은 고객의 (　　) 여부 등을 사전에 확인해야 한다.

(2) (　　)에 따라 외국환거래 절차가 달라지므로, 객관 기준에 따라 거주자와 비거주자 구분을 면밀히 살펴야 한다.

(3) 특정금융거래정보법에 따르면 건당 1천만 원 이상의 현금거래는 금융정보분석원(FIU)에 (　　) 보고 대상이 될 수 있다.

(4) 금융실명거래법에서 요구하는 실명확인은 (　　) 환전 시에도 적용된다.

(5) 외국인직접투자는 금액이 (　　) 이상 시 외국인투자법이 적용되며, 그 외는 외국환거래법을 따라야 한다.

개념확인문제

01 외국환거래법상 해외직접투자 사후관리와 관련하여 옳지 않은 것은?

① 투자금액이 매우 소액이라면 보고 의무가 면제된다.
② 투자 후에도 일정 기간 내 현지법인 운영실적을 보고해야 한다.
③ 해외직접투자 신고 후 실제 투자하지 않더라도, 취소신고 절차가 필요하다.
④ 거주자가 아닌 외국인의 경우 해외직접투자 신고 의무가 적용되지 않는다.

개념이해 외국환거래법상 해외직접투자는 금액의 많고 적음과 관계없이 신고 및 사후보고 의무가 발생한다. 따라서, 소액이라도 예외 없이 현지법인의 운영실적 보고 등 사후관리가 요구된다.

오답분석 ② 투자자는 매 사업연도 종료 후 6개월 내 현지법인 실적 보고 의무가 있다.
③ 신고 후 미투자 시 취소신고 의무가 있다.
④ 비거주자는 해당 의무가 없다.

02 아래 중 외국환업무취급기관이 준수해야 할 의무가 아닌 것은?

① 무역금융 사후관리 철저
② 불법 의심거래 인지 시 보고
③ 고객의 거주성·신고 여부 확인
④ 거래고객 이익을 극대화하도록 환율을 임의 조작

개념이해 거래고객 이익을 극대화하도록 환율을 임의 조작한 것은 시세조작으로 불법이며, '부당한 이익'을 제공하는 행위는 금지된다.

---

1 (1) ○ (2) × (3) × (4) ○ (5) ×
2 (1) 신고 (2) 거주성 (3) CTR(고액현금거래) (4) 외국통화 (5) 1억원

| 정답 | **01** ① **02** ④

02 5장 외국환 컴플라이언스 업무 및 외국환거래 위규사례
외국환거래 위규사례

1 외국환거래법과 은행의 역할

- 외국환거래법은 해외 지급 · 수령 · 자본거래를 **포괄적**으로 규율하는 근간 법령이다.
- 은행은 신고 · 허가 · 보고 등 민원 행정사무를 위임받아 수행한다.

2 외국환거래법규 관련 주요 내용

거주성 판단	국내 **6개월** 이상 체류 또는 국내 사업장 보유 시 거주자로 보며 해외송금의 절차가 달라짐
자본거래	해외직접투자, 해외부동산, 현지금융, 파생상품 등은 별도 신고 필요
지급 · 수령 절차	• 미화 **5천 달러** 초과 시 증빙서류 제출이 원칙 • 해외여행경비 · 유학경비 · 해외이주비 등 특별 항목은 절차가 간소하지만 한도 범위 내에서만 가능
특수지급 방법 신고	상계 · 제3자 지급 · 분할거래 등은 신고 필수 ※ '거래 상대방이 아닌 제3자에게 대신 지급 가능한가?'와 '원칙적으로 신고해야 한다.'는 내용이 자주 출제됨

3 주요 외국환거래 및 위반사례

허위무역 · 무신고	실제 물품 거래 없이 달러를 해외로 빼돌리는 사례
해외체재자 · 이주비 부당 전용	유학자금 · 이주비 명목으로 받고, 현지에서 투기 자금으로 사용
자본거래 위반	해외법인 투자, 부동산 매입, 현지금융을 사전에 신고하지 않고 진행
분할 · 차명송금	**1만 달러 미만**으로 분할하여 송금, 친인척 등 명의로 대신 송금

→ 대표적인 불법사례로 자주 출제됨

4 외국환거래의 검사 및 제재

검사 주체	금융감독원, 기획재정부, 한국은행, 관세청, 국세청 등
제재 수단	과태료 · 영업정지 · 형사처벌(벌금 · 징역), 범죄 규모가 큰 경우 처벌 강도 높음
예방책	거래외국환은행 지정, 신고절차 준수, 사후관리 철저, **KYC/CDD**로 의심거래 걸러내기

확인문제로 핵심키워드 정리하기

간단한 쪽지 시험으로 빈출 개념을 다시 정리해 보세요.

1 다음 설명이 맞으면 ○표, 틀리면 ×표 하세요.

(1) 무역거래 실적이 없는 상태에서 거액을 해외로 송금했다면 허위 무역거래로 간주될 수 있다. ( )

(2) 해외이주비를 여러 사람 명의로 분산 송금해도, 가족이면 합법으로 인정된다. ( )

(3) '상계' 또는 '제3자 지급' 등 특수 결제 방식은 미화 5천 달러 이하라도 신고 대상이 될 수 있다. ( )

(4) 해외에서 취득한 부동산을 매각했는데, 이를 국내로 영수하지 않아도 무방하다. ( )

(5) 자본거래는 해외직접투자, 해외부동산 취득, 파생상품 거래 등을 의미하며, 모두 일률적으로 사후신고만 하면 된다. ( )

2 다음 빈칸에 들어갈 알맞은 말을 적으세요.

(1) 수출입 실적이 없는 상태에서 해외로 외화를 송금하는 경우, ( ) 무역거래로 의심받아 제재 대상이 될 수 있다.

(2) 자본거래에는 해외직접투자, 해외( ) 취득, 파생상품 거래 등 다양한 형태가 포함된다.

(3) 해외직접투자로 취득한 지분을 매각한 뒤, 회수자금 송금을 하지 않으면 ( ) 위반에 해당할 수 있다.

(4) 무역대금 결제가 없는 ( ) 거래를 통해 대규모 외화를 이동시키는 것은 위법 행위로 간주될 소지가 크다.

(5) 해외부동산 취득 후 일정 기간 내 ( )를 은행에 제출해야 하며, 미제출 시 과태료 처분 대상이 된다.

01 해외직접투자 자금을 개인 부동산 취득이나 사치성 소비에 사용한 경우, 위반 사유로 가장 올바른 것은?

① 원인거래와 지급 목적 불일치
② 국내법보다 해외 법률 우선 적용
③ 해외 계좌만 있으면 신고 불필요
④ 나중에 투자금을 돌려받을 수 있음

개념이해 해외직접투자 명목 송금이므로 목적 외 사용 시 허위 거래로 간주 가능하다.

오답분석 ③ 해외 계좌 개설 자체가 외국환거래법상 신고 대상이며, 특히 일정 금액 이상의 자금 이동이나 해외 직접투자와 관련된 경우 반드시 신고해야 한다.

02 아래 상황 중 외국환거래법 위반 가능성이 가장 낮은 사례는?

① 해외부동산을 취득 후 신고하지 않고 방치
② 국내 거주자가 해외 대학에 입학하여 학비·생활비를 송금
③ 해외지사 설립 없이 사무실 임차료를 보낸 뒤 다른 용도로 사용
④ 무역실적 없는 개인이 수출명세서만 작성해 수출대금 명목으로 송금

개념이해 해외유학은 통상적인 목적 송금이며, 관련 증빙 제출 시 합법적인 거래이다.

---

1 (1) ○ (2) × (3) ○ (4) × (5) ×
2 (1) 허위 (2) 부동산 (3) 사후관리 (4) 허위 (5) 사후보고서

| 정답 | 01 ① 02 ②

외국환거래실무

01 해외송금(타발송금, 당발송금) 처리 절차에서 발생할 수 있는 위·변조와 관련하여 외국환은행 직원이 점검해야 할 사항으로 옳은 것은?

① 실명확인 면제대상인 해외송금이라면 자금세탁방지(AML) 의무는 적용되지 않는다.
② 당발송금 취급 시 SWIFT 전문 발신 직후에는 취소가 불가능하므로 고객 확인 절차를 생략해도 문제가 없다.
③ 해외송금 내도(타발송금) 시 수취인에게 통지하기 전까지만 내부 기록을 보존하면 되므로 서류 진위 확인은 사후에 해도 된다.
④ 타발송금이 내도된 경우 송금인의 정보가 조작되지 않았는지 SWIFT 메시지 등에서 일관성과 제재대상 여부를 확인해야 한다.

02 외국환은행이 해외수표 추심전매입을 처리할 때, 대금 확정 전 국내 신청인에게 선(先)지급하는 경우 가장 유의해야 할 사항은?

① 추심전매입 시 환가료(이자부문)는 적용되지 않으므로 수수료 계산만 하면 된다.
② 신용도가 낮은 거래처라도 해외은행 추심이므로 은행이 위험 부담을 질 필요가 없다.
③ 지급거절이 나와도 해외은행이 전액 배상하므로, 국내은행은 손실이 발생하지 않는다.
④ 해외 발행은행이 지급거절하면, 이미 지급했던 금액을 신청인에게 되돌려 받아야 할 수 있다.

---

01 ④ 해외송금 내도 시, SWIFT 메시지 등으로 송금인의 정보 진위와 제재 대상 여부를 반드시 확인해야 한다.
02 ④ 해외수표 추심전매입 시, 해외 발행은행이 지급거절을 하면 선지급 금액을 회수해야 하므로 주의해야 한다.

03 해외로부터 타발송금이 들어온 경우, 일반적인 처리 절차로 옳은 것은?

① 타발송금은 무조건 원화로만 지급 가능하다.
② 수취인이 지정한 원화 계좌로 자동 입금될 때, 곧바로 미지급외환 계정에 편입한다.
③ 도착한 송금은 수취인에게 먼저 입금하고, SWIFT 세부 메시지 검증은 사후 절차로 대체해도 된다.
④ 해외은행에서 입금된 금액은 먼저 외화타점예치금(우리 은행의 Nostro Account)에 반영되고, 실제로 국내 수취인에게 지급하기 전까지는 미지급외환 계정으로 처리한다.

04 외화예금 계정에 관한 설명으로 옳지 않은 것은?

① 거주자계정은 원화를 대가로 매입한 외화도 예치 가능하다.
② 대외계정(비거주자계정)에는 내국인 거주자도 아무 제한 없이 예치할 수 있다.
③ 외화예금은 환율 변동에 대한 헤지 수단이 되며, 무역기업 등 외화결제에 유리하다.
④ 외화예금 거래 시, 은행은 외국환신고(확인)필증 등 취득경위를 입증할 서류를 점검할 수 있다.

---

03 ④ 해외에서 입금된 금액은 먼저 Nostro 계정에 반영되고, 지급 전까지 미지급외환 계정으로 처리된다.
04 ② 대외계정은 비거주자 대상이므로, 내국인 거주자가 자유롭게 예치할 수 없다.

외국환거래실무

05 무역금융의 일반적인 특징과 유의사항에 대한 설명으로 가장 적절하지 <u>않은</u> 것은?

① 실적기준금융을 이용하는 업체라면 신용장 없이도 자동으로 무역금융 승인이 보장된다.
② 무역금융 취급 시, 사용 목적(원자재 구매인지 완제품 구매인지)에 따라 한도를 산출한다.
③ 하나의 수출신용장 등과 관련된 무역금융 취급 및 수출대금 영수는 동일 은행을 통해야 한다.
④ D/A 조건 수출도 무역금융 대상이 될 수 있으나, 기한부 기간 동안 자금 회수 지연 위험이 있어 은행이 환위험을 부담한다.

06 수출대금 회수 지연 시 외국환은행이 무역업체에게 요구할 수 있는 조치로 가장 적절한 것은?

① 최초 3개월은 자동 연장되고, 이후에는 무조건 불가능 처리된다.
② 1년 이상 연체돼도 신고만 제대로 하면 규제 대상이 되지 않는다.
③ 아직 수출실적 확정이 안 되었으므로, 추가 무역금융 취급을 보류하거나 제한할 수 있다.
④ 관세청에 지연 사실을 통보하면 자동 추심 절차가 시작되므로, 은행은 관여하지 않는다.

05 ① 실적기준금융 이용 업체도 신용심사 등 요건을 충족해야 하므로, 자동 승인되지 않는다.
06 ③ 수출대금 회수 지연 시, 추가 무역금융 취급은 수출실적 확정 전에는 보류하거나 제한할 수 있다.

07 해외 금융기관 간 결제를 위해 필수적인 환거래계약(Correspondent Arrangement)에 대해 옳은 것은?

① 계약 체결 시 서명감, 전신암호문 등 각종 서류 교환이 필요하다.
② 예치환거래은행은 자기 명의 계좌를 두지 않고 결제를 대행한다.
③ 환거래계약은 은행 간 신용등급 검토가 면제되어 신속히 체결된다.
④ 당방계정(Nostro Account)은 외국은행이 한국은행 명의로 개설한 계좌를 가리킨다.

08 한국 A은행과 미국 B은행 간 환거래계약 체결 과정에 대한 설명 중 적절하지 <u>않은</u> 것은?

① 서명감, 전신암호문 등을 교환해 두고, 거래 시 서류 진위를 확인한다.
② 상대은행의 자금세탁방지 수준, 신용도 등을 심사하는 절차가 일반적으로 포함된다.
③ 예치환거래은행으로 계약하려면 A은행이 B은행 명의로 국내 계정을 열어두어야 한다.
④ A은행은 B은행의 FATF(자금세탁방지) 이행수준, 미국 OFAC 제재 대상 여부를 검토해야 한다.

---

07 ① 환거래계약 체결 시, 서명감 및 전신암호문 등 각종 서류의 교환이 필수적으로 이루어져야 한다.
08 ③ 한국 A은행과 미국 B은행 간의 예치환거래는 B은행 명의의 국내 계좌 개설 방식이 아니므로 부적절한 설명이다.

외국환거래실무

09 내국신용장(Local L/C) 활용에 관한 설명으로 가장 적절하지 않은 것은?

① 내국신용장은 외국환거래가 아니므로 무역금융과 무관하다.
② 내국신용장을 근거로 다른 내국신용장을 재발행하는 것은 보통 1회로 제한된다.
③ 내국신용장 매입 시 신용장통일규칙(UCP) 규정과 똑같은 절차로 서류를 심사한다.
④ 개설은행은 의뢰인이 제시한 원자재 조달계획과 매출 흐름을 검증할 수 있다.

10 외국환회계에서 경과계정(Tunnel Account)에 해당하는 예시로 가장 올바른 것은?

① 지급보증과 같은 잠재적 손실을 반영하기 위해 설정하는 외화충당부채 계정
② 해외로부터 송금된 금액이 이미 수취인에게 지급된 후에 사용하는 매도외환 계정
③ 해외 코레스은행(Nostro Account)에 잔고가 일시 부족할 때 사용하는 외화본지점 계정
④ 수출환어음 매입 후 해외 결제은행에서 아직 대금을 안 준 경우에 사용하는 매입외환 계정

09 ① 내국신용장은 외국환거래와 밀접하게 연계되어 있으므로 무역금융과 무관하지 않다.
10 ④ 수출환어음 추심전매입 후, 해외 결제 전까지는 매입외환 계정으로 처리된다.

11 외국환은행이 수출환어음을 추심전매입 후, 해외 결제은행에서 실제 입금된 금액이 원화 매입액보다 적을 경우에 부족분을 처리하는 경과계정으로 적합한 것은?

① 매입외환
② 매도외환
③ 미결제외환
④ 미지급외환

12 외국환회계에서 외화본지점 계정(Home Office Account)의 처리와 관련된 설명 중 옳은 것은?

① 해외지점 간 송금에는 외화본지점 계정이 적용되지 않는다.
② 외화본지점 계정은 매입·매도외환처럼 경과계정의 일종이다.
③ 외화본지점 계정은 미결제외환과 달리 결제가 끝난 자금을 재분류할 때 쓰지 않는다.
④ 국내 본점이 아닌 해외지점에서 발생한 외화 자산·부채 내역을 본점과 상호 연결할 때, 외화본지점 계정을 사용해 연결 반영한다.

---

11 ③ 실제 입금액이 매입액보다 부족할 경우, 그 차액은 미결제외환 계정으로 처리된다.
12 ④ 해외지점에서 발생한 외화 자산·부채 내역을 본점과 연결할 때 외화본지점 계정을 사용한다.

외국환거래실무

13 다음 중 외국환업무 관련 내부통제(컴플라이언스)의 사항으로 가장 적절하지 <u>않은</u> 것은?

① 소액해외송금업자 등도 신고·사후관리 의무를 이행해야 한다.
② 외국환취급기관은 불법거래 방지를 위해 국제 제재 대상·자금세탁 위험 등을 점검한다.
③ 해외 거래 상대방의 주소나 거래 목적이 모호해도, 고객 신분만 확인하면 송금에는 문제없다.
④ UN·미국의 금융제재 리스트에 오른 대상자와 거래 시 추가 승인이나 거래 제한이 가능하다.

14 다음 중 의심거래(STR)로 간주될 가능성이 가장 높은 사례는?

① 해외 유학생의 학비 송금으로 가족관계 서류가 정상 제출된 경우
② 일정 금액을 초과하는 송금에 대해 은행이 서류 보강을 요구하자 고객이 성실히 제출한 경우
③ 법인이 정기적으로 거래해 온 해외 제조사에 납품대금을 지급하며 세금계산서가 완비된 경우
④ 최근 개업한 무역업체가 계약서 없이 대규모 외화송금을 자주 요청하며 수취인 실체가 불투명한 경우

---

13 ③ 거래 상대방의 정보가 불분명할 경우, 단순 고객 신원 확인만으로는 부족하다.
14 ④ 계약서 미비와 수취인 정보 불투명 등은 의심거래(STR)로 판단될 소지가 크다.

15 거주자 A기업은 해외 수출대금을 달러화로 받으며, 국내에서 발생하는 수입대금을 원화로 지불한다. 환리스크를 최소화하기 위한 가장 적절한 방법은 무엇인가?

① 환가료를 극대화하여 이자수익을 높인다.
② 수출대금을 전액 원화로 환전 후, 다시 유로화로 재매입해 운용한다.
③ 내국신용장을 개설해 국내 수입대금을 외화로 결제받는 방식을 선택한다.
④ 외화예금 계정을 활용해 달러 수령과 원화 지급 시점을 연계하고, 필요 시 환헤지 상품도 병행한다.

16 D/P(지급인도)와 D/A(인수인도)의 차이에 대한 설명으로 옳은 것은?

① D/P는 물건부터 보내고 대금은 나중에 받는 방식이다.
② D/A에서는 은행이 서류를 보관하지 않고 수출자가 직접 전달한다.
③ D/P는 수입업체 신용도와 관계없이 은행이 대금 지급을 보증하므로 수출자에겐 위험이 거의 없다.
④ D/A는 기한부 어음 인수를 전제로 서류를 먼저 넘겨주므로, 수출자는 결제 지연·미지급 위험을 안을 수 있다.

---

15 ④ 해외 수출대금을 외화예금 계정에 보관하고, 필요 시 환헤지 상품을 병행하는 것이 환리스크 최소화에 적절하다.
16 ④ D/A 거래는 기한부 어음 인수를 전제로 하므로, 대금 회수 지연 및 미결제 위험이 존재한다.

외국환거래실무

17 환율연동 파생상품(예: 환율연동예금, 원금보장형 ELD 등)에 관한 설명으로 가장 적절한 것은?

① KIKO는 환율이 예측 범위를 벗어나도 원금 초과 손실이 발생하지 않는다.
② 환율연동상품은 환차익과 무관하게 모든 외화결제를 자동안정화시켜 준다.
③ 환율연동예금은 원금·이자를 전액 보장하므로 손실 위험이 전무한 대표적 안전자산이다.
④ 정기예금 이자 중 일부를 환율 파생상품에 투자해, 원금손실은 제한적이나 극단적 환율변동 시 이자수익이 0이 될 수도 있다.

18 외국환은행이 환포지션(Overbought or Oversold)을 관리하는 가장 큰 이유는 무엇인가?

① 환포지션 관리는 해외지점과 무관하며 오직 본점만의 문제다.
② 환포지션을 크게 유지할수록 환율 변동 시 이익이 극대화된다.
③ 환포지션을 0으로 만들기 위해서는 보유 외화자산을 모두 매각해야 한다.
④ 환포지션이 크면 환율 변동에 대한 은행 손익 변동폭이 커져 위험이 증가하므로, 내부 한도를 설정해 관리한다.

17 ④ 원금보장형 ELD, 환율연동예금은 원금은 보장하지만 이자수익은 환율의 움직임에 따라 달라지기 때문에, 극단적 환율변동이 발생할 경우 이자수익이 0%가 될 가능성이 존재한다.
18 ④ 과도한 환포지션은 환율 변동 시 손익 위험을 크게 하므로, 내부 한도 관리가 필수적이다.

19 외국환은행의 환리스크 관리 방안으로 적절하지 <u>않은</u> 것은?

① 대고객 외환매매 한도를 두어 일시적인 환전 폭주 등에 대응한다.
② 통화스왑이나 선물환 등 파생상품으로 중장기 환위험을 헷지할 수 있다.
③ 환율 변동이 커질 때는 시장 유동성 공급 차원에서 포지션을 무제한 확대한 뒤 사후에 조정한다.
④ 환율 1원 변동 시 손익이 얼마나 달라지는지 데일리·주간·월간으로 모니터링하고 포지션 한도를 설정한다.

20 다음 중 외환매매 손익을 구성하는 주요 요소 설명으로 옳지 <u>않은</u> 것은?

① 환가료(Exchange Commission)는 기한부 어음 매입 시 발생하는 이자성 손익이다.
② 대고객 외환매매 시 적용환율 차이에서 생기는 매매마진도 외환매매손익에 포함된다.
③ 외환평가손익은 원화 매매금액과 무관하므로, 보유 외화자산·부채 재평가 시 발생하지 않는다.
④ 외환매매에 따른 수수료는 고객 제공 용역 대가이며, 환차익/환차손과 별도로 산출될 수도 있다.

19 ③ 환율 변동이 클수록 포지션을 축소하거나 제한적으로 운영해 리스크를 통제하는 것이 원칙이다. 무제한 확대한 뒤 사후 조정하는 방식은 리스크 관리 원칙에 어긋나며 위험을 키우는 행위이다.
20 ③ 외환매매 손익 구성에서 외환평가손익은 재평가 시 발생하므로 해당 설명은 틀리다.

외국환거래실무

21 대외무역법령에 근거할 때, 수출입 실적을 허위로 꾸며 무역금융을 부정수급하는 것을 막기 위한 은행 조치로 가장 옳은 것은?

① 일단 상공회의소에 통보해 형사 고발을 진행한다.
② 실적 진위는 전적으로 업체 소관이므로 은행은 개입할 수 없다.
③ 무역금융은 서류 구비 시 자동 승인되는 절차이므로 사실 여부는 은행 책임이 아니다.
④ 상업송장(Commercial Invoice)과 실제 선적서류 등을 대조 확인하고, 필요 시 관세청 자료를 교차 점검한다.

22 여행자수표(T/C)에 관한 설명으로 옳은 것은?

① 선일자수표는 발행일 전에는 절대 현금화할 수 없다.
② 여행자수표는 대외지급수단이 아니므로 외화예금으로 입금할 수 없다.
③ 여행자수표는 1차 서명과 2차 서명이 달라도 지급이 보장되므로, 발행은행이 손실을 부담한다.
④ 1일 2만 달러 초과로 휴대반입된 여행자수표를 매입하려면, 반드시 관할 세관의 외국환신고필증을 확인해야 한다.

---

21 ④ 상업송장과 실제 선적서류를 대조하고, 관세청 자료까지 교차 점검하는 절차가 필요하다.
22 ④ 1일 2만 달러를 초과하는 여행자수표 매입 시에는 반드시 관할 세관의 외국환신고필증을 확인해야 한다.

23 외화자금 운용을 위해 해외 코레스은행에 타점예치금을 두는 경우에 대한 설명으로 옳지 <u>않은</u> 것은?

① 코레스은행 신용도에 따라 예치 한도를 제한할 수 있다.
② 외화유동성 리스크 관리를 위해 신용한도 등을 수시 점검한다.
③ 잔액 부족 시도 자동 충당되므로, 오버드래프트 이자로 인한 손익 변동은 없다.
④ 당방계정(Nostro Account)의 잔고가 부족하면 오버드래프트 이자를 물게 된다.

24 국제금융에서 단기자금시장(콜머니, BA, CP 등)과 외환시장의 관계 설명으로 가장 적절한 것은?

① 양 시장은 교차 거래가 불가능하므로 거의 무관하게 작동한다.
② 금리재정거래(Interest Arbitrage)는 환율 변동과 무관하게 단독 수행된다.
③ 단기금융시장은 중앙은행 정책금리가 적용되지 않아 환율에 직접적 영향을 주지 못한다.
④ 외환 포지션(롱·숏) 상황에 따라, 은행은 단기자금을 차입 또는 대여해 일시적 과부족을 조정한다.

---

23 ③ 잔액 부족 시 자동으로 충당되지 않아 오버드래프트 이자가 발생한다.
24 ④ 단기금융시장을 활용해 은행은 외환 포지션의 과부족을 조정할 수 있다.

외국환거래실무

25 다음 중 외국환거래법령 관련 설명으로 옳지 <u>않은</u> 것은?

① 환전은 별도 등록 없이 모든 금융기관이 가능하다.
② 외국환거래법령 위반 금액이 커지면 과태료나 형사처벌 대상이 될 수 있다.
③ 외국환이란 외국통화·외화표시증권·대외지급수단 등을 망라하는 개념이다.
④ 외국환업무 영위를 위해선 기획재정부장관 등록이 필요하며, 영업점별로 2명 이상의 외국환전문 인력을 배치해야 한다.

25 ① 환전 업무도 등록 요건을 충족해야 하므로, 모든 금융기관이 자동으로 수행할 수 없다.

에듀윌이 너를 지지할게

ENERGY

아는 세계에서 모르는 세계로 넘어가지 않으면
우리는 아무것도 배울 수 없다.

– 클로드 베르나르 (Claude Bernard)

과목 3

환리스크관리

3과목 개정사항
2025년 이후 개정된 법령, 규정, 기타 내용을 QR코드를 통해 확인하시면 됩니다.

과목공략 포인트

- ✓ 환리스크관리는 단순 암기보다는 구조적 이해가 중요한 과목이다. 환율 변화에 따른 손익 구조와 헤지 수단의 기본 원리를 먼저 이해한 뒤, 관련 계산 문제로 확장해 가는 학습 방식이 효과적이다.
- ✓ 선물환·선도환, 외환스왑·통화스왑, 옵션형태(Call/Put) 등의 유사 개념은 혼동하기 쉬운 출제 포인트이므로, 각각의 조건과 효과를 비교하며 학습하는 것이 효율적이다.
- ✓ 환율·이자율·기간 등을 활용한 계산 문제는 출제 비중이 높으므로, 개념을 정확히 이해하고 수치 간 관계를 익히며 문제를 많이 풀어보는 것이 중요하다.
- ✓ 국제금융시장과 관련된 내용은 IMF·BIS·OECD 등 국제기구의 역할, 주요 금융지표 간 상관관계 등을 흐름 중심으로 접근하고, 구조도 등으로 정리해가며 이해해야 한다.

장별 출제경향 분석

구분	출제 빈도	빈출 키워드
1장 외환거래와 외환시장	▰▰▰ (중상)	현물환, 선물환, 외환스왑, 기준환율, TTS/TTB, 직접표시/간접표시, 외환시장 구조, 시장참가자, 포지션, 주요통화
2장 환리스크관리	▰▰▰▰ (최상)	환리스크, 환노출, 거래/환산/경제적 리스크, 헤지전략, VaR, 스트레스 테스트, 듀레이션, ALM, 시나리오분석, 리스크한도
3장 선물환거래와 외환스왑	▰▰▰ (중상)	선물환계약, NDF, 외환스왑, 프리미엄/디스카운트, 만기일, 계약일, 스왑포인트, 장외거래, 이자율차이, 선물환율 계산
4장 선물	▰▰ (중)	통화선물, 거래소, 계약단위, 만기일, 일일정산, 증거금, 레버리지, 마진콜, CME, 청산소
5장 스왑	▰▰▰ (상)	통화스왑, 금리스왑, 고정/변동 이자교환, 계약조건, 원금교환, 만기, IRS, 크로스커런시, 헷지, 자산부채 일치
6장 옵션	▰▰▰ (상)	통화옵션, 콜/풋옵션, 행사가격, 만기, 내재가치, 프리미엄, 손익그래프, 헷지전략, 옵션가격요인, OTC/거래소

01 외환거래

1장 외환거래와 외환시장

❶ 외환거래의 개념과 목적

개념	• 외환거래는 두 개 국가의 법정통화를 상호 교환하여 국제 대금 결제·자금 이전을 완결하는 모든 금융 계약(현물·선도·파생)을 포괄함 • 실수요·헤지·투기라는 목적에 따라 세부 유형이 구분됨 • 수출입 무역이나 해외투자, 개인 해외여행, 송금 등 대외거래가 발생할 때 외환을 사고파는 방식으로 진행됨

형태	• 실수요 목적: 상품·서비스의 수출입, 해외투자, 유학·관광자금 등 실제로 외화를 지급·수취해야 할 필요가 있을 때 이루어지는 거래
	• 환리스크 관리: 환율 변동 위험을 줄이기 위해 선물환, 옵션 등 파생상품 또는 현물환을 이용해 포지션을 조절하는 거래
	• 투기 목적
	  – 환율 변동에서 차익을 얻기 위해 순수 투기적으로 외환을 매매하는 것
	  – 글로벌 시장 유동성 공급에 기여하나, 시장 변동성을 높이기도 함
	  – **외환거래의 90% 이상**

❷ 환율

정의	• 두 통화를 교환하는 비율(예: 1 USD= 1,100 KRW) • 한쪽 통화를 **기준**통화(FC), 반대편 통화를 **상대**통화(VC)로 놓고 FC 1단위당 VC 몇 단위인지로 표시(유럽식 표기)
표시방법	(아래 표 참조)
우리나라의 환율 구조	(아래 표 참조)

표시방법

표시법	구분	개념	예시
자국통화 표시법(**직접**표시법)	유럽식	외국통화 1단위와 교환되는 자국통화 단위 수	USD 1 = KRW 1,100
외국통화 표시법(**간접**표시법)	미국식	자국통화 1단위와 교환되는 외국통화 단위 수	KRW 1 = USD 0.0009

※ 유럽식 표시법 vs 미국식 표시법
 – 유럽식: 대체로 'USD/JPY'처럼 달러를 기준통화(왼쪽)로 보고 상대통화를 오른쪽에 둠
 – 미국식: 'GBP/USD' 등 영국 파운드·유로 등을 왼쪽 기준통화로 놓고, 달러를 오른쪽에 둠

우리나라의 환율 구조

매매기준율	은행이 대고객 거래 시 기준으로 삼는 환율, 전일 은행 간 시장의 가중평균 현물환율로 산출
재정된 매매기준율	달러 이외 통화(엔, 유로 등)와 원화 간 거래에 적용, 국제시장의 해당 통화·달러 환율과 달러·원 매매기준율을 활용해 결정
은행 간 매매율	은행들끼리 거래할 때 적용, 변동 폭에 제한이 없음
대고객 매매율	• 개인·기업이 은행과 거래할 때 쓰이는 **전신환**(TT), **현찰** 매매율, 여행자수표 매도율 등이 있음 • 전신환매매율: 환어음이 전신으로 송달되어 우송 기간 금리요인이 반영되지 않는 순수 환율, 가장 기본 환율 • 현찰매매율: 창구에서 현찰로 직접 사고파는 환율 ※ 보관·운송비용 및 환리스크가 커 스프레드가 넓음

01

1장 외환거래와 외환시장
외환거래

Bid / Offered (Two-Way Quotation)	• 은행은 고객 요구에 따라 동시에 두 개의 호가(Bid= 은행이 기준통화를 사겠다는 가격, Offer= 팔겠다는 가격)를 제시함 • 두 호가 차이(Spread)는 유동성 공급 비용이자 은행 마진

❸ 현물환거래

정의	• 거래일(T)에 환율을 결정하고, 보통 T+2영업일에 서로 통화를 인수도하는 거래 • 대부분 은행 간 거래가 현물환(Spot) 기준으로 이루어짐
특징	• 외환의 기본적인 형태 • T+2 영업일 후 결제되는 것이 표준이지만, 특수 통화(예: USD/CAD)는 T+1로도 가능

구분	결제일	비고
당일물거래	결제일 당일	-
익일물거래	결제일 + 1영업일	특수 통화(예 : USD/CAD)는 T+1로도 가능
현물환거래(Value Spot)	결제일 + 2영업일	T+2 영업일 후 결제되는 것이 표준
선물환거래	결제일 + 2영업일 이후	-

❹ 포지션(Position)

개념	• 특정 시점에서 외화자산(매입액)과 외화부채(매도액) 간의 차이 • 환율이 변동할 때 포지션 상태에 따라 환차익 혹은 환차손이 발생함
종류	• 롱(Long): 받을 외화 > 지급 외화이며, 환율 ↑ 이익, 환율 ↓ 손실 • 숏(Short): 받을 외화 < 지급 외화이며, 환율 ↓ 이익, 환율 ↑ 손실 • 스퀘어(Square): 받을 외화=지급 외화 → 즉시 손익 0 → 환리스크가 없음 ※ 롱·숏을 합쳐 오픈 포지션이라 부르며, 스퀘어는 커버드 상태

구분	자산	부채	순포지션	환율 ↑
Long Position(롱포지션)	120만 USD	100만 USD	+20만	이익
Short Position(숏포지션)	80만 USD	100만 USD	-20만	손실
Square Position(스퀘어포지션)	100만 USD	100만 USD	0	0

❺ 결제일(Value Date)

- 현물환거래는 보통 거래일 +2영업일을 결제일로 하여, 양 통화를 서로 교환한다.
- 두 통화 모두 공휴일이 아닌 동일 영업일을 찾아야 하므로, 실제 결제일을 정할 때 달력상 영업일 확인이 중요하다.
- 일각에서는 익일물(T+1)과 당일물(T+0)도 광의의 현물환 범주에 넣지만, 가장 일반적인 표준은 T+2 방식이다.

확인문제로 핵심키워드 정리하기

간단한 쪽지 시험으로 빈출 개념을 다시 정리해 보세요.

1 다음 설명이 맞으면 ○표, 틀리면 ×표 하세요.

(1) 외환거래의 실수요 목적은 무역이나 해외투자 등 실제 대외거래를 수행하기 위해 필요한 외화를 확보하거나 처분하는 데 있다. ( )

(2) 환리스크 관리를 위해 선물환거래를 체결해도, 현물환거래에서 발생하는 환차손익은 자동으로 완전히 사라진다. ( )

(3) 외환거래에서 '매매기준율'은 국내 은행이 기획재정부 장관의 승인 없이 자유롭게 결정하는 환율을 의미한다. ( )

(4) 직접표시법(자국통화표시법)은 '외국통화 1단위와 교환되는 자국통화 금액'을 기준으로 환율을 표시하는 방식이다. ( )

(5) 현물환거래(Spot Dealing)는 통상 거래일로부터 2영업일이 지난 날에 결제가 이루어지는 외환거래를 말한다. ( )

2 다음 빈칸에 들어갈 알맞은 말을 적으세요.

(1) 외환거래의 목적은 크게 실수요, (   ) 관리, 투기적 목적 등으로 나눌 수 있다.

(2) (   )은 외환딜러가 참고용으로 제시하는 환율을 말하며, 실제 거래가 이루어지는 환율인 확정환율과 구별된다.

(3) 전신환 매매율(   )은 현찰매매율보다 스프레드가 작은 편이다.

(4) 외환거래에서 거래되고 있는 통화로서 기준통화가 되는 것을 (   )라고 한다.

(5) 매매기준율이란 미국 달러와 (   ) 간 외환거래에서 회계처리에 기준이 되는 환율이다.

---

01 다음 중 현물환거래(Spot)에 대한 설명으로 가장 옳은 것은?

① 거래일로부터 당일에 결제
② 거래일로부터 2주 후에 결제
③ 거래일로부터 1영업일 후에 결제
④ 거래일로부터 2영업일 후에 결제

개념이해 현물환거래(Spot)는 외환시장에서 통용되는 표준 결제방식으로, '거래일 + 2영업일' 후에 결제한다.

보충학습 실제 외환시장에서 'Spot Value Date'라 부르는 결제일은 일반적으로 거래일 다음의 두 번째 영업일(T+2)이다. 예컨대, 월요일에 거래를 체결했다면 수·목요일 중 공휴일이 없다면 수요일이 결제일이 된다. 이 규칙은 국제 관행이라 예외가 거의 없다. 다만, 어떤 통화쌍(예: USD/CAD)은 T+1을 쓰기도 한다.

02 외환포지션이 Long인 상태에서 환율이 상승하면 어떤 결과가 나타나는가?

① 외환차손 발생
② 외환차익 발생
③ 손익 둘 다 없음
④ Long 포지션과 무관

개념이해 Long 포지션이란 해당 통화의 '매입(보유) 초과' 상태를 말한다. 환율이 오르면 보유 중인 통화 가치가 상승하므로 외환차익이 발생한다.

오답분석 외환에서 'Long'은 달러 등 특정 통화를 '사는' 쪽을 의미한다. 주식이 올랐을 때 차익을 보는 것처럼, 달러를 들고 있는 상황에서 달러/원 환율이 오르면 더 많은 원화로 바꿀 수 있으므로 이익(차익)이 난다. 반대로 환율이 떨어지면 손실을 본다(외환차손).

---

1 (1) ○ (2) × (3) × (4) ○ (5) ○
2 (1) 환리스크 (2) 예시환율 (3) T/T Rate (4) FC (5) 원화

개념확인문제

03 다음 중 Calling Party와 Quoting Party에 대한 설명으로 옳은 것은?

① Calling Party와 Quoting Party는 같은 개념이다.
② Calling Party는 시장에서 환율을 만들어 제시한다.
③ Quoting Party가 환율을 요구하고 Calling Party가 환율을 제시한다.
④ Quoting Party가 매수환율(Bid)과 매도환율(Offered)을 동시에 제시, Calling Party는 그중 하나를 골라 거래한다.

개념이해 보통 환율을 제시(Quote)하는 쪽을 'Quoting Party'라 하고, 이를 요구(Call)하는 쪽을 'Calling Party'라 한다. Quoting Party가 Two-way(매수·매도) 환율을 제시하면, Calling Party가 그중 유리한 쪽을 골라 거래가 이루어진다.

04 국내에서 수입기업이 달러화를 매입하려고 할 때, 적용되는 환율은?

① 재정된 매매기준율
② 시장평균환율(MAR)
③ 은행 입장에서 매입환율(Bid)
④ 은행 입장에서 매도환율(Offered)

개념이해 수입기업이 달러를 '산다'는 것은, 은행 입장에서는 달러를 '판다'는 의미이므로 Offered Rate(은행이 파는 환율)가 적용된다.

오답분석 환율은 언제나 '은행'의 시각을 기준으로 Bid/Offered가 결정된다.
Bid: 은행이 달러를 사줄 때 가격(= 고객 입장에서는 달러를 팔 때)
Offered: 은행이 달러를 팔 때 가격(= 고객 입장에서는 달러를 살 때)

05 다음 중 NDF(Non-Deliverable Forward) 거래에 대한 설명으로 옳은 것은?

① 보통 자본시장이 완전히 개방된 통화만을 대상으로 하며, 해외 규제와 무관하다.
② 달러/원 NDF 거래에서는 계약 시점에 이미 원화를 상대방에게 송부해야 한다.
③ 약정환율과 실제 현물환율(만기 시점) 차이를 현금정산(주로 USD) 형태로 결제한다.
④ 만기에 해당 외화를 실물로 인도해야 하므로, 현물환거래와 결제 방식이 거의 동일하다.

개념이해 NDF는 만기에 실제 통화를 인도하지 않고, 약정 환율 대비 실제 환율(현물환율) 차액을 현금으로 결제한다.

오답분석 주로 자본시장이 덜 개방된 통화(중국 RMB, 원화 등)에 대해 해외 투자자들이 환율 헤지·투기를 목적으로 NDF를 거래한다. 만기 결제 통화는 보통 USD 등 국제적으로 결제 용이한 기축통화다.

06 다음 중 외환거래의 목적을 모두 올바르게 짝지은 것은?

① 환투기 – 브로커 – 실수요
② 실수요 – 환리스크 관리 – 투기 목적
③ 환리스크 관리 – 정부정책 – 재정 목적
④ 실수요 – 국내 통화정책 운영 – 투기 목적

개념이해 외환거래 목적은 크게 실수요(예: 수출·수입 결제), 환리스크 관리(예: 선물환·옵션으로 변동 위험 회피), 투기목적(시장환율 변동에서 차익DMF 노리는 것)으로 구분된다.

오답분석 정부정책 수행이나 재정 목적은 '한은 개입' 등 별도 영역이고, 브로커는 단순 중개 역할이므로 보편적 목적이라 보기 어렵다. 실무에서는 무역거래(수출·수입), 해외투자, 환리스크 헤지, 투기(차익거래) 등 다양한 동기들이 혼재한다.

| 정답 | 01 ④ 02 ② 03 ④ 04 ④ 05 ③ 06 ②

02 외환시장

1장 외환거래와 외환시장

① 외환의 정의 및 특징

외환은 거주자와 비거주자 간 결제수단으로 활용되는 해외통화 또는 예금·채권·어음 등을 포괄적으로 부르는 개념이다.

발생 원인	수출입 거래	물품·서비스 무역으로 인해 대금이 국경을 넘어오고 나가는 경우
	이전거래	송금, 증여 등 대가성 없이 오가는 외화
	국가 간 투자	해외직접투자, 해외증권투자 등으로 외화 이동
	투기적 거래	환율 차익을 노린 매매
외환 시장의 일반적 특징	장외시장(OTC) 중심	일정한 거래소 없이 전 세계 은행·브로커가 전화·전자거래로 매매함
	24시간 연속성	주요 금융시장이 시차를 두고 연계되어 하루 종일 거래가 끊이지 않음
	범세계적 시장 (One Global Market)	정보통신 발달로 환율이 전 세계적으로 신속하게 동조화 됨
	미국달러 중심	대부분 통화가 달러를 기준으로 교차 환율을 산출하지만, 예외적으로 파운드·유로 등은 자체 기준통화로 쓰이기도 함
	제로섬 시장	환율 변동에 따른 모든 거래자들의 손익을 합치면 이론적으로 0이 된다고 봄

② 외환시장 참가자

기업·개인	• 해외 거래로 외화가 부족하거나 남는 최종 수급자 • 무역대금, 해외투자, 유학·여행자금 등을 필요로 함
은행(금융기관)	기업·개인의 주문을 처리하고, 동시에 자체 포지션(딜링)이나 환리스크 관리, 투기 목적 거래를 수행함
중앙은행·정부	외환시장에 개입(Smoothing Operation)하여 자국통화 환율 안정, 국제수지 조정 등을 도모함
브로커	• 은행 간 거래 중개 역할 • 거래상대방 탐색 및 체결 과정을 효율화함
투기자	• 환율 변동 차익을 노려 대규모 매매를 시도하는 헤지펀드 등 • 시장 유동성을 확대하지만, 변동성을 키우기도 함
환전상	개인 여행자 등을 상대로 소규모 현찰 환전을 수행하는 점포

③ 국내외환시장과 국제외환시장

국내외환시장 (역내 시장)	• 서울 외환시장을 중심으로 USD/KRW, CNH/KRW 등 원화 관련 통화가 주로 거래됨 • 오전 9시부터 오후 3시 30분(또는 5시 30분)까지 제한된 시간에 거래하며, 국내 법규의 적용을 받음
국제외환시장 (역외 시장)	• 런던, 뉴욕, 도쿄 등 글로벌 주요 금융센터에서 24시간 거래가 이어짐 • USD/JPY, EUR/USD, GBP/USD 등 이종통화 간 교차거래도 활발함 • 거래규모가 매우 크고 변동성도 큼

확인문제로 핵심키워드 정리하기

간단한 쪽지 시험으로 빈출 개념을 다시 정리해 보세요.

1 다음 설명이 맞으면 ○표, 틀리면 ×표 하세요.

(1) 외환시장은 장내거래와 장외거래가 혼재하지만, 실질적으로 대부분 OTC(Over-the-Counter)로 진행된다. (　　)

(2) 외환시장의 가장 큰 특징 중 하나는 주말과 일부 공휴일을 제외하고 24시간 연속 거래된다는 점이다. (　　)

(3) 국제외환시장은 국가마다 환율 변동폭 상·하한이 정해져 있으므로 급등락이 잘 발생하지 않는다. (　　)

(4) 외환시장은 제로섬(Zero-Sum) 시장으로, 모든 참가자의 손익을 합하면 결국 0이 된다. (　　)

(5) 국내외환시장에서는 주로 달러/원 현물환 거래가 이루어지지만, 역외시장(NDF)에서 체결된 달러/원 선물환 계약은 국내 금융당국 승인을 거쳐야만 차액정산이 가능하다. (　　)

2 다음 빈칸에 들어갈 알맞은 말을 적으세요.

(1) 외환이 발생하는 대표적 원인에는 무역 등 재화·용역 수출입, 자본거래, (　　)거래, 투기적 거래 등이 있다.

(2) 외환시장은 특정 장소에 모이는 장내거래보다 (　　)를 통해 거래되는 형태가 주를 이룬다.

(3) 외환시장은 주말·공휴일 제외하고 하루 (　　)시간 거래된다.

(4) 외환시장 참가자 중 (　　)은 스무딩 오퍼레이션(Smoothing Operation)을 통해 환율 급변 시 시장에 개입하기도 한다.

(5) 특정 국가가 환율을 인위적으로 낮추면, 그 나라 상품의 가격 경쟁력이 높아져 (　　)이 증가할 수 있다.

개념확인문제

01 외환시장의 특징으로 옳은 것을 모두 나열한 것은?

① 제로섬 게임이 아니다.
② 거래소에 모여 주간에만 거래한다.
③ 상품시장과 동일하게 상하한가가 존재한다.
④ 24시간, 장외거래, 미국달러 중심으로 거래된다.

개념이해 외환시장은 24시간 운영되며, 대부분 장외거래(OTC) 형태로 이루어진다.
미국 달러(USD)가 국제 결제 및 준비통화로 가장 많이 사용되므로 달러 중심 시장이다.

보충학습
- 장외거래(OTC, Over-The-Counter): 주식시장처럼 거래소가 존재하는 것이 아니라, 딜러(은행·금융기관) 간 네트워크로 직접 거래한다.
- 제로섬 게임: 외환거래는 기본적으로 제로섬(Zero-Sum) 성격을 띠며, 한쪽이 이득이면 다른 한쪽이 손해를 본다.

02 외환시장 참가자 중 중앙은행의 역할로 적절한 것은?

① 수출기업 외화자금 세무 대행
② 환율 투기로 막대한 이익 추구
③ 자국 통화 안정 위해 환율 개입
④ 은행 간 거래 중개로 수수료 수익

개념이해 중앙은행은 외환시장 개입(환율 안정화)을 위해 외환보유액을 활용해 매수·매도 개입을 할 수 있다.

보충학습
- 중앙은행 환율 개입 목적: 환율 급변 시 시장 안정화
- 수출입 기업 보호(너무 높은 환율 → 물가 상승, 너무 낮은 환율 → 수출 경쟁력 약화)
- 예시: 한국은행이 원화 가치 급락 시 달러를 매도(외환보유액 활용)하여 원화 강세 유도

---

1 (1) ○ (2) ○ (3) × (4) ○ (5) ×
2 (1) 이전 (2) OTC(또는 장외거래) (3) 24 (4) 중앙은행 (5) 수출

| 정답 | 01 ④　02 ③

1장 외환거래와 외환시장 **265**

03 외환시장 분석

1장 외환거래와 외환시장

1 외환시장 분석의 중요성

- 여러가지 복잡한 요인에 의해 외환시장의 환율이 변동하므로, 이를 분석하는 것은 외환거래와 환리스크 관리를 위해 필수이다.
- 주요 분석 방법에는 기초적 분석(Fundamental Analysis)과 기술적 분석(Technical Analysis)이 있다.

2 분석 방법

기초적 분석 (Fundamental Analysis)	• 환율 변동의 근본적인 요인을 분석하여 미래 환율을 예측하는 방법 • 주로 경제지표, 통화정책, 국제 무역 흐름 등의 거시적 요소를 고려함 • 장기적인 환율 예측에 주로 사용됨	
	경기 변동	경제가 성장하면 통화 가치 상승, 침체하면 하락
	금리 변화	높은 금리는 외국 자본 유입 증가 → 환율 상승
	무역수지	수출 > 수입 시 통화 가치 상승(무역흑자)
	물가상승률(인플레이션)	높은 인플레 → 화폐가치 하락
	외환보유액	외환보유액 많으면 환율 안정성 증가
	정부 정책 및 환율 개입	중앙은행 개입이 환율에 직접적인 영향
기술적 분석 (Technical Analysis)	• 과거 환율 변동 패턴을 분석하여 미래 환율을 예측하는 방법 • 차트 분석을 기반으로 단기적 환율 예측에 유리함 • 외환딜러들이 선호하는 방법	
	이동평균선(Moving Average)	과거 일정 기간 평균값을 이용해 추세 분석
	지지선(Support) & 저항선(Resistance)	환율이 반등하거나 돌파하는 가격대를 분석
	추세선 분석(Trend Analysis)	상승추세, 하락추세, 박스권(횡보) 분석
	캔들차트 분석	양봉(상승)과 음봉(하락) 패턴을 통해 가격 흐름 예측

03 외환시장 분석

1장 외환거래와 외환시장

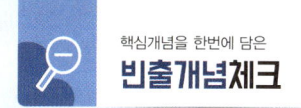

3 주요 환율 변동 요인

환율은 다양한 요인에 의해 변동하며, 주요 원인은 다음과 같다.

거시적 요인	시장 심리적 요인	기타 요인
• 경제 성장(GDP) • 금리 및 통화정책 (중앙은행 정책) • 무역수지 및 경상수지 • 정부 개입 (외환시장 개입, 환율조작국 지정)	• 투자자들의 심리, 글로벌 리스크 선호도 • 정치적 이벤트(전쟁, 경제제재 등)	• 외환보유액 • 해외 직접 투자 및 증권 투자 흐름

4 달러/원(USD/KRW) 환율 변동 요인

한국 원화(₩) 대비 미국 달러(USD)의 환율은 다음과 같은 요인에 의해 변동된다.

환율 상승(원화 약세) 요인	환율 하락(원화 강세) 요인
• 한국의 금리 인하 • 한국의 경제성장 둔화 • 대규모 해외 자본 유출 • 국제 원자재 가격 상승(수입 물가 증가) • 대외 불확실성 증가(전쟁, 금융위기 등)	• 한국의 금리 인상 • 한국 수출 호조(무역흑자) • 외국인 투자 유입 증가 • 정부의 외환시장 개입(달러 매도)

확인문제로 핵심키워드 정리하기

간단한 쪽지 시험으로 빈출 개념을 다시 정리해 보세요.

1 다음 설명이 맞으면 ○표, 틀리면 ×표 하세요.

(1) 기술적 분석은 과거 환율 추이, 차트 패턴·거래량 등을 참고해 미래 환율을 예측하는 방식이다. (　　)

(2) 미국 FOMC의 통화정책 변화가 금리에만 영향을 주며, 환율에는 직접적 영향이 없다. (　　)

(3) 달러/원 환율이 하락하는 주요 요인 중 하나로는 우리나라 수출 감소·무역적자 확대가 꼽힌다. (　　)

(4) 기술적 분석에서 이동평균선이 단기선이 장기선을 상향 돌파(Golden Cross)하면 환율 상승 신호로 볼 때가 많다. (　　)

(5) 달러/엔 환율은 미국 경제지표만 보면 충분히 예측할 수 있다. (　　)

2 다음 빈칸에 들어갈 알맞은 말을 적으세요.

(1) (　　) 분석은 거시경제 변수(물가·GDP·금리 등)를 조사해 환율의 중장기 흐름을 예측한다.

(2) (　　) 분석은 차트, 이동평균선, 거래량 지표 등 과거 시장 데이터를 통해 미래 환율을 추정한다.

(3) 미국이 기준금리를 인상하면 달러화 가치가 (　　)할 가능성이 있다.

(4) 환율정책·수출입 동향·(　　)·해외투자 자금 흐름 등은 달러/원 환율에 큰 영향을 준다.

(5) 달러/원의 (　　)은 FOMC 금리인상, 미국 고용·물가 지표 등에 따라 크게 변동될 수 있으며, 한국 기업의 수입원자재 가격에도 큰 영향을 미친다.

01 아래는 A기업의 외환 포지션 요약이다. 이를 바탕으로 A기업의 종합포지션(Overall Position)과 환율 상승 시 예상되는 결과로 옳은 것은?

> • 현물환 포지션(Spot): 매입 USD 300만 − 매도 USD 100만 = 순매입 USD 200만 (Long)
> • 선물환 포지션(Forward): 매입 USD 50만 − 매도 USD 100만 = 순매도 USD 50만 (Short)

① 종합포지션은 순매입 USD 150만(Long), 환율 상승 시 환차익
② 종합포지션은 순매입 USD 350만(Long), 환율 상승 시 환차익
③ 종합포지션은 순매도 USD 50만(Short), 환율 상승 시 환차익
④ 종합포지션은 순매입 USD 250만(Long), 환율 상승 시 환차손

개념이해　Spot +200만, Forward −50만 → 종합포지션 +150만(Long), 환율 상승 → Long인 A기업에는 유리(차익)

02 기술적 분석에서 사용하는 지표가 <u>아닌</u> 것은?

① 이동평균선
② 거래량 지표
③ 엔화금리 스와프 포인트
④ 추세선 및 지지·저항선

개념이해　스와프 포인트는 금리차·선물환율 산출에 쓰이는 요소로, 차트 자체의 지표와는 다르다.

---

1 (1) ○ (2) × (3) × (4) ○ (5) ×
2 (1) 기초적 (2) 기술적 (3) 상승 (4) 무역수지 (5) 환율

| 정답 | **01** ① **02** ③

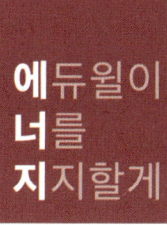

할 수 있다고 믿는
사람은 그렇게 되고

할 수 없다고 믿는
사람 역시 그렇게 된다.

– 샤를 드 골(Charles De Gaulle)

01

2장 환리스크관리

환리스크의 개념

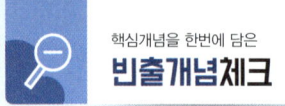

❶ 환리스크의 개념 및 유형

전제 조건	• 환율이 변한다고 무조건 환리스크가 발행하는 것은 아님 • 환리스크는 **오픈 포지션**(달러나 엔 등의 외국통화를 받거나 지불해야 할 거래가 존재하는 상태)에서 환율변동이 예상과 달라질 때 발생함
의의	• 환율변동은 어떤 기업에게는 이익, 다른 기업에게는 손해가 될 수 있음 • 위험(Danger)처럼 반드시 회피해야 할 부정적인 요소만은 아니지만, 불확실성이라는 점에서 관리 필요성이 큼
유형	• 환산환리스크(Translation Exposure) 　- 외화표시 자산·부채를 재무제표에 반영할 때 환율변동으로 인해 장부상 환산이익이나 환산손실이 발생하는 위험 　- 당장의 현금흐름에는 직접 영향을 주지 않지만, 재무제표상의 이익·부채가 변동되어 기업 가치나 신용도에 영향을 줄 수 있음 • 영업환리스크(Economic Exposure) 　- 예상 못한 환율 변동으로 인해 기업의 전반적 영업활동(매출량·판매가격·원가 구조 등)에 영향이 생기는 위험 　- 중·장기적 측면에서 기업의 경쟁력, 시장점유율, 이익구조가 변동할 수 있음 • 거래환리스크(Transaction Exposure) 　- 외화표시 거래가 이미 확정되었지만 결제 시점까지 환율이 변동하여 발생할 수 있는 환차손익 위험 　- 외화자금을 수취·지급할 때 실제 환율이 계약 당시 예상과 달라지면 실질 이익이 줄거나 손실이 발생함

❷ 환리스크가 발생하는 기업의 거래형태

무역거래 (수출·수입) 기업	• 국내 비용은 원화, 해외 매출은 달러·유로로 받는 경우 원가와 매출 통화가 달라 환율변동에 노출됨 • 외화표시 내국신용장 등을 통해 국내외에서 원자재를 **외화**로 사올 때도 환리스크가 발생함
외화표시 자산· 부채 보유 기업	외화차입금(부채)이나 외화예금(자산)을 가지고 있으면 환율에 따라 원화로 환산한 금액이 달라져 환차손익이 발생함
수출·수입 대행을 의뢰하는 기업	국내 기업이 수입상(또는 무역상사)에 대행을 의뢰해 해외에서 원자재를 들여오는 경우, 대금결제 통화 차이와 시차로 인해 환리스크가 발생함

❸ 환리스크의 3대 결정요인

오픈 포지션 (Open Position)의 규모	일정 시점에서 기업이 보유한 외화 매입액과 매도액의 차이가 클수록 환율변동에 따른 손익 폭이 커짐
환율변동성(Volatility)	• 환율이 자주·크게 출렁일수록 환리스크가 커짐 • 과거에 달러/원 환율이 일정 범위로 고정되어 있던 시기보다 **자유변동환율제**에서 변동 폭이 훨씬 커짐
보유기간(Holding Period)	**오픈 포지션**을 오래 보유할수록 환율변동을 겪을 가능성이 높아지며, 그만큼 환리스크도 증가함

❹ 환리스크 헤지(Hedge)

개념	• 보유 중인 롱(또는 숏) 포지션에 대해 반대되는 포지션(매도·매입)을 만들어 환율변동 위험을 없애거나 줄이는 기법 • 선물환이나 옵션 등 파생상품을 활용하거나, 내부적으로 결제 시점을 조절해 최대한 불확실성을 낮춤
필요성	• 환율에 따라 매출·원가 등 영업이익이 크게 출렁이면 기업의 안정적 경영에 악영향을 줌 • 환리스크 관리는 기업 가치와 신용도를 지키기 위한 필수 요소임

확인문제로 핵심키워드 정리하기

간단한 쪽지 시험으로 빈출 개념을 다시 정리해 보세요.

1 다음 설명이 맞으면 ○표, 틀리면 ×표 하세요.

(1) 거래적 환리스크는 환율 변동에 따른 해외 지점의 재무제표 환산 과정에서 발생하는 위험이다. (　　)

(2) 환산(번역) 환리스크는 현금 흐름에 직접 영향을 주지 않더라도 회계상 환차손익이 발생할 수 있다. (　　)

(3) 경제적 환리스크는 단기 수출입 거래에서 주로 발생한다. (　　)

(4) 환율이 하락하면 수입기업이 손해를 본다. (　　)

(5) 해외 현지 법인의 재무제표를 본사 통화로 환산할 때 발생하는 손익은 환산 환리스크에 포함된다. (　　)

2 다음 빈칸에 들어갈 알맞은 말을 적으세요.

(1) 환리스크는 환율이 예측과 달리 변동함으로써 (　　)적 손실을 입을 가능성을 말한다.

(2) (　　) 환리스크는 결산 시 해외자회사 재무제표를 본국 통화로 환산할 때 발생한다.

(3) (　　)적 환리스크는 이미 확정된 외화 표시 거래에서 환율 변동으로 실질 손익이 달라지는 위험이다.

(4) 경제적 환리스크는 시장 경쟁력이나 미래 (　　)에 대한 환율 영향까지 고려한다.

(5) (　　)은 국내 통화 가치가 높아져서 수출기업이 받는 외화 수입의 원화 환산액이 줄어드는 상황이다.

개념확인문제

01 환산 환리스크에 대한 설명으로 옳은 것은?

① 단기 계약에서 주로 발생한다.
② 실제 현금흐름에 직접 영향을 준다.
③ 환율이 불리하게 움직여도 회계상 변화가 전혀 없다.
④ 해외 지점의 자산·부채를 환산하므로, 현금 유출입 없이도 재무제표에 환차손익이 반영된다.

개념이해 환산 환리스크(Translation Risk)는 해외 지분(자회사 등)을 본사 통화로 환산 시 손익이 달라지는 위험이다.
실제로 현금이 오간 것은 아니지만, 재무제표상 이익·자본이 변동하므로 투자자·채권자 인식에 영향을 준다.

02 경제적 환리스크와 관련된 사례는?

① 해외 자회사의 회계장부를 원화로 변환할 때 생기는 환차
② 만기 3개월짜리 선적 대금 10만 달러를 결제해야 하는 상황
③ 경쟁국 통화 약세로 인해 장기적으로 당사 제품 경쟁력이 하락하는 상황
④ 환율이 하락해 이미 수취한 달러 자산이 줄어드는 즉각적 거래 손실

개념이해 경제적 환리스크(Economic Risk)는 장기 시장점유율, 매출 전망, 기업 가치에 영향을 주는 환율 변동 위험이다.

오답분석 ②④ 환산 리스크, ① 거래적 리스크에 가깝다.

---

1 (1) × (2) ○ (3) × (4) × (5) ○
2 (1) 재무 (2) 환산(번역) (3) 거래 (4) 현금흐름 (5) 환율 하락

| 정답 | 01 ④ 02 ③

02. 환리스크의 관리의 실행방안

2장 환리스크관리

1 환리스크 관리 절차

환노출(Exposure) 파악	외화 자산·부채, 확정된 수출입 계약, 보유 파생상품 등을 점검해 환율 정보의 노출 정도를 식별함
정책 및 목표 수립	환율 변동 허용 범위, 헤지(Hedge) 비율, 비용 한도 등을 설정함
헤지 수단 선택	내부·외부 헤지 기법 중 상황에 맞게 활용함
사후 모니터링	환율 추이, 계약 만기, 기업 현금흐름 등을 재검토해 필요한 조정(롤오버, 청산)을 함

2 내부적(무비용) 관리 방법

매칭(Matching)	• 외화자산과 외화부채, 외화유입과 유출을 같은 통화·유사 시점으로 맞춰 환율 변동 영향을 상쇄함 • 달러 매출과 달러 비용이 비슷하면 환율 변동이 실질 손익에 미치는 영향이 줄어듦
리딩(Leading) & 래깅(Lagging)	• 결제 시점을 앞당기거나(리딩) 지연(래깅)하여 환율 변동에 따른 유리한 시점을 노림 • 환율 예측이 틀릴 수도 있고, 거래 상대방 동의가 필요할 수 있다는 점이 한계

3 외부적(비용 발생) 관리 방법

선물환(Forward)	• OTC(장외) 시장에서 거래 상대(주로 은행)와 만기일 환율을 미리 확정함 • 환율이 실제로 어떻게 변하든 해당 환율로 거래해 환차손실을 제거함 • 유리한 방향으로 움직여도 추가 이익이 없음
통화선물(Futures)	• 거래소에서 표준화된 계약을 사고팔아 헤지함 • 장점: 청산소가 있어 신용위험이 낮음 • 단점: 표준화된 만기·거래규모로 유연성이 떨어질 수 있음
통화옵션(Options)	• 매입자는 일정 프리미엄을 지불하고, 환율이 불리하게 변동하면 권리를 행사해 손실을 제한함 • 환율이 유리하게 변하면 행사하지 않아 추가 이익을 얻음 • 프리미엄이라는 비용 부담이 있음
스왑(Swap)	• 통화스왑은 원금과 이자를 교환하는 약정으로, 장기 환리스크를 줄이는 데 유용함 • 만기에 원금을 다시 교환해 원화·외화 포지션을 원상 복귀함

4 복합 전략

Range Forward, Target Forward	옵션을 조합해 환율 상·하한을 설정하거나, 제로 코스트로 헤지 비용을 줄이는 방식
KIKO (Knock-In Knock-Out)	• 배리어옵션을 활용한 장외 상품 • 환율이 특정 구간을 벗어나면 옵션이 소멸하거나 추가의무가 발생함

확인문제로 핵심키워드 정리하기

간단한 쪽지 시험으로 빈출 개념을 다시 정리해 보세요.

1 다음 설명이 맞으면 ○표, 틀리면 ×표 하세요.

(1) 매칭(Matching)은 외화유입과 외화유출을 동종통화끼리 가능한 한 일치시키는 내부적 헤지 기법이다. (　)

(2) 리딩(Leading)은 결제를 미루어 환율이 우호적으로 변할 때까지 기다리는 기법이다. (　)

(3) 선물환거래는 환율을 미리 확정해 미래 환율 변동 위험을 없앨 수 있으나, 옵션프리미엄만큼의 비용이 든다. (　)

(4) 통화선물은 거래소에서 표준화된 계약을 매매하며, 만기까지 장외 협상 변경이 자유롭다. (　)

(5) 스왑(Swap)은 주로 장기 환리스크 관리에 쓰이며, 두 통화를 일정 기간 교환한 뒤 다시 원래 통화로 되돌리는 구조를 갖는다. (　)

2 다음 빈칸에 들어갈 알맞은 말을 적으세요.

(1) 리딩 기법은 결제를 앞당기는 (　　)과 미루는 래깅을 통해 환율 변동을 능동적으로 활용하는 방법이다.

(2) (　　)거래는 환율을 미리 확정하여 미래에 해당 환율로 결제할 수 있는 대표 외부 헤지 수단이다.

(3) (　　)은 거래소에서 표준화된 통화계약을 매매하여 환리스크를 헤지한다.

(4) 옵션 거래에서는 매입자가 (　　)을 지급하고 환율 변동으로 인한 손실을 제한한다.

(5) 내부 헤지 방법 중 (　　)은 같은 통화의 외화자산과 외화부채를 상쇄시켜 환노출을 줄인다.

01 스왑(Swap)에 관한 설명으로 옳은 것은?

① 스왑은 항상 옵션프리미엄이 필요하다.
② 매우 단기 환리스크 관리에만 사용된다.
③ 원금을 교환하지 않는 금리스왑만 존재한다.
④ 통화스왑은 만기 시 원금을 재교환하며 장기 환헤지 수단이 될 수 있다.

개념이해 통화스왑은 원금을 교환하며, 장기 거래에 유용하다.

02 통화선물(Futures)과 선물환(Forward)의 가장 큰 차이점은 무엇인가?

① 선물환은 항상 자동 청산된다.
② 통화선물은 금리차가 반영되지 않는다.
③ 선물환은 거래소에서 거래되고, 통화선물은 OTC에서 거래된다.
④ 통화선물은 거래소 상품이므로 표준화된 계약이며, 선물환은 OTC 맞춤 계약이다.

개념이해 통화선물은 거래소 표준화 상품. 선물환은 OTC 비표준화 거래이다.

오답분석 ① 자동 청산 개념은 통화선물 거래소 상품의 특징이다.
② 통화선물 가격에도 금리차(이자율 차익거래 조건)가 반영되어 선물환율이 결정된다.
③ 통화선물은 거래소 상품이고, 선물환은 OTC(Over-The-Counter) 거래이다.

---

1 (1) ○ (2) × (3) × (4) × (5) ○
2 (1) 리딩 (2) 선물환 (3) 통화선물 (4) 프리미엄 (5) 매칭

| 정답 | 01 ④　02 ④

03 환리스크 관리 적용 권고안

2장 환리스크관리

1 권고안의 등장 배경

- 금융기관이나 기업이 환율 변동에 무방비로 노출되면, 환율의 급등·급락 시 큰 손실이 발생할 수 있다.
- 국제기구와 각국 금융당국은 이런 위험이 개별 기업뿐 아니라 금융시장 전체로 퍼지는 걸 방지하기 위해 권고안을 마련하였다.

2 BIS 권고안(예시)

- 내부통제 및 보고체계
  - 환리스크 관리 조직이 트레이딩 부서와 분리되어 독립성을 가짐
  - 이사회나 최고경영층에 정기적으로 리스크 상태 보고

- VaR(Value at Risk)
  - 정의: 정상 시장조건하에서 관측기간 동안 α% 신뢰수준으로 발생할 수 있는 최대 환손실 예상액
  - 장점: 단일 금액으로 리스크를 직관적으로 표현
  - 단점: 극단적 변동(테일)·시장유동성·모델오류 반영의 한계
  - 4대 결정요인

    ① 환노출 규모 ② 환율 변동성 ③ 신뢰수준(예: 95%) ④ 관측기간(예: 1일·10일 등)
    → 네 항목이 커질수록 VaR도 커진다. (측정기간은 길어질수록 ↑)

단계	입력(Input)	연산(Process)	출력(Output)
① 데이터 준비	환율 일수익률, 변동성, 상관계수	–	
② 통계 가정	정규분포(Δ-정규법) / 히스토리컬 / 몬테카를로	VaR 시뮬레이션	–
③ 결과 해석	–	최대손실액(억 원)	한도 초과 여부

- BIS 보완기법
  - 스트레스 테스트: ±30% 급등·급락, 변동성 2배 등 극단 시나리오 손실 추정
  - 백테스팅(Back-testing): 실제 손익 vs VaR 예측치 비교 → 모델 정확도 검증
  - 델타·정규법 한계 보완 → Δ-정규 VaR ± Event Risk 조정

구분	취지	예시 시나리오
스트레스 테스트	급변장 가정 손실점검	±30% 환율쇼크
백테스팅	실손익 vs 예측치 검증	과거 250일 결과 비교
Event Risk 가산	정규가정이 놓치는 꼬리위험 보정	브렉시트·팬데믹

03 환리스크 관리 적용 권고안

2장 환리스크관리

❸ 국내 금융감독 규정

외국환거래법	• 외화자금 흐름이 너무 편중되지 않도록 해외 차입·송금·투자 등에 절차와 신고 의무를 둠 • 급격한 자본 유출입이 금융시장 안정성을 해치지 않도록 각종 장치를 마련함
은행업 감독 규정	• 은행마다 환포지션 한도를 운영해 무리한 환위험을 지지 않도록 함 • 스트레스 테스트 등 위험 측정 모델 사용을 의무화하기도 함
기업 공시 의무	• 상장기업은 재무제표 주석에 파생상품 사용 현황이나 환리스크 노출 정보를 기재해야 함 • 이를 통해 투자자나 채권자가 기업의 환위험 상태를 파악할 수 있음

❹ 권고안의 의의

- 기업과 은행이 환율 변동을 가볍게 보지 않고 체계적으로 관리하도록 유도한다.
- 환리스크가 잘 통제되지 않으면 기업 부도와 은행 부실로 이어져 금융시스템 전반에 파급될 수 있다.
- 권고안을 잘 따르면 재무 건전성이 올라가며, 시장 신뢰도 또한 확보할 수 있다.

확인문제로 핵심키워드 정리하기

간단한 쪽지 시험으로 빈출 개념을 다시 정리해 보세요.

1 다음 설명이 맞으면 ○표, 틀리면 ×표 하세요.

(1) BIS 권고안에서는 환리스크를 측정하기 위해 VaR(Value at Risk)와 스트레스 테스트 등을 활용하도록 권장한다. ( )

(2) 국내 금융당국은 외국환거래법 외에는 환리스크 관리를 강제하는 규정이 없다. ( )

(3) BIS 규제에서는 환포지션 한도 설정을 의무화하지 않는다. ( )

(4) 기업이 환노출을 제대로 공개하지 않아도 회계감사에서 문제될 소지가 없다. ( )

(5) 금융기관은 외환거래에서 자기자본 대비 과도한 환포지션을 보유하지 못하도록 제한한다. ( )

2 다음 빈칸에 들어갈 알맞은 말을 적으세요.

(1) BIS 권고안은 금융기관이 ( )과 스트레스 테스트 등을 통해 시장위험을 측정하도록 권장한다.

(2) 국내 ( ) 감독 규정에서는 은행의 외환포지션 한도 등 환리스크 관리 기준을 제시한다.

(3) ( ) 보고 체계를 통해 경영진이 환율 급변 상황에 적절히 대응할 수 있도록 내부통제 장치를 마련해야 한다.

(4) 기업은 환노출 규모와 ( )상품 거래 현황을 주석 공시 등으로 투명하게 공개할 필요가 있다.

(5) 스트레스 테스트는 환율이 ( ) 폭으로 움직였을 때 발생할 손실을 가정해보는 분석이다.

---

01 BIS 권고안에서 환리스크 측정·관리에 유용하다고 권장하는 방법이 아닌 것은?

① 시나리오 분석
② 스트레스 테스트
③ VaR(Value at Risk)
④ 무위험 포트폴리오 강제 전환

개념이해 '무위험 포트폴리오 강제 전환'이라는 개념은 BIS 권고안에 없다.

보충학습 BIS는 시장위험 측정에 VaR, 스트레스 테스트, 시나리오 분석 등 정성·정량적 방법을 권장한다.

02 은행이 기업 환리스크 관리를 완전히 대행할 수 없는 이유로 적절한 것은?

① BIS 규제로 기업 환리스크 인수는 은행의 의무다.
② 은행은 환테크로 항상 이익이므로, 기업 부담이 없다.
③ 은행업 감독 규정상 모든 기업 환리스크를 은행이 부담한다.
④ 기업의 프로세스, 경쟁 환경, 생산 거점 재편은 은행이 대신할 수 없다.

개념이해 환리스크 관리는 기업 내부 경영전략(원가 구조, 해외 생산기지)까지 영향을 주므로, 은행이 단순 파생상품 제공으로는 완전히 대신할 수 없다.

---

1 (1) ○ (2) × (3) × (4) × (5) ○
2 (1) VaR (2) 은행업 (3) 정기적 (4) 파생 (5) 극단적

| 정답 | **01** ④ **02** ④

04. 은행의 대고객 외환거래 한도

2장 환리스크관리

1 은행과 외환거래의 한도

- 은행은 고객(기업·개인)과 현물환, 선물환, 옵션 등 다양한 외환거래를 체결한다.
- 고객의 손실이나 과도한 환포지션 보유로 환율 급변 시, 자본 위험이 발생할 수 있어 고객별·상품별 최대 거래 가능 규모(한도)를 설정해 관리한다.

2 대고객 한도 설정 기준

신용평가	• 기업 재무상태, 업종 전망, 과거 거래 실적 등을 살펴본 뒤 신용등급을 부여함 • 신용도가 높으면 한도를 더 넓게, 낮으면 한도를 작게 설정함
상품별 리스크	현물환, 선물환, 옵션마다 위험 구조가 다름(가령 옵션 매도 거래는 무한대 손실 위험이 있으므로 한도를 더 엄격하게 둘 수 있음)
거래 목적과 기간	• 무역 결제용, 헤지 목적, 투기성의 목적을 파악해 한도를 다르게 함 • **만기가 긴** 거래일수록 잠재 변동성이 커져 한도를 낮출 수도 있음

3 한도를 초과하는 경우

- 일반적으로 은행 내부 규정에서 허용 범위를 넘어선 거래는 바로 승인되지 않는다.
- 예외 승인 심사(추가 보증 요구, 더 높은 등급 평가 등)를 거쳐야 할 수 있으며, 심사에서 거절되면 거래가 불가능하다.
- 감독당국(금감원 등)이 은행의 한도 운영 실태를 점검할 때 위반 사실이 발견되면 제재 대상이 될 수 있다.

4 한도와 은행 내부 환포지션 연계

- 대고객 거래가 많아지면 은행도 그만큼 외환포지션을 보유하게 된다.
- 은행 내부 포지션 한도(우리가 최대한 감당할 수 있는 환위험 규모)와 대고객 한도는 서로 맞물려 움직인다.
- 만약 내부 포지션 여유가 없는데 대고객 거래가 쏟아지면, 한도 때문에 거래를 제한해야 한다.

5 대고객 한도의 효과

- 신용위험 통제: 고객이 외화 거래로 손실이 발생해 상환 불능이 될 위험을 줄인다.
- 환위험 통제: 은행 자체 환포지션이 과도해지는 걸 막는다.
- 금융시장 안정: 무제한 거래로 환시세 급변이나 은행 부실 발생을 방지한다.

확인문제로 핵심키워드 정리하기

간단한 쪽지 시험으로 빈출 개념을 다시 정리해 보세요.

1 다음 설명이 맞으면 ○표, 틀리면 ×표 하세요.

(1) 대고객 외환거래 한도는 은행 내부 포지션 한도와 무관하게 독립적으로 운영한다. ( )

(2) 은행은 기업 신용도를 고려해 외환거래 한도를 부여하며, 한도를 초과하면 추가 거래가 제한될 수 있다. ( )

(3) 상품별 한도(현물환, 선물환, 옵션 등)를 구분하지 않고 통합 한도로만 관리하면 신용위험을 체계적으로 관리하기 쉽다. ( )

(4) 대고객 한도를 초과해서 거래가 진행되면 외국환거래법상 자동으로 거래가 무효가 된다. ( )

(5) 기업 신용등급이 높을수록 은행은 대고객 외환거래 한도를 낮게 책정한다. ( )

2 다음 빈칸에 들어갈 알맞은 말을 적으세요.

(1) 은행은 신용 리스크와 환포지션 관리를 위해 고객별 외환거래 (　　　)를 설정한다.

(2) 한도를 설정하지 않으면 외환거래 (　　　)가 무한히 늘어날 수 있어 은행의 자기자본이 훼손될 위험이 커진다.

(3) (　　　)별 한도를 두어 현물환, 선물환, 옵션 등에서 각각 허용 거래 규모를 구분한다.

(4) 기업 신용등급이 (　　　)할수록 한도를 높게 부여하는 경향이 있다.

(5) 은행 내부 (　　　) 한도가 대고객 거래 한도와 연계되어 있으므로, 은행도 과도한 외환포지션을 허용할 수 없다.

01 은행이 대고객 외환거래 한도를 설정하는 주된 이유는?

① 대고객 거래를 하지 않으려는 의도다.
② 환율 변동이 없다고 가정하기 때문이다.
③ 신용위험과 환포지션 위험을 제한하기 위해서다.
④ 모든 고객에게 무제한 거래를 허용하기 위해서다.

개념이해 대고객 한도는 은행이 고객별 거래로 인한 신용리스크(기업 부도 등)와 은행 내부 환포지션 리스크를 관리하기 위함이다.

오답분석 ① 오히려 환율 변동 가능성을 전제로 위험을 통제하기 위해 한도를 설정하는 것이다.
② 위험 관리 차원에서 적정 한도를 설정해 관리한다.
④ 한도 설정은 거래를 제한하기 위한 조치이며, 무제한 허용을 위한 것이 아니다.

02 거래 한도를 설정하지 않은 경우, 은행이 부담하게 되는 위험은 무엇인가?

① 금융당국이 모든 손실을 보전
② 외국환거래법 준수로 인센티브 획득
③ 고객 부도 시 대규모 미회수 손실 발생 가능
④ 환율이 크게 변동해도 손실이 없어 BIS비율이 상승

개념이해 신용위험이 큰 고객과 무제한 거래하다가 부도가 나거나, 환율 폭등 시 은행이 대규모 포지션을 떠안아 손실이 발생할 수 있다.

---

1 (1) × (2) ○ (3) × (4) × (5) ×
2 (1) 한도 (2) 익스포저(또는 위험노출) (3) 상품 (4) 우량 (5) 환포지션

| 정답 | **01** ③　**02** ③

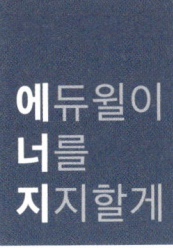

한계는 없다.
도전을 즐겨라.

– 칼리 피오리나(Carly Fiorina)

01 파생금융상품 기초

3장 선물환거래와 외환스왑

1 파생금융상품의 이해

- 환율, 금리, 주가 등 금융시장의 변동으로 인해 기업이 입을 수 있는 위험(시장위험)을 관리하기 위해 다양한 파생상품이 등장했다.
- 파생상품은 환율변동 위험을 비롯한 여러 리스크를 줄이는 데 활용할 수 있으며, 때로는 투기 목적으로도 사용된다.
- 외환 거래와 자금 거래, 자본 거래 과정에서 발생하는 환리스크를 효과적으로 관리하기 위해서는 파생상품에 대한 이해가 필수적이다.

2 파생금융상품의 정의

- 기초자산(주식, 채권, 통화, 원자재, 금리 등) 가치에서 파생된 금융상품을 통칭한다.
- 기초자산의 **현물가격** 움직임이 파생상품 가치에 직접적인 영향을 준다.
- 미래 시점에 정해진 조건으로 매매(혹은 교환)하기로 **약정한 계약**이라는 특징이 있다.

3 파생금융상품의 유형 및 구분

현물거래/ 매매예약거래	• 현물거래(Spot): 거래 체결 후 곧바로(보통 **2영업일** 이내) 결제하는 거래 • 매매예약거래: 미래 특정 시점(만기일)에 인도할 물건(또는 통화)과 가격을 현재 시점에 미리 약정하는 거래(밭떼기 거래, 선물환거래 등)

유형	• 선도(Forward)
	  - 거래 당사자 간 사적으로 체결되는 장외계약
	  - 구조가 유연하나 신용위험이 존재
	• 선물(Futures)
	  - 거래소를 통해 표준화된 규격으로 거래
	  - 일일정산과 증거금 제도로 신용위험이 낮음
	• 스왑(Swap): 서로 다른 조건의 현금흐름을 교환(통화스왑, 금리스왑 등)
	• 옵션(Option)
	  - 미래 시점에 특정 가격으로 매매할 수 있는 권리를 부여
	  - 권리와 의무가 분리되어 있어 프리미엄(옵션료)을 지불

구분	• 선도형(Forward-type): 만기일에 권리와 의무가 동시에 존재(선도, **선물**, **스왑**) • 옵션형(Option-type): 옵션은 매수자에게는 이행 여부를 선택할 자유가, 매도자에게는 그 선택을 따라야 하는 의무를 남기며 이는 계약 당사자 모두가 확정 의무를 지는 선도·선물·스왑과 대조적임 • 합성형(Structured): 선도, 선물, 스왑, 옵션 등을 복합적으로 결합한 상품

장내 및 장외	• 장내 파생상품
	  - 선물, 옵션 등 공인된 거래소에서 거래
	  - 표준화된 계약
	  - 증거금과 일일정산 방식으로 신용위험이 낮음
	• 장외 파생상품
	  - 선도, 스왑, 장외옵션 등 거래 당사자 간 합의로 조건을 자유롭게 설정
	  - 신용위험이 존재

※ 파생상품의 정의, 선도-선물-스왑-옵션 간 차이, 장내 vs 장외 구분 등이 자주 출제되며, 선물환거래는 장외 선도거래의 대표적 사례

확인문제로 핵심키워드 정리하기

간단한 쪽지 시험으로 빈출 개념을 다시 정리해 보세요.

1 다음 설명이 맞으면 ○표, 틀리면 ×표 하세요.

(1) 파생금융상품은 기초자산(환율, 금리, 주가지수 등)의 가치 변화에 따라 그 가치가 결정되는 금융상품이다. (　　)

(2) 선도(Forward), 선물(Futures), 스왑(Swap), 옵션(Option)은 매매예약거래라는 점에서 모두 동일하게 결제 횟수가 여러 번 발생한다. (　　)

(3) 장외거래(OTC) 파생상품은 거래상대방의 신용위험이 존재하지만, 거래조건을 탄력적으로 설정할 수 있는 장점이 있다. (　　)

(4) 장내 파생상품은 선도거래·스왑거래처럼 비표준화된 조건을 자유롭게 설정할 수 있다. (　　)

(5) 통화선물과 선물환거래는 모두 환리스크 헤지·투기를 위한 목적에 활용되며, 장외거래라는 점에서 유사한 특징이 있다. (　　)

2 다음 빈칸에 들어갈 알맞은 말을 적으세요.

(1) (　　) 거래는 장내거래소에서 표준화된 계약조건에 따라 매매예약을 하는 파생상품 거래 형태이다.

(2) (　　) 거래는 사적 계약이므로 장외(OTC)에서 거래되며, 만기일이나 계약 규모를 자유롭게 정할 수 있다.

(3) 선물과 (　　)은 모두 선도형 파생상품으로, 만기일에 권리와 의무가 동시에 존재한다.

(4) 장외거래(OTC)에서는 거래 상대방 간 신용위험이 존재하지만, (　　)에서는 거래소가 청산소 역할을 맡아 신용위험을 줄인다.

(5) 파생상품의 기초자산으로는 환율, 금리, 주가지수, 원자재 및 (　　) 위험 등이 대표적이며, 이를 기반으로 다양한 구조의 상품이 만들어진다.

개념확인문제

01 다음 중 파생금융상품의 선도형에 해당하지 않는 것은?

① 선도거래(Forward)
② 선물거래(Futures)
③ 스왑거래(Swap)
④ 옵션거래(Option)

개념이해 선도(Forward), 선물(Futures), 스왑(Swap)은 만기일에 계약한 대로 거래가 이루어지는 '선도형(Forward-type)' 파생상품이다. 옵션(Option)은 매입자에게 권리만 부여되고, 의무는 없다.

보충학습 선도형 상품들은 계약 당사자들이 일정한 미래 시점에 반드시 의무를 이행해야 하지만, 옵션은 매입자의 선택에 따라 행사 여부가 결정된다. 따라서 옵션은 '옵션형'으로 따로 구분된다.

02 장내 파생상품과 장외 파생상품을 비교한 설명으로 옳은 것은?

① 장외거래(OTC)는 계약 규격화로 유연성이 낮다.
② 장내거래는 계약조건을 각 당사자가 협의 가능하다.
③ 장외거래는 모든 거래가 중앙청산소를 통해 이루어져 신용위험이 없다.
④ 장내거래는 표준화된 상품으로 신용위험이 줄어드는 대신, 거래조건의 탄력성이 낮다.

개념이해 장내거래(거래소 거래)는 계약이 표준화되어 있어 신용위험이 낮지만, 거래 조건이 제한적이다.
장외거래(OTC 거래)는 당사자 간 계약이 자유롭지만 신용위험이 존재한다.

보충학습
• 장내거래: 거래소에서 표준화된 계약을 거래하며, 중앙청산소(CCP)를 통해 신용위험이 줄어든다.
• 장외거래(OTC): 거래소를 거치지 않고 금융기관 간 개별 계약으로 거래하므로 신용위험이 존재한다.

---

1 (1) ○ (2) × (3) ○ (4) × (5) ×
2 (1) 선물 (2) 선도 (3) 스왑 (4) 장내거래 (5) 신용

| 정답 | 01 ④　02 ④

02 3장 선물환거래와 외환스왑
선물환거래

① 선물환거래의 개념

정의	• 미래 일정 시점(만기일)에, 사전에 정한 **선물환율(Forward Rate)**로 특정 통화를 매매하는 장외 파생금융상품 • 계약 체결일에는 실제 통화 이동이 없고, **만기일**에 양 통화를 인수도(거래)함

목적	• 헤지(환리스크 관리)
	  – **수출기업**이 미래에 수취할 달러를 미리 매도(Short) 계약함으로써 환율 하락 위험을 줄임
	  – **수입기업**은 달러를 선물환 매입(Long)해 환율 상승 위험을 줄일 수 있음
	• 투기(차익 노림)
	  – 환율 움직임을 예측해 환차익을 얻고자 선물환 포지션을 취함
	  – 현물보다 적은 자본으로 환 리스크에 직접 노출될 수 있음

vs 현물환거래	• 현물환은 보통 계약 후 **2영업일** 이내 결제(Spot Value) • 선물환은 계약 후 일정 기간 뒤(예: 1개월, 3개월 등)에 결제 • 선물환율은 현물환율 + 스왑포인트 (두 통화 간 이자율차 반영)

② 선물환거래 절차

사전 절차	• 투자자(기업) 유형 확인: 일반투자자 vs 전문투자자 – 전문투자자는 일정 요건 충족 시 은행이 등록 처리 • 투자자 적합성 평가: 파생상품 이해도·신용도 등을 감안해 한도 설정 • 선물환거래약정서(기본계약서) 체결: 은행은 기업의 신용위험 등을 평가하고 만기 이전에 계약 불이행이 없도록 내부 한도 설정 • 일반위험고지문 교부: 파생상품 거래 시 발생할 수 있는 위험 사항 고지

▼

거래 체결	• 헤지 목적 확인
	  – 기업이 실수요(수출입, 외화자산·부채 등)인지, 투기적 거래인지 파악
	  – 실수요거래는 자본시장법상 증빙 필요
	• 설명서 교부: 상품설명서 제공, 불완전판매 방지 위해 거래조건 상세 안내
	• 환율 제시 & 체결
	  – 만기일·금액 결정 후 은행이 선물환율(Bid/Offered) 고시
	  – 기업이 수용하면 매매 확정
	  – 거래 확인서로 상호 보관

▼

사후 절차	• 만기 시 결제: 선물환 포지션에 맞춰 두 통화를 주고받음 – 현물환 대비 손익 차이는 기존 계약된 선물환율에 의해 확정됨 • 중도 해지: 필요 시 **반대 포지션**(선물환 매입 vs 매도)을 체결해 해당 포지션을 청산함

02 3장 선물환거래와 외환스왑
선물환거래

3 선물환율(Forward Rate)과 스왑포인트(Swap Point)

선물환율 산출	• 출발점: 현물환율(Spot Rate) • 가산/차감 항목: 두 통화 간의 이자율 차이를 환율로 환산한 스왑포인트(Swap Point) • 선물환율 = (현물환율 ± 스왑포인트) − 고금리 통화(기준통화 금리 > 상대통화 금리)는 선물환율이 현물환율보다 Discount(할인)되어 형성 − 저금리 통화(기준통화 금리 < 상대통화 금리)는 선물환율이 현물환율보다 Premium(할증)되어 형성
스왑포인트	• 선물환율과 현물환율의 차이 • 산출원리(이자율평형이론): 고금리·저금리 통화 간 자금 조달 비용과 수익을 상호 보상 • 고시 방법 − Outright Forward : 선물환율 자체를 고시(예 : 1,055원) − Swap Point : 현물환율에 몇 원(Pips)을 별도로 표기(예 : +5원 ~+6원)
역월 만기 vs 비역월 만기	• 역월 만기: − 시장에서 정형화된 1개월, 3개월, 6개월 등 정기 만기 − 은행 간 거래에서 주로 사용 • 비역월 만기: 37일, 78일 등 특정 날짜에 맞추는 실수요 목적 거래가 많아, 스왑포인트를 일할 계산(보간법)하여 적용함

4 스왑포인트 계산 예시(프리미엄 통화)

프리미엄 상태	기준통화(USD) 금리 < 가변통화(KRW) 금리라면, USD/KRW 선물환율이 현물보다 큼
Bid/ Offered Rate	• Bid 스왑포인트: 은행이 달러를 매입하는 경우(Calling Party가 달러를 파는 경우) • Offered 스왑포인트: 은행이 달러를 매도하는 경우(Calling Party가 달러를 사는 경우) • 매 거래 주체의 입장(금리, 현물환율)을 고려해 현물환 + 스왑포인트를 산출함

5 선물환거래 실무 포인트

역월 만기 vs 비역월 만기	• 표준 만기(예: 1M, 3M 등)에 스왑포인트를 직접 적용 • 정형화된 만기가 아닐 경우, 일수를 기준으로 스왑포인트를 비례 계산
만기일 조정	• 중도 해지, 연장(롤오버) 등 기업의 실수요 일정에 따라 변동 가능 • 별도 약정이나 추가 비용(계약 해지 후 재체결)이 발생할 수 있음
계약 이행	• 일반적으로 만기일까지 포지션을 유지, 만기에 통화 결제 • 일부 경우 환율 변동의 반대포지션으로 중도 청산해 환차익·차손을 확정하기도 함

확인문제로 핵심키워드 정리하기

간단한 쪽지 시험으로 빈출 개념을 다시 정리해 보세요.

1 다음 설명이 맞으면 ○표, 틀리면 ×표 하세요.

(1) 선물환거래는 현물환거래와 구분되어 미래 특정 시점에 통화를 인수·인도하는 거래이다. ( )

(2) 역월 만기일 선물환거래는 거래조건이 표준화되어 있어, 거래소에서 대량 체결되는 형태이다. ( )

(3) 수출기업이 향후 달러를 수취할 예정이라면, 선물환시장에서 달러 매도(Short) 포지션을 취해야 환율하락에 대한 위험을 헷지할 수 있다. ( )

(4) 선물환거래는 환리스크 관리(헤지) 목적 외에는 투기목적으로 활용될 수 없으며, 외환당국의 규제대상이 된다. ( )

(5) 선물환거래 체결 시 매매계약만 하고 만기일까지 실제 통화를 인수도하지 않으므로, 신용위험(계약불이행 위험)은 없다. ( )

2 다음 빈칸에 들어갈 알맞은 말을 적으세요.

(1) 기업이 ( ) 만기일 선물환거래를 체결하면, 달력상 특정 개월(1M, 2M 등)이 아닌 임의 날짜를 만기로 설정할 수 있다.

(2) 디스카운트 상태는 기준통화 금리가 상대통화 금리보다 높아, 선물환율이 현물환율보다 ( ) 형성된 교환 조건을 말한다.

(3) ( ) 만기의 선물환거래는 1M, 2M 등의 일정한 월별 만기 구조를 말한다.

(4) ( )는 만기에 양 통화를 실물로 주고받지 않고, 차액만 정산하는 선물환거래 형태다.

(5) ( ) 만기 거래에서는 만기가 현물환 만기일(2영업일) 이전인 당일물(today)·익일물(tomorrow)을 말하며, 스왑포인트나 금리 차이를 역산해 환율을 결정한다.

---

01 다음 중 선물환거래의 가장 정확한 정의는?

① 현물환보다 2영업일 빨리 결제하는 외환거래
② 장내거래소에서 표준화된 통화를 사고파는 거래
③ 매일 손익을 정산하며 중앙청산소가 보증하는 거래
④ 미래 특정일에 확정 환율로 통화를 교환하기로 계약하는 장외거래

개념이해　선물환거래(Forward)는 장외거래(OTC)에서 미래 특정일에 정해진 환율로 외화를 교환하기로 계약하는 거래이다.

오답분석
- 현물환거래(Spot): 거래일 + 2영업일에 결제하는 거래
- 선물환거래(Forward): 거래 체결 후 3영업일 이후 특정일에 결제하는 거래
- 선물거래(Futures)와 차이: 선물은 거래소(장내)에서 표준화된 계약으로 거래되며, 매일 손익을 정산(일일정산)하지만, 선물환은 개별 계약(장외거래)로 특정일에 한 번 결제됨

02 선물환율 계산에 활용되는 스왑포인트에 대한 설명으로 옳은 것은?

① 현물환율에 단순 곱셈으로 반영한다.
② 현물환율 변동만 반영하기 때문에 이자율과 무관하다.
③ 항상 양(+) 값으로, 선물환율이 현물환율보다 높아진다.
④ 두 통화 간 만기에 발생하는 이자 차이를 환율로 환산한 값이다.

개념이해　스왑포인트(Swap Point)는 두 통화의 금리 차이를 환율 형태로 환산한 값이다.

보충학습
- 스왑포인트 (+): 기준통화 금리가 가변통화보다 낮으면 선물환율이 현물환율보다 높음 (프리미엄)
- 스왑포인트 (−): 기준통화 금리가 가변통화보다 높으면 선물환율이 현물환율보다 낮음 (디스카운트)

---

1 (1) ○ (2) × (3) ○ (4) × (5) ×
2 (1) 비역월 (2) 낮게 (3) 역월 (4) NDF (5) 프리밸류

03 달러/원 환율에서 원화금리가 달러금리보다 낮으면, 어떤 현상이 발생하는가?

① 선물환율이 고정된다.
② 원화가 기축통화가 된다.
③ 달러 선물환율이 현물환율보다 높아진다.
④ 달러 선물환율이 현물환율보다 낮아진다.

개념이해 기준통화(USD) 금리가 가변통화(KRW)보다 높으면, USD 선물환율이 현물보다 '프리미엄' 상태가 된다.

오답분석 • 고금리 통화(KRW) → 저금리 통화(USD)로 환전할 경우: 미래 환율이 낮아짐(디스카운트)
• 저금리 통화(USD) → 고금리 통화(KRW)로 환전할 경우: 미래 환율이 높아짐(프리미엄)

04 역월 만기 선물환거래(1M, 2M, 3M 등)와 비역월 만기 선물환거래의 차이점으로 옳은 것은?

① 두 거래 모두 Ante-spot 거래와 같다.
② 두 거래 모두 거래소 승인이 필요하다.
③ 역월은 은행 관행상 정형 만기, 비역월은 임의 날짜 협상 가능하다.
④ 역월은 사적 협상으로 만기 임의 결정, 비역월은 표준 달력월로 제한된다.

개념이해 • 역월(1M, 2M, 3M): 은행 간 통상적인 만기 구조를 따르는 거래
• 비역월(Non-standard maturity): 거래 당사자가 협의하여 임의의 특정 날짜를 정하는 방식

05 NDF(Non-Deliverable Forward)에 관한 설명 중 옳지 않은 것은?

① 일일정산·증거금제도가 있어 신용위험이 거의 없다.
② 만기에 계약통화를 실제 주고받지 않고 차액만 정산한다.
③ 자본거래 제한이 있는 통화에서 역외에서 자주 활용된다.
④ 한국의 KRW도 자본거래 제한으로 역외에서 NDF 거래된다.

개념이해 NDF는 장외거래(OTC)이며, 거래소 청산 시스템이 없어 신용위험이 존재한다.

06 선물환거래에서 '디스카운트' 상태에 대한 설명으로 옳은 것은?

① NDF 거래에서만 발생한다.
② 양 통화의 이자율이 같아 스왑포인트가 0이다.
③ 기준통화 금리가 가변통화 금리보다 높아 현물환율이 선물환율보다 크다.
④ 기준통화 금리가 가변통화 금리보다 낮아 선물환율이 현물환율보다 크다.

개념이해 디스카운트(Discount): 기준통화(FC)의 금리가 가변통화(VC)보다 높아, 선물환율이 현물환율보다 낮아지는 현상

| 정답 | 01 ④ 02 ④ 03 ③ 04 ③ 05 ① 06 ③

03 외환스왑

3장 선물환거래와 외환스왑

① 외환스왑(FX Swap)

정의	• 현물환거래(또는 근월물)와 선물환거래(또는 원월물)를 동시에 반대 방향으로 체결하는 거래 • 한 통화를 단기(근월물)로 매도하고, 동시에 만기일이 다른 거래(원월물)에서 같은 통화를 매입(또는 그 반대)함
목적	• 자금 조달: 한 통화를 일정 기간 동안 보유해 운용(또는 차입)하기 위함 • 포지션 조정: 환리스크 관리(Spot + Forward 결합)를 통해 특정 시점 환포지션 조정

② 외환스왑 거래 구조

Near date & Far date	• Near leg: 가까운 결제일(예: Spot), 현물환 결제 • Far leg: 먼 결제일(예: 1개월 후), 선물환 결제 • 두 거래가 동시에 체결되며, 실제로는 시차가 다른 두 번의 결제를 수행함
금리 차	Near date와 Far date 간 자금 운용 기간(또는 차입 기간)에 해당하는 금리 차이만큼 스왑포인트가 결정됨

③ 외환스왑의 활용

단기 유동성 조달	• 수출입 대금 시차에 맞춰 보유 통화와 필요한 통화를 교환해 쓰고, 만기에 다시 원래 통화로 되돌리는 방식 • 예시: 원화 부족 → Spot에서 원화 매입 · USD 매도, 1개월 후 반대거래로 USD 매입 · 원화 매도
환포지션 · 금리 차익 거래	Spot + Forward를 결합해 특정 시점 환포지션을 중립(Square)으로 유지하거나, 시세차익을 노리는 투기적 스왑도 가능
중도 청산	한 다리를 일찍 해지해야 할 경우(외화자금 조달 계획 변경 등), 반대 스왑 등으로 조기 종료 가능

④ 외환스왑 거래 시 주의사항

동시에 기표 (Booking)	• Near leg와 Far leg를 서로 다른 거래처럼 체결하면 사실상 두 건의 거래가 되어버림 • 일반적으로 외환스왑은 두 leg를 동시에 성립 · 기표하여 포지션과 자금흐름을 관리함 ※ '반드시 동시에 기표해야 한다'라는 문구로 출제됨
금리 vs 환율 리스크	• 외환스왑은 중도에 이자 교환이 없고, 만기일에 원래 통화를 되돌려받음 • 금리 변동에 따른 스왑포인트 재조정 위험, 환율 변동에 따른 시세차익 · 차손 발생 가능성 있음

확인문제로 핵심키워드 정리하기

간단한 쪽지 시험으로
빈출 개념을 다시 정리해 보세요.

1 다음 설명이 맞으면 ○표, 틀리면 ×표 하세요.

(1) 외환스왑(FX Swap)은 만기가 서로 다른 현물환거래 2건을 동시에 체결하는 구조이다. (　　)

(2) 외환스왑에서는 Near date와 Far date 두 시점에 대해, 한쪽에서 기준통화를 매수하면, 다른 쪽 Far date에서는 기준통화를 매도하는 등 반대 포지션을 갖는다. (　　)

(3) 외환스왑은 주기적으로 이자를 교환하는 스왑거래와 달리, 단 한 번의 결제만 이루어지는 구조이다. (　　)

(4) 특별히 Near date와 Far date의 거래 상대방이 다른 경우를 'Engineered Swap'라고 한다. (　　)

(5) 외환스왑은 단기자금 조달 목적 등으로 많이 활용되며, 중도에 이자교환이 없으므로 금리스왑보다 구조가 복잡하다. (　　)

2 다음 빈칸에 들어갈 알맞은 말을 적으세요.

(1) 외환스왑은 (　　) date와 Far date 두 시점에 대해 서로 반대 방향의 통화매매를 체결하는 구조이다.

(2) Near date에서 기준통화를 매도했다면, Far date에서는 같은 통화를 (　　)하는 반대거래가 이루어진다.

(3) 외환스왑에서 Near date에는 (　　) 환율을 주로 적용한다.

(4) Engineered 스왑은 두 시점 거래의 (　　)이 다른 형태이다.

(5) 외환스왑은 (　　)교환이 없으며, 두 번의 통화인수도가 이루어지는 점이 금리 스왑과 크게 다르다.

---

01 외환스왑(FX Swap) 정의로 가장 적절한 것은?

① 동일 시점에 2회 현물환 거래를 체결하는 거래
② 만기일에 여러 차례 이자를 교환하는 금리스왑의 일종
③ 차액결제로만 결제하며 실물 통화는 이동하지 않는 거래
④ 현물환과 선물환을 반대 방향으로 동시에 체결하는 거래

개념이해 FX Swap = 현물환 & 선물환 동시 반대 방향 거래

오답분석 은행이 단기 달러가 필요할 경우,
• Near Date: 달러를 현물 매수(Spot Buy)
• Far Date: 동일한 금액을 선물환으로 매도(Forward Sell)
이렇게 하면 달러를 빌리고, 미래에 다시 갚는 효과를 낸다.

02 다음 중 외환스왑(FX Swap)의 특성이 아닌 것은?

① 만기연장(Rollover)에 활용 가능하다.
② 두 시점 모두 실제 통화를 인수도한다.
③ 중간에 매 회계기간마다 이자교환을 한다.
④ 현물환과 선물환을 동시에 반대 거래로 체결한다.

개념이해 FX Swap은 이자 교환이 없다(금리스왑과 차이점)

---

1 (1) × (2) ○ (3) × (4) ○ (5) ×
2 (1) Near (2) 매수 (3) 현물 (4) 상대방 (5) 이자

| 정답 | 01 ④　02 ③

01 선물거래의 개요

4장 선물

1 선도거래와 선물거래의 비교

구분	선도거래	선물거래
목적	환리스크 헤지, 투기(차익) 가능	
가격	만기가 동일하면 **선물**거래와 이론적으로 유사	만기가 동일하면 **선도**거래와 이론적으로 유사
거래방식	장외거래(OTC), 당사자 간 **개별** 협상	장내거래(거래소), 거래소 **규격화**된 거래
신용위험	상대방 신용위험 존재	청산소가 보증하여 신용위험 없음(일일정산 & 증거금제도)
계약조건	만기, 금액 등 자유롭게 설정(유연성 높음)	결제월, 거래단위, 최소가격변동폭 등 표준화(유동성 높음)
유동성	상대적으로 낮음	상대적으로 높음
청산방식	만기 시 실물(통화) 인수도 청산	대부분 만기 전 반대매매로 청산, 일부 실물 인수도 가능

2 선물거래의 특징

거래방식	거래소에서 공개적으로 호가(또는 전산거래) 방식으로 거래
중개자	선물회사, 증권사가 중개하며 다수 투자자가 참여
유동성	투자자가 많아 유동성이 높음
계약 조건	거래소가 거래단위, 만기(결제월), **최소**가격변동폭, 결제방법 등을 미리 표준화
융통성	개별 계약자가 만기일을 자유롭게 설정 불가(융통성 낮음)
증거금(Margin) 제도	• 개시증거금: 신규 포지션 개설 시 예치하는 금액 • 유지증거금: 포지션 유지에 필요한 최소 금액(미달 시 **마진콜** 발생)
신용위험 관리	증거금 예치로 거래상대방 신용 심사 없이 계약불이행 위험 감소
일일정산	매일 종가 기준 평가손익 정산 → 손실 커지면 유지증거금 미달 시 마진콜 요구
레버리지 효과	증거금이 계약금액 대비 적어 적은 투자로 큰 포지션 가능 → 손익 변동폭 큼(고위험 요소)

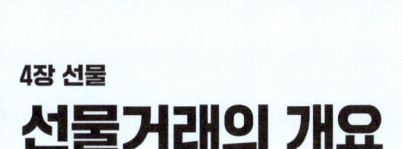

01 4장 선물
선물거래의 개요

❸ 선물거래의 계약조건

구분	내용	예시
계약단위(Contract Size)	거래소가 정한 1계약당 표준 수량	미국달러선물 1계약 = USD 10,000
결제월(Delivery Month)	선물의 만기월(인수도 월)	3월, 6월, 9월, 12월 등
가격제한폭(Price Limit)	하루 동안 가격이 상승·하락할 수 있는 최대 범위	직전 결제가격 대비 ± 일정 % (상품별 상이)
최소호가단위(Tick)	호가(가격) 변동 시 최소 증감 단위	미국달러선물: 0.10원 (1계약당 1,000원 변동)

❹ 선물시장 참가자

구분	특징	목적	시장에서의 역할
헤저 (Hedger)	• 환리스크 또는 기초자산 가격 변동 위험 회피 • 실물거래가 존재하는 기업·금융기관	손익 변동 최소화	리스크 관리
투기자 (Speculator)	• 실물거래 없이 가격 변동을 예측해 차익 추구 • 레버리지를 활용한 고수익 가능	이익 극대화	시장 유동성 증가
차익거래자 (Arbitrageur)	• 시장 간 가격 차이를 이용해 무위험 이익 추구 • 현물 vs 선물, 시장 간 가격 차이를 활용	• 무위험 • 차익(Arbitrage) 추구	• 가격 불균형 해소 • 시장 효율성 증가

확인문제로 핵심키워드 정리하기

간단한 쪽지 시험으로 빈출 개념을 다시 정리해 보세요.

1 다음 설명이 맞으면 ○표, 틀리면 ×표 하세요.

(1) 선물거래는 장내거래(거래소)에서 이루어지며, 계약조건(거래단위·결제월 등)이 표준화되어 있다. (   )

(2) 선도거래와 달리 선물거래는 장외거래이므로, 계약당사자 간 신용위험이 크고 거래조건이 표준화되어 있지 않다. (   )

(3) 선물거래는 계약당 증거금(Margin)을 납부해야 하며, 매일매일(일일정산) 증거금 변동을 반영한다. (   )

(4) 일반적으로 선물거래는 장외거래이기 때문에, 거래소 차원의 가격제한폭이나 호가단위 규정이 존재하지 않는다. (   )

(5) 선물거래에서 대부분의 계약은 만기일에 실물(기초자산)을 실제로 인수도하여 청산된다. (   )

2 다음 빈칸에 들어갈 알맞은 말을 적으세요.

(1) 장내 선물거래에서 매일 종가를 기준으로 선물가격 변동에 따른 손익을 정산하는 제도를 (   )제도라고 한다.

(2) 선물거래 체결 후 처음으로 예치하는 증거금을 주문 증거금 또는 (   ) 증거금이라고 한다.

(3) (   )는 선물거래소가 정한 '1계약(1건)의 크기'를 말한다.

(4) 선물거래에서 (   )은 직전 결제가격(또는 기준가격)을 중심으로 당일 최대 상승·하락 폭을 제한하는 제도이다.

(5) 선물거래의 기초자산이 곡물·에너지·금속 등 물리적 재화인 경우 (   )선물이라 하고, 주가지수·금리·통화 등 금융상품이면 금융선물이라 한다.

01 선물거래가 활발하게 이루어지는 이유로 가장 적절한 것은?

① 거래소가 없기 때문에 수수료 부담이 적다.
② 중도청산이 불가능하여 만기까지 보유해야 한다.
③ 금리 변동 등의 변동 요인이 전혀 반영되지 않는다.
④ 증거금 제도를 통해 신용위험을 줄이고, 표준화된 계약으로 유동성이 높다.

개념이해 증거금 제도로 신용위험 감소 → 거래 상대방의 신용을 일일이 평가할 필요 없이 청산소가 보증
표준화된 계약 → 대량 거래 가능, 유동성이 높아지며 시장이 활발해짐

02 다음 중 '유지증거금(Maintenance Margin)'의 개념에 대한 설명으로 가장 적절한 것은?

① 마진콜을 받으면 유지증거금만큼만 추가 납부한다.
② 개시증거금보다 큰 금액을 처음부터 예치해야 한다.
③ 주문 시 딱 한 번 납부하고 더 이상 부족분을 충당하지 않아도 된다.
④ 매일 가격변동으로 내 증거금이 이 금액 미만으로 떨어지면 마진콜이 발동한다.

개념이해 유지증거금(Maintenance Margin): 포지션 유지에 필요한 최소한의 증거금
가격 변동으로 유지증거금 이하로 떨어지면 마진콜(Margin Call) 발생

오답분석 마진콜이 발생하면 개시증거금(Initial Margin) 수준까지 증거금을 보충해야 한다.
유지증거금보다 낮으면 포지션 강제 청산의 위험이 있다.

---

1 (1) ○ (2) × (3) ○ (4) × (5) ×
2 (1) 일일정산 (2) 개시 (3) 계약단위 (4) 가격제한폭 (5) 상품

| 정답 | **01** ④ **02** ④

02 | 4장 선물
통화선물

1 통화선물의 정의

- 통화를 기초자산으로 하는 선물거래이며, OTC인 선물환거래를 장내로 옮겨온 형태이다.
- 장내거래이므로 표준화된 규격(만기, 계약단위, 가격제한폭 등)을 지닌다.
- 환리스크 헤지나 투기 목적으로 사용되며, 선물환거래와 이론적 가격이 유사하다.

2 통화선물의 현황

- 통화선물은 최초의 금융선물로서 시작되었으나, 실제 거래량은 주가지수선물이나 금리선물보다 적은 편이다.
- 기업이 신용도가 높다면 증거금·일일정산이 필요한 통화선물보다는 선물환거래를 선호하기도 한다.
 (수수료, 편의성 등의 이유)

3 통화선물 가격

- 만기 동일 시 통화선물과 선물환(Forward Rate) 가격은 차익거래로 인해 거의 수렴한다.
- 고금리·저금리 통화의 금리 차이는 현물환 대비 스왑포인트로 반영되고, 이는 선물가격으로 나타난다.

4 우리나라 통화선물의 계약명세(한국거래소)

미국달러선물(KRW/USD)	유로선물(KRW/EUR)
• 계약단위: 1만 달러 • 최소가격변동폭: 0.10원 (⇒ 1틱 = 1,000원) • 결제방법: 인수도결제(실물) • 가격제한폭: 기준가격 대비 ±4.5% 등	• 계약단위: 1만 유로 • 최소가격변동폭: 0.10원 • 가격제한폭: ±5.25% • 나머지 구조(거래시간, 결제방법 등)는 유사
엔선물(KRW/JPY)	위안선물(KRW/CNH)
• 계약단위: 100만 엔 • 최소가격변동폭: 0.10원(1틱 = 1,000원/100만 엔 × 100) • 가격제한폭: ±5.25% • 나머지 구조(거래시간, 결제방법 등)는 유사	• 계약단위: 10만 위안 • 최소가격변동폭: 0.10원 • 가격제한폭: ±4.5% • 나머지 구조(거래시간, 결제방법 등)는 유사

※ 위 각 항목은 변경될 수 있으므로 거래 전 반드시 최신 계약명세를 확인해야 한다.

02 통화선물

4장 선물

❺ 통화선물 활용사례

수출기업	달러 수취 예정 → 통화선물 '매도' 포지션으로 환율 하락 위험 회피 (만기 전 반대매매 → 실질 환리스크 헤지)
수입기업	달러 지급 예정 → 통화선물 '매수' 포지션으로 환율 상승 위험 회피
비교	선물환거래와 만기일이 정확히 일치하지 않더라도, '만기 전 현물환 거래 + 반대매매'를 통해 유사한 결과(헤지 효과)를 얻을 수 있음

• 사내선물환 손익표

거래	계약환율	만기 Spot	손익(원화)	적용 포인트
매입(롱)	1,150	1,200	50	수입대금 고정
매도(숏)	1,150	1,100	50	수출대금 고정

확인문제로 핵심키워드 정리하기

간단한 쪽지 시험으로 빈출 개념을 다시 정리해 보세요.

1 다음 설명이 맞으면 ○표, 틀리면 ×표 하세요.

(1) 통화선물은 통화를 기초자산으로 하는 선물거래 형태로, 장외에서 거래되는 선물환(Forward)의 대체제가 될 수 있다. ( )

(2) 우리나라에서는 한국거래소(KRX)에서 미국달러선물, 엔선물, 유로선물, 위안선물 등이 거래된다. ( )

(3) 한국거래소에서 거래되는 미국달러선물 1계약은 $100,000이며, 최소가격변동폭은 1원이다. ( )

(4) 통화선물의 결제방법은 대부분 차액결제방식(Cash Settlement)으로 만기 시점에 실제 통화를 인수도하지 않는다. ( )

(5) 통화선물의 최종거래일이 공휴일이면, 뒤로 순연하여 만기가 늦춰진다. ( )

2 다음 빈칸에 들어갈 알맞은 말을 적으세요.

(1) 한국거래소 미국달러선물은 기본 거래단위가 ( ) 달러이다.

(2) ( )은 선물환거래와 같이 미래 특정 시점에 통화를 사고파는 계약이지만, 거래소에서 표준화된 형태로 체결되는 장내거래라는 점이 다르다.

(3) 통화선물은 기초자산이 ( )이므로, 만기일(결제일)에 인수도결제로 결제되는 경우도 있다.

(4) 한국거래소의 유로선물의 최소 가격변동폭은 ( ) 원이다.

---

01 통화선물과 선물환거래의 공통점으로 옳은 것은?

① 모두 일일정산제도가 적용된다.
② 장내거래이므로 증거금 제도가 적용된다.
③ 모두 거래조건(계약단위, 만기 등)을 자유롭게 협상할 수 있다.
④ 기초자산이 통화이며, 미래의 환율을 미리 확정하는 매매예약 형태다.

개념이해 통화선물과 선물환거래는 환율 변동에 대비하여 미래 특정일의 환율을 확정하는 거래이다.
둘 다 기초자산이 통화(외화)이며, 환리스크 헤지 또는 투기적 목적으로 사용 가능하다.

보충학습 선물환(Forward): 장외거래(OTC), 맞춤형 계약 가능, 증거금 없음, 일일정산 없음
통화선물(Futures): 장내거래(거래소), 표준화된 계약, 증거금 납부, 일일정산 필수

02 우리나라 통화선물(미국달러선물 등)의 결제방법으로 옳은 것은?

① 현금결제만 가능
② 옵션형태로 변경 가능
③ 만기 중간에는 이자 교환
④ 실물인수도(인도결제) 방식

개념이해 현재 한국거래소(KRX)의 통화선물은 실물 인수도(Physical Delivery) 방식으로 운영되며, 만기 시 실제 외화를 주고받는다.

보충학습 현금결제 방식도 존재하지만, 한국거래소(KRX)에서는 실물 인수도가 기본이다.
미국의 CME(시카고거래소)에서는 통화선물도 현금결제 방식이 많다.

---

1 (1) ○ (2) ○ (3) × (4) ○ (5) ×
2 (1) 10,000 (2) 통화선물 (3) 통화 (4) 0.1

| 정답 | 01 ④ 02 ④

01

5장 스왑
스왑의 개념

빈출개념체크

❶ 스왑(Swap)

개념	• 서로 다른 현금흐름을 일정 기간 동안 교환하겠다고 약정하는 장외 파생거래 • 대표적으로 **이자율스왑**(금리 교환)과 **통화스왑**(서로 다른 통화의 원금·이자 교환)이 있음 • 스왑의 대표적인 종류에는 이자율스왑(IRS), 외환스왑(FX Swap), 통화스왑(Currency Swap)이 있음
활용 목적	• 금리, 환율, 상품가격 등 시장위험(변동성) 헤지 • 차입조건 최적화(비교우위 차입) • 규제·회계·세금 등의 고려로 특정 현금흐름 구조를 만들어내기
발달 과정	• 1960년대 영국 파운드에 대한 외환규제 시, Parallel Loan 또는 Back-to-back Loan 형태로 시작 • 1980년대 이후 통화스왑(World Bank, IBM)과 이자율스왑이 발전하며, 전 세계적으로 신용·시장위험 관리 수단으로 자리 잡음

❷ 스왑시장의 현황과 은행의 역할

글로벌 시장	• 1980년대부터 스왑이 활발해졌으며, 현재 가장 큰 규모의 시장은 이자율스왑 시장 • 은행·기업·금융기관들이 국제 자본시장에서 금리·환리스크 관리를 위해 활용함
국내 시장	• 2000년대 이후 본격 성장. IMF 사태 이후 위험관리 중요성이 커졌고, 다양한 구조화상품 등장으로 스왑 수요 증가 • 원화 이자율스왑(KRW IRS)과 달러/원 통화스왑이 대표적
은행의 역할	• 초기에는 Advisory(상대방 소개, 매칭 역할) • 이후에는 두 상대방 사이에 Intermediary(중개인)로 들어가 신용위험 일부 부담 • 지금은 신용·시장위험을 적극 수용하면서 가격을 제시하는 Market Maker로 활동(은행의 스왑북 운영)
브로커	• 은행 간 스왑거래를 중개(가격 탐색·체결 지원) • 자체 계정을 두지 않고, 거래 성사를 돕는 대가로 수수료를 받음

확인문제로 핵심키워드 정리하기

간단한 쪽지 시험으로 빈출 개념을 다시 정리해 보세요.

1 다음 설명이 맞으면 ○표, 틀리면 ×표 하세요.

(1) 스왑(swap)은 서로 다른 통화의 원금과 이자를 교환하는 거래만을 의미한다. ( )

(2) 스왑시장에서는 은행이 적극적으로 상대방의 신용위험과 시장위험을 감수하고, 가격을 제시하는 Market Maker 역할을 한다. ( )

(3) 스왑브로커(swap broker)는 스왑 거래에서 본인 계정을 보유하며 시장위험을 떠안고 적극적으로 가격을 만들기도 한다. ( )

(4) 스왑 거래는 모두 장내거래(거래소)에서 표준화된 조건으로 이루어지므로, 신용위험이 존재하지 않는다. ( )

(5) 이자율스왑은 서로 다른 통화의 원금을 교환하고 이자를 주기적으로 교환한다. ( )

2 다음 빈칸에 들어갈 알맞은 말을 적으세요.

(1) 스왑시장에서 ( )는 은행 간 스왑 거래를 중개하며, 자신은 거래당사자가 아닌 역할을 한다.

(2) 스왑은 장외파생상품이므로, 거래 상대방의 ( )위험과 시장위험을 은행이 부담해야 한다.

(3) ( ) 스왑은 한 통화의 고정금리와 동일 통화의 변동금리를 교환하며, 이자만 주고받고 원금은 교환하지 않는다.

(4) 통화스왑은 서로 다른 통화의 원금과 이자를 교환하기 때문에, 초기와 만기 시점 ( ) 교환이 발생한다.

(5) 해외혼합형 펀드는 해외 스왑시장에서 은행이 advisory(자문) 또는 ( ) 역할을 하다가, 점차 market maker로 진화하여 스왑북을 운영하게 되었다.

---

1 (1) × (2) ○ (3) × (4) × (5) ×
2 (1) 스왑브로커 (2) 신용 (3) 이자율 (4) 원금 (5) 중개인

개념확인문제

01 스왑에서 서로 다른 통화의 원금·이자를 주고받는 형태는?

① 외환스왑
② 통화스왑
③ 이자율스왑
④ 조건부옵션

개념이해 통화스왑(Currency Swap)은 서로 다른 통화의 원금과 이자를 교환하는 거래이다.
예를 들어, A사는 원화(KRW)로 B사에서 자금을 조달하고, B사는 달러(USD)로 A사에 자금을 조달하는 방식이다.

오답분석 통화스왑과 외환스왑 차이
• 통화스왑: 장기 거래(보통 1년 이상), 초기·만기 원금 교환 + 이자 교환
• 외환스왑: 단기 거래(보통 1년 이내), Spot(현물) + Forward(선물) 거래 조합

02 스왑시장에서 B은행이 'Market Maker'로 활동한다는 의미는 무엇인가?

① 항상 높은 수수료를 청구한다.
② 브로커에게 본인 계정을 매각한다.
③ 스왑 거래를 위해 자본시장의 허가가 필요하다.
④ 스왑 가격(금리·스프레드 등)을 양방향 호가 형태로 제시하며, 고객과 거래를 체결한다.

개념이해 Market Maker(시장조성자)는 고객과 직접 거래하며, 스왑 금리를 양방향 호가(Bid/Ask) 형태로 제시한다.
고객이 스왑 거래를 요청하면, Market Maker가 매도 또는 매수 포지션을 형성하여 거래를 체결한다.

오답분석 Market Maker는 유동성을 공급하고, 시장에서 스왑 금리를 형성하는 중요한 역할을 한다.
브로커(Broker)는 거래를 단순히 연결해주는 역할만 하지만, Market Maker는 스왑 가격을 직접 설정하고 거래를 수행한다.
시장 조성자는 가격을 형성하면서 직접 포지션을 가지며, 수익을 창출할 수도 있다.

| 정답 | 01 ② 02 ④

02 5장 스왑
통화스왑

1 통화스왑

정의	• 서로 다른 통화의 원금 및 이자를 약정된 환율과 금리조건으로 교환하는 장외 파생거래 • 초기(계약 시점)와 만기(계약 종료 시점)에 원금을 교환하고, 만기까지 주기적으로 이자 또한 교환함
활용 사례	• 사례 A: ADB가 원화로 '아리랑본드'를 발행하고, 동시에 통화스왑을 통해 달러를 조달함 → 결과적으로 환리스크 없이 달러를 간접 차입 • 사례 B: H캐피탈이 해외에서 달러표시 ABS 발행 + 달러/원 통화스왑 체결로 원화 자금을 조달하며 환리스크·금리리스크 헤지, 조달금리 절감
효과	• 원화 자본시장만 이용하거나 달러 자본시장만 이용하는 것이 아니라, 상대국 자본시장에서 채권 발행 후 통화스왑을 활용해 금리·환율을 헤지함 • 국제자본시장 접근성이 개선되고, 상대적으로 저금리 차입 가능(비교우위 차입)

2 통화스왑의 구조 및 현금흐름

초기 원금교환 (Initial Exchange)	• 계약 체결 시점에 두 통화의 원금을 약정 환율로 맞바꿈(선택사항이지만 일반적) • 이자율스왑(IRS)은 원금을 교환하지 않고 명목원금만 설정함
이자교환 (Periodic Interest Exchange)	• 서로 다른 통화에 대한 이자를 교환 • 변동 vs 변동(Cross Currency Basis Swap), 고정 vs 변동(Coupon Swap), 고정 vs 고정(Cross Currency Swap) 등 다양한 조합 가능 • 차액정산이 아닌 각자 통화를 지급하는 방식이 일반적
만기 원금교환 (Final Exchange)	• 계약 만기 시 초기와 같은 환율로 원금을 반대 방향으로 재교환함 • 이로써 환율 변동 위험 없이 해당 통화를 만기까지 운용(또는 차입) 가능

3 통화스왑 가격(금리)

Three Main Types	• 변동 vs 변동: Basis Swap
	  – 달러변동금리 vs 상대통화 변동금리에 ± 스프레드를 붙여 교환
	• 고정 vs 변동: Coupon Swap
	  – 상대통화 고정금리 ↔ 달러 변동금리
	  – 흔히 CRS(Cross Currency Swap)로 부름
	• 고정 vs 고정: 서로 다른 통화의 고정금리를 교환

Basic Swap	• 통화스왑의 핵심 벤치마크 • 대개 USD 변동금리 vs 상대통화 변동금리 ± 스프레드 형태 • 스프레드는 양쪽 통화의 신용도·유동성·금리환경 등을 반영해 형성됨
고정vs변동 통화스왑 (Coupon Swap) 산출	• Basis Swap(+/− 스프레드) + 이자율스왑(IRS) 금리 결합을 통해 고정 vs 변동 스왑금리를 추정 • 달러/엔 Basis Swap + 엔 이자율스왑 → 달러 변동 vs 엔 고정금리 통화스왑
달러/원 통화스왑	• 국내에서는 보통 원화 고정금리 vs 달러 변동금리 형태가 많음 • 이때 고정금리를 CRS Rate라 부름 • CRS Rate = 원화 이자율스왑 금리 ± 베이시스 스프레드 • CD금리(또는 KORBOR) vs SOFR(또는 LIBOR) 등으로 구성

02 5장 스왑 — 통화스왑

④ 통화스왑과 외환스왑의 비교

공통점	• 만기까지 한 통화를 다른 통화로 대체해 사용한 뒤, 만기에 되돌리는 형태 • 환리스크를 제거하고 자금운용·조달 가능

차이점	• 외환스왑
	  – 근월물(Spot 등) + 원월물(Forward) 거래
	  – 중간에 이자 교환 없이 원금 교환만 2회 발생
	  – 대체로 만기 1년 내외 단기자금 거래
	• 통화스왑
	  – 초기·만기에 원금을 교환하고, 그 기간 동안 이자도 교환
	  – 장기(3~10년 등) 자금조달·투자에 주로 사용

⑤ 통화스왑 사례와 응용

저금리 간접 차입	해외 저금리 통화표시 채권 발행 + 통화스왑으로 국내통화 조달 ※ ADB 아리랑본드, H캐피탈 사례
비교우위 차입	자신이 유리한 통화(금리)로 차입한 뒤 스왑 통해 원하는 통화로 전환, 전체 비용 절감
장기 환·금리 헤지	수출·수입기업이 달러/원 등 통화스왑을 통해 장기적 위험 제거

확인문제로 핵심키워드 정리하기

간단한 쪽지 시험으로 빈출 개념을 다시 정리해 보세요.

1 다음 설명이 맞으면 ○표, 틀리면 ×표 하세요.

(1) 통화스왑(Currency Swap)은 서로 다른 통화의 원금과 이자를 교환하는 장외파생상품이며, 이자율스왑과 달리 만기에 원금을 다시 교환한다. ( )

(2) 통화스왑에서는 초기 원금교환은 선택사항이고, 만기 원금교환은 필수이다. ( )

(3) 서로 다른 통화의 변동금리만 교환하는 통화스왑을 'Cross Currency Basis Swap'이라고 부른다. ( )

(4) 고정금리 vs 변동금리 통화스왑을 'Cross Currency Basis Swap'이라고 한다. ( )

(5) 통화스왑에서 두 통화 간 원금을 교환할 때, 계약 당시와 만기 시점에 적용하는 환율은 다를 수 있다. ( )

01 국내 기업이 외화채권을 발행하여 달러를 조달했으나, 실제로 필요한 통화가 원화인 경우 환리스크를 제거하기 위한 방법으로 가장 적절한 것은?

① 선도환 매도 계약을 체결한다.
② NDF(Non-Deliverable Forward) 거래를 이용한다.
③ 외환스왑 거래로 현물환과 선도환을 동시에 체결한다.
④ 통화스왑 거래를 통해 외화채권의 이자 및 원금을 원화부채로 전환한다.

개념이해 기업이 외화채를 발행했지만 원화가 필요하다면, 통화스왑을 통해 외화부채를 원화부채로 전환할 수 있다.

보충학습 기업이 USD 1억 채권 발행 → KRW 필요
초기: USD 1억 → 원화 1,200억 원 교환
매년: USD 고정금리 지급 ↔ 원화 고정금리 지급
만기: 원금 재교환 (환율 변동 무관)

2 다음 빈칸에 들어갈 알맞은 말을 적으세요.

(1) 서로 다른 통화의 ( ) 대 변동금리를 교환하는 통화스왑을 'Cross Currency Coupon Swap'이라 한다.

(2) 통화스왑에서 초기·만기에 적용하는 환율은 거래 ( ) 시점의 현물환율이다.

(3) 통화스왑 거래 시 초기 원금교환은 선택, ( ) 원금교환은 필수이다.

(4) 고정금리 대 고정금리 통화스왑, 고정 대 ( ) 통화스왑 등 다양한 유형이 존재한다.

02 다음 중 서로 다른 통화의 변동금리만을 교환하며, 거래 시 베이시스 스프레드가 붙는 스왑거래로 옳은 것은?

① 외환스왑
② 이자율스왑
③ 크로스 커런시 쿠폰 스왑
④ 크로스 커런시 베이시스 스왑

개념이해 Cross Currency Basis Swap(베이시스 통화스왑)은 변동 - 변동 금리를 교환하는 통화스왑이다.
한쪽 변동금리는 'flat', 다른 변동금리는 '+/- 베이시스 스프레드'로 조정된다.

보충학습 원화 CD 3M 변동금리 ↔ USD LIBOR 3M 변동금리
USD LIBOR flat ↔ 원화 CD 3M + 0.30% (베이시스 스프레드)
원화 단기금리가 높을수록 베이시스 스프레드는 낮아진다.

---

1 (1) ○ (2) ○ (3) ○ (4) × (5) ×
2 (1) 고정 (2) 체결 (3) 만기 (4) 변동

03 달러/원 통화스왑 거래에서 원화 고정금리를 스왑시장에서 '2.70/2.50'와 같은 방식으로 표시하는 경우, 이에 대한 의미로 가장 적절한 것은?

① 원금 교환 비율을 나타낸다.
② 2.70%는 스왑포인트를 의미한다.
③ 2.70%는 달러 변동금리, 2.50%는 엔화 변동금리를 의미한다.
④ 2.70%는 원화 고정금리를 수취할 때, 2.50%는 원화 고정금리를 지급할 때 적용되는 금리를 의미한다.

개념이해 통화스왑 금리는 양방향(Receive/Pay) 형태로 고시되며, 첫 번째 숫자는 '수취(Receive)', 두 번째 숫자는 '지급(Pay)'을 의미한다.

보충학습 '2.70/2.50%'
CRS 거래 시 2.70% 고정금리를 받을 수 있음
또는 2.50% 고정금리를 지급할 수 있음
금융기관이 원하는 방향에 따라 선택
이 같은 호가 방식은 일반적으로 장외파생상품 시장에서 사용된다.

04 다음 중 통화스왑에서 'CRS(Cross Currency Swap) 금리'가 의미하는 것으로 가장 적절한 것은?

① 변동금리 ↔ 변동금리
② 고정금리 ↔ 고정금리
③ 원화 고정금리 ↔ 달러 변동금리
④ 달러 고정금리 ↔ 원화 변동금리

개념이해 통화스왑 시장에서 'CRS 금리'란 주로 원화 고정금리 ↔ 달러 변동금리 스왑에서 원화 고정금리를 의미한다.
즉, 원화 금리가 일정하고, 달러 금리는 시장 금리에 따라 변동되는 구조이다.

보충학습 CRS 금리: 3.50%
원화 고정금리(수취 또는 지급): 3.50%
반대쪽은 USD LIBOR 3M(변동)
CRS 금리는 통화스왑 시장에서 기준이 되는 지표로 활용된다.

05 다음 중 베이시스 통화스왑(Basis Currency Swap) 거래에서 금리 표시 방식에 대한 설명으로 올바른 것은?

① 두 통화 모두 고정금리로 표시된다.
② 일일정산 방식으로 금리를 정산한다.
③ 차액결제 방식으로 고정금리 ± 스프레드만 교환한다.
④ 한 통화의 변동금리는 flat로 적용하고, 다른 통화의 변동금리에는 ± 스프레드를 적용한다.

개념이해 'Cross Currency Basis Swap(베이시스 스왑)'은 변동금리 vs 변동금리 구조이다.
한쪽 통화(보통 USD)는 'flat' 금리를 적용하고, 반대쪽 통화(예: KRW)는 변동금리에 베이시스 스프레드(±)를 붙인다.

보충학습 USD 3M LIBOR flat ↔ KRW CD 3M + 0.30%
USD 쪽은 변동금리(LIBOR) 그대로 적용
KRW 쪽은 변동금리에 추가 스프레드(예: +0.30%) 부과
베이시스 스프레드는 시장 수급 상황에 따라 변동
베이시스가 플러스(+)면, 해당 통화의 자금조달 비용이 상대적으로 높다는 의미이다.

06 만기가 3년인 달러/원 고정금리 대 변동금리 통화스왑 거래에서, 만기 원금교환 시점의 환율이 거래 체결 시점과 달라지더라도 환리스크가 발생하지 않는 이유로 올바른 것은?

① 변동금리가 항상 환율 변동분을 상쇄하기 때문이다.
② 만기 시 원금 교환을 하지 않고 차액결제로 정산하기 때문이다.
③ 통화스왑은 장내거래 상품이라 환율 변동이 발생하지 않기 때문이다.
④ 환율이 어떻게 변하더라도 원금은 거래 체결 시 확정한 환율로 교환하기 때문이다.

개념이해 통화스왑에서는 초기 및 만기 원금을 '체결 시점 환율'로 교환하기 때문에, 환율 변동이 원금 교환에 영향을 미치지 않는다.

보충학습 계약 체결 시 USD/KRW 환율이 1,200원이면, 3년 후에도 동일한 환율로 원금을 교환
따라서 3년 동안 환율이 1,100원이든 1,300원이든 원금 교환 시 환차손익이 발생하지 않는다.
단, 이자 교환에서는 변동금리에 따라 차이가 발생할 수 있다.

| 정답 | 01 ④ 02 ④ 03 ④ 04 ③ 05 ④ 06 ④

01 6장 옵션
옵션의 기초

1 옵션의 의의

- 옵션이란 특정 기초자산을 만기 시점(또는 기간) 동안 정해진 가격(행사가격)으로 매수·매도할 수 있는 권리를 매입하거나 매도하는 파생금융상품이다.
- 옵션 매입자는 권리는 있지만 의무는 없으며, 옵션 매도자는 매입자의 권리에 따라 의무만 부담한다.

2 옵션의 분류

콜옵션 (Call Option)	옵션 매입자가 만기에 정해진 가격으로 기초자산을 살 수 있는 권리 ※달러 콜옵션 = 미래에 일정 환율로 달러를 살 수 있는 권리
풋옵션 (Put Option)	• 옵션 매입자가 만기에 정해진 가격으로 기초자산을 팔 수 있는 권리 • 통화옵션에서는 기초자산이 특정 통화(예: 달러, 유로, 엔, 원 등)이며, 행사가격은 '얼마에 통화를 살(혹은 팔)수 있는지'를 의미하는 환율로 설정함 ※원화 풋옵션 = 미래에 일정 환율로 원화를 팔 수 있는 권리
권리행사 여부	• 권리 행사 여부는 매입자의 선택 사항임 • 매도자는 매입자가 권리를 행사하면 **반드시** 응해야 함

3 옵션의 기본 용어

옵션 매입자 vs 옵션 매도자	• 매입자(Buyer): 권리를 가짐(만기일(또는 기간)에 권리를 행사할지 여부 선택 가능) • 매도자(Seller): 옵션 매입자의 권리 행사를 이행할 의무가 있으며, 옵션프리미엄을 받음
행사가격 (Strike Price)	• 옵션 매입자가 기초자산을 매수(콜) 또는 매도(풋)할 때 적용하는 약정 환율 • 보통 만기일 선물환율 근처로 설정하지만, 필요에 따라 등·내·외가격으로 자유롭게 결정 가능
만기일 (Expiration Date)	• 옵션이 효력을 가지는 기한의 마지막 날 • 아메리칸옵션(American type): 만기일까지 언제든 권리 행사 가능 • 유로피안옵션(European type): 만기일에만 권리 행사 가능 – 장내 통화옵션은 규격화된 유럽형(만기일 단일 행사) – 장외 통화옵션은 거래당사자 합의로 아메리칸(만기 전 언제나 행사) 방식이 우세함. (은행 간 거래 ≈ 유럽형 30 %: 아메리칸 70 % 내외)
정산일 (Delivery Date)	• 옵션이 실제로 행사되어 통화를 인수도하는 날 • 대개 만기일부터 **2영업일** 후
옵션프리미엄 (Option Premium)	• 옵션 매입자가 옵션 매도자에게 지불하는 비용, 권리(콜·풋)에 대한 대가 • 일반적으로 계약 체결일로부터 2영업일 후 지급하며, 선물환이나 선물거래와 달리 권리만 있고 의무가 없는 옵션 매입자는 프리미엄을 부담해야 함

01 6장 옵션
옵션의 기초

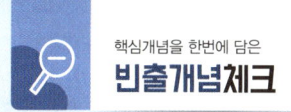

4 옵션의 가치

옵션의 총 가치는 내재가치 + 시간가치로 구성된다.

내재 가치 (Intrinsic Value)	• 옵션을 지금 당장 행사한다고 가정했을 때 얻는 경제적 이익 • 콜옵션은 (기초자산 가격 − 행사가격), 풋옵션은 (행사가격 − 기초자산 가격) 중 0보다 큰 값을 선택 **콜옵션**: Max(Spot − Strike, 0) **풋옵션**: Max(Strike − Spot, 0) • 내재가치가 양수면 ITM(In-The-Money) 상태, 0이면 ATM(At-The-Money), 음수가 불가능하면 (Spot이 훨씬 멀면) OTM(Out-Of-The-Money) 상태
시간가치 (Time Value)	• 옵션 만기 전까지 환율이 유리하게 움직여 내재가치가 생길 가능성에 대한 가치 • 현재 옵션 가격에서 내재가치를 뺀 나머지 가치, 만기까지 남은 시간과 변동성 등에 따라 달라짐 • 만기일까지 기간이 길고, 환율변동성이 높을수록 시간가치가 큼 • 만기일이 되면 시간가치는 0이 되어, 옵션 가치 = 내재가치만 남음

옵션 가치의 상태	• ITM(내가격): 콜옵션은 (Spot > Strike), 풋옵션은 (Spot < Strike)
	• ATM(등가격): Spot = Strike
	  내재가치 = 0, 전부 시간가치
	• OTM(외가격): 콜은 (Spot < Strike), 풋은 (Spot > Strike)
	  내재가치 = 0, 오직 시간가치

5 옵션프리미엄 결정요소

행사가격	콜옵션은 낮을수록, 풋옵션은 높을수록 프리미엄이 비싸짐
만기일까지 기간	길수록 불확실성이 커져 시간가치 증가 → 프리미엄 증가
변동성(Volatility)	환율 변동성이 높을수록 옵션 가치가 커지고, 프리미엄도 높아짐
현재 환율(Spot) 및 스왑포인트	기초자산의 시세와 금리차(선물환율 등)도 프리미엄 산출에 영향을 줌

6 옵션 매입자 vs 옵션 매도자

구분	옵션 매입자(Buyer)	옵션 매도자(Seller)
권리	있음(행사 **선택** 가능)	없음(반드시 **의무** 이행)
의무	없음	있음
최대 손실	프리미엄 금액만큼	이론적으로 **무제한**(특히 **콜옵션**)
최대 이익	무제한(콜옵션)/행사가 − 현물가(풋옵션)	프리미엄 금액만큼 고정

※ 선물환 vs 옵션
선물환은 양 당사자에게 결제 의무가 있고 계약환율의 개념이지만, 옵션은 매도자에게만 결제 의무가 있으며 프리미엄의 가격 개념이다.

확인문제로 핵심키워드 정리하기

간단한 쪽지 시험으로 빈출 개념을 다시 정리해 보세요.

1 다음 설명이 맞으면 ○표, 틀리면 ×표 하세요.

(1) 옵션 매입자는 행사 여부를 선택할 권리가 있지만, 매도자는 행사 요구 시 반드시 의무를 이행해야 한다.
(　　)

(2) 아메리칸 옵션은 만기일까지 아무 때나 행사 가능하고, 유로피안 옵션은 만기일에만 행사 가능하다. (　　)

(3) 옵션 매입자는 최대 손실이 무제한이지만, 매도자는 프리미엄만큼 손실이 제한된다. (　　)

(4) 내재가치는 옵션 만기 직전에만 계산되며, 시간가치는 만기일에 소멸한다. (　　)

(5) 콜옵션의 내재가치는 Max(0, 행사가격 − 현물환율)이다.
(　　)

01 다음 중 옵션 매입자에 대한 설명으로 옳은 것은?

① 최대 손실은 무한대다.
② 권리는 있지만 의무는 없다.
③ 매도자에게서 프리미엄을 지급받는다.
④ 권리를 행사하지 않을 경우, 프리미엄을 돌려받는다.

개념이해 옵션 매입자는 '권리'만 있으며, '의무'는 없다.
옵션을 행사하지 않으면 프리미엄(옵션 구매 비용)만 손실로 확정된다.

보충학습 〈옵션 매입자의 손실 구조〉
최대 손실 = 지불한 프리미엄(옵션 가격)만큼
최대 이익 = 무제한(콜옵션), 행사가격만큼(풋옵션)
옵션 매도자는 반대로 최대 손실이 무한대가 될 수 있음(특히 콜옵션 매도 시)

2 다음 빈칸에 들어갈 알맞은 말을 적으세요.

(1) 옵션에서 (　　) 시점은 만기일에 사전에 약속한 가격으로 기초자산을 매매할 수 있는 지점이다.

(2) (　　) 옵션은 매입자가 계약일부터 만기일까지 언제든지 권리를 행상할 수 있다.

(3) 옵션 매입자가 지불해야 하는 (　　)은 시장에서 결정된다.

(4) 기초자산 가격이 행사가격보다 높은 콜옵션은 (　　)옵션 상태가 되며, 이를 ITM이라고도 부른다.

(5) 옵션프리미엄 결정요소 중 변동성은 (　　) 변동성이 높을수록 옵션 가치가 커지고 프리미엄도 증가한다.

02 콜옵션 매입자의 손익분기점(BEP)의 계산식으로 옳은 것은?

① 행사가격 + 프리미엄
② 행사가격 − 프리미엄
③ 행사가격 × 프리미엄
④ (행사가격 + 프리미엄) / 2

개념이해 콜옵션의 손익분기점(BEP) = 행사가격 + 프리미엄
즉, 현물환율(실제 시장 환율)이 BEP를 넘어서야 이익이 발생한다.

보충학습 행사가격 = 1,200원, 프리미엄 = 50원 → BEP = 1,250원
환율이 1,260원이 되면 순이익 10원 발생
환율이 1,240원이면 손실 10원이지만, 행사하지 않으면 프리미엄 50원만 손실 확정

---

1 (1) ○ (2) ○ (3) × (4) × (5) ×
2 (1) 만기 (2) 아메리칸 (3) 프리미엄 (4) 인더머니 (5) 환율

개념확인문제

03 다음 중 내재가치가 0이 될 가능성이 가장 높은 옵션 상태는?

① 콜옵션이 ATM(등가격)일 때
② 콜옵션이 ITM(내가격)일 때
③ 풋옵션이 ITM(내가격)일 때
④ 콜옵션이 OTM(외가격)일 때

개념이해 외가격(OTM, Out of The Money) 상태에서는 옵션을 행사해도 손해이므로 내재가치가 0이다.
내재가치 = 옵션 행사 시 얻을 수 있는 실질적인 가치

오답분석 콜옵션: OTM = 현물환율 < 행사가격 → 내재가치 0
풋옵션: OTM = 현물환율 > 행사가격 → 내재가치 0

04 풋옵션 매입자가 환율 하락 시 이익을 얻을 수 있는 이유는?

① 환율 상승 시 추가 프리미엄을 받기 때문이다.
② 환율이 하락하면 콜옵션을 매도할 수 있기 때문이다.
③ 행사가격보다 높은 가격에 달러를 매도할 권리를 갖기 때문이다.
④ 행사가격보다 낮은 환율에 팔 권리를 행사할 필요가 없기 때문이다.

개념이해 풋옵션은 특정 가격(행사가격)으로 매도할 권리를 가진다.
환율이 하락하면 행사가격이 더 높아지므로 이익이 발생한다.

보충학습 행사가격 = 1,200원, 현물환율 = 1,150원 → 차익 50원 발생
행사가격 = 1,200원, 현물환율 = 1,250원 → 행사할 이유 없음 (외가격, 손실 = 프리미엄)

05 옵션프리미엄에 직접적인 영향을 주지 <u>않는</u> 요소는?

① 환율 변동성
② 기초자산 현물환율
③ 만기까지 남은 기간
④ 거래 상대은행의 대출금리

개념이해 옵션 프리미엄은 기초자산 가격, 변동성, 잔존 만기, 무위험금리 등에 의해 결정된다.
개별 은행의 대출금리는 옵션 가격과 직접적인 관련이 없다.

오답분석 • 옵션 프리미엄 결정 요소
기초자산 가격(현물환율): 환율 변동에 따라 프리미엄 변동
만기 기간: 기간이 길수록 프리미엄 증가 (시간가치)
변동성(Volatility): 변동성이 높을수록 프리미엄 증가

06 다음 중 아메리칸 옵션과 유로피안 옵션의 특징에 대한 설명으로 옳은 것은?

① 두 옵션은 권리와 의무 구조에 차이가 없다.
② 유로피안 옵션은 만기일에만 행사할 수 있다.
③ 아메리칸 옵션은 만기일에만 행사할 수 있다.
④ 유로피안 옵션은 만기일까지 언제든 행사할 수 있다.

개념이해 아메리칸 옵션: 만기 이전 언제든 행사 가능
유로피안 옵션: 만기일에만 행사 가능

오답분석 환율옵션은 대부분 유로피안 옵션 방식으로 거래된다.
주식옵션은 아메리칸 옵션 방식이 많다.

| 정답 | 01 ② 02 ① 03 ④ 04 ③ 05 ④ 06 ②

02 옵션전략

6장 옵션

1 옵션전략의 종류

옵션전략은 크게 방향성 전략(콜, 풋 매수·매도), 변동성 전략(스트래들, 스트랭글), 스프레드 전략(수직 스프레드 등)으로 나눌 수 있다.

2 방향성 전략(콜, 풋 매수/매도)

콜옵션 매입 (Long Call)	• 환율 **상승**에서 이익을 얻음 • 최대 손실은 옵션프리미엄으로 제한됨 • 손익분기점: 행사가격 + 프리미엄
콜옵션 매도 (Short Call)	• 프리미엄을 받음 • 환율이 행사가격을 초과해 크게 오르면 무제한 손실 위험이 있음
풋옵션 매입 (Long Put)	• 환율 **하락**에서 이익을 얻음 • 최대 손실은 프리미엄으로 제한됨 • 손익분기점: 행사가격 − 프리미엄
풋옵션 매도 (Short Put)	• 프리미엄을 받음 • 환율이 크게 하락하면 무제한 손실 위험이 있음

3 변동성 전략

롱 스트래들 (Long Straddle)	• 동일 만기·행사가격의 콜옵션 + 풋옵션을 동시에 매입함 • 환율이 크게 오르거나 떨어지면 이익이 발생함 • 변동성이 **크다**고 예상할 때 적합함
숏 스트래들 (Short Straddle)	• 동일 만기·행사가격의 콜옵션 + 풋옵션을 동시에 매도 • 시장이 크게 움직이지 않을 때 프리미엄을 수취하여 이익을 얻음 • 시장이 급변할 경우 **큰** 손실 위험이 있음
롱/숏 스트랭글 (Long/Short Strangle)	• 행사가격이 다른 콜옵션과 풋옵션을 동시 매입(롱 스트랭글) 또는 동시 매도(숏 스트랭글) • 롱 스트랭글은 스트래들보다 **싸게** 구성 가능(외가격 옵션을 사용하는 경우가 많음)

4 스프레드 전략

- **수직** 스프레드(Vertical Spread): 만기는 같고 행사가격이 다른 두 옵션을 매입·매도하여 구성한다.
- 이러한 옵션전략을 통해 환율 방향성(상승·하락)뿐 아니라 변동성 예측에 따라 적절한 헤지나 투기가 가능하다.

불 콜 스프레드 (Bull Call Spread)	• 저행사가 콜 매입 + **고행사가** 콜 매도 • **상승장**에서 일정 구간까지 이익, 손실도 제한됨
베어 풋 스프레드 (Bear Put Spread)	• 고행사가 풋 매입 + **저행사가** 풋 매도 • **하락장**에서 일정 구간까지 이익, 손실도 제한됨

확인문제로 핵심키워드 정리하기

간단한 쪽지 시험으로 빈출 개념을 다시 정리해 보세요.

1 다음 설명이 맞으면 ○표, 틀리면 ×표 하세요.

(1) 콜옵션 매입은 환율 상승 시 제한 없는 이익을 얻을 수 있지만, 하락 시 손실은 프리미엄으로 고정된다. (　)

(2) 불 콜 스프레드는 하락장에서 최대 이익을 얻기 위한 전략이다. (　)

(3) 베어 풋 스프레드는 고행사가 풋 매입 + 저행사가 풋 매도로 구성해 하락에서 일정 이익을 얻을 수 있다. (　)

(4) 롱 스트래들은 콜·풋의 만기와 행사가격이 동일해야 한다. (　)

(5) 스트랭글과 스트래들의 가장 큰 차이는 행사가격의 동일 여부이다. (　)

2 다음 빈칸에 들어갈 알맞은 말을 적으세요.

(1) (　　) 매입은 환율이 상승할 때 무제한 이익 가능성을 노리는 전략이다.

(2) 불 콜 스프레드는 (　　) 행사가격 콜 매입 + 높은 행사가격 콜 매도로 구성된다.

(3) (　　) 스트래들 전략은 동일 만기·행사가의 콜옵션과 풋옵션을 동시에 매입한다.

(4) (　　) 풋 스프레드는 환율이 많이 떨어져도 이익이 일정 수준에서 제한된다.

(5) 롱 스트랭글은 서로 다른 행사가격의 콜옵션과 풋옵션을 동시에 (　　) 한다.

개념확인문제

01 불 콜 스프레드의 기본 구성으로 가장 적절한 것은?

① 콜 매입 + 풋 매도
② 콜 매도 + 풋 매입
③ 고행사 콜 매입 + 저행사 콜 매도
④ 저행사 콜 매입 + 고행사 콜 매도

개념이해 불(Bull) 스프레드는 강세장 전망일 때 사용하는 스프레드 전략이다. 콜옵션 2개를 활용해 '저행사 콜 매입'으로 상승 시 이익을 얻고, '고행사 콜 매도'로 프리미엄을 일부 회수해 초기 비용(순프리미엄)을 낮추는 효과가 있다. 환율이 고행사가를 넘어서면 추가 이익은 제한된다.

02 풋옵션 매입과 풋옵션 매도로 하락장에 대비하면서 초기 비용을 절감하려는 투자전략을 무엇이라 하는가?

① 롱 스트랭글
② 숏 스트랭글
③ 불 풋 스프레드
④ 베어 풋 스프레드

개념이해 베어(Bear) 풋 스프레드 = 약세장 전망일 때 많이 쓰인다. 고행사가 풋 매입(하락 시 이익 확보) + 저행사가 풋 매도(프리미엄 회수)로 초기 비용을 줄인다. 환율이 많이 떨어지면 이익이 있지만, 어느 수준 이하로 내려가도 이익이 제한된다.

---

1 (1) ○ (2) × (3) ○ (4) ○ (5) ○
2 (1) 콜옵션 (2) 낮은 (3) 롱(Long) (4) 베어(Bear) (5) 매입

| 정답 | 01 ④　02 ④

03 장외 통화옵션전략

6장 옵션

1 장외 통화옵션전략의 정의

- 일반 선도형 거래에 비해 옵션은 탄력적 구조를 가질 수 있다.
- 수출입기업 등이 프리미엄 부담을 **최소화**하거나 **특정 환율 범위**를 확보하기 위해 활용하는 방식이다.

2 레인지 포워드(Range Forward)

- 주로 콜옵션 매입 + 풋옵션 매도로 상한·하한을 설정한다(수입기업 기준).
- 비용(프리미엄)을 크게 들이지 않고 환율 위험을 일정 구간 안으로 묶는다.
- 만약 환율이 설정 구간을 벗어나면 추가 이익이나 손실이 제한되는 구조가 될 수 있다.
- **제로 코스트**(프리미엄 0에 가깝게) 구성도 가능하다.

3 타겟 포워드(Target Forward)

- 동일 행사가격으로 콜 1계약 매입 + 풋 2계약 매도 등을 조합하는 전략이 대표적이다.
- 수입기업은 환율 상승에 대비해 유리한 환율을 확보할 수 있으나, 환율이 크게 하락할 경우에는 오히려 불리해질 수 있다.
- 선물환보다 유리한 환율을 노리지만, 일정 범위 밖에서는 상당히 불리할 수 있다.

4 키코(KIKO) 거래

- 키코는 배리어 옵션을 결합한 타겟 포워드의 변형으로, 2005~2008년 환율 하락기에 급격히 확산된 구조화 상품이다.
- Knock-In과 Knock-Out 옵션을 조합한 형태로, 환율이 특정 배리어에 도달하면 옵션이 새로 발생(낙인)하거나 소멸(낙아웃)한다.
- 환율이 심하게 변동하면 큰 손실이 발생할 수 있기 때문에 주의가 필요하다.

03 장외 통화옵션전략

6장 옵션

5 기타 이색옵션(Exotic Options)

평균환율옵션 (Average Rate Option)	옵션 기간 중 환율 **평균값**을 행사기준으로 삼음

룩백옵션
(Lookback Option)
	• 만기 시점에 기간 중 **유리한** 환율을 행사가격으로 정함
	• 고정 행사가격 룩백옵션(Fixed Strike Lookback Option)
	  – 행사가격이 사전에 정해져 있으며, 옵션 만기 시점에 **기초자산** 가격 변동 중 최적의 가격을 선택하여 행사함
	  – 콜옵션: 기간 중 **최고** 가격을 행사 가격으로 선택하여 매입 가능
	  – 풋옵션: 기간 중 **최저** 가격을 행사 가격으로 선택하여 매도 가능(일반적인 옵션과 달리, 룩백옵션은 불리한 가격 변동의 영향을 받지 않음)
	• 부동 행사가격 룩백옵션(Floating Strike Lookback Option)
	  – 옵션 행사 시점에서 기초자산의 **초기 가격**과 비교하여 최적의 가격을 선택하는 방식
	  – 콜옵션: 옵션 행사 시점의 가격과 비교하여 과거 **최저** 가격을 행사가격으로 설정하여 매입
	  – 풋옵션: 옵션 행사 시점의 가격과 비교하여 과거 **최고** 가격을 행사가격으로 설정하여 매도
	• 최적의 가격 보장, 프리미엄이 일반 옵션보다 높음, 변동성이 큰 시장에서 유리, 헤지 및 투자 목적

배리어옵션
(Barrier Option)
	• 정해진 배리어 도달 시 권리가 소멸(낙아웃)하거나 발생(낙인)
	• 낙아웃 옵션(Knock-Out Option)
	  – 기초자산 가격이 특정 배리어에 도달하면 옵션이 자동으로 **소멸**됨
	  – 옵션 매입자가 불리한 경우가 많지만, 일반 옵션보다 **저렴한** 프리미엄으로 거래 가능
	※ 배리어 1,200원인 콜옵션 → 기초자산 가격이 1,200원을 넘으면 옵션이 소멸
	• 낙인 옵션 (Knock-In Option)
	  – 기초자산 가격이 특정 배리어에 도달해야 옵션이 **활성화**됨
	  – 처음에는 무효 상태였다가, 배리어 가격에 도달하면 일반 옵션처럼 작동함
	※ 배리어 1,100원인 풋옵션 → 기초자산 가격이 1,100원 이하로 떨어지면 옵션이 활성화
	• 저렴한 프리미엄, 옵션 소멸(낙아웃) 혹은 활성화 조건(낙인)이 있기 때문에 리스크가 존재함
	• 특정한 환율 범위를 벗어나는 경우만 헤지 효과를 기대할 수 있음

바스켓옵션 (Basket Option)	**여러 통화**를 묶어 기초자산으로 삼음

확인문제로 핵심키워드 정리하기

간단한 쪽지 시험으로 빈출 개념을 다시 정리해 보세요.

1 다음 설명이 맞으면 ○표, 틀리면 ×표 하세요.

(1) 레인지 포워드(Range Forward)는 콜옵션과 풋옵션을 동시에 매입해 환율 변동에 따라 무제한 이익을 노리는 전략이다. ( )

(2) 타겟 포워드(Target Forward)는 보통 콜 1계약 매입, 풋 2계약 매도로 제로 코스트를 추구하기도 한다. ( )

(3) 키코(KIKO)는 특정 배리어를 터치하면 옵션이 사라지거나 새롭게 활성화되는 배리어옵션을 응용한 거래다. ( )

(4) 배리어옵션에서 낙아웃(Knock-Out)은 환율이 특정 수준에 도달하면 옵션의 효력이 새롭게 발생한다는 의미이다. ( )

(5) 룩백옵션(Lookback Option)은 만기 이전에 매입자가 임의로 행사가격을 조정할 수 있는 구조이다. ( )

2 다음 빈칸에 들어갈 알맞은 말을 적으세요.

(1) ( ) 포워드는 콜옵션과 풋옵션을 조합해 일정 구간 범위 안에서 환율을 확정하는 장외 옵션전략이다.

(2) 타겟 포워드는 주로 콜옵션 1계약 매입과 ( ) 2계약 매도를 통해 제로 코스트를 추구한다.

(3) ( )옵션은 환율이 특정 배리어에 도달하면 옵션 권리가 소멸(낙아웃)하거나 새롭게 발생(낙인)한다.

(4) ( )옵션은 만기 시점에 옵션 기간 중 가장 유리한 환율(최저 또는 최고)을 행사가격으로 정한다.

(5) 평균환율옵션은 기간 중 평균 환율을 기준으로 결제하는 구조이므로, 일반 옵션 대비 ( )이 낮을 수 있다.

---

01 레인지 포워드(Range Forward)에 대한 설명으로 옳은 것은?

① 거래소에 상장된 표준화 상품이다.
② 환율이 어떤 수준이든 무제한 이익을 노린다.
③ 콜옵션 2계약 매입 + 풋옵션 1계약 매도로 구성한다.
④ 상·하한을 설정해 해당 범위에서 환율을 확정하고, 비용을 줄일 수 있다.

개념이해 레인지 포워드: 콜옵션 + 풋옵션 조합으로 상·하한(환율 구간)을 설정하는 장외 거래

일반적으로 제로 코스트를 목표로 콜옵션 매입 + 풋옵션 매도(또는 반대 포지션) 등을 조합한다. 환율이 범위 내에 있으면 미리 설정한 환율(상·하단)로 매입·매도가 가능하다. 범위를 벗어나면 더 이익을 볼 수도 없고 (상한 초과), 반대로 하한 아래로 떨어지면 불리해질 수도 있다.

02 키코(KIKO) 거래에서 환율이 상단 배리어를 훨씬 넘어서 급등하는 경우, 발생 가능한 상황으로 옳은 것은?

① 자동으로 계약이 해지되어 손실이 없다.
② 옵션 매입자가 프리미엄을 추가로 받는다.
③ 매입자에게 유리한 환율로 제한 없이 거래할 수 있다.
④ 오히려 기업이 선물환보다 불리한 환율에 달러를 매도해야 하는 상황이 생긴다.

개념이해 KIKO(Knock-In Knock-Out): 특정 배리어에 도달하면 옵션이 소멸(낙아웃)하거나 활성화(낙인)된다.

환율이 상단 배리어를 넘게 폭등하면, 기존 콜옵션 의무(낙아웃 미발생) 때문에 기업이 매우 낮은 환율로 달러를 매도해야 하는 상황이 생길 수 있다. 실제로 환율이 급등하면 오히려 손실이 커지는 사례가 2008년 금융위기 때 발생했다.

---

1 (1) × (2) ○ (3) ○ (4) × (5) ×
2 (1) 레인지 (2) 풋옵션 (3) 배리어 (4) 룩백 (5) 프리미엄

| 정답 | 01 ④ 02 ④

에듀윌이
너를
지지할게
ENERGY

하고 싶은 일에는
방법이 보이고

하기 싫은 일에는
핑계가 보인다.

– 필리핀 격언

환리스크관리

01 다음 중, 만기일이 비표준(예: 65일 뒤)일 때 유연한 헤지를 할 수 있지만 그만큼 상대방의 신용위험도 따르는 거래는 무엇인가?

① 선물(Futures): 장내거래로 표준화된 만기만 있음
② 선도(Forward): 상대와 직접 협상 가능, 신용위험 존재
③ 통화스왑(Currency Swap): 서로 다른 통화의 원금·이자 교환
④ 옵션(Option) 매입: 프리미엄이 필요하지만 신용위험 없음

02 NDF(Non-Deliverable Forward)와 일반 선물환(Deliverable Forward)의 가장 큰 차이로 옳은 것은?

① NDF는 실물 통화를 교환하고, Deliverable Forward는 차액 결제
② NDF는 자본규제 있는 통화에 대해 만기 시 현금차액만 정산한다.
③ Deliverable Forward는 중도청산이 불가능
④ 둘 다 환율개입이 없다.

01 ② 선도거래는 OTC 방식이므로 원하는 날짜에 맞춰 계약 가능. 다만 상대방 디폴트 시 손실을 볼 수 있는 신용위험이 있다.
오답분석 선물거래(장내)는 주로 1M, 2M, 3M 등 정형 만기만 존재
선도거래는 맞춤형이어서 기간·금액 자유롭게 협상 가능

02 ② NDF는 만기에 실물인수도 없이, 약정환율과 만기현물환율 차액만 주로 USD 등으로 결제
자본규제 있는 통화(KRW 등)에서 역외 거래 시 많이 사용
오답분석 일반 선물환은 만기에 실제 원화·달러 등 통화 주고받음(Deliverable)
NDF: 차액결제 외에 통화 실물이 오가지 않는다.

03 FX 스왑에서 Near date에 매수한 통화를 Far date에 매도하는 구조가 은행의 단기 외화자금 조달 목적과 어떻게 연결되는가?

① 이자교환을 매분기 진행
② 중도에 청산소와 일일정산
③ Spot·Near에서 통화를 팔고, Far date에 다시 사들여 금리 차이만 노린다.
④ 현물(또는 근월물) 매수로 단기 외화를 확보, 만기 시점에 반대 포지션으로 원금 회수

04 FX 스왑에서 스왑포인트가 양(+)이면 어떤 상태를 의미하는가?

① 기준통화(FC) 금리가 가변통화(VC)보다 낮아 선물환율이 현물보다 높다(프리미엄).
② 기준통화 금리가 더 높아 디스카운트로 선물환율이 내려간다.
③ 이자 교환이 매달 발생한다.
④ 원금이 없다.

03 ④ FX 스왑: 단기적으로 필요한 통화를 매수하고, 장래에 다시 팔아 원상 복귀. 은행의 외화자금조달, 롤오버 등 단기 유동성 확보에 사용.
오답분석 Spot 매수 + Forward 매도 → 외화를 당장 쓰고, 나중에 원화로 되돌리는 구조 중도 이자교환은 없고, 환율 차이만 반영된다.

04 ① 스왑포인트(+) → 선물환율 > 현물환율, '프리미엄' 상태
이는 기준통화 금리가 상대통화 금리보다 낮다는 의미
오답분석 달러/원에서 원화금리가 더 높으면 달러가 프리미엄, 스왑포인트 +
달러금리가 더 높으면 스왑포인트 - → 디스카운트

환리스크관리

05 선물(Futures) 시장에서 일일정산(Mark to Market) 제도가 투자자 자금 흐름에 미치는 영향으로 올바른 것은?

① 만기일까지 한 번도 정산하지 않는다.
② 청산소가 없어서 신용위험이 커진다.
③ 유지증거금 제도가 적용되지 않는다.
④ 매일 종가 기준 손익을 정산해 증거금 계좌가 변동된다.

06 선물거래가 레버리지 효과를 크게 유발하는 이유로 가장 적절한 것은?

① 현물환거래와 이자가 연동됨
② 모든 거래가 장외에서 신용위험 없이 이뤄짐
③ 선물 만기까지 중도에 포지션을 변경할 수 없어서
④ 개시증거금이 전체 계약금액 대비 매우 적은 비중이기 때문

05 ④ 선물거래는 매일 종가로 손익을 확정하고, 증거금이 부족해지면 마진콜이 발생
오답분석 이 제도로 신용위험이 크게 줄어들고, 투자자는 포지션 유지에 필요한 증거금을 매일 체크해야 한다.
06 ④ 선물거래는 예치하는 증거금이 계약금액의 일부%여서, 환율(또는 자산가격)이 조금만 움직여도 손익이 크게 확대
오답분석 예: 계약금액 1억이지만 증거금 500만 원만 내면 약 20배 레버리지
가격변동 1%만 돼도 증거금 대비 20% 손익 발생

07 서로 다른 통화의 고정금리만 교환하는 통화스왑에서, 만기에 원금교환 시 환율 변동 위험은 어떻게 처리되는가?

① 중도청산 시 차액결제
② 매 분기마다 환율을 재산정
③ 외환스왑과 달리 원금을 교환하지 않는다.
④ 체결 시점 환율로 교환하므로, 중간 환율 변동은 영향이 없다.

08 통화스왑에서 '변동-변동 구조(Cross Currency Basis Swap)' 시, 한쪽 통화금리에 베이시스 스프레드를 붙이는 이유는?

① 유동성·신용도 차이를 반영
② 환율 자체가 존재하지 않아서
③ 매일 일일정산을 없애기 위해
④ 고정금리와 변동금리를 섞기 위해

---

07 ④ 통화스왑은 초기에 미리 확정된 환율로 원금을 교환 → 중간 환율 움직임이 원금 교환에 직접 영향 주지 않음
　오답분석　다만, 이자 교환 부분에서 달러 변동금리 등은 금리 변동 효과 발생
원금 교환은 환율이 변해도 계약 시점 기준으로 확정

08 ① 변동-변동 스왑에선 한쪽 통화(보통 USD)는 LIBOR 등 기준 그대로, 다른 통화는 ± 스프레드로 시장 여건을 반영
　오답분석　KRW가 해외에서 자금조달 어렵다면 KRW 쪽 스프레드 ↑, USD쪽은 flat
베이시스 스프레드는 시중자금 사정·환율유동성 등으로 변동

환리스크관리

09 국내기업이 달러로 해외채권 발행 후, 장기간 원화를 실제로 사용해야 한다면 적절한 스왑은?

① 옵션 콜 매도
② 선도거래(Forward) 매수
③ 외환스왑(FX Swap)：Spot+Forward
④ 통화스왑(Currency Swap)：원화와 달러 원금+이자 교환

10 콜옵션 매입자가 환율이 크게 상승해도 이론상 이익에 상한이 <u>없는</u> 이유로 가장 타당한 것은?

① 옵션 매수 시 신용위험이 없어서
② 외가격(OTM) 콜이라도 행사로 보전 가능
③ 환율이 오를수록 행사이익이 무한대로 증가
④ 만기 전 마진콜 제도가 작동해 손실이 제한됨

09 ④ 장기 외화조달 시 통화스왑으로 달러부채 → 원화부채 전환 가능
외환스왑은 주로 단기
오답분석 외화채 발행 → 통화스왑 통해 원화 자금 확보, 달러이자 대신 원화이자 지급

10 ③ 콜옵션 매입자는 환율이 행사 이상으로 많이 올라가면, 상승 폭만큼 이익이 늘어나는 구조
이론적으로 환율이 무한대로 오른다면 이익도 무한대
오답분석 콜옵션 매입의 최대 손실은 초기에 지불한 프리미엄
환율이 낮으면 행사 안 하고 프리미엄 포기, 높으면 행사해서 이익 실현

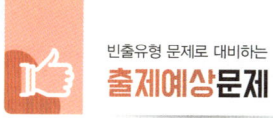

11 등가격(ATM) 환율옵션에서 시간가치가 최대가 되는 주된 이유는 무엇인가?

① 등가격 옵션은 프리미엄이 없다.
② ATM 옵션은 내재가치가 음수이다.
③ ITM 옵션은 시장에서 거래 불가하다.
④ 현물환율이 행사가 근접하므로 상승·하락 확률이 균등해 예상가치가 높다.

12 아메리칸 환율옵션이 유로피안 옵션 대비 일반적으로 더 높은 프리미엄을 형성할 수 있는 가장 큰 이유는 무엇인가?

① 아메리칸 옵션은 콜만 존재한다.
② 유로피안은 거래량이 매우 적다.
③ 환율옵션에선 신용위험이 사라진다.
④ 만기일까지 언제든 행사 가능(조기행사 가치)하다.

11 ④ ATM 옵션은 내재가치가 0이지만, 앞으로 상승/하락 확률이 비슷해 시간가치가 가장 크게 평가된다.
  오답분석 ITM 옵션은 이미 일정 내재가치를 가지지만, 추가 상승 여지는 줄어 시간가치는 상대적으로 적음
OTM은 이익 발생 가능성 낮아 프리미엄도 작음
12 ④ 아메리칸 옵션은 만기 전 언제든 행사 가능하므로, 유리한 시점에 행사해 추가 이익을 얻을 수 있다.
유로피안은 만기일에만 행사 가능
  오답분석 조기행사(early exercise) 가치가 프리미엄에 반영 → 아메리칸이 대체로 더 비싸게 거래됨
환율옵션에서는 어느 쪽이든 만기 행사인지가 중요한데, 아메리칸은 유연성↑

환리스크관리

13 풋옵션 매입자가 환율 하락 시 이익을 얻을 수 있는 가장 핵심적인 논리는?

① 풋매입은 환율상승에 대비한 전략이다.
② 외가격(OTM)일수록 손익이 무한대이다.
③ 매입자가 환율 하락분을 프리미엄으로 돌려받는다.
④ 행사가격이 현물보다 높아지면, 그 차액만큼 이익을 얻는다.

14 콜옵션을 매입하고 풋옵션을 매도(동일 행사가·만기)하는 스프레드 전략에서, 환율이 크게 상승해도 매수자 이익이 제한되지 <u>않는</u> 이유로 가장 타당한 것은?

① 상승 시 외가격(OTM) 풋옵션이 자동 행사된다.
② 콜 매입은 행사하지 않아도 프리미엄을 돌려받는다.
③ 매도한 풋옵션이 환율 상승분만큼 프리미엄을 얻는다.
④ 매입한 콜옵션이 환율상승분만큼 거의 무제한 이익 발생, 풋 매도는 환율 상승 시 행사될 이유가 없어 추가손실이 없다.

---

13 ④ 풋옵션: 정해진 행사가로 팔 수 있는 권리
환율이 행사가보다 떨어지면 (행사가 − 현물환율)만큼 실현 이익
오답분석 예) 행사가 1,200원, 환율 1,100원 → 100원의 이익(단, 프리미엄 고려)
환율 오르면 행사 안 하고 프리미엄만 손실

14 ④ 콜 매입(수출기업이 환율 상승에 대한 이익 추구) + 풋 매도는 환율 상승 시 손해가 없어 이익이 제한되지 않는다.
풋옵션 매도는 환율 하락 시 손실 가능하지만, 상승 시 행사 무의미
오답분석 다만, 환율이 크게 올라가면 콜 매입에서 이득을 얻고, 풋 매도는 원래 환율 하락 때 의무가 발생하는데 상승 시에는 0원 행사함. 다만 환율이 하락하면 풋 매도 측 손실이 발생할 수 있어, 무조건 안전한 전략은 아니다.

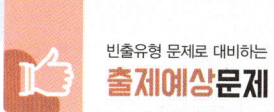

15 동일 행사가·만기의 콜옵션 매도와 풋옵션 매도 조합(Short Straddle) 전략은 어떠한 시나리오에서 최대 이익이 실현되는가?

① 환율이 극단적으로 급등 또는 급락하는 경우
② 환율이 행사가 근처에서 크게 변동하지 않는 경우
③ OTM 콜만 행사되고 풋은 소멸되는 경우
④ 둘 다 동시에 행사되는 경우

16 환율옵션에서 변동성(Volatility)이 높아질수록 ATM(등가격) 옵션의 프리미엄이 가장 많이 상승하는 이유는?

① 등가격 상태의 내재가치가 크다.
② 변동성이 크면 이미 ITM·OTM인 옵션이 선호된다.
③ 등가격 옵션은 미래 방향 예측이 불가능해 값이 0이 된다.
④ 상승·하락 확률이 균등하면 시간가치가 커 변동성 영향이 극대화된다.

---

15 ② Short Straddle(콜·풋 동시 매도)는 환율 변동성이 작고, 행사가 주변에서 횡보 시 프리미엄 두 개를 모두 얻는다. 큰 변동 시에는 콜 또는 풋이 행사돼 손실 무한대 가능
  오답분석 투자자는 프리미엄 최대 확보가 목적
단. 급등 or 급락 시 손실 커짐 → 고위험 전략
16 ④ ATM 옵션은 내재가치 0이지만, 변동성이 커질수록 향후 ITM이 될 가능성이 대폭 증가 → 시간가치가 크게 오른다.
  오답분석 ITM 옵션은 이미 가치가 일부 내재화, OTM은 가능성 낮아 기댓값 작음
ATM이 변동성에 가장 민감하므로 프리미엄 급등

환리스크관리

17 콜옵션의 감마(Gamma)가 나타내는 의미로 적절한 것은?

① ATM일 때 무의미한 값
② 시간경과에 따른 프리미엄 감소분
③ 금리 변화에 따른 옵션가치 탄력도
④ 환율 변동 시 델타가 얼마나 변하는지 나타내는 2차 민감도

18 다음 중 환율풋옵션 매입 포지션에서 세타(Theta)가 −0.05라는 의미로 옳은 것은?

① 만기 시 0이 된다.
② 금리가 오르면 세타가 양(+)으로 전환된다.
③ 환율 1원 변동할 때 델타가 0.05 변한다.
④ 시간 1일 지날 때마다 프리미엄이 약 0.05만큼 감소한다.

17 ④ 감마 = 델타(Delta)의 변동폭
델타는 환율 1원 변동 시 옵션가격 변화량, 감마는 델타가 얼마나 바뀌는지 측정
오답분석 ATM 옵션일수록 감마가 가장 크다(델타가 0.5 근처, 환율 변동에 따라 델타 급변)
감마가 높으면 환율 변동 시 옵션가치 변화가 가속됨

18 ④ 세타(Theta)는 옵션가격이 시간경과에 따라 얼마나 변하는지 측정
음(−)이면 시간 흐름에 따라 프리미엄이 소멸
오답분석 옵션 매입자는 보통 세타가 음(−) → '타임디케이(Time Decay)'로 불리며, 만기로 갈수록 가치가 준다(행사가치가 없으면)

19 다음 중 수출기업이 환율의 상승과 하락 모두에 대비하기 위해 콜옵션과 풋옵션을 동시에 매입하는 전략으로 가장 적절한 것은?

① 선도거래 매도
② 커버드콜(콜매도 + 기초자산 보유)
③ 숏 스트랭글(행사가 다른 콜 + 풋 매도)
④ 롱 스트래들(동일 행사가·만기 콜 + 풋 매입)

20 다음 중 환율옵션을 이용한 헤지에서, 환율이 헤지 방향과 반대로 크게 변동할 경우 옵션 매입자가 얻게 되는 이점으로 옳은 것은?

① 프리미엄을 반환받는다.
② 환율이 하락해도 콜옵션 매입 덕에 자동 환수된다.
③ 환율 급등 시 선물거래보다 더 큰 신용위험이 발생한다.
④ 최악의 경우 손실은 프리미엄 한도로 제한, 유리한 방향으로는 추가 이익

---

19 ④ 스트래들(Straddle) 매수: 콜·풋 둘 다 매입해 환율이 크게 올라가도, 내려가도 이익 가능
단, 변동성이 작으면 프리미엄 손실
오답분석 행사가 동일·만기도 동일 → 롱 스트래들
만약 행사가 다른 콜·풋이면 롱 스트랭글(Strangle)

20 ④ 옵션매입은 '나쁜 경우(환율 불리하게 움직임)'엔 행사로 손실 제한, '좋은 경우(유리한 변동)'엔 행사 안 해 시장환율 활용.
오답분석 선물환은 환율이 반대로 가면 고정 환율로 거래해야 해 기회이익 상실.
옵션은 프리미엄이 대가이지만, 유리한 쪽이 열려 있다.

모바일 OMR
채점 & 성적 분석

QR 코드를 활용하여, 쉽고 빠른
응시 – 채점 – 성적 분석을 해 보세요!

STEP 1 QR 코드 스캔

STEP 2 모바일 OMR 작성

STEP 3 채점 결과 & 성적 분석 확인

해당 서비스는 2026. 07. 31까지만 이용하실 수 있습니다.

▶ QR 코드는 어떻게 스캔하나요?

① 네이버앱 ⇨ 그린닷 ⇨ 렌즈
② 카카오톡 ⇨ 더보기 ⇨ 코드 스캔(우측 상단 모양)
③ 스마트폰 내장 카메라 사용(촬영 버튼을 누르지 않고 카메라 화면에 QR 코드를 비추면 URL이 자동으로 뜬답니다.)

적중
모의고사

적중모의고사 **1**회	322
적중모의고사 **2**회	332

적중모의고사 1회

⏱ 제한시간: 120분

정답과 해설 **2p**

[1과목] 외환관리실무

01 다음 중 외국환거래법 제1조가 규정한 입법 목적에 포함되지 않는 것은?

① 대외거래의 원활화
② 국제수지의 균형 유지
③ 통화가치의 안정 확보
④ 외국환거래의 합리적 규제

02 금융실명거래 및 비밀보장에 관한 법률보다 외국환거래법이 우선 적용되지 않는 업무는?

① 보고 및 검사업무
② 외환전산망 자료의 전송
③ 과태료 부과 등 행정제재
④ 외환전산망을 통한 전자문서 통보

03 외국환거래법령상 대외지급수단에 해당되지 않는 것은? [2점]

① 정부지폐
② 전자화폐
③ 금(金)
④ 약속어음

04 다음 중 한국은행의 외국환업무로 보기 어려운 것은? [2점]

① 외화자금의 보유·운용
② 외환시장 안정협의회 운영
③ 외국환의 매매 및 파생상품거래
④ 국제금융기구에 대한 출자·융자

05 거주성 판정에 대한 설명 중 틀린 것은?

① 비거주자는 거주자가 아닌 개인·법인을 뜻한다.
② 국내 취업 외국인은 183일 이상 체류할 경우 거주자로 본다.
③ 대한민국 국민이 1년 이상 해외 체재하면 비거주자가 된다.
④ 외국의 국제기구에서 근무하는 대한민국 국민은 비거주자다.

06 다음 대외거래 중 경상거래에 해당되지 않는 것은?

① 해외직접투자
② 컨설팅용역 대가
③ 투자수익(배당 등)
④ 이전거래(무상 증여)

07 신고대상과 신고기관의 연결이 올바르게 짝지어진 것은?

① 해외차입 – 관할세관
② 상호계산 – 한국은행
③ 대외지급수단 매매 – 관할세관
④ 지급수단 수출입 – 한국은행

08 다음 중 거래외국환은행 지정을 요하지 않는 거래는 무엇인가? [2점]

① 해외직접투자
② 해외지사의 설치비 지급
③ 거주자의 해외예금 송금
④ 재외동포의 국내 재산 반출

09 외국환은행장이 처리하는 신고업무·신고수리업무의 법정 처리기한(영업일)을 더한 총 기간은 몇 영업일인가?

① 5일
② 7일
③ 9일
④ 11일

10 다음 중 대리위임장 제출이 필요 없는 경우는? [2점]

① 미성년자인 거래당사자의 부모가 신고하는 경우
② 관련 법령에 따라 제3자가 신고를 대리하는 경우
③ 법인의 임직원이 자기 법인을 대신해 신고하는 경우
④ 해외에 있는 당사자를 대신해 국내 친척이 신고하는 경우

11 거래자별 지정등록 실명번호 연결이 옳지 않은 것은?

① 법인 – 사업자등록번호
② 재외동포 – 주민등록번호
③ 외국인비거주자 – 여권번호
④ 개인사업자 – 대표자의 주민등록번호

12 외국환업무 등록 요건에 대한 설명 중 틀린 것은? [2점]

① 외환정보집중기관과 전산망을 연결해야 한다.
② 한국수출입은행·중소기업은행은 등록의무가 없다.
③ 자본·시설·전산설비 요건은 시행령 별표 기준 이상이어야 한다.
④ 외국환업무에 2년 이상 종사한 인력을 영업소별 2명 이상 확보해야 한다.

13 거주자와 비거주자 간 금전 대차의 중개업무를 할 수 있는 외국환업무취급기관은?

① 신탁업자
② 신용협동조합
③ 투자매매업자
④ 여신전문금융회사

14 기획재정부장관이 위임·위탁할 수 없는 기관은? [2점]

① 관세청장
② 국세청장
③ 금융위원회
④ 한국은행총재

15 외국환은행의 종합매입초과포지션 한도에 대한 설명으로 옳은 것은?

① 전월말 자기자본의 30% 이내
② 전월말 자기자본의 50% 이내
③ 전월말 자기자본의 70% 이내
④ 한도 제한이 없다.

16 국내 은행의 선물환 포지션 한도(매입·매각 각각)에 대한 설명으로 옳은 것은? [2점]

① 전월말 자기자본의 30% 이내
② 전월말 자기자본의 50% 이내
③ 전월말 자기자본의 100% 이내
④ 외국은행 국내지점 50%, 국내은행 250%

17 다음 지급수단 중 증권(외화증권)에 해당하는 것은?

① 우편환
② 전자화폐
③ 정부지폐
④ 무기명 양도성 예금증서(CD)

18 외국환중개회사가 대고객(기업) 상대 외국환중개업을 하려고 할 때의 필요한 요건으로 알맞은 것은? [2점]

① 금융위원회 신고
② 한국은행 총재 승인
③ 기획재정부장관의 인가
④ 별도 요건 없이 기존 인가로 가능

19 거주자가 해외직접투자를 위해 선지급할 수 있는 계약금의 한도(매매대금 대비)는?

① 100분의 5
② 100분의 10
③ 100분의 20
④ 제한 없음

20 제3자 지급 방식에 관한 설명으로 옳지 않은 것은? [2점]

① 거래당사자 간 합의가 필요하다.
② 5천 달러 이하 지급은 전면 신고 면제다.
③ 1만 달러 초과 시 기획재정부장관 허가가 필요하다.
④ 금액 요건 충족 시 외국환은행 확인만으로 가능하다.

21 다음 중 상계(쌍방 채권·채무 상쇄)의 신고예외 사유에 해당하지 않는 것은?

① 거주자·비거주자 간 로열티를 상계하려는 경우
② 연계무역(수출↔수입) 대금을 상계하려는 경우
③ 해운대리점이 선박임·운항경비를 상계하려는 경우
④ 일방 금액이 미화 5천 달러 이하인 채권·채무를 상계하려는 경우

22 상호계산 신고를 받은 외국환은행장이 수리·불수리 여부를 결정해야 하는 법정 기한(영업일)은?

① 3일
② 5일
③ 7일
④ 10일

23 다음 중 외국환은행장이 행정기관을 경유하지 않고 직접 신고수리 처리할 수 없는 것은? [2점]

① 거주자의 해외차입
② 5만 달러 초과 본·지사 수출선수금
③ 비거주자의 국내 부동산 처분대금 반출
④ 개인(사업자)의 해외예금 5만 달러 초과 송금

24 외국환업무의 등록 요건으로 옳지 않은 것은? [2점]

① 외환정보집중기관과 전산망을 연결할 것
② 자본규모·재무구조가 금융위원회 기준에 적합할 것
③ 영업소별로 외국환 실무 경력 1년 이상 인력 1명 이상 확보할 것
④ 2년 이상 종사 경력자 또는 지정 교육 이수자를 2명 이상 확보할 것

25 거주자가 증빙서류 없이 지급 가능한 경우로 옳지 <u>않은</u> 것은? [2점]

① 중앙정부가 국제기구 분담금을 납부
② 연간 누계 8만 USD를 해외에 송금하는 물품대금
③ 거래가 아직 성사되지 않은 때, 계약금으로 매매대금의 15%를 선송금
④ 해외이주자가 관할세무서에서 발급받은 자금출처확인서 한도 내에서 이주비를 지급

26 거주자가 해외직접투자를 신고 후, 투자금을 송금하지 않고 선지급 할 수 있는 한도로 옳은 것은? [2점]

① 5만 달러
② 10만 달러
③ 20만 달러
④ 제한 없음

27 해외직접투자 사후보고제도(50만 달러 이내)를 이용할 경우, 투자금 송금일로부터 본 신고를 완료해야 하는 기한으로 옳은 것은?

① 1개월
② 2개월
③ 3개월
④ 6개월

28 외국환은행이 현지금융 월보고 대상으로 제출해야 하는 항목이 <u>아닌</u> 것은?

① 대지급 보고
② 보증 이행 내역
③ 차입 및 상환 현황
④ 해외지사종합관리카드

29 거주자가 해외예금을 개설하고 송금하려 할 때 거래외국환은행 지정을 요하지 <u>않는</u> 금액 한도(미화 기준)는?

① 1만 달러 이하
② 5만 달러 이하
③ 10만 달러 이하
④ 금액불문 지정

30 다음 중 대외지급수단의 정의에 포함되는 것은?

① 금속(금)
② 상품권
③ 정부지폐
④ 귀금속 ETF

31 송금신청서 및 영수확인서의 보존기간으로 옳은 것은?

① 2년
② 3년
③ 5년
④ 지정취소 시까지

32 거주자가 외국환은행을 통하지 않고 외화현찰을 휴대 반출하여 해외에서 투자금으로 지급하려는 경우, 사전에 신고해야 하는 기관은? [2점]

① 관할세관장
② 한국은행총재
③ 기획재정부장관
④ 외국환은행장

33 증권발행전용 비거주자원화계정에 대한 설명으로 틀린 것은?

① 2025년부터 신규 개설이 허용되지 않는다.
② 해당 계정은 국내 증권발행 대금만 수취할 수 있다.
③ 계정의 폐지는 규정 개정과 무관하게 은행 자율에 따른다.
④ 기 보유 계정은 2025년 12월 31일까지 사용 후 자동 폐쇄된다.

34 다음 중 외국환중개업 관련 내용으로 옳지 않은 것은?

① 일반외국환중개업은 외국환은행·증권사 간 중개만 가능하다.
② 대고객중개업 인가 요건으로 자기자본 1천억원 이상이 요구된다.
③ 대고객외국환중개업은 기업·기관 고객과의 거래 중개가 허용된다.
④ 일반중개업 인가를 받은 기존 회사는 추가 인가 없이 대고객중개업을 영위할 수 있다.

35 다음 중 거주자로 분류되는 경우는? [2점]

① 외국 법인의 국내 지점
② 2년 이상 해외 체재 중인 대한민국 국민
③ 외국 국제기구에서 근무하는 대한민국 국민
④ 국내에 주소 없이 4개월간 체류 중인 외국인

[2과목] 외국환거래 실무

36 외화예금 거래의 특징에 대한 설명으로 옳지 않은 것은? [2점]

① 통화 종류에 따라 예금금리가 달라진다.
② 계정 유형별로 예치·인출 사유가 법령으로 제한된다.
③ 원화를 지급해 외화를 매입하여 예치할 때 환율이 적용된다.
④ 환율 변동 위험을 상쇄할 수 있는 수단이 전혀 제공되지 않는다.

37 거래외국환은행 지정등록과 관련한 설명으로 옳지 않은 것은? [2점]

① 지정은행 변경은 원칙적으로 불가하다.
② 지정은행은 사후관리·보고의무를 수행한다.
③ 해외유학경비 송금은 지정 대상 경상거래다.
④ 지정 대상 자본거래는 한 개의 은행에만 등록해야 한다.

38 외화예금 금리에 대한 설명으로 옳지 않은 것은?

① 예치주체가 같아도 통화에 따라 이자율은 달라진다.
② 금리는 각 통화의 국제시장 조달 금리 수준을 반영한다.
③ 한국은행 정책금리가 직접적으로 모든 통화의 금리를 결정한다.
④ 동일 기간이라도 달러·유로 정기예금 금리는 서로 다를 수 있다.

39 거주자에 대한 외화대출 용도 제한에 대한 설명 중 올바른 것은?

① 해외 사용 실수요 목적 자금은 대출이 허용된다.
② 국내 운전자금은 제한 없이 외화대출이 가능하다.
③ 국내 중소제조업체 시설자금은 외화대출 제한 대상이다.
④ 대내 외화차입금 원리금 상환자금은 대출 용도로 제한된다.

40 전신송금 의뢰 단계에서 실명확인과 거래외국환은행 지정이 모두 필요한 경우는?

① 용역대가 지급 송금
② 해외직접투자를 위한 송금(거주자)
③ 미화 4천 달러 상당 해외여행경비 송금
④ 해외 유학경비 연간 1만 달러 초과 송금

41 미지급외환 계정에 대한 설명으로 가장 올바른 것은?

① 당발송금 수수료 차감분을 일시 처리하는 경과계정이다.
② 국제상업어음 추심액이 미입금일 때 사용하는 자산계정이다.
③ 외국으로 송금된 금액이 현지에서 미정산일 때 사용하는 자산계정이다.
④ 타발송금 대금이 국내 수취인에게 아직 입금되지 않았을 때 사용하는 부채계정이다.

42 다음 중 미달환 발생 원인으로 옳지 않은 것은?

① 거래 금액 상이
② 참조번호 불일치
③ 환변동 보험 미가입
④ 상대은행 착오 대기(혹은 차기)

43 외국환포지션 한도와 관련하여 올바른 설명은?

① 한도는 외화자기자본 대비 일정 비율로 산정한다.
② 한도 산정 시 외화파생상품 미결제액은 제외한다.
③ 한도 초과 시 보고 의무만 있고 즉시 시정조치 의무는 없다.
④ 매입초과액·매도초과액의 한도 설정은 법령상 의무가 아니다.

44 예치환거래(Depository)계약과 무예치환거래(Non-Depository)계약의 비교 및 설명으로 옳지 않은 것은?

① 예치환거래는 Nostro A/C 개설이 수반된다.
② 무예치환거래는 상대은행 위험평가가 생략된다.
③ 무예치환거래는 테스트키만 교환해도 체결 가능하다.
④ 예치환거래 체결 전 상대은행의 신용등급·FATF 회원국 여부를 점검한다.

45 외국환업무취급기관 내부통제 기준(시행령 제17조)에 해당하지 않는 것은?

① 수출입실적 관리
② 위험관리체제 구축
③ 외화자산·부채비율 설정
④ 외화계정 회계처리기준 설정

46 단기 외화자금 조달 수단인 Credit Line에 관한 설명으로 옳지 않은 것은?

① 미리 설정해 둔 차입한도를 활용한다.
② 단기자금이므로 통상 만기 90일 이내로 한정된다.
③ 사용 시 조달비용·수익성·편의성을 함께 고려한다.
④ 조달비용이 발생하지 않으므로 한도 설정만으로도 비용절감 효과가 절대적이다.

47 외화타점차(Overdrafts Due to Banks)에 대한 설명으로 옳은 것은?

① 자산이 아닌 부채로 분류된다.
② 만기 90일 이내 단기 차입금이다.
③ 신용공여 한도가 설정되어 있을 경우 발생하지 않는다.
④ 예치환거래은행의 당좌예수금이 초과 지급될 때 차변에 인식한다.

48 외국통화 매입 시 취득경위 입증서류 제출 면제 기준으로 옳은 것은? [2점]

① 동일자 누계 3만 달러 이하 매입
② 미화 2만 달러 이하 매입(동일자·동일점포)
③ 비거주자 대외계정에서 인출한 금액 1만 달러 이하
④ 해외 공관 근무자가 매각한 미화 5만 달러 이하

49 한국은행 외환전산망의 일별보고 대상이 아닌 것은?

① 외화예치금 잔액
② 외화콜머니 차입 현황
③ 외국통화 매입·매도 실적
④ 해외직접투자 신규신고 수리 결과

50 환포지션에 대한 설명 중 가장 옳은 것은? [2점]

① 매입초과 포지션에서 환율 상승 시 환차익이 발생한다.
② 매도초과 포지션에서 환율 상승 시 환차익이 발생한다.
③ 동일 통화의 매입·매도 거래는 포지션 계산에서 제외된다.
④ 영업점이 매입초과 시 본부로부터 외화를 받고 원화를 전금한다.

51 국내 다른 거주자 간 해외직접투자 지분 전부 매각 시, 보고 기한으로 옳은 것은?

① 계약일로부터 15일 이내
② 계약일로부터 30일 이내
③ 회계기간 종료 후 5개월 이내
④ 매각대금 수령 후 즉시

52 외화콜론(Call Loan)에 대한 설명으로 틀린 것은?

① 외화콜론은 90일 초과 대여 시 사용한다.
② 1일물 O/N 거래도 콜거래에 포함된다.
③ 외화콜머니는 차입자 입장에서의 용어다.
④ 외화콜론 제공 시 (차)외화콜론 / (대)외화타점예치금으로 계상한다.

53 은행의 Credit Line 관리에 대한 설명으로 옳지 않은 것은?

① 사용현황을 정기적으로 파악한다.
② 단기소요자금 재원조달에 활용한다.
③ 신용공여한도 초과 시 본점 승인을 받아야 한다.
④ Total Exposure를 고려하지 않아도 무방하다.

54 은행업감독규정상 외화예수금으로 인정되는 예치금이 아닌 것은?

① 외화콜머니
② 외화보통예금
③ 외화타점예치금
④ 외화별단예금(장기 미결제 송금)

55 다음 중 외화표시 원화대출 1억원(단, 대고객매매 기준율 1,000원/USD 적용) 실행 시의 분개로 옳은 것은?

① (차)외화표시원화대출 USD 100,000 / (대)고객계정 100,000,000원
② (차)고객계정 USD 100,000 / (대)외화표시원화대출 100,000,000원
③ (차)외화대출 USD 100,000 / (대)고객계정 100,000,000원
④ (차)고객계정 100,000,000원 / (대)외화대출 USD 100,000

56 외국환업무 컴플라이언스 중 외화포지션 한도 관리에 해당하지 않는 것은?

① 매입초과액 한도 설정
② 매도초과액 한도 설정
③ 외화자산·부채 만기별 관리
④ 거래외국환은행 지정 신청서 보관

57 해외예금(거주자 해외계정 직접예치)에 대한 설명으로 옳은 것은? [2점]

① 해외예금은 고객알기가 불필요한 업무이다.
② 조세체납자라도 신고만 하면 예치 가능하다.
③ 금액 제한 없이 항상 한국은행 신고 대상이다.
④ 기관투자가는 외국환은행 신고만으로 예치 가능하다.

58 난외계정(주석 계정)에 해당하는 것으로 옳지 않은 것은?

① 배서어음
② 외화사모사채
③ 미확정 외화지급보증
④ 외화파생상품 보증매입

59 외국통화(Foreign Currency) 계정에 포함되지 않는 것은?

① 미화 현찰
② 유로화 현찰
③ 자기앞수표(USD)
④ 타인발행 트래블러스 수표

60 전신송금(T/T) 지급 정보 입력 시 필수 항목이 아닌 것은?

① 수취인 계좌번호
② 지급은행 지점명
③ 수취인의 SWIFT BIC
④ 중계은행 Nostro 번호

[3과목] 환리스크관리

61 다음 중 선물환거래(Forward)의 특징으로 옳지 않은 것은?

① 두 통화의 이자율차이를 감안해 선물환율을 책정한다.
② 거래일과 결제일까지 통상 2영업일 초과의 기간이 존재한다.
③ 외국환거래법상 반드시 한국은행총재의 인가를 받아야 한다.
④ 선물환거래는 환리스크 헤지뿐 아니라 투기 목적으로도 활용된다.

62 상계(Netting) 전략의 효과에 대한 설명으로 적절하지 않은 것은?

① 그룹 차원의 결제금액을 최소화하여 환리스크를 줄인다.
② 본사 – 해외법인 간 상호 채권·채무를 일정 시점에 상계한다.
③ 순액만 결제하므로 결제 리스크와 외화자금 조달 부담이 감소한다.
④ 외환거래법상 금융기관 인가가 필수이므로 중소기업은 활용할 수 없다.

63 다음 자료에 근거할 때, 3개월 USD/JPY 스왑포인트(Offered rate)를 계산한 값은?

- 현물 환율 USD/JPY = 118.80
- 미국 3개월 금리(연) = 3.00 %
- 일본 3개월 금리(연) = 0.10 %

① − 58 pips ② − 64 pips
③ − 71 pips ④ − 75 pips

64 통화 포트폴리오 전략에 대한 설명으로 옳은 것은?

① 옵션을 병행해야만 분산효과가 발생한다.
② 단독 통화에 집중 투자해 헤지비용을 최소화한다.
③ 상관계수가 낮은 통화를 혼합해 환율 변동분산을 낮춘다.
④ 환리스크를 제거하려면 국가별 외화보유 비중을 동일하게 한다.

65 다음 중 선물환거래 사전 절차로서 금융감독원 가이드라인에 포함되지 않는 것은?

① 투자자 적합성 평가
② 투자자정보확인서 징구
③ 외환 선도거래 약정 체결
④ 현금흐름 매칭(매칭 기법)

66 VaR(Value at Risk) 산출 변수로 옳지 않은 것은?

① 신뢰수준
② 환율변동성
③ 환노출규모
④ 거래상대방 신용등급

67 다음 중 환리스크 유형과 예시의 연결이 올바른 것은?

① 경제적 리스크 – 단기 NDF 거래
② 환산 리스크 – 외화재무제표 환산손익
③ 영업 리스크 – 선물환 포지션 평가손익
④ 거래 리스크 – 해외 자회사 투자액 환산손익

68 다음 중 기업이 VaR 측정기간을 1개월로 설정하는 주된 이유로 옳은 것은?

① 데이터 확보가 어렵기 때문이다.
② 변동성이 클수록 측정기간을 짧게 해야 하기 때문이다.
③ 금융기관 규제와 동일한 보고주기를 맞추기 위해서이다.
④ 기업 환리스크가 영업거래에 기반해 중·장기 노출이 크기 때문이다.

69 Value at Risk(VaR)에 대한 설명으로 옳지 않은 것은?

① 신뢰수준이 높을수록 VaR은 커진다.
② 측정기간이 짧을수록 VaR은 감소한다.
③ 과거 가격변동성에 기반하므로 급변장에 약점이 있다.
④ 동일 포트폴리오에서 변동성이 커질수록 VaR은 감소한다.

70 사내선물환제도의 특징으로 옳지 않은 것은?

① 영업부서는 환리스크 부담이 없다.
② 내부 정산환율로 부서 간 손익을 배분한다.
③ 전문부서가 그룹 전체 외화포지션을 집중 관리한다.
④ 외부 선물환 거래를 완전히 대체하므로 은행과의 거래가 불필요하다.

71 FX Swap에 대한 설명으로 옳지 않은 것은?

① 중간 이자교환이 없다.
② 현물환과 선물환을 동시에 체결한다.
③ 초기 환율과 만기 환율은 동일하다.
④ 유동성 조달과 만기연장에 활용된다.

72 금융감독원의 기업 외환리스크 관리방안과 관련하여 옳지 않은 것은?

① 평가 결과는 기업 공시의무로 즉시 외부에 공개된다.
② 관리 미흡 시 기업은 여신금리 인상·한도 축소 위험이 있다.
③ 은행은 거래기업의 환리스크 관리수준을 신용평가에 반영할 수 있다.
④ 대상기업은 총여신 10억 원 이상·외화부채 1백만 달러 초과 요건 등을 충족한다.

73 FX Swap의 스왑포인트 Bid rate에 영향을 주지 않는 요인은?

① 잔존 기간
② 기준통화 금리
③ 가변통화 금리
④ 현물환 시장 스프레드

74 환산환리스크 예시로 가장 올바른 것은?

① 선물환 매도 후 환율 하락으로 평가손실 발생
② 수입대금 결제 전 환율 상승으로 원화 결제금액 증가
③ 해외 프로젝트 수주 후 건조기간 중 환율 변동으로 예상마진 변동
④ 해외 자회사 재무제표를 원화로 환산 시 환율 변동으로 순이익 변동

75 1개월 후 만기 USD/KRW 선물환율이 1,320원, 달러 콜옵션(행사가 1,330원) 프리미엄이 12원일 때 콜 매입자의 손익분기점은 얼마인가?

① 1,308원
② 1,318원
③ 1,342원
④ 1,352원

76 다음 중 오픈포지션 보유기간이 길어질수록 나타나는 일반적 효과로 옳지 않은 것은?

① VaR 증가
② 환리스크 증가
③ 환리스크 감소
④ 헤지 필요성 증대

77 다음 중 수직 강세 콜 스프레드 구성으로 옳은 것은?

① 낮은 행사 콜 매도 + 높은 행사 콜 매입
② 낮은 행사 콜 매입 + 높은 행사 콜 매도
③ 낮은 행사 풋 매입 + 높은 행사 풋 매도
④ 낮은 행사 풋 매도 + 높은 행사 풋 매입

78 총외환손실한도 초과 시 헤지 시뮬레이션을 통해 최적 규모를 산출해야 하는 이유로 옳지 않은 것은?

① 과도한 헤지로 인한 기회손실을 방지하기 위해서이다.
② 헤지 비용 대비 위험 감소 효과를 사전에 추정하기 위해서이다.
③ 다양한 시나리오별 손익 변동성을 비교·분석할 수 있기 때문이다.
④ 내부 규정상 시뮬레이션 의무가 없어 실시하지 않아도 되기 때문이다.

79 통화옵션의 내재가치 정의로 옳은 것은?

① 옵션프리미엄 − 시간가치
② 기초자산 변동성에 할인한 현재가치
③ 기초자산 − 행사가(콜 기준)의 양(+) 값
④ 행사가 − 기초자산(콜 기준)의 양(+) 값

80 Forward-Forward FX Swap(선선 외환스왑)에 대한 설명으로 옳은 것은?

① O/N Swap과 동일한 구조다.
② 두 거래일 모두 현물환 거래다.
③ Near·Far 양쪽이 선물환 만기인 스왑이다.
④ 현물환율만 활용되고 스왑포인트가 존재하지 않는다.

적중모의고사 2회

⏱ 제한시간: 120분

정답과 해설 16p

[1과목] 외환관리실무

01 다음 중 외국환거래법령상 경상거래에 해당되지 않는 것은?
① 배당금 수령
② 수출대금 결제
③ 해외지사 경비 지급
④ 보험·특허사용료 지급

02 거주자가 해외부동산 매매계약 체결 전 내신고(수리)를 받아 선지급할 수 있는 최대 금액은? [2점]
① 매매대금의 5%
② 매매대금의 10%
③ 매매대금의 10%(단, 20만 USD 상한)
④ 매매대금의 20%

03 다음 중 기획재정부장관으로부터 외국환 행정권한을 위임·위탁받을 수 없는 기관은?
① 관세청장
② 국세청장
③ 금융위원회
④ 한국은행총재

04 외국환중개업 인가 요건으로 옳은 것은?
① 납입자본금 10억원 이상
② 납입자본금 30억원 이상
③ 납입자본금 40억원 이상(선물환 제외 50억원 이상)
④ 자본금 요건 없음

05 대외지급수단으로 인정되는 것은? [2점]
① 금(현물)
② 상품권
③ 채권형 ETF
④ 선불전자지급수단

06 소액해외송금업의 건당·연간 지급 및 수령 한도로 옳은 것은? [2점]
① 건당 3천 USD, 연간 3만 USD
② 건당 5천 USD, 연간 5만 USD
③ 건당 1만 USD, 연간 10만 USD
④ 건당 5천 USD, 연간 10만 USD

07 외국환은행이 역외계정 예치 목적으로 외화증권을 발행하려고 할 때, 사전 신고가 필요한 요건 조합은 무엇인가?
① 2천만 USD, 만기 9개월
② 3천만 USD, 만기 2년
③ 6천만 USD, 만기 18개월
④ 6천만 USD, 만기 9개월

08 상대국 현지통화 직거래은행의 의미는 무엇인가?
① 국제금융기구가 지정한 환거래은행
② 한국은행이 LCT 체제 아래 지정한 국내 은행
③ LCT 체제에서 원화를 매입할 수 있는 모든 은행
④ 상대국 중앙은행이 지정하고 한국은행총재가 확인한 상대국 금융기관

09 거주자가 해외예금을 개설할 때 거래외국환은행 지정 없이 송금 가능한 한도(연간)는?

① 1만 달러 이하
② 5만 달러 이하
③ 10만 달러 이하
④ 제한 없음

10 거주자가 상계 신고를 면제받을 수 없는 조합은?

① 해외 선물환 반대거래 상계
② 국제 해운업 임대료 및 운항경비 상계
③ 동일 품목 수출 및 수입 연계무역 상계
④ 부모·자녀 간 무상증여 채권-채무 상계

11 소액해외송금업 등록 요건으로 옳지 않은 것은? [2점]

① 자기자본 10억원 이상
② 한국은행 외환전산망 연결
③ 이행보증금 3억원 이상 예탁
④ 외환업무 2년 이상 경력자 1명 확보

12 소액해외송금업자가 등록을 폐지할 경우 이행보증금 반환을 담당하는 기관은? [2점]

① 금융위원회
② 관할세관장
③ 한국은행총재
④ 이행보증금예탁기관

13 다음 중 비거주자에 해당하지 않는 자는? [2점]

① 해외에 설립된 내국법인의 영업소
② 미국 주재 대한민국 대사관 소속 공무원
③ 거주자였던 외국인으로서 출국 후 외국에 체류한 지 5개월이 된 자
④ 대한민국 국민으로서 해외에 체류한 지 2년 3개월이 경과하였으며, 그 사이 일시 귀국하여 2개월간 국내에 있었던 자

14 거주자가 해외직접투자를 사후보고 방식으로 이용할 경우, 본 신고는 송금일로부터 몇 개월 내 완료해야 하는가?

① 1개월
② 2개월
③ 3개월
④ 6개월

15 외국환중개회사가 합병·영업양수도를 하려면 반드시 받아야 하는 절차는? [2점]

① 한국은행 승인
② 금융감독원장 신고
③ 예탁보증금 추가 예치
④ 기획재정부장관 인가

16 현지금융 월보고에 포함되지 않는 항목은?

① 대지급 보고
② 보증이행 내역
③ 차입·상환 현황
④ 해외지사종합관리카드

17 다음 중 기간초과 지급 관련 설명으로 옳지 않은 것은? [2점]

① 선박 수입대금 20만 USD를 선적서류 수령 전 13개월 전에 지급하더라도 기간초과 지급 신고 의무가 없다.
② 계약건당 12만 USD의 수출대금을 물품 선적 전 14개월 이후에 수령하려는 경우에는 한국은행총재에게 사전 신고하여야 한다.
③ 계약건당 9만 USD의 수출대금을 물품 선적 전 15개월 이후에 수령하려는 경우에는 한국은행총재에게 사전 신고하여야 한다.
④ 불가피한 사유로 11만 USD의 수입대금을 선적서류 수령 전 14개월 전에 지급한 경우, 지급일로부터 3개월 이내에 한국은행총재에게 사후 신고할 수 있다.

18 해외여행경비 지급 관련 규정으로 옳은 것은?

① 여행경비는 금액에 관계없이 서류증빙이 면제된다.
② 일반 해외여행자는 연간 1만 USD까지만 지급할 수 있다.
③ 여행사가 고객 대신 9천 USD 송금 시 한국은행 신고 대상이다.
④ 외국항공사 국내사무소가 직원 여비를 송금할 때도 여행경비 규정을 적용받는다.

19 선불전자지급수단을 발행·관리하는 기타전문외국환업무자에게 부과된 분기 보고 대상 기관이 아닌 것은?

① 국세청장
② 관세청장
③ 금융감독원장
④ 한국은행총재

20 외국환은행이 거주자·비거주자를 위하여 개설할 수 없는 계정은? [2점]

① 비거주자원화계정
② 거주자외화신탁계정
③ 비거주자자유원계정
④ 개인거주자 대외계정

21 외국환포지션 한도 산정 항목으로 옳지 않은 것은? [2점]

① 총유동포지션
② 순외화대출포지션
③ 외화대손충당금포지션
④ 외화파생상품 미결제포지션

22 당발송금 처리 절차의 첫 단계로 옳은 것은?

① 지급지시서 작성
② 자금세탁 위험평가 실시
③ 수취은행 Swift 코드 확인
④ 송금신청서·증빙서류 접수

23 거주자가 해외지사 설치비를 지급할 때 신고·지정이 필요 없는 한도(미화 기준)는?

① 5만 달러 이하
② 10만 달러 이하
③ 30만불 이하
④ 제한 없음

24 소액해외송금업자가 분기별로 금감원장에게 보고해야 하는 주요 내용이 아닌 것은? [2점]

① 미결제 송금잔액
② 자금세탁 의심거래 내역
③ 송금·수령 건수 및 금액
④ 영업점별 환율 적용 기준

25 비거주자원화계정(자유원)의 입출금 규제 중 옳지 않은 것은?

① 원화증권 처분대금 입금 가능
② 외국환은행 대출자금 수취 금지
③ 한국 내 부동산 임대수익 수취 가능
④ 원화자금 해외송금 시 외국환은행 확인 필요 없음

26 해외직접투자 사후보고제도(50만 달러 이하) 이용 시 송금 후 본 신고까지 허용되는 최대 기한은?

① 1개월
② 2개월
③ 3개월
④ 6개월

27 거주자의 해외직접투자 내용변경 신고 기한에 관한 다음 설명 중 옳은 것은? [2점]

① 변경사유가 발생한 회계기간 종료 후 2개월 이내에 신고기관장에게 변경보고서를 제출하여야 한다.
② 변경사유가 발생한 회계기간 종료 후 3개월 이내에 신고기관장에게 변경보고서를 제출하여야 한다.
③ 변경사유가 발생한 회계기간 종료 후 5개월 이내에 신고기관장에게 변경보고서를 제출하여야 한다.
④ 변경사유 발생 즉시 기획재정부장관에게 직접 변경보고서를 제출하여야 한다.

28 거주자가 비거주자에게 부동산을 임대하고 원화 임대료를 해외송금할 때의 1차 신고기관은?

① 관할세관장
② 한국은행총재
③ 외국환은행장
④ 기획재정부장관

29 다음 중 외국환업무취급기관에 포함되지 않는 자는?

① 우체국
② 새마을금고
③ 팩토링 회사
④ 여신전문금융회사

30 외국환중개회사가 대고객중개업 인가를 받기 위해 추가로 만족해야 하는 요건은 무엇인가?

① 납입자본금 40억원 이상일 것
② 자기자본 5백억원 이상 보유할 것
③ 자기자본 1천억원 이상 보유할 것
④ 외국환시장 회원 지위를 보유할 것

31 외국환은행이 외환포지션 초과 시 보고·시정명령을 부과할 수 있는 기관은? [2점]

① 금융위원회
② 한국은행총재
③ 금융감독원장
④ 기획재정부장관

32 외국환은행의 외국환업무에 관한 설명으로 옳지 않은 것은?

① 외국환 발행
② 채무 인수·보증
③ 외국환매매·파생상품거래
④ 국제금융기구에 대한 출자·융자

33 다음 중 거주자로 분류되는 자는? [2점]

① 외국 법인의 국내 지점
② 해외 거주 2년 이상 대한민국 국민
③ 국제기구에서 근무하는 대한민국 국민
④ 국내 주소 없이 4개월 체류 중인 외국인

34 외국환중개회사가 기업 고객과 직접 중개업을 하려면 누구의 인가를 받아야 하는가? [2점]

① 관세청장
② 금융위원회
③ 한국은행총재
④ 기획재정부장관

35 외국환평형기금채권을 입찰 방식으로 발행할 수 있는 주체는?

① 외국환은행장
② 한국은행 총재
③ 기획재정부 장관
④ 금융위원회 위원장

[2과목] 외국환거래 실무

36 거주자계정에 관한 설명으로 옳은 것은?

① 순수 개인자격 외국인거주자도 거주자계정을 개설할 수 있다.
② 거주자계정 인출은 대외지급의 경우에만 인정된 지급 사유로 한정된다.
③ 정부나 외국환업무취급기관이 예치하는 경우에도 취득신고 여부를 확인해야 한다.
④ 해외 여행자수표(동일인·동일점포·미화 2만 달러 초과) 매입 시 외국환신고필증은 불필요하다.

37 해외직접투자 신고에 대한 설명 중 옳지 않은 것은? [2점]

① 현지법인 지분을 이미 취득한 후에 신규신고를 하면 위법이 아니다.
② 신고는 거래 실행 이전에 해야 하며, 사후신고는 원칙적으로 허용되지 않는다.
③ 해외직접투자 변경신고 유형에는 대부투자를 지분투자로 전환하는 경우가 포함된다.
④ 투자금액이 미화 5만 달러 이하인 경우, 계약 성립일로부터 1년 내 사후신고가 가능하다.

38 당발송금(T/T) 취결 시 올바른 계정 처리로만 짝지어진 것은?

① (차)고객계정 / (대)매도외환
② (차)고객계정 / (대)외화타점예치금
③ (차)매도외환 / (대)외화타점예치금
④ (차)외화타점예치금 / (대)고객계정

39 은행업감독규정상 외화유동성비율 관리 기준으로 옳은 것은?

① 3개월 이내 부채 대비 자산 75% 이상
② 3개월 이내 부채 대비 자산 85% 이상
③ 1개월 이내 부채 초과 비율 5% 이하
④ 1개월 이내 부채 초과 비율 20% 이하

40 외국환대사(Reconcilement) 절차의 올바른 순서는?

가. Shadow 계정 작성
나. 예치환은행 Statement(MT950) 수령
다. Shadow와 Actual 계정 대사
라. 미달환(Pending) 내역 관리

① 가 → 나 → 다 → 라
② 가 → 나 → 라 → 다
③ 나 → 가 → 다 → 라
④ 나 → 가 → 라 → 다

41 지급보증 대지급금 회계처리에 대한 설명으로 옳지 <u>않은</u> 것은? [2점]

① 대지급 실행 시 관련 난외계정은 삭제한다.
② 원화로 대지급 시 대출성 자산이 아닌 부채로 인식한다.
③ 외화로 대지급 시 (차)외화지급보증대지급금 / (대)외화타점예치금으로 처리한다.
④ 대지급금 회수 시 (차)고객계정 / (대)외화지급보증대지급금으로 정리한다.

42 환거래계약 체결 시 필수로 교환해야 할 '3대 서류'로 올바르게 나열된 것은?

① 서명감 – FATF 승인서 – 거래조건
② 테스트키 – RMA키 – AML 질의서
③ 서명감 – 테스트키 – 거래조건·수수료율
④ 본점보증서 – 테스트키 – 자금세탁위험 평가표

43 거주자의 해외차입 신고 기준으로 옳지 <u>않은</u> 것은?

① 90일 이내 단기차입은 신고 제외 대상이다.
② 개인사업자는 금액과 무관하게 한국은행총재에게 신고해야 한다.
③ 영리법인은 미화 5천만 달러 초과 차입 시 기획재정부장관 신고 대상이다.
④ 영리법인의 미화 3천만 달러 차입은 지정거래외국환은행 신고 대상이다.

44 Nostro Account(당방계정)에 대한 설명으로 옳지 <u>않은</u> 것은? [2점]

① 상대은행 입장에서는 Vostro Account가 된다.
② 국내 타 은행이 개설한 계정을 Nostro라 부른다.
③ 국내은행이 해외은행에 개설한 자기 명의 계정이다.
④ 전신송금 지급 대금이 인출될 때 잔액이 부족하면 오버드래프트가 발생한다.

45 환포지션 계산 시 제외되는 항목은 무엇인가?

① 외화예수금
② 외화대출금
③ 미결제외환
④ 매입외환 잔액

46 외화유동성리스크 감독규정(은행업감독규정 제64조)에 따른 의무 비율로 옳은 것은?

① 잔존만기 3개월 이내 부채 대비 자산 80% 이상
② 잔존만기 3개월 이내 부채 대비 자산 85% 이상
③ 잔존만기 1개월 이내 부채 초과 비율 5% 이내
④ 잔존만기 1개월 이내 부채 초과 비율 15% 이내

47 외화콜론과 외화콜머니 비교 설명으로 옳지 <u>않은</u> 것은?

① 외화콜론은 자산계정, 외화콜머니는 부채계정이다.
② 양자 모두 만기 90일 이내 초단기 거래를 처리한다.
③ 외화콜론 제공 시 (차)외화콜론 / (대)외화타점예치금으로 기록한다.
④ 외화콜머니 차입 시 (차)외화타점예치금 / (대)외화콜머니로 기록한다.

48 Personal Check 매입 시 필수 확인 사항으로 옳지 <u>않은</u> 것은?

① 당방은행 배서의무 존재 여부
② 창구제시일이 선일자인지 여부
③ 수표 발행일로부터 6개월 이내인지 여부
④ 수표 금액이 미화 1만 달러 초과 시 실명확인 여부

49 외화환매조건부대출채권매각 계정의 분류로 옳은 것은?

① 자산계정
② 부채계정
③ 난외계정
④ 순자산계정

50 매도외환 계정에 대한 설명으로 올바른 것은? [2점]

① 전신송금(T/T) 지급 시에도 반드시 사용한다.
② 타발송금 내도 대금 미지급 시 미달환 관리에 이용한다.
③ 외화타점예치금 잔액이 부족할 때 발생하는 자산계정이다.
④ 외화송금수표(D/D) 발행 시 대변에 기록되는 부채성 경과계정이다.

51 다음 중 사후관리 대상 업무에 해당하지 않는 것은?

① 해외직접투자
② 해외지사 설치
③ 해외부동산 취득
④ 외국통화 현찰 매입

52 외화자금 운용 3원칙(안정성·유동성·수익성)에 대한 설명 중 옳지 않은 것은?

① 유동성을 높이면 수익성이 일부 희생될 수 있다.
② 안정성은 외화부채 전액 상환 능력을 확보하는 것이다.
③ 수익성 극대화를 위해 단기차입 비중을 높이는 것이 바람직하다.
④ 세 원칙은 상충 관계이므로 가이드라인 설정이 필요하다.

53 외국환업무취급기관 업무수행 기준(시행령 제17조)에 대한 설명 중 옳지 않은 것은?

① 위험관리 체제 구축
② 거래내용 기록·서류 보존 의무
③ 외국환업무와 다른 업무의 회계 구분
④ 외화통화별 예대마진 자율 결정 보고 의무

54 외국환거래실무상 인정된 거래 항목이 아닌 것은?

① 해외 유학생 체재비
② 해외 부동산 취득대금
③ 재외동포 국내재산 반출
④ 해외 송금 없이 국내 원화 간 결제

55 만기 90일 초과 외국환은행 간 외화대여금 처리 계정으로 알맞은 것은?

① 외화콜론
② 외화콜머니
③ 외화타점예치금
④ 은행간외화대출금

56 매입외환 계정으로 처리되는 거래를 모두 고른 것은? [2점]

A. 수출환어음 추심 전 매입
B. 외화송금수표 발행
C. 내국신용장 어음 매입
D. 타발송금 내도 대금 미지급

① A, C
② A, D
③ B, C
④ B, D

57 미확정 외화지급보증에 대한 설명으로 옳지 않은 것은?

① 우발채무로서 난외계정에 기표한다.
② 내국신용장 개설은 확정 외화지급보증이다.
③ 수입신용장 발행은 미확정 외화지급보증에 해당한다.
④ 대지급이 발생하면 확정외화지급보증으로 대체한다.

58 외국통화 환전 시 실명확인 면제가 가능한 기준으로 옳은 것은?

① 건당 미화 1만 달러 이하
② 동일인 1일 100만 원 이하
③ 건당 원화환산 100만 원 이하
④ 동일자·동일점포 미화 2만 달러 이하

59 미달환(Unreconciled Item) 원인으로 가장 적절하지 않은 것은?

① 거래금액 상이
② 환변동보험 미가입
③ 지급은행 착오 차기
④ 참조번호(O/R) 불일치

60 전문외국환업무취급업자 등록 요건에 해당하지 않는 것은?

① 외국환업무 전산설비 보유
② 외화예수금 지급준비금 적립
③ 외국환업무 종사 경력자 2인 확보
④ 외국환업무와 기타 업무 회계 구분

[3과목] 환리스크관리

61 달러/엔 환율이 디스카운트 통화라 불리는 이유에 대한 설명으로 가장 적절한 것은?

① 달러 금리가 엔화 금리보다 항상 높기 때문이다.
② 달러 금리가 엔화 금리보다 낮아 선물환율이 현물보다 낮기 때문이다.
③ 엔화 표시 자금시장이 달러 표시 시장보다 유동성이 부족하기 때문이다.
④ 엔화는 고정환율제 통화여서 스왑포인트가 0으로 수렴하기 때문이다.

62 다음 중 매칭(Matching) 전략에 대한 설명으로 옳지 않은 것은?

① 매칭이 가능한 경우 별도 파생상품 거래 비용이 발생하지 않는다.
② 기업 규모에 관계없이 언제나 모든 외화현금흐름을 완전 매칭할 수 있다.
③ 동일 통화·동일 만기의 외화 유입액과 유출액을 대응시켜 환리스크를 줄인다.
④ 환율 변동이 일어나도 순오픈포지션이 0이면 환차손익이 발생하지 않는다.

63 현물 환율 USD/KRW = 130,000원, 6개월 스왑포인트 = +110원(Offered)일 때, 수입기업이 6개월 뒤 달러를 매입하기로 체결하는 선물환율은?

① 138,900원   ② 141,000원
③ 141,055원   ④ 142,200원

64 다음 중 리딩 & 래깅(Leading & Lagging) 기법에 대한 서술로 옳은 것은?

① 환율 상승이 예상될 때 수입대금 지급을 앞당기는 것은 리딩이다.
② 래깅은 환율 하락이 예상될 때 수출대금 회수를 앞당기는 행위다.
③ 리딩은 외화 유입을, 래깅은 외화 유출을 지연시켜 환리스크를 줄인다.
④ 리딩·래깅 모두 대내외 신용도 악화 위험 없이 무제한 활용할 수 있다.

65 KRW 수입기업 B사가 원자재 대금 500만 USD를 3개월 뒤 지급할 예정일 때, 적합한 헤지 방법은?

① 달러 풋옵션 매도
② 원/달러 선물환 매입
③ 원/달러 선물환 매도
④ 원화 금리선도계약 체결

66 환리스크의 3대 결정요인과 거리가 가장 먼 것은?

① 환율변동성
② 환율예측 정확도
③ 오픈포지션 규모
④ 오픈포지션 보유기간

67 기업이 Square Position을 유지한다는 의미로 가장 적절한 것은?

① 외화 자산 = 외화 부채
② 외화 자산 > 외화 부채
③ 외화 부채 > 외화 자산
④ 외화 부채만 존재

68 신뢰수준 95%로 산출한 일별 VaR가 10억 원일 때의 의미로 올바른 것은?

① 95% 확률로 10억원 손실이 반드시 발생한다.
② 95일 동안 손실이 10억원을 초과할 확률이 5%다.
③ 100일 중 약 5일 정도 10억원 초과 손실이 발생할 수 있다.
④ VaR 산출에는 신뢰수준과 측정기간이 반드시 동일해야 한다.

69 다음 중 금융감독원 기업 외환리스크 관리 가이드라인이 권고하는 사항으로 옳지 않은 것은?

① 사내선물환 제도 활용
② 외환 컨설팅·교육 투자
③ 동종업계 사례 벤치마킹
④ 환율예측 투기로 수익 극대화

70 다음 중 '총외환손실한도 < VaR'일 때 취해야 할 조치로 옳은 것은?

① 헤지 비율을 축소해 위험을 감수한다.
② 환노출규모를 축소하거나 추가 헤지를 실행한다.
③ 한도를 상향 조정하지 않고 VaR 산식을 변경한다.
④ 아무런 조치가 필요 없다.

71 은행 간 시장에서 O/N Swap이 의미하는 바는?

① 오늘 ↔ 내일 거래
② 오늘 ↔ 모레 거래
③ 내일 ↔ 모레 거래
④ 1개월 ↔ 3개월 거래

72 사내선물환제도 하에서 전문부서가 100% 헤지만 수행할 경우 손익 구조는?

① 손익 모두 0에 수렴
② 헤지비용만 손실로 발생
③ 이익 고정 · 손실 무제한
④ 환차익이 불확실하게 증가

73 다음 중 통화스왑의 특징으로 옳지 않은 것은?

① 중도에 이자교환이 발생한다.
② 장기자금 조달·투자에 활용된다.
③ 환헤지보다는 단기 현금관리 목적이 크다.
④ 원금 교환 시점은 거래개시일과 만기 2회이다.

74 다음 중 환리스크 헤지 필요성에 대한 설명으로 옳지 않은 것은?

① 환율 변동은 원가·매출·이익 모두에 직간접 영향을 준다.
② 환리스크 미헤지 시 기업가치가 환율 방향에 따라 변동한다.
③ 변동성 확대 시 영업·재무 불확실성이 커져 투자비용이 증가한다.
④ 환율이 유리하게 움직이면 헤지는 오히려 손실을 야기하므로 불필요하다.

75 옵션프리미엄 결정요소 중 행사가격이 낮아질 때의 변화로 옳은 것은?

① 콜 프리미엄 상승, 풋 프리미엄 상승
② 콜 프리미엄 상승, 풋 프리미엄 하락
③ 콜 프리미엄 하락, 풋 프리미엄 상승
④ 콜·풋 모두 하락

76 영업환리스크와 거래환리스크의 구분으로 옳은 설명은?

① 두 용어는 동일하다.
② 거래환리스크는 장기 프로젝트에만 해당한다.
③ 영업환리스크는 회계인식 이후 환율 변동, 거래환리스크는 인식 이전 변동
④ 영업환리스크는 계약부터 회계인식 전까지, 거래환리스크는 인식 후 현금수령 전까지

77 옵션 매도포지션의 최대 손실에 대한 설명으로 옳지 않은 것은?

① 프리미엄만큼 이익이 상한으로 고정
② 풋 매도자는 기초자산 가격 0까지 손실이 제한
③ 콜 매도자는 기초자산 급등 시 무제한 손실 가능
④ 만기 전 옵션 환매 시 손실이 확정적으로 감소

78 환리스크 관리 절차(금감원 모형)의 올바른 순서는?

① 정보수집 → 측정 → 비교 → 대책 → 피드백
② 측정 → 정보수집 → 대책 → 비교 → 피드백
③ 대책 → 비교 → 측정 → 정보수집 → 피드백
④ 정보수집 → 대책 → 측정 → 비교 → 피드백

79 만기 2주 남은 달러 풋옵션(행사 1,280원)이 ATM 상태일 때, 시간가치 변화에 대한 설명으로 옳은 것은?

① 변동성 상승 시 시간가치 감소
② 만기 접근할수록 시간가치 감소
③ 만기 접근할수록 시간이득 감소
④ 행사가 변동과 무관하게 시간가치 일정

80 O/N Swap과 T/N Swap의 구분으로 옳은 것은?

① O/N = 거래일↔제 1영업일, T/N = 제 1영업일↔제 2영업일
② O/N = 거래일↔제 2영업일, T/N = 제 2영업일↔제 3영업일
③ O/N = 현물일↔1개월, T/N = 1개월↔3개월
④ 둘 다 현물환+선물환 구조로 만기가 1년 이상이다.

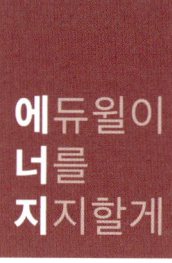

끝이 좋아야 시작이 빛난다.

– 마리아노 리베라(Mariano Rivera)

외환전문역 1종 적중모의고사 1회 OMR 답안지

외환전문역 I종 적중모의고사 2회 OMR 답안지

MEMO

MEMO

MEMO

여러분의 작은 소리
에듀윌은 크게 듣겠습니다.

본 교재에 대한 여러분의 목소리를 들려주세요.
공부하시면서 어려웠던 점, 궁금한 점,
칭찬하고 싶은 점, 개선할 점, 어떤 것이라도 좋습니다.

에듀윌은 여러분께서 나누어 주신 의견을
통해 끊임없이 발전하고 있습니다.

에듀윌 도서몰 book.eduwill.net
- 부가학습자료 및 정오표: 에듀윌 도서몰 → 도서자료실
- 교재 문의: 에듀윌 도서몰 → 문의하기 → 교재(내용, 출간) / 주문 및 배송

2026 에듀윌 외환전문역 Ⅰ종
총정리문제집 + 무료특강

발 행 일	2025년 7월 15일 초판
편 저 자	임재희
펴 낸 이	양형남
개 발	정상욱, 김진우, 김은재
펴 낸 곳	(주)에듀윌
등록번호	제25100-2002-000052호
주 소	08378 서울특별시 구로구 디지털로34길 55 코오롱싸이언스밸리 2차 3층
I S B N	979-11-360-3497-8(13320)

* 이 책의 무단 인용·전재·복제를 금합니다.

www.eduwill.net
대표전화 1600-6700

1회

01	④	02	③	03	③	04	②	05	③
06	①	07	③	08	④	09	③	10	③
11	②	12	③	13	④	14	②	15	②
16	②	17	④	18	③	19	②	20	③
21	①	22	③	23	①	24	③	25	③
26	②	27	③	28	④	29	②	30	③
31	②	32	③	33	④	34	③	35	①
36	④	37	③	38	③	39	①	40	③
41	④	42	③	43	①	44	②	45	③
46	④	47	③	48	②	49	③	50	①
51	②	52	①	53	④	54	①	55	①
56	④	57	③	58	③	59	③	60	③
61	③	62	③	63	③	64	③	65	③
66	④	67	②	68	④	69	④	70	④
71	③	72	③	73	④	74	④	75	③
76	③	77	②	78	④	79	④	80	③

01 ④

| 정답해설 | 외국환거래법은 대외거래의 자유 보장과 시장기능의 활성화를 통하여 원활한 대외거래·국제수지 균형·통화가치 안정을 도모한다. (법 제1조)
외국환거래법은 거래의 규제보다는 거래의 자유를 원칙으로 하되, 필요한 범위 내에서 최소한의 관리와 감독을 통해 대외거래의 원활화, 국제수지 균형, 통화가치 안정 등을 도모하는 것이 목적이다.
'합리적 규제'라는 표현 자체는 입법 목적에 직접 명시되어 있지 않다.

| 오답해설 |
① 외국환거래법의 기본 목적 중 하나로, 외환거래 및 대외거래의 자유로운 흐름과 원활한 이행을 보장하기 위해 규정되어 있다.
② 국가 경제의 건전성과 외환보유고, 국제수지의 균형을 유지하기 위한 중요한 목적이다.
③ 외환거래의 관리 및 규제를 통해 원화의 환율 안정 및 통화가치의 급격한 변동을 방지하려는 목적도 외국환거래법 제1조에 명시되어 있다.

개념 Plus⁺
- 합리적 '조정·규제'라는 표현은 1999년 이전 외국환관리법에 남아 있었으나 현행법에는 삭제되었다.
- 최근 개정에서도 목적조항은 그대로 유지되었으므로, 시험장에서는 과거 용어(합리적 조정 등)가 보기에 등장하면 오답으로 처리한다.

02 ③

| 정답해설 | 법 제26조는 보고·검사 및 전산망 통보에 한해 외국환거래법이 실명법에 우선한다고 명시한다. 행정제재(경고·과태료)는 우선 적용 대상이 아니다.
과태료나 제재처분과 같은 행정처분은 금융실명거래 및 비밀보장에 관한 법률의 절차와 규정을 우선 적용한다. 즉, 외국환거래법으로 관리·감독을 하더라도, 제재나 과태료 부과 등은 금융실명법에 따라 이뤄진다.

| 오답해설 |
제재 절차는 시행령 별표 3-2(행정처분 기준)로 독립 관리되므로, 실명법과 충돌 문제 자체가 발생하지 않는다.
① 외국환거래법에 따른 보고 및 검사업무는 금융실명법보다 우선하여 적용된다.
② 외환전산망으로 자료를 전송하거나 송부하는 업무는 외국환거래법의 전산망 관리 규정이 우선 적용된다.
④ 외국환거래법상 전산망을 통한 보고나 통보 업무는 금융실명법보다 외국환거래법의 절차와 기준이 우선 적용된다.

03 ③

| 정답해설 | 지급수단은 통화·수표·신용장·T/T 등 지급받을 수 있는 증표나 정보를 말하며, 금은 귀금속으로 분류된다.

| 오답해설 |
① 외국환거래법령상 대외지급수단에 포함되는 통화성 지급수단이다.
② 2024년 개정으로 선불전자지급수단까지 포함되어 지급수단에 포함된다.
④ 지급받을 수 있는 증표로 인정되어 대외지급수단에 포함된다.

개념 Plus⁺
2024년 개정으로 선불전자지급수단까지 지급수단 범위에 포함됐지만 귀금속 분류는 변동이 없다.

2026 최신판

에듀윌 외환전문역 I종
개념판서로 이해하고 득점으로 끝내는
총정리문제집 +무료특강

2026 최신판

에듀윌 외환전문역 I종
개념판서로 이해하고 득점으로 끝내는
총정리문제집 +무료특강

정답과 해설

eduwill

04 ②

| 정답해설 | 외환시장 안정협의회의 운영은 기획재정부 소관이다. 한국은행의 업무는 ①③④의 외국환 매매·보유·대출·보증 등이 핵심이다.
| 오답해설 |
외환시장 안정협의회 관련 규정은 2025-4호 개정으로 세부 절차가 보완됐으나 주무 부처는 변동이 없다.
① 한국은행이 외환보유고를 운용하는 업무는 고유 업무에 해당한다.
③ 한국은행의 핵심 외국환업무로 외환시장 안정과 통화정책 수행에 필수적이다.
④ 한국은행은 국제금융기구에 대한 출자 및 융자 업무도 수행한다.

05 ③

| 정답해설 | 국민이 2년 이상 연속하여 해외 체재해야 비거주자로 전환된다.
| 오답해설 |
① 외국환거래법령상 비거주자는 거주자가 아닌 개인·법인을 의미한다.
② 외국인 거주자 요건은 국내 입국한 지 6개월이 된 자 또는 국내에서 영업활동에 종사하고 있는자이다.
④ 국제기구나 해외 공공기관 근무 시 비거주자로 본다.

> **개념 Plus⁺**
> 현행 규정은 '2년 요건'을 그대로 유지하며, 2025년 개정은 해외체재 사후보고 의무만 완화했다.

06 ①

| 정답해설 | 해외직접투자는 자본거래로 분류된다.
경상거래는 이전·용역·투자수익 등이 해당한다.
| 오답해설 |
최근 자본거래 신고서식이 전자화되었으나 분류체계(경상 vs 자본)는 그대로 유지된다.
② 서비스 제공에 대한 대가 지급은 경상거래에 포함된다.
③ 투자수익의 수취 및 지급은 경상거래에 포함된다.
④ 이전거래는 무상 증여, 기부 등 대가 없는 거래로 경상거래에 포함된다.

07 ②

| 정답해설 | 지급수단·증권의 수출입은 관세청장, 상호계산은 외국환은행(즉 한국은행 경유)의 신고 대상이다.
상호계산계정 설치 및 운용은 한국은행에 신고해야 한다.
| 오답해설 |
① 해외차입 신고는 외국환은행을 통해 이루어지며, 관세청 관할이 아니다.
③ 지급수단 매매 신고는 외국환은행 또는 한국은행이 담당하며, 관세청 관할이 아니다.
④ 지급수단 수출입 신고는 관세청장이 담당한다.

08 ④

| 정답해설 | 규정 제4-7조가 2025.2.10.부로 삭제되어 '재외동포 국내재산 반출' 절차가 전면 개편되면서 지정은행 제도가 폐지되었다.
재외동포의 국내 재산 반출은 거래외국환은행 지정을 요하지 않는다.
| 오답해설 |
현재는 '반출 사실 통보'만으로 갈음하며, 자금출처확인서 제출·사후보고는 유지된다.
①~③은 거래외국환은행 지정 대상이다.

> **개념 Plus⁺**
> • 거래외국환은행
> 외국환거래법 제17조에 따라, 자본거래 등 외환거래 시 거래자의 외국환업무를 전담하여 사전·사후 관리 및 신고 수리를 담당하는 은행이다. 주요 기능으로는 자본거래 사전 신고 접수, 거래 모니터링 및 보고, 외화 송금 및 지급 확인 등이 있다.

09 ③

| 정답해설 | 신고수리 7일 + 신고 2일 = 9일(외국환거래업무취급지침 총칙)
| 오답해설 |
전자신고분은 24시간 자동수리가 가능하지만 시험은 '법정 최대 기한'을 물으므로 7+2 규정을 기억해야 한다.

> **개념 Plus⁺**
> • 외국환거래는 '신고사항'과 '허가사항'으로 구분되며, 신고사항이라도 거래외국환은행을 통해 신고하는 경우 은행장은 법정 기한 내에 수리 여부를 결정해야 한다.
> • 만약 기한 내 미처리 시, 그 사유를 한국은행장에게 보고하여 연장 절차를 밟아야 한다는 부분이 시험에 출제된다.

10 ③

| 정답해설 | 실무지침은 법인 내부 임직원의 대리신고('나'목)에 대해 위임장을 면제한다.
법인의 임직원이 자기 법인을 대신해 신고하는 경우에는 대리위임장이 필요 없다.

| 오답해설 |
①② 대리위임장을 제출해야 한다.
④ 법정대리인임을 확인하는 서류가 필요하며, 사실상 대리위임장의 제출 요건을 충족해야 한다.

11 ②

| 정답해설 | 재외동포·해외이주자는 여권번호로 등록한다.

| 오답해설 |
여권번호가 영문 포함 8자리로 바뀐 경우에도 시스템상 그대로 입력한다(2025년 지침).

12 ②

| 정답해설 | 체신관서는 면제되지만 한국수출입은행·중소기업은행은 등록 대상이다(시행령 제7조).

| 오답해설 |
2023년 10월 '새마을금고'도 금융회사 등의 범주에 포함되면서 동일한 등록의무가 부과되었다.

13 ④

| 정답해설 | 신용협동조합 등의 협동조합계 금융사는 제한되며, 여신전문금융회사는 허용된다(외환관리실무, 등록과 업무범위).
외국환업무취급기관에 해당되며, 금전 대차 중개업무를 할 수 있다.

| 오답해설 |
① 신탁업자는 해당 중개업무를 할 수 없다.
② 신용협동조합은 중개업무 대상이 아니다.
③ 투자매매업자는 거주자와 비거주자 간 금전 대차 중개가 불가하다.

14 ②

| 정답해설 | 시행령 제36조는 국세청장을 위임 대상에서 제외한다.
외국환거래법상 위임·위탁 대상 기관이 아니다.

| 오답해설 |
① 수출입거래에 수반되는 외환거래 신고 업무 등 위임·위탁이 가능하다.
③ 외국환은행 감독 등 위임·위탁이 가능하다.
④ 외국환거래법상 거래의 신고수리, 신고 확인, 외환시장운영 등 업무를 수행한다. 다만, 일부 업무는 위임 대상에 포함될 수 있다. (외국환거래법 제20조 제1항)

15 ②

| 정답해설 | 외국환은행의 종합매입초과포지션 한도는 전월말 자기자본의 50% 이내로 제한된다. 이 한도는 외환 리스크 관리와 은행 건전성 유지를 위한 감독 당국의 규정이며, 이 범위 내에서 외환 순포지션을 보유할 수 있다.

| 오답해설 |
① 실제보다 한도가 낮아 규정에 부합하지 않는다.
③ 한도가 과도하게 높게 제시되어 실제 규정과 다르다.
④ 외환리스크 관리 차원에서 반드시 한도 제한이 존재한다.

개념 Plus⁺

- 규정 근거 : 제2-9조의2 ① 1호 — 종합매입초과포지션은 '전월말 자기자본의 50%'가 상한

외국환거래규정 제2-9조의2(외국환포지션의 한도)
① 종합포지션의 한도는 다음 각호와 같다.
1. 종합매입초과포지션은 각 외국통화별 매입초과액의 합계액 기준으로 전월말 자기자본의 100분의 50에 상당하는 금액. 다만, 한국수출입은행의 경우 외화자금 대출잔액의 100분의 150에 해당하는 금액으로 한다.
2. 종합매각초과포지션은 각 외국통화별 매각초과액의 합계액 기준으로 전월말 자기자본의 100분의 50에 상당하는 금액으로 한다.

16 ②

| 정답해설 | 국내 은행이 보유할 수 있는 선물환 포지션 한도는 매입과 매각 각각 전월말 자기자본의 50% 이내로 제한된다. 이는 은행의 외환 리스크 관리를 위해 설정된 한도로, 과도한 외환포지션 취득을 방지하여 금융 안정성을 유지하기 위한 규정이다.

| 오답해설 |
① 한도가 너무 낮게 설정되어 있어 실제 규정과 다르다.
③ 한도를 너무 크게 잡아 위험 관리를 소홀히 할 우려가 있다. 실제 한도는 50%이다.
④ 국내은행의 한도가 과도하게 높게 제시되어 있으며, 외국은행 국내지점과 국내은행을 혼동한 설명이다. 현실 규정과 부합하지 않는다.

개념 Plus⁺

제2-9조의2(외국환포지션의 한도)
② 선물환포지션의 한도는 다음 각호와 같다.
1. 외국환은행의 매입초과포지션 또는 매각초과포지션을 기준으로 전월말 자기자본의 100분의 50에 상당하는 금액. 다만, 「은행법」 제58조에 의한 외국금융기관의 국내지점의 경우는 전월말 자기자본의 100분의 250에 상당하는 금액으로 한다.
2. 제1호에도 불구하고 기획재정부장관은 자본유출입의 변동성이 확대되는 등 외환시장 안정 등을 위하여 긴급히 필요한 경우에는 제10-15조에 따라 제1호에서 정한 한도를 100분의 50 범위내에서 가감하여 정할 수 있다.

17 ④

| 정답해설 | 무기명 양도성 예금증서(CD)는 '채무증권'으로 규정되어 외화증권 범주에 속한다.

| 오답해설 |
① 우편환은 지급수단이며 증권이 아니다.
② 전자화폐는 증권이 아니다.
③ 정부지폐는 지급수단이며 증권이 아니다.

18 ③

| 정답해설 | 반드시 기획재정부장관의 인가를 받아야 한다.

| 오답해설 |
① 외국환중개업에는 적용되지 않는다.
② 필요하지 않다.
④ 대고객 외국환중개업은 별도의 인가가 필요하다.

개념 Plus⁺

- 외국환중개회사는 금융기관 상호 간 또는 일정 경우 고객과의 외환거래를 중개하는 회사로, 기획재정부장관의 인가를 받아야 영업 가능하다(외국환거래법 제19조). 금융회사 간 중개업은 기본 인가이며, 대고객(기업 대상) 중개업은 별도 인가가 필요하다.
- 외국환중개업 인가가 따로 필요한 이유는 외환시장 안정성 보호, 거래투명성 확보, 기업·외시장 직접 연결에 따른 리스크 관리 필요 등이 있다.

19 ②

| 정답해설 | 해외부동산 취득 사전신고 수리 시 매매대금의 10%까지 우선 송금할 수 있다.
외국환거래법령상 선지급 계약금 한도는 매매대금의 100분의 10이다.

| 오답해설 |
기한 내 미수리 시 3개월 이내 신고·회수 의무가 있으며, 2024년 개정으로 '계약금 → 선수금' 용어가 통일되었다.
① 제한 기준보다 낮다.
③ 한도를 초과한다.
④ 한도가 정해져 있다.

20 ③

| 정답해설 | 제3자 지급 방식은 일정 금액 이상일 경우 별도의 허가가 필요하지 않고, 외국환은행의 확인 절차만 거치면 된다. 기획재정부장관의 허가 요구는 통상 특정 자본거래나 신고대상 거래에 해당될 때 적용된다.

| 오답해설 |
① 제3자 지급은 송금인과 수취인이 모두 동의하는 방식이므로 합의가 필요하다.
② 외국환 거래 신고 의무 중 소액 거래(5천 달러 이하)는 신고가 면제된다.
④ 일정 금액 요건을 충족하면 외국환은행의 확인만으로 제3자 지급이 가능하다.

21 ①

| 정답해설 | 규정 제5-4조는 ②~④을 신고예외로 열거한다.
로열티는 자본거래 성격이므로 외국환은행을 거쳐야 한다.
거주자·비거주자 간 로열티를 상계하려는 경우에는 신고가 필요하며 신고예외에 해당하지 않는다.

| 오답해설 |
2025-4호 개정으로 해운대리점(③)이 새로 예외목록에 추가되었다.
②~④는 신고예외 사유에 해당한다.

22 ③

| 정답해설 | 「외국환거래업무취급지침」 제1장 제7절에서는 '외국환은행의 장은 규정에서 별도로 정한 경우를 제외하고 신고수리업무는 7영업일 이내에 처리하여야 한다.'고 명시한다.
상호계산 신고(규정 제5-5조)는 외국환은행장이 '수리 또는 불수리'를 결정해야 하는 신고수리업무에 해당하므로, 위 기본 처리기한이 그대로 적용된다.

| 오답해설 |
기한을 넘기면 자동 한국은행 이관 절차가 발동된다(규정 제5-3).
- 일반 자본거래 신고: 5영업일 이내
- 상호계산 신고: 7영업일 이내

23 ①

| 정답해설 | 거주자의 해외차입은 「외국환거래규정」 제7-14조에 따라 한국은행총재 사전신고 대상이다. 외국환은행장은 신고서를 경유만 할 수 있고 수리·불수리의 권한은 없어, 행정기관(한국은행)을 반드시 거쳐야 한다.

| 오답해설 |
② 본·지사 수출선수금(5만 달러 초과)은 경상거래(§5-7)로 지정외국환은행장이 증빙 확인 후 직접 수리 가능하다.
③ 비거주자의 국내 부동산 처분대금 반출(§9-42)은 세무서 확인서를 첨부하면 은행장이 직접 수리한다.
④ 해외예금 5만 달러 초과 송금(§7-11)은 은행장이 증빙 확인 후 수리하며, 한국은행에는 사후보고만 하면 된다.

24 ③

| 정답해설 | 시행령 제7조는 '영업소별 2인 이상·2년 이상' 경력 요건을 명시한다.
등록요건은 2년 이상 종사경력자 또는 지정교육 이수자 2명 이상 확보가 요건이므로 틀린 설명이다.

| 오답해설 |
2024년 10월부터 새마을금고·농협 등 비은행권에도 동일 요건이 적용된다.
①②④는 올바른 등록 요건에 해당한다.

25 ③

| 정답해설 | 거래가 아직 성사되지 않은 상황에서 계약금으로 매매대금의 15%를 선송금하는 것은 증빙서류 없이 지급할 수 없다. 계약금 지급 시에도 거래가 확정되어야 하며, 계약서나 거래 관련 증빙서류를 갖춰야 한다. 따라서 이 경우 증빙서류 제출 없이 지급하는 것은 규정에 위배된다.

| 오답해설 |
① 국가의 국제기구 분담금 납부는 증빙서류 없이 지급 가능하다.
② 물품대금은 증빙서류 제출이 원칙이나, 연간 누계 8만 달러 이하의 경우 일정 조건 하에 증빙 없이 지급 가능하다.
④ 이주비 지급은 자금출처확인서가 있으면 증빙 없이 가능하다.

26 ②

| 정답해설 | 시행령 제8조에 따른 '사후보고 방식'은 10만 달러까지 사전 송금 가능하다.
해외직접투자 계약 체결 후, 투자금 송금 전이라도 계약금 형태로 10만 달러까지 선지급이 가능하다. 이는 외국환거래법 시행령 및 세부규정에서 허용하고 있다.

| 오답해설 |
2025년 2월부터 '계약 전 선수금' 용어로 통일되었지만 한도(10만 달러)는 변동 없다.
① 5만 달러는 과거 한도였으며, 현재는 계약금으로 10만 달러까지 선지급 가능하다.
③ 20만 달러는 현행 제도를 초과하는 금액으로 허용되지 않는다.
④ 제한 없음은 원칙적으로 불가하다. 사전에 신고한 한도 내에서만 지급할 수 있다.

27 ③

| 정답해설 | 사후보고 방식은 송금 후 3개월 이내 본 신고가 원칙이다.

개념 Plus⁺
해외직접투자 3개월 이내 사후보고 대상(2025 개정)
- 거주자가 해외직접투자를 한 거주자로부터 당해 주식 또는 지분을 양수받아 해외직접투자를 하고자 하는 경우
- 이미 투자한 외국법인이 자체이익 유보금 또는 자본잉여금으로 증액투자하는 경우

28 ④

| 정답해설 | 해외지사종합관리카드는 해외지사 설치기업이 자체 비치하는 문서이며 월보고 대상이 아니다.

| 오답해설 |
현지금융 월·반기보고 양식은 2024년 12월 전자서식으로 전환되었다.
① 현지에서 발생하는 지급보증 이행에 따라 발생하는 지급 사실을 보고해야 한다.
② 현지에서 발생하는 보증채무 이행으로 인한 외환 유출을 관리한다.
③ 현지에서 발생하는 지급보증 이행에 따라 발생하는 지급 사실을 보고해야 한다.

29 ②

| 정답해설 | 5만 달러 이하 해외예금 송금은 지정은행 면제 거래로 분류된다.
5만 달러 이하는 외국환거래규정 제6-7조 제1항에 따라 거래외국환은행 지정을 요하지 않는 기준 금액이다.

| 오답해설 |
10만 달러 초과 시에는 지정은행 및 자금출처확인서 제출 의무가 있다.
① 1만 달러 이하는 외화현찰 휴대반출 신고 면제 기준에 해당하므로 거래외국환은행 지정을 요하지 않는다.
③ 10만 달러 이하는 거래외국환은행 지정이 필요한 금액대에 해당한다.
④ 금액불문 지정은 외국환거래법상 자본거래에 해당할 때 적용되며, 단순 외화예금 송금은 이에 해당하지 않는다.

30 ③

| 정답해설 | 정부지폐·은행권·환어음 등은 대외지급수단이다. 금·상품권·ETF는 별도의 자산으로 분류된다.
정부지폐는 외국환거래법상 대외지급수단에 포함되는 대표적인 사례이다.

| 오답해설 |
2019년 개정으로 전자화폐·선불전자지급수단이 추가되었지만 귀금속 자산은 여전히 제외이다.
① 금속(금)은 대외지급수단 정의에 포함되지 않는다.
② 상품권은 지급수단이 아닌 유가증권의 성격을 띠며 대외지급수단으로 인정되지 않는다.
④ 귀금속 ETF 역시 대외지급수단에 해당되지 않는다.

31 ③

| 정답해설 | 규정은 송금신청서·영수확인서를 5년간 보존하도록 의무화한다.
외국환거래규정 제9-5조에 따라 송금신청서 및 영수확인서는 5년간 보존해야 한다.

| 오답해설 |
전자보존 시스템 도입 후에도 물리적 스캔본을 동일 기간 보관해야 한다.
① 2년은 송금명세서 보관기간과는 거리가 있다.
② 3년은 송금신청서 및 영수확인서 보관기간에 해당하지 않는다.
④ 지정취소 시까지 보관의무 규정은 적용되지 않는다.

32 ②

| 정답해설 | 규정 제5-11조는 '외국환은행을 통하지 아니하는 지급'은 한국은행총재 신고 사항으로 규정한다.
한국은행총재는 외국환거래규정 제6-14조 제1항에 따라 외화현찰 반출 시 외환신고기관으로 지정되며, 송금이 아닌 현찰 반출 신고의 경우는 한국은행에 해야 한다.

| 오답해설 |
신고필증을 은행에 제시해 '외국환신고(확인)필증'을 받아야 세관 휴대반출 신고가 가능하다.
① 외화현찰 휴대반출 신고의 경우의 담당 기관이다.
③ 신고수리기관이 아니므로 해당 기관이 아니다.
④ 외국환은행장은 외화현찰 반출 신고권한이 없다.

33 ④

| 정답해설 | 기존 보유한 증권발행전용 비거주자원화계정에 대한 폐쇄 기한은 별도로 규정하고 있지 않다.

| 오답해설 |
① 증권발행전용 비거주자원화계정 관련 조항(외국환거래규정 제7-25조)이 삭제되었으므로 2025년에는 신규 개설이 허용되지 않는다.
② 기존 증권발행전용 비거주자원화계정은 '발행·배당·상환 등 국내 증권발행 관련 자금으로 한정'하여 사용하도록 규정하였고, 현재 잔존하는 계정에도 해당 조항은 그대로 적용된다.
③ 잔존 계정에 대한 폐지 여부는 전적으로 개설은행의 자율이다.

34 ②

| 정답해설 | 외국환거래법에 따르면 대고객외국환중개업 인가 요건은 '납입자본금 30억원 이상'(외국법인은 국내 영업기금을 납입자본금으로 인정)이 요구된다.

| 오답해설 |
① 일반외국환중개업은 '전문금융기관 등(외국환은행·증권회사 등 전문기관) 간' 거래만 중개하도록 규정되어 있다.
③ 대고객외국환중개업은 전문금융기관이 아닌 기업·기관 고객과의 거래를 중개할 수 있도록 허용한다.
④ 일반중개업 인가를 이미 받은 회사라도 대고객중개업 영위를 위해서는 별도의 인가를 받아야 한다(경과조치에서 '기존 인가 = 일반중개업으로 간주'). 따라서 '추가 인가 없이 영위'라는 진술은 틀릴 수 있어 보이나, 법령상 '자본금 30억 원·전산시설·전문인력 등 대고객 인가 요건을 별도로 충족해야 한다'는 점을 감안하면, 문제에서 옳지 않은 설명으로 선택할 가장 명확한 오답은 ②번이다.

35 ①

| 정답해설 | 비거주자의 국내 지점·출장소 등은 법률상 거주자로 본다.
외국 법인의 국내 지점은 국내에서 사업장 기능을 수행하므로 거주자로 본다.
| 오답해설 |
②, ③은 비거주자, ④는 체류 6개월 미만 외국인이므로 모두 비거주자에 해당한다.
② 2년 이상 해외 체재 대한민국 국민은 비거주자로 본다.
③ 외국 국제기구 근무 대한민국 국민은 비거주자로 분류된다.
④ 국내에 4개월 체류 외국인은 비거주자로 분류된다.

36 ④

| 정답해설 | 외화예금은 수출대금·해외투자금 등을 그대로 보유하거나 필요 시 인출·송금함으로써 환리스크를 부분적으로 헤지할 수 있다.
환율 변동 위험을 상쇄할 수 있는 외환파생상품이나 환변동보험 등의 수단이 제공된다.
| 오답해설 |
원화를 대가로 매입-예치한 경우 향후 환율이 하락하면 손실을 보지만, 반대로 외국통화로 수입결제를 하면 자연스럽게 위험이 상쇄된다.
① 통화에 따라 금리가 달라진다.
② 예금 유형별로 입출금 사유 제한도 존재한다.
③ 원화로 외화 매입 시 환율이 적용된다.

37 ①

| 정답해설 | 불가피 사유(휴·폐업, 고객 요청 등) 시 변경 가능하며, 변경신청서를 제출해야 한다.
| 오답해설 |
변경 후에도 기존 사후관리자료는 이관된다.
② 지정은행은 사후관리 및 보고의무를 수행한다.
③ 해외유학경비 송금은 자본거래가 아니라 경상거래에 해당한다.
④ 자본거래는 1개 거래외국환은행 지정이 원칙으로 맞다.

38 ③

| 정답해설 | 외화예금 금리는 해당 통화의 국제자금조달 비용·시장금리에 따라 은행이 자율 결정한다.
한국은행 정책금리가 모든 통화의 금리를 직접 결정하지 않는다.
| 오답해설 |
원화 기준 정책금리는 직접 통제 수단이 아니며, 스프레드 산정 시 참고 변수에 불과하다.
① 예금주가 동일해도, 통화별 금리가 다르므로 이자율이 달라진다.
② 외화예금 금리는 해당 통화의 글로벌 조달 금리(예: LIBOR, EURIBOR 등)에 영향을 받는다.
④ 각 통화별 국제시장 금리 수준과 수급 상황이 다르기 때문에, 같은 만기라도 금리가 다를 수 있다.

개념 Plus⁺

〈외화예금 금리 결정 요인〉
- 국제시장 조달 금리 (예: USD LIBOR, EURIBOR 등)
- 통화별 수요·공급 상황
- 은행의 비용 및 수익 구조
- 환율 변동 위험 반영

39 ①

| 정답해설 | 외화대출은 해외 사용 실수요 및 특정 국내시설자금 등으로 한정되며, 원화사용 목적 자금은 대출이 금지된다.
| 오답해설 |
2010년 개정으로 원화 상환용·차입금 상환용 대출 제한이 강화되었다.
② 국내 운전자금은 원칙적으로 외화대출 제한 대상이다.
③ 국내 중소제조업체 시설자금은 외화대출 제한대상에 해당하지 않는다.
④ 대내 외화차입금 원리금 상환자금은 외화대출 용도로 가능하다.

40 ④

| 정답해설 | 유학생 체재비는 거래외국환은행 지정 대상이며 금액도 실명확인·자금원 확인이 필요하다.
해외 유학경비는 경상거래이지만, 연간 1만 달러 초과 시 거래외국환은행 지정 대상 거래로 관리된다. 외국환거래규정 제6-10조 및 별표 9에 따라 거래외국환은행을 통해 사후관리와 증빙자료 등을 관리하도록 되어 있어 지정이 필요하고, 송금 시 실명확인은 기본 절차이다.

| 오답해설 |
②는 자본거래로서 별도 신고·사후관리가 필요하다.
①, ③은 지정 대상이 아니다.
① 실명확인만 필요하며, 거래외국환은행 지정은 불필요하다. 경상거래로 분류되어 자본거래가 아니므로 지정의무가 없다.
② 실명확인과 거래외국환은행 지정 모두 필요하다. 자본거래(해외직접투자)는 거래외국환은행을 지정하여 관리하도록 되어 있으며, 송금 시 실명확인은 기본 절차이다.
③ 실명확인만 필요하며, 거래외국환은행 지정은 불필요하다. 경상거래에 해당하며, 미화 5만 달러 이하인 경우 지정의무가 없다.

41 ④

| 정답해설 | 미지급외환은 타발송금 내도 이후 '수취인 지급 전' 기간을 처리하는 대표적 부채성 경과계정이다.
외국에서 국내로 송금된 금액이 아직 수취인에게 전달되지 않았을 때 일시적으로 사용하는 부채계정이다. 외환업무취급규정 제4-4조에 따라 타발송금의 입금지연, 수취인 부재 등의 이유로 미지급 상태일 때 해당 계정에 계상한다.

| 오답해설 |
지급 완료 시 (차)미지급외환 / (대)고객계정으로 정리된다.
① 미지급외환 계정이 아닌 송금수수료 관련 수수료수익 또는 미수수익 계정을 사용한다. 수수료 차감분을 일시 처리하는 용도의 경과계정은 별도로 존재한다.
② 미지급외환 계정이 아닌 추심외환 계정(자산계정)에 대한 설명이다. 추심외환은 국제상업어음 등으로 발생한 수익 대금의 미입금분을 임시로 처리하는 자산계정이다.
③ 미지급외환 계정이 아닌 지급보류 또는 미정산 외화자산 계정에 대한 설명이다. 미지급외환 계정은 타발송금의 미입금분을 임시로 처리하는 부채계정이지, 해외로 송금된 금액의 미정산분을 자산계정으로 처리하지는 않는다.

42 ③

| 정답해설 | 환변동보험은 기업 환리스크와 관련될 뿐 대사불일치와 무관하다.

| 오답해설 |
미달환은 은행 간 회계 처리(금액·참조번호) 불일치 또는 착오 차기·대기에서 발생한다.
① 송금액과 실제 입금액이 다르면 미달환 발생 원인이 된다. (예: 송금액보다 적게 입금될 경우 미달환 처리)
② 미달환(입금액 부족) 발생의 흔한 원인 중 하나이다. 지급인이 송금할 때 참조번호를 정확히 입력하지 않으면, 수취은행에서 입금 처리가 지연될 수 있다.
④ 상대방 은행의 업무 착오로 송금이 지연되거나 미처리되어 미달환 발생 가능하다.

개념 Plus⁺

- 미달환 (Underpayment)
외화 송금에서 수취액이 송금액보다 부족한 상태
주로 송금 서류 오류, 참조번호 불일치, 금액 차이, 은행 처리 착오 등이 원인이다.

- 환변동 보험
환율 변동 위험에 대비하는 보험 상품
환율 변동으로 인한 손실 위험 감소의 목적이다.

43 ①

| 정답해설 | 시행령 제21조는 매입초과·매도초과액 산정 및 기간·한도를 정하도록 규정하며, 통상 외화자기자본 대비 비율 관리가 이루어진다.
포지션 한도는 외화자기자본 대비 일정 비율로 산정되도록 되어 있다.

| 오답해설 |
파생 미결제액을 포함해 순포지션을 계산한다.
② 외화파생상품 미결제액은 포지션 산정 시 포함되어야 한다.
③ 한도 초과 시에는 보고뿐 아니라 즉시 시정조치를 해야 한다.
④ 매입초과액·매도초과액 모두 포지션 한도 설정은 법령상 의무이다.

44 ②

| 정답해설 | 무예치환거래도 최소한 요주의리스트 필터링·AML 평가 등 기본 위험평가는 실시한다.
무예치환거래도 상대은행에 대한 신용평가가 필요하다.

| 오답해설 |
단, 계좌개설·자금예치가 없으므로 절차가 간소화될 뿐 평가를 면제하지는 않는다.
① 예치환거래는 Nostro A/C 개설이 필수이다.
③ 무예치환거래는 테스트키 교환만으로 체결 가능하다.
④ 예치환거래 체결 전 상대은행의 신용등급과 FATF 회원국 여부를 반드시 확인해야 한다.

45 ③

| 정답해설 | ③은 대외무역법상 의무이며, 시행령 제17조 내부통제 항목에는 포함되지 않는다.
| 오답해설 |
시행령 항목은 회계·리스크·만기구조·역외계정 운용 기준 등을 포괄한다.

46 ④

| 정답해설 | 한도 미사용 시에도 약정 수수료·평균잔액 유지 의무 등 기회비용이 발생할 수 있다.
| 오답해설 |
사용 시점의 시장금리·스프레드에 따라 실질 비용이 결정되므로 '비용 제로'가 아니다.
① Credit Line은 미리 설정해두는 차입한도이므로 옳은 설명이다.
② 단기 자금인 경우 일반적으로 만기 90일 이내로 한정된다.
③ 사용 시에는 조달비용, 수익성, 편의성을 함께 고려해야 한다.

47 ④

| 정답해설 | 해외 환거래은행 당좌예수금이 부족해 대월 처리되면 차변 '외화타점대(자산)'로 기록된다.
| 오답해설 |
차입은행 입장에서는 부채 '외화타점차'가 된다.
① 외화타점차는 부채가 아닌 자산계정으로 처리된다.
② 만기는 따로 정해진 게 없으며, 단기차입금의 성격이 아니다.
③ 신용공여한도 설정 여부와 관계없이 초과 지급이 발생하면 외화타점차가 발생할 수 있다.

48 ②

| 정답해설 | 동일자·동일인·동일점포 기준 미화 2만 달러 이하는 취득경위 서류를 생략할 수 있다.
| 오답해설 |
① 동일자 누계 3만 달러 초과부터 입증서류 제출 의무가 발생한다.
③ 비거주자 대외계정 인출금액 1만 달러 이하의 면제 규정은 없다.
④ 일반 예외 대상에 해당하지 않는다.

49 ④

| 정답해설 | 해외직접투자 신고 결과는 지정거래은행 내부 관리·사후보고 대상이며, 일별 전산망 보고 항목에는 포함되지 않는다.
| 오답해설 |
①~③은 '외국환은행 일별 외화자금동향'의 보고서 항목이다.

50 ①

| 정답해설 | 외화자산 > 부채(매입초과) 상태에서 환율이 오르면 평가액이 커져 이익이 발생한다.
| 오답해설 |
② 매도초과 포지션 시 환율 상승하면 손실, 하락하면 이익이 발생한다.
③ 동일통화 매입·매도 거래는 각각 포지션 계산에 포함된다.
④ 영업점이 매입초과 시 본부에 외화를 지급하는 구조는 아니다.

51 ②

| 정답해설 | 전부매각(청산보고)은 매각일로부터 3개월 내 변경보고가 원칙이나, 국내 다른 거주자 간 양수도는 30일 이내 신규·변경보고를 해야 한다.
| 오답해설 |
일부매각은 회계기간 종료 후 5개월 내 보고해야 한다.

52 ①

| 정답해설 | 콜론·콜머니 모두 만기 90일 이내 초단기 거래이며 그 이상은 '은행간 외화대여금' 계정을 사용한다.
| 오답해설 |
②~④는 회계분개·용어 정의상 외화콜론에 대한 설명으로 정확하다.

53 ④

| 정답해설 | 외화자금 운용의 안정성을 위해 총노출(Exposure)한도를 반드시 고려해야 한다.
| 오답해설 |
Exposure 산정에는 대출, 보증, 파생상품 위험가중액이 모두 포함된다.
①~③은 모두 Credit Line 관리에서 필수 관리 사항이다.

개념 Plus⁺

• Credit Line (신용한도)
고객이나 거래처에게 일정 한도 내에서 신용공여를 허용하는 계약
은행의 자금운용 및 리스크 관리 핵심 수단

• Total Exposure
특정 고객에 대한 은행의 모든 신용공여 잔액 및 약정액의 합산 총액
신용위험 관리와 내부통제에 필수적

54 ①

| 정답해설 | 외화콜머니는 은행 차입(부채)이지만 예수금(고객성 수신)으로 분류되지 않는다.

| 오답해설 |
②~④는 모두 외화예수금으로 인정된다.
④는 요구불 성격이지만 미결제금 관리 차원에서 예수금으로 본다.

55 ①

| 정답해설 | 외화표시 원화대출은 실행일 환율로 환산한 외화금액을 차변에 기표하고, 대변은 실제 원화 지급액으로 처리한다.

| 오답해설 |
상환 시에도 회수일 환율로 환산해 외화금액으로 정리한다.
② 외화대출이 아닌 '외화표시 원화대출'이므로 틀린 선지이다.
③ '외화대출'은 외화를 실제 지급하는 거래에 사용하는 계정으로 해당되는 것이 없다.
④ 차변에 '고객계정'이 오고 대변에 '외화대출'이 계상되는 것도 외화대출 시의 분개로, 외화표시 원화대출과 일치하지 않는다.

56 ④

| 정답해설 | 거래외국환은행 지정 신청서 보관은 외화포지션 한도와 무관한 외환거래 관리업무에 해당한다.
지급사유 확인·고객 관리 항목이며 포지션 한도 관리와 직접 관련 없다.

| 오답해설 |
①~③은 감독규정·내부통제 절차에 명시되어 있다.
외화포지션 한도 관리는 외화자산·부채의 만기별, 금액별 한도 및 매입초과액·매도초과액의 한도를 설정해 환리스크를 통제하는 업무이다.

57 ④

| 정답해설 | 기관투자가·해외건설업자 등은 외국환은행 신고(금액 제한 없음) 후 예치할 수 있다.

| 오답해설 |
개인·법인 일반거래는 목적·사유 확인 등 KYC 절차가 필수이다.
① 해외예금도 자금세탁방지법에 따른 고객알기 제도(KYC) 적용대상이다.
② 조세체납자는 신고만으로 예치 가능하지 않으며, 법령상 제한이 있다.
③ 금액이 일정 기준 이하일 경우 외국환은행 신고만으로 가능하며, 일정 초과 시 한국은행 신고를 해야한다.

58 ②

| 정답해설 | 외화사모사채는 자산계정, 난외계정은 주채무 미확정 보증·약정 등 비-대차성 항목이다.

| 오답해설 |
①③④는 미확정 채무나 조건부 채무, 파생상품 관련 거래 등 실제 재무상 계정에 반영하지 않고 주석으로 관리하는 난외계정이다.
②는 투자자산으로 재무상태표 본문에 인식한다.

59 ③

| 정답해설 | 외국통화 계정은 현찰만 포함하며, 즉시현금화 가능한 수표류는 포함되지 않는다. 수표는 지급수단이지만 외국통화 현찰 계정에는 별도로 포함하지 않는다.

| 오답해설 |
①②④는 외국통화 계정에 포함되는 자산이다.

60 ④

| 정답해설 | 중계은행 정보를 입력하더라도 Nostro(계좌) 번호까지 필수는 아니며, BIC·계좌·지점명은 오류 시 송금 지연·반송 위험이 크다.

| 오답해설 |
은행마다 SWIFT 경로상 중계은행 필드는 상황별 옵션이다.
①~③은 전신송금 시 필수 입력항목이다.

61 ③

| 정답해설 | 선물환거래는 거래상대·규모에 제한이 없으며 별도의 인가 의무가 없다.

| 오답해설 |
1999년 이후 자유변동환율제하에서는 선물환거래가 외환시장 내 대표적 외부 헤지 수단으로 정착했고, 기업·은행 모두 활용 가능하다.

62 ④

| 정답해설 | 상계는 사적 계약으로 법령 인가 대상이 아니며, 다만 본·지사 거래 시 회계·세무 처리가 필요하다.
외환거래법상 금융기관 인가가 필수라는 주장은 잘못된 내용이며 중소기업도 상계 전략을 사용할 수 있다.

| 오답해설 |
다국적 기업은 다통화 네팅센터를 두어 상계·매칭을 통합 관리한다.
① 글로벌 그룹 단위에서 결제금액을 최소화하여 환리스크를 줄이는 효과가 있으므로 올바른 설명이다.
② 본사와 해외법인 간 채권·채무를 상계하는 전략은 허용된다.
③ 순액으로 결제함으로써 결제 리스크와 외화자금 조달 부담이 줄어든다.

63 ③

| 정답해설 | 스왑포인트
≈ Spot × [(JPY 금리 − USD 금리) × 90/360]
= 118.80 × [(0.10 − 3.00%) × 0.25]
≈ −0.711 → −71 pips
→ 은행이 고객에게 제시하는 Offered rate는 Bid보다 절대값이 크게 제시되어 스프레드 수익을 확보한다.
현물 118.80 × ((3% − 0.1%)/360 × 90) ≈ 118.80 × 0.00725
≈ 0.86엔 = 86 pips
현실적인 시장 기준으로 −71 pips가 가장 근접한 값이다.

64 ③

| 정답해설 | 포트폴리오 이론을 적용해 통화 간 상관계수가 낮을수록 전체 변동성이 감소한다.

| 오답해설 |
분산투자지만 투자·조달 통화를 동시에 다변화해야 효과가 극대화된다.
① 분산효과는 옵션 없이도 가능하다.
② 단일 통화 집중 투자 시 리스크는 분산되지 않고 오히려 집중된다.
④ 외화보유 비중을 국가별로 동일하게 한다고 해서 자동으로 환리스크가 제거되지는 않는다.

65 ④

| 정답해설 | 현금흐름 매칭은 기업 내부적 환리스크 관리 기법으로 사전 절차가 아니다.

| 오답해설 |
사전 절차에는 유형·적합성·한도 설정·위험고지 등이 포함된다.

> **개념 Plus⁺**
> - 선물환거래 사전 절차 (금융감독원 가이드라인)
> - 투자자 적합성 평가
> - 투자자정보확인서 징구
> - 거래 약정 및 계약서 체결
> - 고객에 대한 충분한 설명 및 위험고지
> - 현금흐름 매칭(매칭 기법)
> - 위험관리 차원에서 선물환 포지션과 실제 현금흐름을 맞추는 기법
> - 사전 거래 승인 절차와는 별개

66 ④

| 정답해설 | VaR는 시장위험 측정치로 신용등급은 별도 Credit VaR 개념에 포함된다.

| 오답해설 |
신뢰수준↑, 기간↑, 변동성↑, 노출↑ → VaR가 함께 증가한다.
① 신뢰수준을 높이면 VaR 수치가 커지므로 필수 변수이다.
② 환율변동성은 VaR 산출의 핵심 입력값이다.
③ 환노출규모(노출 규모)는 VaR 계산의 첫 단계로 필수 변수이다.

67 ②

| 정답해설 | 환산 리스크는 재무제표 환산 과정에서 발생, 거래 리스크는 확정 거래금액의 환차손익, 영업 리스크는 미래 현금흐름 변동이다.

| 오답해설 |
① 경제적 리스크는 장기적 환율 변동성과 정책 변화까지 고려하는 것이다. NDF는 일종의 헤지수단으로 반드시 경제적 리스크만 해당한다고 볼 수 없다.
③ 영업 리스크는 통상 구조적 가격 경쟁, 시장 점유율 등 산업 활동 연관 리스크이며 포지션 평가손익과는 구분된다.
④ 거래 리스크는 계약 시점에서 발생하는 통화교환 리스크이며 해외자회사 투자금 환산손익과는 구분된다.

68 ④

| 정답해설 | 기업 환리스크는 영업거래에 기인하므로 은행(일별)보다 장기로 측정한다.
기업 환리스크는 주로 영업 기반에 노출되어 있어 중·장기 노출이 크므로 1개월 단위로 설정하는 것이 타당하다.
| 오답해설 |
측정기간이 길수록 VaR가 커진다는 점도 고려해 한도 설정을 조정한다.
① 기간 설정 이유에 해당되지 않는다.
② 변동성이 클수록 기간과 무관하게 VaR 값이 커지는 것이므로 해당 설명과 거리가 있다.
③ 금융기관 규제와 동일한 목적이 아닌 기업 내부 리스크 관리 목적이므로 틀린 설명이다.

69 ④

| 정답해설 | 변동성이 커지면 최대 손실 가능액(VaR)이 증가한다.
| 오답해설 |
시험에서는 '신뢰수준·기간·변동성·노출액' 네 요소와 VaR의 방향을 자주 묻는다.

70 ④

| 정답해설 | 전문부서는 순익스포저만 외부에서 헤지하므로 은행 거래가 여전히 필요하다.
외부 은행과의 선물환 거래 비용을 줄이기 위한 내부적 방안이지만, 외부 거래를 완전히 대체하는 것은 아니며 일부 잔여 노출을 위해 은행 거래가 필요할 수 있다.
| 오답해설 |
사내선물환은 헤지 효율·비용 절감 효과가 크지만 운영·전산 구축 비용이 요구된다.
① 영업부서는 고정환율 적용을 통해 환리스크를 부담하지 않는다.
② 내부 정산환율을 활용하여 부서 간 손익을 배분하는 방식은 사내선물환제도의 핵심 운영 방법이다.
③ 전문부서가 그룹 외화포지션을 전사적으로 관리하는 것은 사내선물환제도의 기본 특징이다.

71 ③

| 정답해설 | FX Swap은 현물환율과 선물환율을 각각 사용하며 서로 다르다.
| 오답해설 |
거래 구조상 외환스왑은 '가까운 날짜'의 현물환, '먼 날짜'의 선물환으로 구성된다.
① 중간 이자교환이 없고, 환율차에 따른 스왑포인트만 정산한다.
② 현물환과 선물환을 동시에 체결하므로 옳은 설명이다. 중간 이자교환이 없고, 환율차에 따른 스왑포인트만 정산한다.
④ 유동성 조달, 만기 연장에 활용된다.

72 ①

| 정답해설 | 평가는 은행 내부 신용등급에 반영되며 공시 의무는 없다.
| 오답해설 |
평가 항목은 관리체계·한도·측정·대책 등으로 구성된다.
② 환리스크 관리 미흡 시 여신금리 인상, 한도 축소 등의 조치 가능성이 있다.
③ 은행이 기업 환리스크 관리수준을 신용평가에 반영하는 것은 가능하다.
④ 총여신 10억원 이상 또는 외화부채 100만 달러 초과 기업이 대상이다.

73 ④

| 정답해설 | 스왑포인트는 두 통화 금리 차와 기간의 함수이며 현물 스프레드는 별도이다.
현물환 시장 스프레드는 현물환율 자체에 영향을 주지만, 스왑포인트 Bid rate 산출에는 직접적 영향을 주지 않는다.
| 오답해설 |
다만 은행이 스프레드를 조정해 선물환율을 제시할 때 Bid/Offer 간극은 이윤원으로 남긴다.
① 잔존 기간이 길수록 금리차 효과가 커진다.
② 기준통화 금리는 스왑포인트 Bid rate 결정에 영향을 준다.
③ 가변통화 금리도 스왑포인트 Bid rate 결정에 영향을 준다.

74 ④

| 정답해설 | 환산환리스크는 결산환산 과정에서 발생하는 환산손익 불확실성이다.
| 오답해설 |
① 선물환 평가손익에 따른 환율위험으로 거래환리스크 범주이다.
② 거래환리스크(Transactional Risk)에 해당하며 실제 외화 결제 시점의 환율 변동 위험이 있다.
③ 경제적 환리스크(Economic Risk)에 가깝고, 미래 현금흐름 예측에 영향을 미친다.

75 ③

| 정답해설 | B/E = 행사가 1,330원 + 프리미엄 12 = 1,342원
| 오답해설 |
①②는 행사가격보다 훨씬 낮은 값으로 프리미엄을 전혀 회수할 수 없는 수준이다.
④는 프리미엄이 22원일 때의 손익분기점이다.

76 ③

| 정답해설 | 기간이 길면 환율이 변할 가능 구간이 확대되어 위험이 커진다.
| 오답해설 |
기간 감축은 내부적 관리기법(리딩·래깅 등)으로 일정 수준 가능하다.
① 기간이 길어지면 변동성 증가로 VaR도 커진다.
② 오픈포지션 기간이 길어질수록 환리스크 노출 기간이 길어지므로 위험이 커진다.
④ 환리스크 관리 필요성도 증가한다.

77 ②

| 정답해설 | 불(강세) 콜 스프레드 = ITM 콜 매입 + OTM 콜 매도 → 손익이 제한적이어서 헤지·투기 리스크 관리에 활용한다.
| 오답해설 |
①은 강세전략이 아닌 약세 전략이며 ③, ④는 풋옵션으로 콜 스프레드와 무관하다.

78 ④

| 정답해설 | 시뮬레이션은 헤지비용·환리스크 감소 효과를 정량화해 의사결정 정확도를 높인다.
'규정상 의무가 없으니 생략 가능'은 리스크 관리 원칙에 어긋나며, 총외환손실한도 초과 상황에서는 시뮬레이션을 반드시 통해야 한다.
| 오답해설 |
대부분 기업이 VaR-based 헤지 시나리오 분석을 내부 규정에 포함한다.
① 과다헤지로 인한 기회손실 방지 목적으로 옳은 설명이다.
② 헤지 비용 대비 위험감소 효과 예측은 헤지 시뮬레이션 목적에 부합한다.
③ 여러 시나리오별 손익분석은 필수적인 절차로 옳은 설명이다.

79 ③

| 정답해설 | 콜옵션 내재가치 = max(Spot − K, 0)
| 오답해설 |
풋옵션은 max(K − Spot, 0)로 계산한다.
① 프리미엄 구성요소에 대한 설명이다.
② 옵션가치 결정요소에 대한 설명이다.
④ 풋옵션 내재가치에 대한 설명이다.

80 ③

| 정답해설 | Near / Far 모두 선물환인 구조로 1개월 뒤 ↔ 3개월 뒤 등 기간 간 환율을 교환한다.
| 오답해설 |
현·선 구조가 아닌 만큼 현물자금 이동이 없고 크로스컵 거래 등에 활용된다.
① O/N Swap과는 구조와 성격이 다르다.
② Forward-Forward FX Swap은 두 거래일 모두 선물환 거래에 해당한다.
④ Forward-Forward FX Swap에도 스왑포인트가 적용된다.

에듀윌이 너를 지지할게
ENERGY

하고 싶은 일에는
방법이 보이고

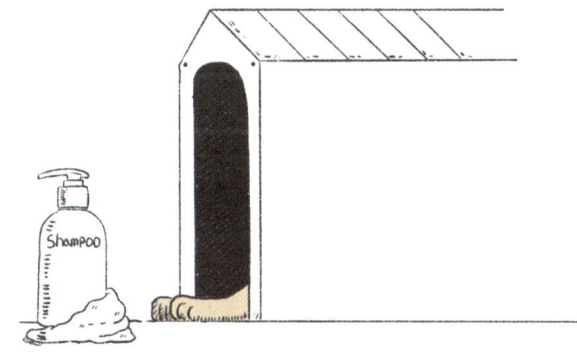

하기 싫은 일에는
핑계가 보인다.

– 필리핀 격언

2회

332p

01	③	02	②	03	②	04	③	05	④
06	②	07	③	08	④	09	②	10	④
11	④	12	④	13	②	14	③	15	④
16	④	17	②	18	④	19	④	20	②
21	③	22	②	23	④	24	②	25	④
26	②	27	③	28	③	29	③	30	②
31	②	32	①	33	①	34	②	35	②
36	②	37	②	38	②	39	②	40	①
41	②	42	②	43	①	44	②	45	②
46	②	47	②	48	①	49	②	50	②
51	④	52	②	53	②	54	④	55	②
56	①	57	②	58	③	59	②	60	②
61	②	62	②	63	②	64	③	65	②
66	②	67	②	68	②	69	②	70	②
71	①	72	②	73	③	74	④	75	②
76	④	77	②	78	①	79	②	80	①

01 ③

| 정답해설 | 해외지사(branch / office) 설치·운영비는 '해외직접투자'로 분류되므로 자본거래에 해당되어 경상거래의 예외사항이다.

개념 Plus+

- 경상거래(Current) : 무역(수출·수입), 서비스(운송·보험·로열티 등), 투자소득(이자·배당) 등
- 자본거래(Capital) : 해외직접투자·증권투자·대출·예금·부동산 취득 등 자본이동을 수반하는 거래

02 ②

| 정답해설 | 외국환거래법령상 거주자가 해외부동산 매매계약을 체결하기 전, 외국환은행에 신고(수리)를 받고 선지급할 수 있는 금액은 매매대금의 10% 이내이다. 이는 계약 성사 전 과도한 외화 유출을 막기 위해 설정된 규정이다.

| 오답해설 |

① 실제 규정보다 낮은 금액으로, 규정상 10%까지 가능하다.
③ 과거에는 금액 한도가 있었으나 현재는 매매대금의 10% 이내로만 규정돼 있고, 별도의 달러 상한선이 없다.
④ 과도하게 높은 비율로, 현재 규정보다 초과된 수치다.

개념 Plus+

제9-39조(신고수리절차)
③ 제2항의 규정에도 불구하고 거주자가 외국부동산 매매계약이 확정되기 이전에 지정거래외국환은행의 장으로부터 내신고수리를 받은 경우에는 취득 예정금액의 100분의 10이내에서 외국부동산 취득대금을 지급할 수 있다. 이 경우 내신고수리를 받은 날로부터 3개월 이내에 제2항의 규정에 의하여 신고하여 수리를 받거나, 지급한 자금을 국내로 회수하여야 한다. 〈기획재정부고시 제2019-12호, 2019. 5. 3. 개정〉

03 ②

| 정답해설 | '국세청장'은 법 23조·영 37조의 위임·위탁 열거 대상에 포함되지 않으며, 나머지는 모두 포함된다.

| 오답해설 |

① 관세청장은 세관장까지 재위임 가능하다(단, 장관 승인 필요).
③ 금융위원회는 외환건전성 규제, 자본거래 신고 수리 등 폭넓게 위탁 가능하다.
④ 한국은행총재는 외국환중개회사 감독권, 허가·신고 수리권 등 핵심 권한을 위임한다.

04 ③

| 정답해설 | 시행령 제18조는 일반중개 40억원·선물환 포함 50억원 이상을 요구한다.

개념 Plus+

외국환중개업을 하려면 기획재정부장관의 인가를 받아야 하며, 인가 요건 중 납입자본금 요건이 명확하게 정해져 있다.

- 현물중개업만 하는 경우 : 40억원 이상
- 선물환중개업을 포함하는 경우 : 50억원 이상

(외국환거래법 시행령 제18조 및 외국환거래규정 제7-2조)

05 ④

| 정답해설 | 규정은 선불전자지급수단·전자화폐를 대외지급수단 범위에 포함한다.

| 오답해설 |

단, 실지명의·계좌연결 발행분만 인정하며 타인 양도분은 보유 불가하다. (2024.6 고시 개정)
①~③은 대외지급수단이 아니다.

06 ②

| 정답해설 | 현행 외국환거래법령 및 '소액해외송금업 등록 및 이용에 관한 규정'에 따르면, 소액해외송금업자는 건당 5천 USD, 연간 5만 USD 이내로만 지급 또는 수령이 가능하다.

| 오답해설 |
① 과거 제한 기준보다 낮으며, 현행 기준에 부합하지 않다.
③ 한도가 너무 높아 현행 법령상 허용되지 않는 금액이다.
④ 건당 한도는 맞지만, 연간 한도가 과도하게 높아 규정에 위반된다.

개념 Plus⁺

- 2025년부터 신규 설치 금지: 금융당국의 개정 지침이 적용되어 신규 계좌 개설 불가
- 2025년 말 자동 폐쇄: 기존 계정도 기한 내 사용 후 자동 소멸
- 용도 제한: 계정 내 자금은 오직 국내 원화증권 발행에 사용된 자금만 수취 가능, 타 거래용 입금은 법 위반
- 기한 연장 불가: 법령상 정해진 종료 시점 이후 어떠한 연장도 인정되지 않음

07 ③

| 정답해설 | 외국환은행이 역외계정 예치 목적으로 외화증권을 발행할 때는, 발행금액이 5천만 USD 초과 또는 만기 1년 초과일 경우 기획재정부장관에게 사전 신고를 해야 한다.

| 오답해설 |
① 금액(5천만 USD)·만기(1년) 두 기준 모두 미달
② 금액이 면제 범위에 미달한다.
④ 금액 기준은 넘지만 만기가 1년 미만이다.

08 ④

| 정답해설 | 규정 제1–2조 47–2호는 '상대국 중앙은행이 지정하고 한국은행총재가 확인한 상대국 내 외국 금융기관'으로 정의한다.

| 오답해설 |
2024.6 고시로 신설된 조문으로, 국내 은행은 '한국 현지통화 직거래은행(47–1호)'이다.
① 해당사항이 없다.
② 국내은행이 아닌 상대국 금융기관이 옳은 설명이다.
③ 상대국 현지통화 직거래의 은행의 개념이 아니다.

09 ②

| 정답해설 | 규정은 해외예금 5만 달러 이하 송금을 지정면제 거래로 본다.

| 오답해설 |
10만 달러 초과 시 자금출처확인서+지정은행 절차가 필수이므로 헷갈리지 않도록 금액을 암기해야 한다.

10 ④

| 정답해설 | 부모·자녀 간 무상증여에 따른 채권·채무 상계는 상계 면제 대상이 아니다. 증여는 자본거래에 해당하고, 자본거래에 따른 채권·채무 상계는 반드시 사전 신고가 필요하다. 특히 거주자와 비거주자 간 자본거래는 외국환거래법상 엄격한 신고사항이므로, 이 경우 신고 없이 상계처리할 수 없다.

| 오답해설 |
① 동일 상대방과 동일 통화, 동일 금액의 반대거래일 경우 신고 없이 상계 가능하다.
② 국제운송 실무상 발생하는 상계로, 실무상 신고 면제 가능하다.
③ 동일 품목·동일 거래처와의 연계무역 거래 상계는 상계 신고 없이 가능하다.

11 ④

| 정답해설 | 소액송금업은 2명 이상 경력자를 확보해야 한다.

| 오답해설 |
경력 기준은 동일하지만, 2023년부터 '디지털 전산설비' 적합성 심사가 추가되었다.
① 외국환거래규정 제7–5조에 따라 소액해외송금업 등록 시 자기자본 10억원 이상 필요하다.
② 자금세탁방지와 송금실적 보고를 위한 필수 요건이다.
③ 외환거래규정에 명시된 사항으로 옳은 설명이다.

12 ④

| 정답해설 | 시행령 제17–4조는 예탁기관장이 보증금 반환 주체임을 규정한다.

| 오답해설 |
파산·합병으로 소멸 시에도 동일 절차로 반환된다.
① 등록·감독의 주체이나 보증금 반환 업무는 담당하지 않는다.
② 외환거래 조사·제재 담당. 보증금 반환 권한은 없다.
③ 외환전산망 관련 업무를 담당하나, 보증금 반환 주체에는 해당하지 않는다.

13 ②

| 정답해설 | 미국 주재 대한민국 대사관 소속 공무원은 비거주자에 해당하지 않는다.
「외국환거래법 시행령」 제10조제1호는 대한민국 재외공관 및 그 소속 직원을 '거주자'로 분류하므로, 해외에 근무하더라도 비거주자가 아니다.
| 오답해설 |
① 해외에 설립된 내국법인의 영업소는 시행령 제10조제3호(거주자의 해외 지점·출장소) 규정에 따라 비거주자로 본다.
③ 거주자였던 외국인이 출국 후 3개월을 초과해 체류하면 비거주자로 전환된다. (시행령 제10조제2호)
④ 대한민국 국민이 해외에서 2년 이상 체류하면(일시귀국 ≤ 3개월은 체류 기간에 산입) 비거주자로 간주된다. (시행령 제10조제4호)

14 ③

| 정답해설 | 송금 후 3개월 이내 본 신고가 원칙이다.
| 오답해설 |
미이행 시 3천만원 과태료 부과 대상이다. (법 제32조 3단계)

15 ④

| 정답해설 | 외국환중개업은 외국환거래법 제18조 및 외국환거래규정 제7-5조에 따라 기획재정부장관의 인가를 받은 자만 영위할 수 있는 업무이다. 따라서 합병·영업양수도와 같은 중대한 영업 변경사항이 발생할 경우, 기획재정부장관의 사전 인가를 반드시 받아야 한다.
| 오답해설 |
인가는 신청일부터 30일 내 처리하며, 불완전 서류 보완 기간은 산입되지 않는다.
① 한국은행 인가사항이 아니다.
② 인가사항을 신고로 갈음 불가하다.
③ 요건사항일 수 있으나 인가 필수사항은 아니다.

16 ④

| 정답해설 | 해외지사종합관리카드는 해외지사 자체 비치 문서로서 월보고 대상이 아니다.
| 오답해설 |
2024년 12월부터 월보고가 전자서식화됐으므로 제출 경로만 바뀌었다.
① 한국은행 인가사항이 아니다.
② 현지금융 월보고에 포함되는 항목이다.
③ 외환관리 위해 필수적인 요소이다.

17 ③

| 정답해설 | 외국환거래규정상 10만 USD 초과일 때만 기간초과 수취에 대해 한국은행총재에게 사전 신고가 필요하다. 9만 USD는 10만 USD 이하이므로 사전 신고 없이 가능하다.
| 오답해설 |
① 외국환거래규정상 선박대금은 일반 수입대금과 달리 기간 제한이 적용되지 않는다.
② 수출대금은 10만 USD 초과 금액이 선적 전 13개월 초과 시 수령하려면 사전 신고가 필요하다.
이 경우 12만 USD, 14개월 초과 → 사전 신고 대상
④ 일반 수입대금은 13개월 초과 시 사전 신고 대상이나, 불가피한 사유가 있는 경우에 지급일로부터 3개월 이내에 사후 신고 가능하다.

18 ④

| 정답해설 | 외국환거래규정상 '해외여행경비'에는 개인뿐만 아니라 외국항공사 국내사무소, 외국회사 국내지점 직원이 해외출장을 위해 지급하는 여비도 포함된다. 따라서 외국항공사 국내사무소 직원 여비 송금 시에도 해외여행경비 지급 규정을 적용받는다.
| 오답해설 |
① 5천 USD 초과 지급 시에는 여권, 항공권 등 여행 사실을 증빙하는 서류를 제출해야 한다.
② 해외여행경비는 건당 지급금액만 제한될 뿐 연간 한도가 별도로 정해져 있지 않다(단, 자본거래 목적 송금은 한도가 있을 수 있음).
③ 해외여행경비는 건당 5천 USD 초과 지급 시 외국환은행을 통한 지급확인만 받으면 되며 한국은행 신고 대상이 아니다. 이는 여행사 대행 송금에도 적용된다.

19 ④

| 정답해설 | 규정은 국세청장·관세청장·금감원장에게만 통보하도록 규정한다.
| 오답해설 |
보고서에는 결제대행 거래내역·추심·수령 내역이 포함된다.
① 세무상 수집 필요로 보고 대상이다.
② 수출입 및 외환 흐름 관리 목적이다.
③ 외환업무 감독기관이다.

20 ④

| 정답해설 | 대외계정은 비거주자 명의 계정이며, 거주자 개인 명의 '대외계정'은 허용되지 않는다.
| 오답해설 |
2025-4호 개정으로 비거주자자유원계정의 대출·차입 한도(3조원) 보고 요건만 강화됐다.

> **개념 Plus⁺**
>
> - 거주자외화신탁계정
> - 거주자가 자신의 외화자산을 신탁 형태로 외국환은행에 예치하는 계정
> - 외환거래법상 허용되는 외화신탁 업무에 따라 외화자금을 관리, 운용할 수 있도록 설정
> - 용도에 따라 지급, 투자, 특정 목적 신탁계정으로 구분 가능
> - 비거주자자유원계정 (Non-Resident Free Won Account)
> - 비거주자가 원화를 자유롭게 입출금할 수 있는 계정
> - 외국환거래규정상 특정 용도 제한 없이 원화 자금을 운용할 수 있도록 인정되는 계정 유형
> - 대표적으로 해외 현지법인이나 재외동포, 외국인 투자자 등이 이용

21 ③

| 정답해설 | 외화대손충당금포지션은 외국환포지션 한도 산정 항목이 아니다.
한국은행 「외국환거래업무 취급세칙」의 〈외국환포지션 상황보고서〉(별첨 서식)에는 총유동포지션, 순외화대출포지션, 외화파생상품 미결제포지션, 장기투자·지분포지션만 열거되어 있다. 대손충당금은 회계상 자산가치 조정 계정(Contra-Asset)일 뿐, 포지션 잔액 계산 대상에서 제외된다.
| 오답해설 |
① 총유동포지션: 1년 이내의 외화자산과 외화부채의 차액으로, 외국환포지션 한도 산정에 포함된다.
② 순외화대출포지션: 장기 외화대출과 외화예수금 간의 차액으로, 외국환포지션 한도 산정에 포함된다.
④ 외화파생상품 미결제포지션: 선물환·통화스왑·옵션 등 미결제 외화파생상품의 잔액(△ 환산)을 기준으로, 외국환포지션 한도 산정에 포함된다.

22 ④

| 정답해설 | 외국환관리실무 교재는 당발송금 절차를 '송금신청서·증빙서류 접수 → 지급지시 → 수취 확인' 순으로 제시한다.
| 오답해설 |
2025년 지침 개정으로 거래외국환은행 지정 여부 확인 문구가 삭제되고 '전자신청서'가 허용됐다.

23 ④

| 정답해설 | 최신 『외국환거래규정』(2025 개정)에서는 해외지사 설치비·운영비 지급 시 금액에 관계없이 반드시 지정거래외국환은행을 통해야 한다고 규정하고 있다. (제9-18조 ③, 제9-25조 ④)
과거에 존재했던 '소액 사후보고 특례'가 2025년 개정 시 전부 삭제되었으므로, 신고·지정이 면제되는 한도 자체가 존재하지 않는다.
| 오답해설 |
①②③ 모두 현행 규정과 일치하지 않는 금액이며, 금액을 불문하고 지정은행·신고 절차가 필수이다.

24 ④

| 정답해설 | 분기 보고 항목은 ①~③ + 보증금 변동, 재무상황 등이며 '환율 기준'은 포함되지 않는다.
| 오답해설 |
2025년부터 '차액정산 횟수'가 신규 항목으로 추가되었다.

25 ④

| 정답해설 | 비거주자원화계정에서 해외송금 시 외국환은행 확인과 세관장 신고가 필요하다.
| 오답해설 |
2025년 고시로 연간 3조원 초과 송금 시 월보고 의무가 추가되었다.

26 ③

| 정답해설 | 송금 후 3개월 이내 본 신고를 완료해야 한다.
| 오답해설 |
미이행 시 과태료 3단계(3천만원) 적용이 2025년 9월 법 개정으로 강화됐다.

27 ③

| 정답해설 | 외국환거래규정 제9-9조 제1항 제8호는 '거주자가 제9-5조에 따라 신고한 해외직접투자 내용을 변경하는 경우 변경 사유가 발생한 회계기간 종료 후 5월 이내에 신고기관장(지정거래외국환은행장)에게 변경보고서를 제출'하도록 정하고 있다.
| 오답해설 |
①② 기한을 잘못 제시하였다.
④ 보고 기관이 잘못되었다.

28 ③

| 정답해설 | 부동산 임대료 반출은 외국환은행 신고사항으로 열거되어 있다.
| 오답해설 |
2025년부터 전자신고(이-FAIRS) 시스템으로 즉시 처리 가능해졌다.
① 주로 물품 수출입 거래의 신고 및 확인권한 담당
② 자본거래 중 일부 외화차입, 지급보증, 파생상품 등 특수거래 신고 담당
④ 자본거래 중 대규모 자산거래, 증권 발행, 비거주자 투자 등 주요거래 신고기관

29 ③

| 정답해설 | 팩토링 회사는 외국환업무 등록 대상에서 제외된다. 새마을금고·우체국·여전사는 등록 대상이다.
| 오답해설 |
2023년 시행령 개정으로 새마을금고·상호금융권이 새로 포함됐다.

30 ③

| 정답해설 | 법 제12조 개정으로 대고객중개업 인가 요건으로 '자기자본 1천억원 이상'이 신설됐다.
| 오답해설 |
시장접속시스템(DCFx) 구축, 전담심사인력 5명 이상 확보도 부대요건이다.
① 대고객중개업과 무관한 내용이다.
② 조건 기준 미달 금액이다.
④ 해당되지 않는 내용이다.

31 ②

| 정답해설 | 한국은행총재가 외환포지션 규제·시정명령권을 갖는다. (시행령 제29조)
| 오답해설 |
2024년 6월부터 '보고서식 자동 제출' 기능이 도입돼, 초과 즉시 경고 알림이 전송된다.
① 금융위원회는 감독기관이다.
③ 감독기관이나, 포지션 관리 소관은 아니다.
④ 정책기관에 해당된다.

32 ①

| 정답해설 | 외국환 발행은 외국환은행 고유업무가 아니다. (지폐·정부증권 발행은 기재부·한국은행 관장)
| 오답해설 |
2024년 은행법 개정으로 '외국환은행' 명칭이 '외국환업무취급은행'으로 변경됐으나 업무 범위는 동일하다.

33 ①

| 정답해설 | 외국 법인의 국내 지점·출장소는 거주자로 본다.
| 오답해설 |
③④는 비거주자, ②는 해외 2년 이상 체재로 비거주자이다.

34 ④

| 정답해설 | 금융위원회의 인가는 외환중개회사 설립 인가나 금융투자업 인가와 관련된 부분이고, 기업 고객과 직접 중개업무를 하려는 경우는 기획재정부장관의 소관이다.
| 오답해설 |
① 통관 및 수출입 신고 관할이며, 외환중개업무와 무관하다.
② 외환중개회사 설립 인가, 금융기관 관련 감독을 담당한다.
③ 외국환중개회사의 운영·업무 감독권을 보유하였으나, 인가권은 없다.

개념 Plus⁺

상호계산은 국내외 외환거래기관 간 외환자금의 수불·정산을 위하여 개설하는 계정(계약)인데, 이를 외국환은행장이 수리할지 여부를 법정기한(7영업일 이내) 내에 결정하게 되어 있다.
만약 수리를 거부하거나 기한 내 수리 여부를 결정하지 못한 경우에는 관련 거래와 자료를 국은행총재에게 이관하여 처리하도록 규정하고 있다.
(외국환거래규정 제4-8조 제6항 및 외국환거래업무 취급지침)

35 ③

| 정답해설 | 외국환평형기금채권(외평채)은 외국환시장 안정과 외환정책 운영을 위해 발행되는 채권이다.
이 채권의 발행 권한과 방식(입찰 포함)은 기획재정부 장관에게 부여되어 있다. 즉, 입찰 방식으로 외평채를 발행하는 주체는 기획재정부 장관이다.
| 오답해설 |
① 외국환업무를 수행하지만 외평채 발행 권한은 없다.
② 통화정책 및 금융시장 안정 업무를 담당하지만, 외평채 발행 권한은 기재부에 있다.
④ 금융정책 및 감독을 담당하지만, 외평채 발행과는 무관하다.

36 ②

| 정답해설 | 거주자계정은 국내자금 이동은 제한이 없으나 대외지급은 외국환거래규정에서 열거한 사유에 한정된다.
거주자계정 인출은 '대외지급', 즉 해외로 자금이 이동하는 사유로만 인정되고, 계좌 내부 이체나 국내 원자재 결제 등 일반 인출은 불가한 경우가 많다.

| 오답해설 |
①은 대외계정 대상, ③은 공공기관 예치는 필요, ④는 관할세관장 발행 필증 예외적 확인 면제에 해당한다.
① 거주자계정 개설 대상은 '대한민국 내에 주소 또는 거소가 있는 개인·법인으로', 단순 체류 외국인의 경우 6개월 이상 체류 기준이 적용되며, 이 조건만으로 계정 개설이 허용된다고 보기 어렵다.
③ 거주자계정은 개인 거주자 계정 기준이며, 기관의 예치 건은 별도 규제가 존재하기 때문에 관행상 예외로 분류된다.
④ 해외에서 발행된 여행자수표라도 미국 기준 1만 달러 초과 시 외국환신고필증이 필요하다.

37 ①

| 정답해설 | 지분을 이미 보유한 상태에서 신규신고를 접수하면 '사전신고 의무 위반'으로 제재 대상이다. (단, 5만 달러 이하 소액투자는 1년 내 사후신고 예외가 있다(제9장 제2절).)
실제로 지분 취득 전에 사전신고를 하지 않았다면, 설령 사후에 신규신고를 하더라도 외국환거래법 위반이며 과태료 대상이 된다.

| 오답해설 |
일반적으로 해외직접투자는 사전신고가 원칙이나, 미화 5만 달러 이하의 소액투자는 사후신고도 허용된다.

38 ②

| 정답해설 | 전신송금은 매도외환 경과계정을 거치지 않고 곧바로 외화타점예치금으로 대체된다.

| 오답해설 |
우편송금·송금수표 발행처럼 지급 시점이 지연될 때만 '매도외환' 경과계정을 사용한다.

39 ②

| 정답해설 | 3개월 이내 유동성비율 85% 이상, 1개월 이내 만기불일치 10% 이하를 유지해야 한다.

| 오답해설 |
②와 ③을 함께 암기(85%·10%)하면 감독서식 작성이 수월하다.

40 ①

| 정답해설 | 전일 자체 원장을 먼저 만들고 → 예치은행 거래내역 수령 → 양쪽 계정 대사 → 대사 불일치분 미달환 관리
'내부에서 전일 거래를 기준으로 회계처리 예상 계정(내부 Shadow 생성) → SWIFT MT950 형식의 실제 계좌잔액·거래내역 수령 → 내부 예측 계정과 실제 Statement 간 차이 비교 → 미합치 항목에 대해 조사·조정·확정 처리'의 세부 절차로 진행된다.

| 오답해설 |
Shadow는 'We' 거래, Actual은 'They' 거래 원장이라는 점을 유의해야 한다.

41 ②

| 정답해설 | 대지급금은 주채무자에 대한 대여금과 동일한 성격의 자산계정이다.

| 오답해설 |
이자·지연배상금이 발생하면 별도 수익계정으로 인식한다.

42 ③

| 정답해설 | 서명감(List of Authorized Signature), 전신암호문(Test Key), 조건·수수료율(Terms & Conditions)을 교환한다.

| 오답해설 |
RMA Key는 SWIFT 인증 관계 설정 단계에서 추가로 교환할 수 있으나 3대 기본 서류는 아니다.

43 ①

| 정답해설 | 차입 기간과 무관하게 5천만 달러 이하 영리법인은 지정은행 신고, 초과 시 기획재정부 신고가 원칙이며 90일 미만도 신고 대상이다.
단기·장기 구분 없이 모두 신고 대상이다.

| 오답해설 |
개인사업자·비영리법인은 한국은행 신고 대상이다.
② 개인사업자 해외차입은 금액 무관 신고 대상이다.
③ 올바른 설명이다.
④ 5천만 달러 이하 초과 지정은행 신고 기준이다.

44 ②

| 정답해설 | '우리(국내은행) 관점'에서 해외 예치 계정을 Nostro라 하며 타 은행 계정은 해당 은행 기준이다.
우리 시점에서 해외은행에 개설한 계정만 Nostro에 해당된다.

| 오답해설 |
Vostro는 '그들(상대은행) 기준으로 우리 은행 명의 계정'이라는 상호 개념이다.

45 ③

| 정답해설 | 미결제외환은 매입·매도 포지션에 모두 포함되지 않는 중립성 경과계정이다.
환포지션(외환포지션)은 은행이 보유하는 외화자산과 외화부채의 차이로 은행이 직접 환리스크를 부담하는 항목만 반영한다.

| 오답해설 |
매입외환(자산)·외화예수금(부채)·외화대출금(자산)은 각각 매입·매도 포지션에 반영한다.

개념 Plus⁺
- 환포지션에 포함되는 대표 항목
  - 매입외환 잔액
  - 외화대출금
  - 미결제외환
  - 선물환 평가손익
  - 파생상품 외환포지션

46 ②

| 정답해설 | 3개월 이내 유동성비율 85% 이상, 1개월 이내 부채-자산 만기불일치 10% 이하가 감독 기준이다.

| 오답해설 |
① 과거 기준의 비율이다.
③ 단기 1개월 기준은 10% 초과를 허용한다.
④ 15%가 아닌 10%의 기준이다.

47 ②

| 정답해설 | 만기 90일 초과 시에는 은행간외화대여금(자산)·외화차입금(부채) 계정을 사용하며, 90일 이내만 콜거래로 분류한다.

| 오답해설 |
'90일 포함' 여부를 자주 묻는 문제가 자주 출제된다.

48 ①

| 정답해설 | Personal Check는 발행인 배서가 필수이나 매입은행(매입자)는 배서가 불필요하다.

| 오답해설 |
③은 B/L 배서 요건과 혼동하기 쉬운 함정이다.

49 ③

| 정답해설 | 환매조건부(Repo) 거래는 주채무 미확정 상태이므로 난외계정으로 표시한다.
회계상 난외(Over-the-book)계정으로 분류되어 대외기준 계정이지만 B/S에는 반영되지 않는 계정이다.

| 오답해설 |
환매조건 성립 시 확정채무로 전환해 본문(자산/부채)을 조정한다.

50 ④

| 정답해설 | D/D·M/T 등 결제지연형 송금은 매도외환(부채성 경과계정)에 대기 후 예정대체일에 타점예치금으로 전환한다.
발행 시 아직 지급되지 않은 외화송금수표는 '미지급' 부채로 처리된다.

| 오답해설 |
전신송금은 지급 즉시 타점예치금으로 직행한다.
① T/T는 외화타점예치금+고객계정 등으로 처리하며, 매도외환 계정은 따로 사용되지 않는다.
③ 자산계정이 아니라 외화포지션상의 문제이다.

51 ④

| 정답해설 | ①~③은 수년간 보고·관리 의무가 지속되는 대표적 사후관리 업무이다.
외국통화 현찰 매입은 일반 외환거래이므로 사후관리 대상이 아니다.

| 오답해설 |
외국통화 매입은 일회성 경상거래로 사후관리 대상이 아니다.
① 투자 후 연간 실적 보고 등이 요구되며 사후관리 대상이다.
② 설치 및 송금 10만 달러 초과 시 사유 보고 필요한 사후관리 대상이다.
③ 매 2년마다 보유확인이 필요하며 사후관리 대상이다.

52 ③

| 정답해설 | 단기차입(롤오버) 비중이 높아지면 유동성·안정성 리스크가 급격히 상승한다.
수익성 극대화를 위한 단기차입 확대는 리스크 증가를 초래한다.

| 오답해설 |
ALM 관점에서 만기구조별 한도 관리가 필수이다.
① 옳은 설명이다.
② 안정성은 외화부채 상환능력 확보를 의미한다.
④ 세 원칙은 균형이 필요하여 가이드라인 설정이 필수이다.

53 ④

| 정답해설 | ④는 감독 규정이 아닌 영업전략 사안이며, 시행령 기준에는 포함되지 않는다.
외화통화별 예대마진 자율 결정은 판관 항목이며 보고 의무는 따로 없다.

| 오답해설 |
서류 보존 기간은 별도 고시에 따른다.
① 외국환업무와 관련된 위험을 효율적으로 관리하기 위한 체제를 갖추어야 한다.
② 외국환업무취급기관은 외국환 거래 관련 기록을 정확히 작성하고 일정 기간 보존해야 한다.
③ 외국환 업무와 기타 업무의 회계가 명확히 구분되어야 한다.

54 ④

정답해설 | 인정된 거래는 대외 지급·영수 목적이 명확한 23개 항목으로, 국내 원화 간 거래는 외국환거래에 해당하지 않는다.

오답해설
① 유학생 체재비는 외국환거래법상 경상거래 중 하나로 분류된다.
② 사전신고·수리를 통해 자본거래로 처리되며, 외국 현지에서 계약에 따라 송금하는 것이 인정된 거래이다.
③ 재외동포의 국내재산 반출은 외국환거래법상 합법적인 자금이동으로 인정된다.

55 ④

정답해설 | 90일 초과 대차거래는 '은행간외화대출금(자산)'·'외화차입금(부채)' 계정으로 분류된다.

오답해설
①②는 90일 이내 콜거래 계정이다.

56 ①

정답해설 | 매입외환은 수출환어음·내국신용장어음 등 '환어음 매입' 관련 금액에 사용된다.
A, C는 매입외환 계정이며 B, D는 부채 또는 미달환 처리한다.

오답해설
B: 매도외환, D: 미지급외환

57 ②

정답해설 | 내국신용장 발행도 우발채무로서 미확정 외화지급보증이다.

오답해설
대지급 발생 시 외화지급보증대지급금(자산)으로 전환한다.

58 ③

정답해설 | 환전소액(100만원 이하)은 「금융실명거래법」상 실명확인 면제 대상이다. (단, 거래가 빈번하거나 분할 의심 시 면제가 제한될 수 있다.)
건당 원화 100만원 이하는 정확한 면제 기준으로 옳은 설명이다.

59 ②

정답해설 | 미달환은 회계상 불일치(금액·참조·착오차기)가 주원인이고 보험 가입 여부와 무관하다.

오답해설
미달환은 일중 대사(Reconcilement) 과정에서 정리한다.
①③④는 전형적인 미달환 원인이다.

60 ②

정답해설 | 지급준비금 적립은 은행 건전성 규제이며, 전문외국환업무취급업자 등록 요건은 전산설비·인력·외국환업무 전담체계 등이 핵심이다.

오답해설
환전업·소액송금업 등록 시에도 동일 기준을 적용한다.

61 ②

정답해설 | 기준통화(USD) 금리가 가변통화(JPY) 금리보다 낮으면 스왑포인트가 음수(-)로 표시되어 선물환율 〈 현물환율이 된다. 이를 디스카운트라 부른다.
엔 금리보다 달러 금리가 높기 때문에 fwd 〈 spot, 현물보다 할인된다.

오답해설
반대로 원화처럼 가변통화 금리가 높을 때는 스왑포인트가 양수(+)여서 프리미엄 통화가 된다.

62 ②

정답해설 | 소액·단기 현금흐름이 빈번하면 완전 매칭이 실무상 불가능하거나 비용이 과다하다.
기업 규모 관계없이 완전 매칭은 사실상 불가능하므로 틀린 설명이다.

오답해설
매칭은 내부적 관리기법 중 가장 기초적이지만, 대량·다중 통화 거래에서는 개별 헤지가 병행된다.
①③④는 매칭전략 특성으로 옳은 설명이다.

63 ②

정답해설 | 수입기업이 달러를 매입 → 은행 Offered rate 적용 → 1,300 + 110 = 1,410원

오답해설
스왑포인트는 동일 만기 Offered 값만 더한다. Bid/Mid 혼용 시 환율 왜곡이 발생한다.

64 ③

| 정답해설 | 리딩(선급), 래깅(지급/회수 지연)으로 현금흐름 타이밍을 조정해 노출 기간을 단축한다.
리딩은 수입대금 지불을 앞당겨 환율 상승 위험을 회피하고, 래깅은 수출대금 회수를 지연시켜 환율 하락 시 손실을 최소화하는 전략이다.

| 오답해설 |
거래상대방 협조가 필수여서 실무 적용 범위가 제한적이다.

개념Plus⁺

리딩(Leading)은 외화 유입과 유출 모두에서 시점을 앞당기는 것이지만, 특히 외화 유입(수출 대금 수취)을 앞당기는 것으로도 많이 이해된다. 래깅(Lagging)은 외화 유입과 유출 모두에서 시점을 늦추는 것이지만, 특히 외화 유출(수입대금 지급)을 늦추는 것으로 해석된다. 즉, 리딩은 외화 유입을 앞당기고 래깅은 외화 유출을 지연시켜서 결과적으로 환율 변동 위험을 줄이는 전략이다.

65 ②

| 정답해설 | 미래에 달러를 사야 하므로 선물환 매입(USD Long)으로 숏 포지션 위험을 상쇄한다.
수입 기업은 3개월 뒤 달러를 구입해야 하므로, 현재 환율로 매입 포지션을 확정지어 환위험을 회피한다.

| 오답해설 |
옵션 매도는 무제한 손실 가능성이 커 일반 기업 헤지에 부적합하다.
① 풋 옵션 매도는 행사가격 이상으로 달러 가치가 하락하지 않을 경우 프리미엄을 얻는 전략이지만, 환리스크 회피 목적에는 적절하지 않다.
③ 매도 포지션은 향후 달러 매도 계약으로서, 달러 유입 상황에 대응하는 포지션이다. 수입기업은 달러 유출을 예정하므로 매입 포지션이 필요하다.
④ 금리선도는 금리 변동 리스크를 헤지하는 것이며, 환위험과 직접적 관련이 없다.

66 ②

| 정답해설 | 결정요인은 변동성·규모·기간이며, 예측 정확도는 관리 역량이지 구조적 요인이 아니다.
예측 정확도는 환리스크의 추정은 향상시킬 수 있어도, 환리스크 자체의 결정 요인으로 보기 어렵다.

| 오답해설 |
결정요인 분석은 VaR 산출의 전제 정보로 활용된다.
①③④는 모두 환리스크에 직접적으로 영향을 미치는 요인이다. 변동 폭이 클수록, 포지션이 크거나 보유 기간이 길수록 리스크가 증가한다.

67 ①

| 정답해설 | Square Position은 롱·숏 포지션을 상계하여 순노출이 0인 상태를 말한다.
'스퀘어 포지션(Square Position)'은 외화자산과 부채가 정확히 일치될 때를 의미한다.

| 오답해설 |
완전 상계가 어려울 땐 허용 밴드(허용 오픈포지션) 범위를 정해 관리한다.

68 ③

| 정답해설 | 신뢰수준 95% → 초과 손실 확률 5%(100일 중 약 5일)로 해석한다.
VaR 개념에 따르면 '95% 신뢰수준의 1일 VaR 10억'은 100일 중 약 5일 정도 10억 초과 손실 가능을 의미한다.

| 오답해설 |
VaR는 '손실이 최대 얼마일 수 있나'라는 개념이지 손실 발생 예측치가 아니다.

69 ④

| 정답해설 | 가이드라인은 투기 거래가 아닌 헤지 중심의 관리체계를 요구한다.
'예측 투기'로 환율 움직임을 맞히려는 것은 환리스크 관리가 아닌 투기적 행위로, 가이드라인상 금지 또는 권고되지 않는다.

| 오답해설 |
특히 '영업 환리스크 중시'와 '환리스크 비용 인식'이 핵심 키워드이다.
①~③은 모두 리스크 관리를 위한 정상적 권고사항이다.

개념Plus⁺

- 금융감독원 기업 외환리스크 관리 가이드라인의 핵심 권고 사항
 - 사내선물환 제도 활용: 외환 리스크를 헤지하기 위한 수단으로 사내선물환 거래를 활용하는 것이 권장된다.
 - 외환 컨설팅 및 교육 투자: 외환 리스크 관리 역량 강화를 위해 외환 관련 컨설팅 및 교육에 투자하는 것이 중요하다.
 - 환율예측 투기로 수익 극대화: 환율 예측을 통한 투기로 수익을 극대화하는 것은 권장되지 않는다. 이는 투기적 요소를 포함하고 있어 리스크를 증가시킬 수 있다.
 - 동종업계 사례 벤치마킹: 동종업계의 외환 리스크 관리 사례를 벤치마킹하여 자사에 적용하는 것이 효과적이다.

70 ②

| 정답해설 | 한도 초과 시 환노출을 줄이는 헤지로 한도 내 관리가 필수다.
VaR가 손실 한도보다 큰 상황에서는 회사의 허용 손실보다 리스크가 더 큰 상태이다.
| 오답해설 |
헤지 후 다시 VaR를 산정해 한도 여부를 피드백한다.
① 위험을 감수하는 것은 바람직하지 않다.
③ VaR 산식을 임의로 변경하는 것은 리스크 왜곡 우려가 있다.
④ 리스크 관리상 조치가 필요하다.

71 ①

| 정답해설 | O/N(Overnight) Swap은 T_0/T_1 간 교환, T/N(Tom/Next)은 T_1/T_2 간이다.
O/N (overnight)은 오늘(today)과 내일(next business day)의 거래이다.
| 오답해설 |
시험에서 교환 기간의 약어를 혼동시키는 문제(O/N, T/N, 1×3)가 자주 출제된다.

72 ①

| 정답해설 | 순오픈포지션이 없으므로 환율 변동에 따른 손익이 발생하지 않는다.
100% 헤지를 위해 사전 매도 계약을 하면 환율 변동에 따른 환차 손익이 상쇄되어 손익이 거의 0으로 수렴한다.
| 오답해설 |
일부 기업은 환율 전망을 반영해 100% 미만 헤지로 적극적 관리에 나서기도 한다.

73 ③

| 정답해설 | 단기 현금관리는 FX Swap이 주로 담당, 통화스왑은 10년 이상 장기 헤지·조달 수단이다.
통화스왑은 환헤지·금리헤지 목적이 크며, 단기 현금관리보다는 구조적인 금융목적이 크다.
| 오답해설 |
한국 기업이 엔화차입 → 달러상환 변환 시 통화스왑이 대표적이다.

74 ④

| 정답해설 | 헤지는 불확실성 제거가 목적이며 일회성 차익보다 안정적 현금흐름 확보가 핵심이다.
헤지를 통해 수익 손실이 아니라 안정성을 확보하기 위한 전략이며, '오히려 손실 초래'는 틀린 설명이다.
| 오답해설 |
변동성 하에서 헤지 비용 < 예상불확실성 손실인 경우가 다수다.
① 환율 변동은 원가·매출·이익에 영향을 준다.
② 환위험 미헤지 시 기업가치가 변동한다.
③ 변동성 확대 시 불확실성과 비용이 증가한다.

75 ②

| 정답해설 | 콜옵션은 행사가↓ → 내가격성↑ → 프리미엄↑, 풋은 반대이다.
| 오답해설 |
만기·변동성 상승은 콜·풋 프리미엄을 동시에 높인다.

76 ④

| 정답해설 | 수주 → 회계인식 전까지 변동은 영업, 인식 → 실지 현금 유입 전 변동은 거래 리스크다.
| 오답해설 |
두 단계 모두 헤지를 병행해야 총마진 변동성을 최소화할 수 있다.

77 ④

| 정답해설 | 환매(청산) 시점의 프리미엄 수준에 따라 손실이 오히려 확대될 수 있다.
만기 전 옵션을 환매할 때, 시점에 따라 손실 크기 불확실하므로 틀린 설명이다.
| 오답해설 |
시험에서 '콜·풋 매도 위험구조' 비교가 자주 등장한다.
① 옵션 매도자는 옵션 매도시 받은 프리미엄이 최대 이익이며 더 이상 이익이 발생하지 않는다.
② 풋옵션 매도자는 기초자산 가격이 0이 되어도 최대 손실은 기초자산 가격만큼이고, 그 이상은 없다.
③ 콜옵션 매도자는 기초자산 가격이 급등하면 무제한 손실을 입을 수 있다.

78 ①

| 정답해설 | 금감원 가이드라인의 절차는 '정보 입력·집계→ VaR 측정→ 한도 비교→ 헤지 대책→ 재측정(피드백)'이다.
| 오답해설 |
각 단계별 책임부서·보고체계 명확화가 관리체계 평가항목이다.

79 ②

| 정답해설 | 시간가치는 만기 θ 효과로 0에 수렴한다.

| 오답해설 |
변동성·기간은 옵션가격 결정의 핵심 변수다.
① 변동성 상승 시 시간가치는 증가한다.
③ 만기 접근할수록 시간가치·시간이득은 증가한다.
④ 행사가 변동에 따른 시간가치는 일정하지 않다.

80 ①

| 정답해설 | O/N(Over-Night) Swap은 T_0/T_1, T/N(Tom-Next) Swap은 T_1/T_2 만기를 교환한다.
O/N = 오늘 ↔ 내일, T/N = 내일 ↔ 모레이므로 옳은 설명이다.

| 오답해설 |
단기 현금흐름 조정용으로 금융기관 유동성 관리에 사용된다.

MEMO

MEMO

MEMO

2026 최신판

에듀윌 외환전문역 I종
개념판서로 이해하고 득점으로 끝내는
총정리문제집 +무료특강

고객의 꿈, 직원의 꿈, 지역사회의 꿈을 실현한다

에듀윌 도서몰
book.eduwill.net
- 부가학습자료 및 정오표: 에듀윌 도서몰 > 도서자료실
- 교재 문의: 에듀윌 도서몰 > 문의하기 > 교재(내용, 출간) / 주문 및 배송

정답과 해설

MEMO

MEMO